회복의 열쇠

누가 고꾸라진 나를 일으켜 세우는가

회복의 열쇠
누가 고꾸라진 나를 일으켜 세우는가

초판1쇄 발행 2022년 5월 10일
초판2쇄 발행 2022년 8월 20일

지은이 이경애
교정교열 정난진
펴낸이 이찬규
펴낸곳 북코리아
등록번호 제03-01240호
주소 13209 경기도 성남시 중원구 사기막골로 45번길 14
우림2차 A동 1007호
전화 02-704-7840
팩스 02-704-7848
이메일 ibookorea@korea.com
홈페이지 www.북코리아.kr
ISBN 978-89-6324-849-3 (03180)

값 20,000원

회복의 열쇠

누가 고꾸라진 나를 일으켜 세우는가

이경애 지음

북코리아

서문

누가 고꾸라진 나를 일으켜 세우는가

〔시편 145:14〕 여호와께서는 모든 넘어지는 자를 붙드시며 비굴한 자를 일으키시는도다

현대 사회는 인간의 자아도취적 자만심과 개인적 욕구추구라는 문화 풍조가 만연한 가운데 자본주의의 끝자락에서 각종 정신질환에 고통받는 사람들이 점점 더 늘어나고 있다. 끝없는 물질과 쾌락의 추구로 인한 치열한 경쟁의 틈바구니에서 이는 어쩌면 당연한 현상인지도 모른다. 더구나 21세기 지구는 세계화의 거대한 물결 속에 다국적기업과 글로벌 거대 투기자본의 영향력으로 강한 기업과 강한 나라만이 살아남는 약육강식의 정글로 변해버렸다. 신자유주의의 룰은 국가별 빈부격차를 심화시킬뿐더러 각국의 개인·계층 간 빈부격차를 더욱 벌어지게 했다. 경제 불안과 취업난이 심해지면서 소규모 자영업자가 무너지고, 노동시장의 유연화라는 명분으로 비정규직이 늘어났다.

잘나가는 사람들은 일중독과 교만, 탐욕과 쾌락적 탐닉으로 화려하게 중독되어가고, 그렇지 못한 사람들은 열등감과 분노, 상대적 박탈감과 나태한 방탕 속에 회피적으로 중독되어가고…. 이런 현상 속에서 현

대인은 정도의 차이는 있지만, 상당수가 불안, 우울, 성격장애 등의 심리문제를 겪고 있다. 정신장애 진단을 받지는 않았어도 잠재적 질환 상태이거나 그렇게 진행될 가능성이 있는 경우도 많다. 가벼운 불안이나 우울감이라도 막상 겪게 되면 당사자들은 생각보다 힘들며, 방치될 경우 심각한 상태로 진행되기도 한다.

더구나 최근 들어 코로나19 방역과 함께 자연적인 사회현상으로는 보기 힘든 일들이 마치 보이지 않는 어떤 힘에 의해 기획된 것인 양 광풍처럼 몰아닥치고 있어 종말적 불안 심리까지 인류를 위협하고 있다. 이런 현상은 프롬(Erich Fromm)이 말했던 대중의 '자발적인' 자유로부터의 도피가 아니다. 근대 이후 일어났던 사회현상과는 다르다는 얘기다. 세계적으로 매뉴얼화되어 국가기관을 통해 실행되는 반강제적인 자유의 박탈과 통제를 통해 정말로 새로운 세계질서(New World Order)가 만들어지고 있는 것일까. 사람들은 경제적 · 심리적 어려움에 더해 죽음에 대한 공포와 극한적 생존불안에 내몰리며, 더욱 취약해진 상황이다.

근래에 정신치료와 심리상담의 주된 흐름은 크게 두 가지로 축약될 수 있다. 우선 정신분석, 인지행동치료, 인본주의의 큰 줄기가 뇌과학과 융합하여 치료 전 '심리 현상 및 병리 증상'과 치료 후 '결과 및 회복 근거'를 뇌영상(뇌의 구조와 영역별 크기 및 활성화), 뇌파, 신경전달물질의 변화 등으로 증명하고 치료에 활용하는 추세를 보인다. 그다음 주목되는 흐름으로 동양철학 및 불교의 명상과 호흡법, 알아차림, 마음챙김 등을 접목하여 상담치료에 활용하는 추세다.

여기서 흥미로운 것은 기독교와 불교가 구도의 과정에서 '나'라는 굴레와 세상적 집착에서 자유하고자 하는 공통점을 보인다는 점이다. 즉 불교가 무지와 무명을 깨고 깨달음을 얻어 정화(淨化)하며 세속적 욕망으로부터의 해탈과 무아의 경지에 도달하고자 함은 기독교가 복음의 진리를 통해 구원의 길을 깨달아 자기를 부인하고 죄를 씻어 탐욕이 아닌 자족과 사랑 나눔을 향해 가는 것과 닮아있다. 불교 수행의 최종 목적이 본래의 자기 모습을 찾는 것이라면, 기독교는 창조 시의 온전한 모습을 회복하는 것이어서 이 또한 닮았다. 이런 현상은 아마도 붓다가 하나님 없이도(붓다가 살던 기원전 6세기 인도는 기독교 전파가 안 됨) 하나님의 창조질서와 구원 체계를 나름 발견해냈기 때문이 아닐까.

이는 심리학이나 뇌과학을 포함한 여타 학문도 마찬가지라고 생각한다. 즉, 하나님이 설계하신 법칙(자연, 사회, 인간)을 궁구하고 연구한 결과물이 쌓여서 학문으로 축적된다는 관점이다. 일반은혜(일반은혜의 개념에 대해서는 2부에서 다룸)로서의 이러한 전제는 이 책에서 소개하는 '기독교 통합상담'의 필요성과 효용성을 뒷받침하는 근거가 될 수 있을 것이다.

과학이든 의학이든 자연이나 몸과 마음을 대상으로 하여 연구를 통해 하나님의 체계를 밝혀낸 것이라고 본다면, 기존의 심리상담으로도 긍정적 정서가 향상되고 심리적 치료효과와 더불어 신체적 건강증진에도 도움이 될 수 있을 것이다. 하지만 회개 없이 사람(상담자)에 의해 얻어지는 인위적인 긍정 정서는 회개를 통해 예수님의 은혜로 죄를 씻고 속사람이 진실로 바로 세워졌을 때의 긍정 정서와 비교하기 힘든 근본적 차이가 있다. 이러한 차이점과 한계는 기독교 통합상담에서 일반상담의 기법과 심리학적 요소들을 기독교적으로 필터링해야 하는 이유이기도 하다. 이하 이 책에서 '일반상담'이라는 용어는 일반은혜(심리학)에 기반한 상담을 가리키며, '통합상담'은 기독교상담과 일반상담을 통합하는 '기독교 통합상담'을 가리킨다.

이를 간단히 비교해보면, 일반상담은 '자아 강화 – 유능감 · 우월성 – 긍정적 자아상 · 자아존중감'을 향해 가는 반면, 통합상담은 '자아 부인 – (세상적) 인정욕 내려놓음 – 칭의의 은혜 누림'을 향해 있다. 일반상담은 유기체의 욕구충족, 미해결과제의 해결 등을 중시하고, 자유에 기초하여 자기 힘으로 현실적응과 기능적인 자아를 실현하는 데 방점을 둔 반면, 통합상담은 지나친 욕구추구로 인한 갈등(내적 · 외적)과 불안을 통찰하여 욕심을 내려놓고, 자기 힘이 아닌 예수님의 인도하심에 의뢰하면서 감사 · 자족하는 데 방점을 둔다. 그리고 일반상담은 개인적 문제뿐만 아니라 타인과의 관계문제 해결 또한 개인적 · 심리적 안정과 건강에 초점이 있어서 용서를 잘 다루지 않는 데 비해, 통합상담은 하나님이 창조하신 피조 세계와 피조물은 유기적으로 연결되어 있다는 공동체적 세계관 하에 하나님과 인간 그리고 인간 상호 간의 관계회복에 용서가 중요한 역할을 한다.

20여 년 전, 함께 근무하던 고등학교의 한 교사가 정신병원에 입원했다가 퇴원 후 복도를 지나가는데, 동료 교사들이 자기네끼리 '사이코'라며 검지손가락을 돌리면서 따돌림하는 모습을 보고 '직장 내 왕따가 이런 거구나' 싶어 씁쓸했던 기억이 떠오른다. 그분이 교사 신우회에 한 번 들른 걸 계기로 하나님께 기도하면서 돕기 시작했고, 이를 계기로 심리문제와 상담에 관심을 두게 되었다. 그리고 유명한 정신과 의사와 교수들을 만나보았지만, 필자의 도움이 가장 큰 힘과 변화를 가져다주었다는 그분의 말을 들었을 때, '나에게 주신 은사(恩賜)'를 깨닫고 본격적으로 심리학 공부를 시작하게 되었다. 그렇게 기독교상담대학원에서 기독교상담 석사과정을, 일반대학원에서 임상심리학 박사과정을 공부했으니 처음부터 심리학에 대한 학구열이나 상담전문가를 목표로 전공한 게 아니라 심리문제를 겪고 있는 사람을 돕다가 더 잘 돕기 위해 공부한 셈이다.

필자는 크리스천이다. 크리스천은 어떤 사람들인가? 개인적으로 생각하는 크리스천이란 우선 성경적 진리를 알고 예수님을 '주(主, Lord)'로 받아들여 죄 사함의 은혜와 성령의 인도에 힘입은 평강을 누리되, 여기에 머물지 않고 약한 자를 돕고 사랑을 실천함으로써 공동체의 회복과 영혼 구원의 통로가 되어 예수를 따라가고자 하는 사람들이다. 그런 점에서 크리스천에게는 상담이나 돌봄의 성경적 의미가 상당히 깊으며, 예수님은 그야말로 치유자이자 상담자로서 롤모델이라 할 수 있다.

〔데살로니가전서 5:14〕 또 형제들아 너희를 권면하노니 규모 없는 자들을 권계하며 마음이 약한 자들을 안위하고 힘이 없는 자들을 붙들어 주며 모든 사람을 대하여 오래 참으라

통합상담에서 상담자는 치료자라기보다 치료의 촉진자, 치유의 과정을 돕는 사람이며, 죄인인 내담자와 역시 죄인인 상담자가 동등한 입장에서 함께 짐을 지고 문제를 해결하려는 것이 바로 상담이라고 생각한다. 이 책에서 '사람들' = '우리' = '나'를 거의 혼용해 쓰는 것은 필자를 포함하여 상담자나 내담자가 다 같은 죄인이라는 전제가 반영된 것이다. 상담자는 비슷한 상황이나 경험이라면 비슷한 어려움과 문제에 처할 수 있는 별반 다를 바 없는 죄인이지만, 다만 도울 의지가 있고 은사가 있어 준비된 사람일 뿐이다. 따라서 상담은 상담자가 우위에서 이끌어가는 게 아니라 상담자와 내담자가 손잡고 얽힌 매듭을 풀어서 회복으로 향해 가는 장이다.

기독교상담과 임상심리학을 공부한 후 현장에서 상담하면서 만족할만한 치료효과에 못 미치는 결과 및 상담 종료 후 재발문제 등으로 근본적 치유에 대한 의구심이 들었고, 심리학이 기독교와 배치되는 점 등에 대한 고민이 컸다. 그래서 필자가 기도와 말씀과 성경적 원리를 상담에 어떻게 통합할 수 있는지 긴 시간 궁구하고, 실제로 상담 과정에 적용해서 효과를 얻은 방법과 원리들을 소개, 공유하고 싶었다.

예를 들어 인지치료에서 우울증의 자기비난과 부정적 자아 이미지를 "I'm OK"의 기능적·긍정적 사고와 이미지로 바꾸는 기법은 기독교상담에서 "예수님을 통한 죄의 해결과 용서의 은혜로 있는 그대로의 나

를 받아주시는 조건 없는 창조주의 사랑을 누리는 것"으로 통합이 가능하다. 불안증 환자들이 지나치게 타인을 의식하고 눈치 보는 것도 "사람이 기준이 아닌 하나님을 기준으로 영성을 키워가고 맡김"으로써 해결을 모색해갈 수 있다.

이 글은 통합상담의 틀을 가지고, 정신장애 중에서 가장 흔하면서도 치명적인 불안, 우울장애에 초점을 두고 썼다. 이 글이 심리적 어려움에 처한 분들의 치료에 도움이 된다면 감사한 일이겠지만, 이를 예방하는 데 도움이 된다면 더더욱 감사할 것이다. 개인적으로 하고 싶은 얘기를 부담 없이 맘껏 하고 싶어 학문적인 틀이 아닌 에세이 형식으로 옷 입혔다.

이 책의 1부 '숨겨진 코드'는 자유로운 에세이 형식으로 '심리문제의 원인과 메커니즘'을 주제별로 다루면서 이를 성경을 기반으로 한 기독교적 원리로 재해석해보고자 했다. '숨겨진 코드'는 복음의 비밀과 보이지 않는 것들의 실상을 분별의 안목으로 제대로 궁구해보고 싶어 이름 붙였다. 더불어 원죄와 인간의 죄성을 약점 삼아 사탄이 관여하며 하나님께 가는 길을 방해하므로 숨겨진 코드를 알아내는 과정은 전적으로 성령의 인도하심과 일깨우심으로 가능하다는 점을 밝히고 싶다.

이 책의 2부 '코드를 어떻게 풀 것인가'는 심리문제 치유를 위한 바람직한 기독교 통합상담 방법을 소개하고 사례도 선보인다. '코드를 어떻게 풀 것인가'는 '심리적 걸림돌을 치우고 구체적으로 어떻게 코드를 풀어서 회복의 열쇠를 얻을 것인가'라는 해법을 모색하고 소개하고자 붙인 이름이다. 누군가 회복으로 가는 길을 알려주거나 스스로 알게 되어도 각자의 걸림돌 때문에 고꾸라져 그 길로 나아가지 못하는 경우가 많기 때문이다. 결국, 코드를 푼다는 것은 사탄이 사람의 마음속에 만든 미혹의 길에서 빠져나와 하나님이 만드신 생명길의 지도를 따라 성으로 들어가는 문을 열 수 있는 열쇠를 얻는 과정이며, 이 과정에서 각자의 심리적 옹이나 걸림돌을 군데군데서 맞닥뜨릴 수밖에 없다.

하나님을 '아는 것'과 하나님을 '만나는 것'은 다르다고 할 수 있다. '숨겨진 코드'가 하나님을 아는 것과 관련된다면, '코드를 어떻게 풀 것인가'는 하나님을 만나는 것과 관련된다. 하나님을 아는 것은 성경 속 하나님의 말씀으로 성경적 지식을 얻음으로써 가능한데, 숨겨진 코드는 복음의 비밀 속에 담겨있다. 한편 하나님을 만나는 것은 죄성에 물든 자기를 부인·회개하고 하나님 안에서 녹아 그리스도*와 연합되고 하나 되는 것인데, 이를 방해하는 죄성과 심리적 걸림돌이 해결되려면 코드를 푸는 것이 관건이다.

그렇다면 회복의 길, 생명의 길로 들어가는 성문을 열 수 있는 키는 무엇일까?

이 책에서 말하는 '회복'의 의미는 1차적으로 각 지체의 깨진 심령과 정신병리를 치유하여 이상심리에서 회복되는 것을 뜻하지만, 궁극적으로는 죄성으로 눌려있는 우리 대다수의 마음과 영혼을 성숙시켜 공동체적 회복과 성화(聖化)의 길로 나아가는 것을 뜻한다(참조: 고린도전서 12:12, "몸은 하나인데 많은 지체가 있고 몸의 지체가 많으나 한 몸임과 같이 그리스도도 그러하니라"). 이는 기독교 통합상담이 바라보는 종착지이기도 할 것이다.

필자는 순수한 기독교적 관점에서 볼 때, 심리문제는 하나님과의 관계에서 해결되어야 할 과제를 회피** 또는 도피함으로써 생기는 문

---

* 그리스도: 그리스도, 크리스트, 크라이스트 또는 기리사독(基利斯督)은 고대 그리스어 '크리스토스'에서 온 말로 히브리어의 메시아(기름 부음을 받은)를 옮기는 데 처음 사용했다. 기독교인은 예수님이 살아계신 하나님의 아들로서 그리스도이심을 믿으며, 구세주로 믿고 따르는 삶을 살고자 한다.

** 회피: 갈등 상황이나 문제 상황을 무조건 피하고자 하는 동기가 강하고, 외적인 상황에 순응하거나 문제해결을 체념하는 방식의 방어기제

제이며, 여기에는 사탄이 관여하고 있다고 생각한다. 이런 입장은 중세의 귀신론과는 근본적으로 다르다. 이 책에서 말하는 '사탄'이라는 용어는 사람들을 대상으로 하나님이 주시는 (+)생명에너지를 방해하면서 (-)사망에너지로 이끌고 현혹하는 영적 존재를 뜻한다. (-)에너지를 무기로 사탄이 간교한 속임수와 전략으로 파고들어 영혼을 파괴하기 때문에 정신문제가 심각할 경우 이것을 푸는 과정은 그리 단순하지 않고, 전통적인 기독교상담의 가르침이나 권면만으로는 한계가 있는 게 현실이다. 이하에서 필자는 하나님이 주시는 생명에너지는 (+)에너지로, 사탄이 공략하는 사망에너지는 (-)에너지와 동일 개념으로 쓸 예정이다. 그 이유는 (+)에너지는 우리에게 생명력과 힘을 주는 에너지요 생명을 살리는 에너지인 데 반해 (-)에너지는 생명에너지를 갉아먹고 힘을 소진하며 사망으로 이끄는 에너지로 보기 때문이다.

현재 상담과 관련하여 나타나는 기독교계 입장은 크게 세 부류가 있다. 우선 기독교심리학과 기독교상담조차 인본주의라는 시각으로 아예 배척하는 입장이 있고, 다음으로 가르침과 권면이 중심이 되는 지시적 기독교상담을 따르는 입장, 마지막으로 일반상담과 기독교상담을 통합하는 상담을 지향하는 입장이 있다. 하지만 마지막 입장의 경우, 통합상담을 한다면서 실제 적용은 일반심리학과 상담기법을 기독교적으로 필터링하지 못하고 따로 놀며 뒤섞인 양태가 많은 게 현실이다. 여기에 아쉬움을 가지고 일반은혜로서의 심리학과 특별은혜로서의 기독교를 어떻게 성경적으로 제대로 녹여 통합하고 상담에 적용할 것인지 고민했다. 이에 기독교 통합상담 방법론에 대한 논의와 공유가 필요하다고 생각하며, 이를 통해 통합상담에 작은 기여라도 할 수 있기를 소망한다. 다만 통합상담 역시 기독교심리학이나 기독교인문학 등과 마찬가지로 세상 학문의 트렌드나 인본주의와 뒤섞여 정체성을 잃는 것을 가장 경계해야 할 부분이라는 점을 명확히 하고 싶다.

이 책은 이론서도 아니고 학문적인 글도 아니다. 1부는 일반 독자를 대상으로 하여 여러 주제를 치유 에세이 형식으로 다뤘고, 2부는 심리문제에 부딪힌 사람들과 그 치료자를 대상으로 하여 필자가 통합상담 방법을 현장에 적용하면서 부딪혀 알게 되고 얻게 된 것들을 나누는 내용이다. 그리고 심리와 상담치료는 어차피 현실과 밀접히 연결되어 있기 마련이므로, 각 장의 소주제(통제욕, 공포, 불안, 자유, 공동체의 죄 등)를 다룰 때 근래의 코로나 팬데믹 상황을 (사회)심리학적으로 분석·진단하는 데에 지면을 할애했다. 따라서 통합상담과 관련하여 필요한 경우를 제외하고는 학계의 상담 및 심리학 이론과 방법론에 대한 자세한 언급은 되도록 지양했다. 사례 또한 기존의 사례보고 형식에 매이지 않고 통합상담을 적용한 사례를 소개하는 수준에서 나 나름대로 하고픈 얘기를 하고자 했다. 다만, 상담하는 동안 내담자의 심리문제 원인과 해법 등 통찰력과 지혜가 절실한 때에 나를 깨우치시고 인도하신 성령에 힘입은 바 컸기에 관련 성경 구절을 근거로 제시하고자 한다. 성경 인용 시에는 철자가 달라도, 예를 들어 하느님(가톨릭성경)/하나님(개역한글성경)처럼 있는 그대로 인용하고 출처를 표시했다(개역한글은 따로 표시하지 않음). 통합상담을 하고자 하는 상담자들이 상담에서 직접적이든 간접적이든 말씀을 활용하는 데 도움이 되었으면 한다.

그리고 필자도 한 사람을 돕다가 공부를 시작했듯이 누군가를 돕고 있는 귀한 분들, 특히 구역을 이끌며 성도들을 보살피는 구역장이나 셀 모임 인도자 등 평신도(상담)사역자에게 깊은 애정을 느끼며, 이분들이 전문상담교육을 받지 않았어도 이해할 수 있도록 가능한 한 쉽게 풀어 도움이 되고자 했다. 전공자들에게는 익숙한 심리학 용어나 개념도 필요할 때 참고할 수 있도록 용어설명을 한다든지, 성경적 토대와 말씀, 교리로 통합상담 방법의 이해를 돕고자 한 것은 그러한 이유 때문이다. 다만 이분들은 지체들의 심리적 어려움을 함께 나누면서 완화시키고 더 악화되지 않도록 예방하는 수준에서 역할을 해야 하며, 만일 심각한 정신문제가 보일 때는 전문가에게 의뢰해야 한다. 덧붙여, 이 책에서 팁을 얻어 심리적으로 크든 작든 어려움을 겪고 있는 사람들이 자가치료적 효과를 얻는다면 더없이 기쁜 일이겠다.

마지막으로 도와주신 많은 분과 가르침의 은혜를 입은 스승님들께 진심으로 감사의 말씀을 전해드리고 싶다. 특히 기독교상담에 안경승 교수님과 김준수 교수님, 인지치료와 부부상담·성치료에 채규만 교수님, 그리고 이 책을 출판해 주신 북코리아 출판사 이찬규 대표님과 여러 면에서 도움을 주신 편집장님께 다시 한번 깊이 감사드린다.

2022년 5월

저자 이경애

목차

제2부 코드를 어떻게 풀 것인가
기독교 통합상담 방법론

부록: 상담사례

제1부

숨겨진 코드

복음의 비밀,
회복과 구원의 원리

〔골로새서 1:26~27〕 이 비밀은 만세와 만대로부터 옴으로 감취었던 것인데 이제는 그의 성도들에게 나타났고 하나님이 그들로 하여금 이 비밀의 영광이 이방인 가운데 어떻게 풍성한 것을 알게 하려 하심이라 이 비밀은 너희 안에 계신 그리스도시니 곧 영광의 소망이니라

1부의 제목 '숨겨진 코드'는 구원으로 이끄는 진리가 담긴 복음의 비밀 속 숨겨진 원리를 가리키는 표현이다. 인간의 욕구는 식욕, 수면욕, 성욕, 건강 등 생리적 욕구와 안전에 대한 욕구가 기본이지만, 먹고 사는 문제가 어느 정도 안정되면 기본적 욕구보다는 인정욕·애정욕 등 심리적 욕구의 좌절로 인한 문제를 겪는 경우가 많다. 이러한 욕구의 기저에 있는 자기개념과 자아존중감이 사람들에게 그토록 중요한 이유는 뭘까? 왜 자기확인을 위해 매 순간 그토록 안절부절못하며, 떳떳하지 못한 자기에 대해 민감한 것일까?

성경적으로 볼 때 정신문제의 근본적 원인은 죄의식과 관련이 있는데, 즉 죄의식을 성경적 원리에 맞게 해결하지 못하고 회피하여 세상적인 방법으로 보상받으려고 고군분투하다가 고꾸라져 넘어지는 데서 비롯된다고 본다. 사람들과 세상으로부터 인정받고 사랑받기 위해 애쓰다가 대개 인정욕·애정욕의 좌절로 인한 분노와 우울, 불안으로 문제가 증폭되는 것이다. 따라서 문제해결을 위한 작업도 문제의 우선적인 원인과 메커니즘을 풀어내는 일에서부터 시작해야 할 것이다.

1. 인정욕구에 대하여

학생들을 상담하다 보면, 어릴 때부터 인정욕구가 채워지지 않아 정서적으로 힘들어하는 경우를 많이 본다. 부모님으로부터 긍정적인 피드백과 칭찬을 받으며 자란 경우, 자녀는 긍정적 자아상과 자기존중감을 가지게 되지만, 부정적인 피드백과 비난을 받으며 자란 경우에는 부정적 자아상과 낮은 자존감을 가지기 쉽다. 하지만 부모가 비록 사랑을 충분히 주었더라도 — 아니, 사랑을 지나치게 주었을 수도 있다 — 양육과정에서 장기간에 걸쳐 자녀 스스로 자신이 인정받지 못한다고 느꼈을 때는 반복적으로 상처가 쌓이게 된다. 부모의 말 한마디, 눈빛이나 표정이 자녀의 자신감과 자존감을 떨어뜨리기도 하고, 또는 부모의 지나친 관심과 기대가 열등감을 부추겨 자기 이미지 손상으로 자신을 공격하거나 비하하기도 한다. 이런 경우 자녀는 심한 갈등과 분노로 에너지가 소진되고 우울감 속에 허우적대기 십상이다.

어린 시절의 인정욕은 외모, 착함, 재능, 성적 등과 연관하여 애정욕(부모, 선생님 등)과 결부되는 경우가 많은데, 이는 어른이 돼서도 성적 매력, 명예, 승진과 사업에서의 성공, 돈과 권력 등 오히려 인정욕구가 더 영역을 넓혀 확대되는 경향을 보인다. 여기서 겪는 스트레스나 좌절로 인한 정서적 · 심리적 어려움은 심한 고통과 부적응 문제를 가져오고 때로 자살 같은 극단적인 선택을 하기도 한다.

물론 인정욕은 목표 자극으로서 삶의 원동력이 되고, 노력 투입을 통해 개인과 사회의 발전에 기여하는 바가 지대하다. 하지만 사회에서 성공한 사람의 경우에도 지나친 인정욕 추구는 (일)중독, 완벽주의처럼 심리적 균형을 깨는 압박이나 소진 등으로 고통받을 수 있다. 게다가 성공하다가도 언제든 실패할 수 있는 게 인생 아닌가? 인정욕 추구가 완벽주의 등 '에덴적 환상'과 결합하면, 사람들이 욕구 결핍이나 실패 등 좌절을 겪게 될 경우, 비합리적 신념과 내부 귀인 등 왜곡과 오류로 인해 부정적 정서와 무력감에 빠지며 우울증을 유발할 수 있다.

우리는 누구로부터 인정받고자 하며 무엇을 위해 인정받고자 하는가? 자본주의와 물질문명은 소유욕과 소비를 통한 만족, 쾌락추구의 행태 속에서 사람들을 지나친 경쟁과 끝없는 욕망으로 내몰고 있다. 이런 가치에 자기도 모르게 휩쓸리게 되다 보니, 낙오되지 않고 살아남기 위해 너 나 할 것 없이 인정욕에 매달린다. 성공을 위해 올라가고자 하는 자는 위를 향한 인정욕의 노예가 되고, 이미 성공하여 올라간 자는 더 큰 이익과 권력, 그리고 아랫사람을 향한 통제욕에 오만한 눈을 붉히며 종종 도착적인 쾌락추구와 반인륜적인 죄악을 저지르기도 한다.

이처럼 인정욕과 관련된 문제로 어려움을 겪고 있는 사람들의 문제 해결에 도움이 되는 해법을 찾기 위해서는 그 양상과 함께 '우리가 왜 그토록 인정욕에 목을 매는지'를 먼저 살펴봐야 할 것이다.

타인으로부터 인정받기

곰곰이 생각해보면 사람들은 결국 세상으로부터 인정받기 위해 갖은 애를 쓰며 살고 있음을 알게 된다. 즉 인정욕의 대상은 대개 가족, 친구, 선생님, 상사 등 자신과의 관계에서 중요한 타인이거나 조직·사회 등 외부세계에 있다. 그래서 윗사람의 평가에 민감하고, 소신보다 사람에게 충성하며 눈치 보기, 아부로 위선적이거나 이중성을 보이는 이유도 같은 맥락에서 이해할 수 있다.

그런데 과연 사람들에게 인정받는 게 그토록 중요한 것일까? 좀 더 정확히 말하면, 불완전하고 허점투성이며 역시나 죄인인 사람들한테서 인정받는 것이 자신의 삶에 진정 의미 있는 일인가? 우스꽝스럽게도 우리는 이런 노력을 거의 무조건 반사적으로 하고 있는 듯하다. 다만, 인간은 이 땅에 발을 디디고 사는 사회적 동물이다. 인정욕은 공동의 가치를 위해 열심을 다하게 하고 사회발전에 기여하는 등 긍정적인 면도 크므로 인정욕이 지나쳐 심리적으로 문제가 되는 경우가 아니라면 논외로 한다.

〔에베소서 6:6〕 눈가림만 하여 사람을 기쁘게 하는 자처럼 하지 말고 그리스도의 종들처럼 마음으로 하나님의 뜻을 행하여

▶ 인정욕과 분노/우울의 통합적 관찰

인정욕·애정욕

타인 눈치, 의존 → (좌절 시) 분노 → 상처 → 철수, 숨기(죄책감+수치심) → 자기공격(자기비하) → 에너지 소진 → 우울증

우리는 의미 있는 타인의 무시나 비난으로 인정욕이 심하게 손상되면 분노감이 부글거리며 올라오는 것을 경험하곤 한다. 이 과정을 세부적으로 살펴보면, 우선 나를 찌르며 파괴하는 상대방의 (-)공격에너지에 지배당한다. 그리고 죄의식이나 열등감이 건드려져 심리적 고통을 느낀다. 인정받고 싶은 상대방의 차가운 지적에 실망하고 서운해한다.

상대방의 행동이 부당하며 억울하다고 느낀다. 자존감이 손상되고 화가 난다. 기분이 다운되고 힘이 빠진다.

그러다가 분노가 외부로 표출되지 못하고 자기 자신을 향하면, 비합리적 신념과 결합하여 우울로 진행될 수 있다. 즉, 분노감을 적절히 해소하지 못하면 화가 독이 되어 자기에게 파고들면서 자기비하와 에너지 소진으로 우울증의 위험이 커지게 된다.

통제욕구·조정욕구

통제욕·조정욕은 인정욕의 반대편에 있는 것 같으나, 타인을 통제·조정하는 위치에 있음으로써 인정욕을 채운다는 점에서 이 역시 강한 축에 위치한 인정욕이라고 할 수 있다. 지배욕, 권력욕은 통제욕, 조정욕과 상호 연결된 욕구로 볼 수 있으며, 권력욕은 인정욕 중 가장 파워풀하고 한번 맛보면 권력을 차지하기 위해 부모 자식도 서로 죽이는 무서운 욕구다. 권력의 정점에서 자기도취적 오만에 빠져 스스로 신이 된 듯 하나님을 부정하고, 무리해서라도 자기 힘으로 세상을 컨트롤하고자 한다.

통제욕은 인정받기 원하는 대상에게 의존하거나 눈치 보는 대신, 자신이 대상을 통제함으로써 스스로 존재가치를 확인하여 원초적 수치심을 보상하는 기제다. 그러다가 공포정치 등 폭정으로 불행한 결말을 맞기도 하고, 끝없는 탐욕과 탐닉적 쾌락추구로 제왕적 중독에서 헤어나지 못하기도 한다.

> 스스로 죄가 없는 듯 착각(에덴적 환상) – 타인 위에 군림하기 – (조종, 통제, 갑질) – 스스로 신이 되기(강한 중독성) – 피지배 대상에게 죄의식 조장

▶ **통제욕의 양상**

공산독재와 전체주의적 독재(파시즘, 나치즘)는 체제와 이념은 다르지만, 국가나 집단지향적 가치로 강제와 억압을 통해 개인의 자유와 생활의 모든 측면을 통제하고 지시하고자 한다는 점은 공통적이다. 이러한 일당(一黨) 또는 일인(一人)에 의한 통제정치는 왕정 시대 폭군의 공포정치와 마찬가지로 명분과 달리 실제 이익이 특정세력에 귀속될 우려가 크다.

인터넷과 정보화가 확산하면서, 최근에는 권력의 통제 방식이 드러나게 통제하기보다 고도로 지능화되고 전략화되는 추세다. 사회심리학적 실험연구에 기반하여 통제의 주체가 드러나지 않게 암암리에 언론매체를 이용한 상징조작과 통계조작, 여론조작으로 대중을 컨트롤하는 경우가 많다. 거기에 빅테크 기업이 SNS 검열과 차단 등으로 표현의 자유를 침해하면서까지 언론통제에 일조하는 모습이다.

이러한 현상이 국내뿐 아니라 전 세계적으로 아귀가 맞듯 잘 돌아가고 있다는 건 참 기이하다. 마치 매뉴얼이라도 있는 듯 코로나 백신접종 계획을 각국이 따라가고, 개표기 정보조작을 통한 부정선거 정황도 세계 곳곳에서 비슷한 형태로 나타나고 있으니 말이다. 이는 언론을 통한 대중조작과 여론조사 왜곡으로 투표권자인 대중의 집단심리를 기획된 쪽으로 몰아가는 밑작업과 함께 진행된다. 댓글조작은 인지조작의 대표적인 예로 볼 수 있다. 정보통신기술의 발전에 따라 국내가 아닌 외국에서도 얼마든지 온라인을 통해 전자개표 시스템에 개입할 수 있어 독일처럼 한국에서도 수개표 시스템을 도입하자는 청와대 청원이 올라오기도 했다. 참고로 2022년 5월 22~28일까지 미국(각국)의 의료시스템에 대한 궁극적인 통제권과 이에 따른 국가 주권이 양도되는 안건에 세계보건기구(WHO) 입법 기관인 세계보건총회(WHA)에서 투표가 진행되었다. 이 내용은 바이든 행정부가 제안한 WHO 국제 보건규

정의 새로운 수정안에 포함되어 있으며, 이 개정안은 WHO 사무총장이 모든 국가에 일방적으로 국제 공중보건 비상사태를 선언하고 각국의 헌법을 대체하여 이행할 수 있는 권한을 부여한다.

통제욕구는 일종의 권력욕으로서 정치권력이나 금권 등 큰 권력이 아닌 평범한 일반인도 가족관계나 소집단 내의 작은 권력을 추구할 수 있다. 신혼부부가 주도권 다툼을 하는 것도 자신이 상대방을 통제하고 상대방으로부터는 통제받지 않으려는 데서 비롯된 게 아닐까. 그러다가 부부간에 역기능적 패턴이 장기간 반복해서 쌓이면, 변하지 않는 상대에게 지쳐서 절망적으로 자포자기하게 되는 경우도 많다. 하지만 가정에 끼치는 부정적 영향 등을 고려하여 상대를 공격하지 못하고, 분노감이 자기파괴적으로 흘러서 우울증을 겪거나 황혼이혼으로 이어지기도 한다.

한편 우울증을 가진 주부가 자살시도 등으로 남편을 통제하려고 한다든지, 어린 아기가 구토나 울음으로 엄마를 조종하는 예는 수동공격을 통한 조종과 통제라고 볼 수 있다. 산후우울증도 남편에 대한 조정욕구가 좌절되었을 때 나타나는 무의식적 증상일 가능성이 크다.

통제욕은 완벽주의와 맞물려 자기 자신을 통제하는 방식으로도 나타나는데, 심할 경우 강박성을 보이기도 한다. 이런 자기 통제욕구는 스스로 자신을 컨트롤하지만, 외부에서 자신을 통제하는 것에는 거부반응을 보이는 경우가 많다. 예를 들어 아이가 "하려다가도 엄마가 하라면 하기 싫어!"라며 부모의 관여에 반항한다든지, 정신질환자가 병원이나 약물의 통제를 거부하는 것 등이다. 이는 '독립'을 향한 긍정적 힘으로도 작용하지만, 자기에게 도움이 되고 필요한 통제까지 거부하는 부정적 힘으로 나타나기도 한다.

이는 기독교적 관점에서는 심각하게 바라봐야 할 지점이다. 자기통제에 매여 스스로를 놓지 못하기 때문에 믿음으로 하나님께 삶을 맡기는 게 힘들다. 자기를 부인하지 못하니 하나님을 힘 삼아 의뢰하기 힘들고, 진리의 말씀이나 교회 활동도 통제로 다가오면서 거부감을 느끼게 된다. 물론 안산 구마교회(「그것이 알고 싶다」 2021.01.16 방영)처럼 반성경적인 왜곡된 논리로 성도들을 세뇌시키고 성·노동을 착취하는 등 엽기적인 목사의 통제와 지배욕이라면, 마땅히 거부하고 깨부숴야겠지만 말이다.

거대권력
국가권력(위임받은 정보기관)의 통제와 감시, 딥스테이트*에 의한 정부기관 및 관료의 통제와 조종 — 지문채취/신체스캔/생체인식(지문, 홍채, 지정맥, 안면인식)/GPS/QR코드/디지털 ID카드를 통한 정보수집과 사생활 침해, 다양한 심리기술을 통한 대중조작, 마인드컨트롤(세뇌)

향후 AI 중심의 4차 산업혁명이 진행되면, 최근 각국에서 기술적으로는 이미 준비가 끝난 것으로 보이는 '백신패스(여권)/디지털 아이디카드/전자화폐의 결합'으로 개인의 모든 정보 추적이 가능해질 것이라는 전망이 있다. 코로나 백신에 나노칩이 들어있다는 음모론은 이런 우려가 반영된 것이 아닐까〔스페인 라 퀸타 콜럼나(La Quinta Columna)의 리카르도 델가도(Ricardo Delgado) 박사팀, 독일의 베르너 베르골츠(Werner Bergholz) 교수 주장 참조〕.

빌 게이츠(Bill Gates)는 2020년 3월 26일 특허번호 W0/2020/

* 딥스테이트(deep state): '국가의 심부' 또는 '국가 안의 국가'라는 뜻으로, 협의로는 정부 조직 안에 깊숙이 뿌리박혀 실체를 드러내지 않고 국가에 영향력을 행사하는 세력을 뜻하며, 넓은 의미로는 선출되지 않았지만 배후에서 조종하는 보이지 않는 권력을 지칭한다. 글로벌 딥스테이트는 글로벌 어젠다를 가지고 세계기구를 움직이며, 각국 정부를 컨트롤하는 '그림자 정부'로도 표현된다.

060606, '신체활동데이터를 이용한 암호화폐 시스템'이라는 제목의 특허를 냈는데, 신체활동을 모니터링하는 데 사용할 수 있는 센서로는 적외선 센서, 심장박동수 센서, 열카메라, MR 스캐너가 있으며 체온, 뇌파, 장기 활동, 체액 흐름 등이 모니터링된다.

또 빌 게이츠가 지원하는 세계백신연합 가비(GAVI)는 마스터카드와 제휴하여 COVID-19 백신 접종과 무현금 결제, 잠재적 법 집행 애플리케이션을 결합한 AI기반 생체인식 플랫폼 'Trust Stamp(신뢰 도장)'를 출시하였다.

한편 '중앙은행디지털화폐(CBDC)'는 전자적 형태로 발행되는 법정화폐로 중국에서는 도입을 목전에 두고 있고(DCEP 시범운영), 유로권에서도 전환을 진행하는 중이며, 한국은행도 모의실험 중인 국제적 조류다. 미국의 바이든 대통령도 2022년 3월 9일 CBDC 연구개발을 지시하는 행정명령에 서명했다. 현금과 달리 익명성을 제한하거나 이자 지급, 보유 한도, 이용 가능 시간 등을 정책적으로 조절할 수 있어 투명성이라는 장점에도 불구하고 통제수단화의 우려가 상존한다. 중앙은행이 사용자 거래정보를 장악하여 사용자의 프라이버시를 침해할 가능성이 있기 때문이다.

더 우려스러운 것으로는 한국 정부가 출입국 심사에 쓸 '인공지능(AI)' 개발 명분으로 약 1억 7천만 건의 내·외국인 얼굴 사진을 민간 업체에 넘긴 것으로 확인됐다(2022.01.21, 한겨레). 생체정보인 얼굴은 개인정보 중에서도 처리 규정이 까다로운 '민감 정보'인데, 정부는 이 정보를 당사자 동의 없이 민간에 제공한 터라 논란이 예상된다. 나아가 정부는 인천국제공항 입국장에 수백 대의 카메라를 설치해 생체정보를 추가로 축적하고 있다. 이는 개인정보보호를 팽개친 유례없는 정보인권 침해이며, 인공지능산업 육성을 위해 정부가 무리수를 뒀다는 평가가 나온다.

위 내용과 관련하여 백신과 치료제 개발 단계에서는 불충분한 임상시험이, 백신 접종 과정에서는 인류를 대상으로 의료 실험과 함께 사회심리학적 실험이, 그리고 이들을 결합하는 단계에서는 암호화폐에서 시작하여 전자화폐로 가는 국가경제시스템 대전환의 실험이 진행되고 있다는 비판이 제기된다. 그 예로 2021년 3월 'People of Truth'라는 이스라엘의 시민단체는 이스라엘 국민을 대상으로 불법 생체실험을 하면서 뉘른베르크 강령*을 위반한 혐의로 이스라엘 정부를 상대로 헤이그 국제사법재판소에 고소장을 제출한 바 있다.

〔요한계시록 13:15~18〕 저가 권세를 받아 그 짐승의 우상에게 생기를 주어 그 짐승의 우상으로 말하게 하고 또 짐승의 우상에게 경배하지 아니하는 자는 몇이든지 다 죽이게 하더라 저가 모든 자 곧 작은 자나 큰 자나 부자나 빈궁한 자나 자유한 자나 종들로 그 오른손에나 이마에 표를 받게 하고 누구든지 이 표를 가진 자 외에는 매매를 못하게 하니 이 표는 곧 짐승의 이름이나 그 이름의 수라 지혜가 여기 있으니 총명 있는 자는 그 짐승의 수를 세어 보라 그 수는 사람의 수니 육백 육십 륙이니라

소규모 집단	조직/개인
(그루밍**) 성폭력, 집단따돌림	가스라이팅***(심리지배)

---

* 뉘른베르크 강령(Nuremberg Code): 제2차 세계대전 당시 나치 범죄자들이 끔찍한 의료실험을 시도함에 따라 이를 적극적으로 금지한 의료윤리 규범이다. 불법 생체실험을 금지하는 국제적 조약으로, 이를 어길 경우 해당 국가의 범죄자는 국제적 사법 조치를 받게 된다.

** 그루밍(grooming): 주로 취약 아동·청소년에게 접근해 신뢰를 쌓은 뒤, 유인·통제·조종을 통해 성적 학대를 유지하고 폭로를 막는 방식으로 진행된다.

*** 가스라이팅(gas lighting): 1939년 영국에서 공연된 「가스등(Gas Light)」이라는 연극에서 시작된 심리용어. 심리나 상황조작으로 상대방이 스스로를 의심하게 만들고, 의존을 유도하여 정신을 지배·학대하는 행위

심리와 행동을 조작하는 방법은 크게 두 가지 접근법이 있다. 하나는 상대를 지배하여 주체성을 빼앗고 마음먹은 대로 조작하는 방법이며, 또 하나는 상대의 주체성을 존중하고 선택권을 지닌 존재로 인정해서 결과적으로 행동을 조작하는 방법이다(오카다 다카시, 『심리조작의 비밀』, 2016).

헬프 콤플렉스(help complex)
해결사 역할을 자처하여 누군가를 도와줌으로써 자신의 존재감을 확인하며, 일방적인 조언과 권유를 남발하면서 도움이 필요한 곳을 찾아다닌다. 심지어 주변인들의 불행을 자신이 미리 도와서 막아주지 못했다는 자책감으로 괴로워하기도 한다.

가족 통제
자식(마마보이)이나 며느리(시집살이)를 조종함으로써 자신의 역할과 존재를 확인하며, 열등감과 콤플렉스를 보상하고 인정욕구를 채운다.

자기통제
자신이 정한 규칙과 가치, 당위적 사고 및 행동으로 자신을 통제·감시·검열하며, 인간이기에 완벽할 수 없음에도 완벽주의로 스스로를 얽매면서 지속적으로 자기평가에 집착한다.

현실통제
불안을 제거하고자 환상적·비합리적·왜곡된 사고를 토대로 하여 통제 불가능한 현실(알지만 애써 부인하거나 통제 가능하다고 믿음)을 통제하고자 행동한다. 그 예로 강박행동에 과도하게 집중함으로써 에너지가 소진되고 주의력이 떨어져 정작 중요한 현실적 판단이나 행동을 하지 못함으로써 계속 문제가 생기고 꼬이게 된다.

자신에게 인정받기

타인에게 인정받는 것 못지않게 우리는 타인에 대한 관여, 조력 행사, 능력추구(성적, 실적) 등을 통해 '자신에게 스스로 인정받기'에 목마르다. 자신이 유능하고 매력 있고, 인격적으로도 훌륭하며 가치 있는 사람임을 (좀 과장해서 표현한다면) 매초 매분 확인하고자 갖은 애를 쓰고 있지 않은가? 게다가 '타인에게 인정받기'도 결국은 '자신에게 인정받기' 위한 욕구를 향해 있다고 볼 수 있다. 이게 좌절되면 자존심이 상하게 되고, (해소하기 위한 적절한 모티브가 없는 경우) 자기평가가 자기비난으로 이어져 자존감 저하와 자책감, 죄책감에 시달리다가 우울장애를 겪기도 한다.

특히 완벽주의는 자기에 대한 기대수준이 높기에 더 심각한 문제를 일으키는 경우가 많다. 타인이 자신에게 가지는 기대도 불안과 압박감이 크겠지만, 자기가 자신에게 가지는 기대는 더 엄격하고 잔인하게 자신을 잣대질하기 때문이다. 우울증이나 강박장애의 원인으로 꼽히는 '반추'도 실제적인 손실에 대한 집착과 곱씹음이라기보다는 자기 자신에게 인정받는 과정에서 부정적인 집착과 곱씹음, 즉 자기에 대한 스스로의 평가(자책)가 더 큰 부분을 차지하는 경우가 많다. 완벽주의가 부정적 결과 및 자기평가에 대한 두려움과 겹치면 예기불안으로 이어지고, 심한 경우 강박증으로 진행될 수도 있다.

이와 다른 양상으로서 내부 불일치와 갈등이 있을 때 자기합리화(정당화)를 통해 인정욕을 훼손하지 않으면서 스스로 자존심을 지키는 것 역시 인정욕에 매여 있는 상태라고 볼 수 있다. 예를 들어 이단 종교나 정치이념에 편향된 사람이 새로 유입된 정보(지도자의 잘못)가 자신의 기존 신념과 배치될 때, 내부 불일치로 인한 갈등을 해소하기 위해 기존 신념을 교정하지 않으면서 오히려 강화하고, 새 정보에 눈을 감거나 흐리는 과정이다. 이전에는 외부에서 세뇌작업을 했다면, 이제는 인정욕을 채우기 위해 내부에서 세뇌강화작업을 하는 것이다.

그런데 과연 인간은 스스로 자신을 평가할만한 자격이나 능력을 갖추고 있을까? 어쩌면 자기를 너무 모르는 것은 아닐까? 자신의 실수와 착각, 그리고 매번 반복되는 스스로의 잘못들을 상기해보라! 정확하지도 않은 자신의 눈으로 스스로를 재단하고 꾸짖고 괴롭히고, 그 괴로움을 해결하느라 또 괴롭고….

〔로마서 14:22〕 네게 있는 믿음을 하나님 앞에서 스스로 가지고 있으라 자기가 옳다하는 바로 자기를 정죄하지 아니하는 자는 복이 있도다

자책감

자기 자신과 관련된 일이나 관계에서 '이렇게 했어야 되는데…'라며 자기를 검열하고 채찍질하며 책망하는 감정으로 우울, 강박과 관련이 있다.

- 자책의 고통을 피하기 위해 시시각각 닥쳐오는 '선택 상황'에서 지나치게 예민해지고 긴장함.
- 선택 불능에 빠짐. 너무 잘 선택하려다가 극도의 불안 때문에 아예 선택하지 못함.
- 선택한 후에도 선택 결과를 놓고 후회하거나 계속 재단하면서 에너지 소진

자괴감

수치심(타인 의식), 스스로 부끄러움을 느낌

자신을 아는 데서 시작

불교에서 무지가 고통의 원인이라고 한 것은 기독교적 관점에서도 유효한 것 같다. 성경에도 사람들이 어리석음과 우매함 때문에 사탄의

거짓말과 속임수에 낚여서 세상 것들을 좋아하고 따라가게 된다는 내용이 있다. 자기 자신의 생각과 세상에 물든 생각에 갇혀서 하나님이 주시는 진리와 생명 살림의 메시지에 연결되지 못하기 때문일 것이다.

우리는 성경을 알고, 예수님을 알고, 현실을 제대로 아는 것이 필요하며, 우선 자신을 제대로 아는 데서 다시 시작해야 한다. 사람들은 현실에 대한 '에덴적 환상'과 그 결과에서 오는 절망적 예단의 양극단을 오가며, 환상이 깨져 기대가 좌절되었을 때 상처, 실망 등으로 인한 심리문제에 봉착하는 경우가 많다. '에덴적 환상'은 유아적 환상과 닮은 것으로, 이 세상이 죄가 난무하는 고난의 땅이라는 성경적 진실을 제대로 알지 못하는 데서 기인한다. 이는 역기능적·비합리적 사고와 신념으로 이어져 인지왜곡과 정서적 장애 등 정신병리로 나타날 수 있다. 따라서 하나님의 창조질서와 원죄로 인한 실낙원, 이 땅(에덴에서 추방된 죄인들의 세상)에서의 구원의 원리 등 성경에서 가르치는 복음의 비밀을 제대로 이해한다면, 이러한 인지적 오류로 인한 혼란과 부적응에서 벗어나는 데 도움을 받을 수 있을 것이다.

〔요한복음 8:44~45〕 너희는 너희 아비 마귀에게서 났으니 너희 아비의 욕심을 너희도 행하고자 하느니라 저는 처음부터 살인한 자요 진리가 그 속에 없으므로 진리에 서지 못하고 거짓을 말할 때마다 제 것으로 말하나니 이는 저가 거짓말장이요 거짓의 아비가 되었음이니라 내가 진리를 말하므로 너희가 나를 믿지 아니하는도다

인간은 대부분 오감(시각, 청각, 후각, 미각, 촉각)에 의해 입력되는 정보로 세상을 인식하고 느끼며 산다. 하지만 이런 감각은 얼마나 오류투성이며 부정확한 것인가? 한 예로 시각이나 청각은 일정 대역의 주파수만 보고 들을 수 있으며, 그것을 벗어난 것은 인식하지 못한다. 그것마저 뇌의 영역별 작업을 거치기 때문에 한계가 더해지게 된다. 그런데도 우리는 눈에 보이는 것만 믿으며 편견과 자만에 빠진 영적 맹인이 되기

쉽다. 그러다가 태풍이나 홍수, 지진과 화산폭발 같은 불가항력의 자연재해를 겪게 되면 그제서야 인간이 참으로 미약한 존재라는 사실을 절감하게 된다. 또 과거나 현재나 인간의 실수나 오판에 의한 어처구니없는 인재(人災)가 거듭될 때마다 인간의 불완전성이 여실히 증명된다.

인간의 욕망과 탐욕에 의한 재앙은 더 말할 것도 없다. 하지만 잠시 찾아온 겸손 모드는 재난을 복구하고 일상으로 돌아가면, 어느새 교만 모드로 되돌아가는 듯하다. 인간은 자연의 선물과 하나님의 보호하심으로 혜택을 누리고 있음에도 이를 잊어버리고 겸손과 감사를 뒤로한 채, 자신의 능력과 힘으로 자연을 지배하고 역사를 만들어간다는 자만에 빠진다. 그 한 예로 하나님이 주신 자연적인 생물학적 성별에 다른 정체성을 허용하거나 성전환을 인정하는 데서 더 나아가, 아예 생물학적 성별과 상관없이 자신의 성을 각자 자유롭게 결정하는 것을 인정(예: 2021년 미국, 남학생이 여학생 화장실 사용 허용)하는 지경에까지 이르렀다.

자아도취적인 자신에 대한 환상은 실제의 자기 모습(연약한 자기)을 부정하고 안 보려 하며 수용하지 않음으로써 실제의 자신과 괴리된다. 그 대신 양극단의 갭에서 갈피를 잡지 못하고, 환상 속에 상정한 가짜 자기 모습(교만한 자기)을 기준 삼아 자아비판과 자기공격, 반추와 후회 등으로 얼룩진 2차적 죄의식과 절망적·부정적 예단 속에 혼란과 부적응, 불안과 우울 등의 늪에 빠지는 게 자연스러운 수순인 것 같다.

그렇다면 '나와 현실'을 제대로 아는 것은 어떤 것인가? '에덴적 환상'으로 자신을 속이지 않는 것, 즉 자아도취와 자만심으로부터 깨어나는 것이다. 자신의 의지, 능력, 지혜 등 자기에 대한 거대한 믿음에서 빠져나오는 것이다. 자신의 죄성과 불완전성, 무력함 등을 알아차리고, 핑계 대지 말고, 고집부리지 말고, 깨끗이 인정하는 것이다. 그리고 자기 힘만으로는 도저히 살아갈 수 없다는 것과 하나님과 떨어져 분리된 자신의 죄적 상태를 자각·회개하고 자기 삶 속에 하나님을 받아들여 하나님의 은혜와 도우심을 구해야 한다.

〔빌립보서 3:8~9〕 또한 모든 것을 해로 여김은 내 주 그리스도 예수를 아는 지식이 가장 고상함을 인함이라 내가 그를 위하여 모든 것을 잃어버리고 배설물로 여김은 그리스도를 얻고 그 안에서 발견되려 함이니 내가 가진 의는 율법에서 난 것이 아니요 오직 그리스도를 믿음으로 말미암은 것이니 곧 믿음으로 하나님께로서 난 의라

인정욕구와 원죄

인정욕구는 개인의 자아실현이나 사회적 역할에 필요한 욕구로서 긍정적으로 기여하는 바 크기 때문에 만일 누군가 인정욕구가 죄와 관련이 있다고 주장한다면 언뜻 말도 안 된다고 생각하는 사람이 많을 것이다. 하지만 하나님께 인정받고 용서받아서 해결되어야 할 죄의식을 세상을 통해 인정받아 해결하려고 목매고 있다면? 그리고 원죄가 인간이 "하나님 같이 지혜롭게 할 만큼 탐스러운" 선악과(창세기 3:5~6)를 따먹으며 자기 힘을 추구하는 교만함에서 시작되었는데, 지금도 여전히 하나님 없이 내 힘으로 세상에서 인정받기 위해 무던히 애쓰고 있다면?

▶ 인정욕 분해하기

교만(인정욕의 뿌리)
원죄(선악과 사건)를 일으킨 죄성. ☜사탄의 유혹에 넘어가 하나님의 금기 명령을 어기고 하나님 없이 자신의 지혜로 자신의 능력추구

죄의식의 보상심리(인정욕의 줄기)
죄책감, 분리감, 두려움, 수치심 등 죄의식과 원초적 상실감의 보상추구. ☜죄의식에서 비롯된 콤플렉스에 대한 보상욕구로서 명예욕과 권력욕이 핵심임.

심리문제(인정욕의 씨앗)
사람들이 인정욕을 추구하는 과정에서 서로 싸우고 상처 주면서 교만, 시기, 분노라는 죄가 부딪치게 되며, 좌절 시 불안과 우울 등의 부정적 결과를 가져옴.

〔가톨릭성경, 코헬렛(전도서) 4:4~5〕 그리고 나는 모든 노고와 일의 성공이 서로 남을 시기한 결과일 뿐임을 깨달았다. 이 또한 허무요 바람을 잡는 일이다. 어리석은 자는 두 손을 놓고 놀다 제 살을 뜯어 먹는다.

죄의식 – 보상욕구 – 인정욕
- 강한 축(능동적) : 하나님 같은(위치) – 권력추구 – 교만 – 탐욕
- 약한 축(수동적) : 타인의존 – 좌절 시 분노 – 불안 – 우울

하나님이 창조하신 인간은 본디 창조주 하나님과 연결되도록 창조되었다. 인간과 하나님은 교제하고 소통하면서 연결되어야 하는 관계인데, 선악과 사건으로 인해 죄가 들어와 하나님과 인간의 관계가 깨졌고, 몸과 영의 온전성도 손상되었다. 예수님이 가르침을 비유와 상징으로 하셨듯이 선악과 사건은 상징적 의미로 해석할 수도 있다. 즉 선악을 알게 하는 나무 실과를 먹지 말라는 하나님의 명령을 어기고, 하나님처럼 지혜로워진다는 사탄의 유혹에 넘어가 지은 원죄는 인간이 하나님을 배제한 채 자기 뜻대로 살고자 한 것으로 해석할 수 있다.

그 후 하나님의 관여나 도움을 떨쳐내고 자기 자신의 지혜를 추구했던 원죄의 기억이 같은 욕구와 역동으로 면면히 인류에게 반복되면서 사람들은 자기 힘만으로 뭐든 다 할 수 있다는, '자신감 아닌 자만심'을 스스로 확인하고자 집착한다. 죄의식을 회피적으로 보상받고 해결

하기 위해 자신을 비롯한 사람과 세상에서 인정받고자 하는 것이다. 어쩌면 우리는 하나님 없이 자기 힘으로 살고자 하는 교만함으로 계속 원죄를 짓고 있는지도 모르겠다. 자신의 지혜나 능력으로 세상으로부터, 사람들로부터 인정받기 위해 고군분투하다가 인정욕이 좌절되면 분노와 시기, 미움과 원망에 빠지게 되고 우울과 불안 등 심각한 심리문제를 겪기도 한다.

예수님의 십자가 죽음과 부활은 회개하고 영접하는 자에게 죄를 사하시고 동행하시면서, 생명으로 인도하시기 위함이다. 죄로 오염되고 왜곡된 인간의 힘만으로는 교만과 탐욕을 내려놓지 못하고, 결국 갈등으로 공동체를 파괴하여 멸망할 수밖에 없음을 아시기 때문일 것이다. 자기를 내려놓고 예수님께 의뢰하면서 예수님의 인도하심을 따라 노력하되, 결과는 맡기고 받아들일 때 용서와 공동체 회복으로 평안을 누릴 수 있으리라.

〔디모데전서 6:3~4〕 누구든지 다른 교훈을 하며 바른 말 곧 우리 주 예수 그리스도의 말씀과 경건에 관한 교훈에 착념치 아니하면 저는 교만하여 아무것도 알지 못하고 변론과 언쟁을 좋아하는 자니 이로써 투기와 분쟁과 훼방과 악한 생각이 나며

▶ 원죄와 죄의식

태초에는 인간이 하나님과 직접 소통하며 하나님이 맡기신 일 — 온 땅과 생물을 다스림 — 과 창조적 일(각 생물의 이름 짓기)을 했고, 죄가 없기에 벌거벗어도 부끄러워하지 않는, 즉 선과 악을 모르는 상태로 온전성 속에 하나님과 인간, 자연과 우주 만물이 화평했다.

아담과 하와(이브)가 하나님의 금기 명령을 어기고 뱀(사탄)의 거짓 유혹에 넘어가 선악과를 따먹어서 선과 악을 알게 되었다는 것은 인간에게 선과 악의 개념이 생겼다는 뜻이다. 이는 인간에게 죄와 악이 들

어와서 죄를 인식하게 되고, 죄의식이 생겼음을 의미한다. 아담과 하와가 무화과 나뭇잎으로 몸을 가린 것은 죄가 들어왔기에 수치심을 느낀 것이며, 하나님의 음성을 듣고 낯을 피해 숨은 것은 죄책감과 두려움에 도피한 것이다. 죄의식은 아담으로부터 대물림되어 내려오는 원죄에 대한 콤플렉스로서 우리가 인식하지 못하더라도 우리의 집단무의식에 깊이 뿌리내리고 있다. 그러므로 인간과 하나님과의 관계 훼손(분리됨) 자체가 죄적 상태라고 볼 수 있으며, 원죄로 사탄에게 우리의 마음속에 최초로 터준 길에서 죄성이 시작된다.

인정욕은 내용에 따라 세상에서의 효용적 가치(능력, 재능, 외모, 체력, 권력, 학벌, 부 등)와 이상적 가치(도덕성, 인격, 명예, 선함, 진실성 등)로 나누어지는데, 상대적으로 효용적 가치는 불안과 연관성이 높고, 이상적 가치는 죄의식이나 양심과 관련성이 높은 것 같다.

원죄로 인한 1차 죄의식(콤플렉스)

↓

인정욕 · 애정욕 문제에서 비롯된 2차 죄의식(열등감)

↓

기분장애(우울)

원초적(1차) 죄의식

원죄와 관련된 본래의 죄의식(하나님과 나의 상호관계)

만들어진 파생적(2차) 죄의식

원초적(1차) 죄의식에 대한 보상욕구로서의 인정욕과 애정욕이 좌절되거나 결핍되었을 때, 2차적으로 파생되는 가짜 죄의식(타인과 나의 상호작용 결과물)

〔창세기 3:7~8〕 이에 그들의 눈이 밝아 자기들의 몸이 벗은 줄을 알고 무화과나무 잎을 엮어 치마를 하였더라 그들이 날이 서늘할 때에 동산에 거니시는 여호와 하나님의 음성을 듣고 아담과 그 아내가 여호와 하나님의 낯을 피하여 동산 나무 사이에 숨은지라

보상욕구와 인정욕

적당한 보상심리는 열정과 창조력의 원동력이 될 수도 있으므로 항상 부정적인 것은 아니다. 잃은 것에 대한 보상심리는 현실적으로 법적 보호도 받는다. 즉 심리적·물질적 피해가 있을 때 실제적 보상과 사과를 요구하는 것은 사회적으로 인정되며, 오히려 억울한 일을 보상받지 못하면 분노 등 문제가 생긴다. 그러나 보상심리는 핵심을 비껴감으로써 여러 가지 부작용과 부정적 결과를 초래하기도 한다. 상대방이 준 피해와 손해에 대해 법적으로 보상받으려는 정당한 예도 있지만, 잃은 돈을 되찾기 위해 계속 주식투자나 도박판을 전전한다든지, 딴 데서 뺨 맞고 엉뚱한 데서 화풀이하는 경우, 자기 잘못으로 손해를 봤어도 이를 감수하지 않고 어떻게 해서든 보상받으려는 역기능적인 심리로 나타난다. 예를 들어 도박이나 주식중독은 손해에 대한 보상욕구와 이익에 대한 강화 경험의 환상이 뒤섞여 탐욕의 구렁텅이에서 빠져나오지 못하게 한다.

보상심리의 순기능
실패경험이나 손해를 본 이후 시행착오의 원인을 깨닫고 노력하여 딛고 일어나 성공하는 경우

보상심리의 역기능
과잉보상으로 흘러 문제가 야기될 수 있는 방어기제임.

- 구매하지 않으면 손해가 될 것 같아서 할인행사, 공짜(끼워팔기) 행사를 그냥 지나치지 못함.
- 언뜻 합리적인 계산같아 보이나, 지나친 시간 관리 또는 투입 대비 최대효과를 얻으려고 집착하고 에너지를 낭비함.
- 인색함＝지나치게 아끼는 행위＝소유한 물질의 최대이익. ☜ 보상, 집착, 탐욕, 불안, 강박

일반상담적 관점에서 인정욕의 성취 여부는 자기 이미지, 자기존중감, 긍정적 자아관과 밀접하게 관련되어 있다. 기독교적 관점에서 인정욕은 하나님을 통해 채워져야 진정으로 콤플렉스가 해결된다고 본다. 즉 하나님을 통해 원초적 죄의식을 해결해서 깨끗해진 나를 인정받고 관계를 회복해야 하는데, 이를 회피하고 세상과 사람으로부터 인정받아 보상*받으려는 데서 문제가 생기는 것이다. 그 과정은 보상의 종류와 인정욕 추구의 특성/강도 축에 따라 다양한 모습으로 나타날 수 있다. 중요한 타인이나 조직으로부터 수동적으로 인정받아 약한 축(능력, 재산, 외모)을 통해 죄의식에서 벗어나고자 하는 경우, 사회나 집단으로부터 약간 능동적으로 인정받아 중간축(명예, 인격, 선행)을 통해 죄의식을 해결코자 하는 경우, 그리고 자기 자신이 국가나 세계를 능동적으로 지배함으로써 강한 축(통제, 조정, 권력)을 통해 죄의식과 수치심을 덮어버리고자 하는 경우 등이다.

〔디모데후서 2:15〕 네가 진리의 말씀을 옳게 분변하며 부끄러울 것이 없는 일군으로 인정된 자로 자신을 하나님 앞에 드리기를 힘쓰라

죄의식(콤플렉스) – 보상욕구 <
- 인정욕: 외모, 능력, 부, 명예, 권력
- 애정욕: 부모사랑, 자식사랑, 남녀사랑, 우정

* 보상: 어떤 분야나 영역에서 탁월하게 능력을 발휘하여 인정받음으로써 다른 분야의 실패나 약점을 보충하고 이미지의 결함을 메워 자존심을 고양시키려는 방어기제다.

해법, 하나님으로부터의 인정

1차 죄의식과 하나님과의 관계 훼손으로 인한 상실감을 하나님을 통해, 예수 그리스도의 죄 사함을 통해 해결해야(인정받아야) 하는데, 세상과 사람에게 의존한 인정욕으로 보상받으려 하는 것은 번지수를 잘못 찾은 틀린 해결책이며 그 과정에서 좌절과 분노, 상처 등으로 파생하는 2차 죄의식이 자기비하, 우울 등 심리문제의 씨앗이 된다. 왜냐하면 사람은 누구나 죄인인데, 부족하고 연약한 죄인이 인정의 주체가 되었으니, 인정하는 주체가 자신의 죄성에서 비롯된 관계방식(정죄와 판단 등)으로 인정받는 대상에게 부정적 영향을 줄 수밖에 없기 때문이다.

그렇다면 죄인인 사람에게서 죄를 사하시는 예수님으로 인정의 주체가 바뀌어야 하지 않겠는가? 긍휼과 은혜의 예수님을 통해 용서받고 위로받고 수용되고 내가 'OK' 된다면, 굳이 사람의 인정에 매달리지 않아도 되고, 그리되면 나를 지배하는 엄격한 부모님의 그림자에서도 벗어날 수 있을 것이다. 나아가 예수님과의 만남은 나를 굳게 세워줄 뿐 아니라 내 안에 거하시면서 나를 인도하시고 동행하시며 도우시기에 삶에 대한 불안과 걱정에서 맡김과 평안으로 변화가 시작되는 중요한 순간이 될 것이다. 이는 우리가 세상과 맺었던 관계를 하나님께 되돌려 드리는 것을 뜻하며, 태초의 온전했던 관계성과 상태로 회복하는 것을 의미한다.

그렇게 하나님 안에서 죄의식이 해결되고 단절되었던 하나님과의 관계가 회복되면, 자기를 수용하여 스스로 서게 되어 굳이 세상으로부터, 사람들로부터, 외부로부터 인정받기 위해 지나치게 집착할 필요가 없게 된다. 그런 점에서 부모는 자녀가 하나님 안에서 바로 설 때까지 한시적으로 맡아 기르는 것이라고 볼 수 있으며, 그때까지 할 수만 있다면 하나님 같은 사랑으로 양육하면 좋을 것이다. 조건 없는 충분한 사랑과 수용 속에서 하나님이 인간에게 자유의지를 주셨듯이 자녀가 자율적인 시도와 노력으로 성공경험을 가질 수 있도록 기다려주고 지지해주면서….

〔고린도전서 4:5〕 **그러므로 때가 이르기 전 곧 주께서 오시기까지 아무것도 판단치 말라 그가 어두움에 감추인 것들을 드러내고 마음의 뜻을 나타내시리니 그 때에 각 사람에게 하나님께로부터 칭찬이 있으리라**

▶ 제자리 찾기

태초의 온전성(하나님 형상 닮음) → 죄로 인한 변이와 오염, 타락 → 낙원 추방 → 성경적 지식 → 죄인인 '타인과 자신'으로부터 자기를 지킴(자신을 포함하여 사람으로부터 인정받고 사랑받으려는 욕구에서 탈피) → **예수를 통한 인정**(회개와 죄 사함 = 칭의*) → **하나님과의 관계회복 → 성령의 인도와 성화 → 온전성 회복**

- 하나님으로부터의 인정 = 죄의식의 해결
- 하나님과의 관계회복 = 자기와의 관계회복 = 사람과의 관계회복

〔데살로니가전서 5:23~24〕 **평강의 하나님이 친히 너희를 온전히 거룩하게 하시고 또 너희의 온 영과 혼과 몸이 우리 주 예수 그리스도께서 강림하실 때에 흠없게 보전되기를 원하노라 너희를 부르시는 이는 미쁘시니 그가 또한 이루시리라**

---

* 칭의(稱義, 웹스터 사전): 하나님에 의해 의로워진 행위·과정·상태이며, 인간이 죄의 책임과 처벌로부터 의롭고 자유롭게 여겨지는 하나님의 행위다. '의롭게 됨' 또는 '의롭다고 인정을 받음'을 뜻하며, 기독교에서 속죄(회개)를 통해 죄의 용서와 내면적 쇄신과 동시에 죄인들이 의로워졌다고 선언 받는 것이다.

회개와 죄 사함

하나님은 사랑이시다. 하나님은 사랑의 마음으로 피조 세계와 피조물, 사람을 창조하셨고, 이러한 하나님의 사랑은 바로 회개의 근간이 된다. 인간은 사랑이신 하나님과 연결되고 교제하도록, 즉 하나님의 사랑을 받으며 살도록 창조되었는데, 하나님을 밀쳐두고 혼자 살아보겠다며, 자신도 하나님같이 지혜로울 수 있다고 고집부리며, 하나님과 멀어져 하나님의 사랑을 저버린 것을 되돌리는 것이 회개의 핵심이기 때문이다. 회개는 그렇게 되돌려서 하나님의 사랑과 다시 연결되는 것이요, 하나님과 단절된 관계를 복원하는 것이다. 이때 예수님은 우리의 잘못을 기억하지 않으시겠다고 하셨고, 우리의 부족한 그대로를 받아주신다. 이는 십자가 보혈의 은혜로 우리의 죄가 사해지고 깨끗함을 입을 수 있는 복음의 비밀 속 원리 덕분일 것이다.

여기서 선악과 금기처럼 하나님의 뜻을 어긴 행위도 죄이지만, 그로 인해 하나님과 분리되었다는 자체가 근본적으로 죄의 본질이다. 하나님과 분리되고 연결되지 못하면, 하나님이 내 안에 거하지 못하고 내가 주가 되기 때문에 사탄의 궤휼에 속아 세상적 가치에 현혹될 수밖에 없다. 그러므로 회개는 하나님과 분리되어있는 자신의 죄성을 자각하고, 자신의 힘만으로는 문제(죄의 얽혀진 고리)에서 벗어날 수 없음을 고백하며, 예수 그리스도를 구주로 받아들이고 도움을 구하며 새롭게 거듭남으로써 원죄로 인해 훼손된 하나님과의 관계를 회복하는 것이다.

〔요한1서 1:9〕 만일 우리가 우리 죄를 자백하면 저는 미쁘시고 의로우사 우리 죄를 사하시며 모든 불의에서 우리를 깨끗케 하실 것이요

예수 그리스도를 '주'로 시인하는 것은 바로 내가 주가 되었던 과거를 회개하고 끊어버리는 '자기부인(否認)'에서 시작된다. 성경에 따르면, 죄 사함은 회개와 동시성(필요충분조건)의 관계에 있고, 이때 육적 · 영적

치유의 역사가 일어남을 볼 수 있다. 이는 거의 함께 일어나며, 동시에 죄가 사해지고 의로움을 입게 되고 치유가 일어난다. 예수님이 병자의 육체나 마음의 병을 고치신 뒤 "네 죄가 사해졌다"라고 말씀하신 것도 같은 맥락에서 이해될 수 있다. 예수님은 항상 우리를 기다리시지만, 자유의지를 가진 우리가 하나님과 분리된, 죄 된 자기를 부인하고 내려놓아야 그리스도를 만날 수 있다. 회개 없이는 죄가 예수님과의 만남을 방해하기 때문이다.

그렇다면 죄 사함은 왜 값이 없는 걸까? 인간 스스로 의로워서가 아니라 우리의 죄 때문에 돌아가신 예수 그리스도가 십자가 보혈의 은혜로 값없이 주는 선물이므로 죄 사함은 값이 없다(로마서 3:24). 하지만 엄밀히 말하면 예수의 십자가 희생이라는 생명 값이 지불되었기에 우리가 값없이 사함을 받을 수 있는 것이다.

그러나 회개 후에는 성령의 인도하심을 따라 변화된 삶을 누려야 한다. 새 삶으로 옮겨간 길에서 뒤돌아보지 말아야 한다. 과거의 찌꺼기(쾌락의 기억, 죄의식 등)를 돌아보지 말고, 앞으로 한 걸음씩 걸어가야 한다. 소돔과 고모라를 떠나면서 금기 명령을 어기고 뒤를 돌아보다가 소금기둥이 된 롯의 아내를 교훈 삼아서…. 이제 우리는 예수님과 한 몸인 지체로서 생명의 양식을 공급받으며, 성령의 인도하심과 구속*의 은혜를 통해 지체 간의 사랑과 공동체 회복을 향해 성화되어가야 하리라.

---

* 구속(救贖, redemption): 예수가 십자가에 못 박힘으로써 인류의 죄를 대신 갚은 것을 말한다. 구속에 내포된 뜻은 주 예수를 부르는 자에게 임하셔서 죄를 사하시고, 도우시고, 인도하시며, 동행하시고, 구원으로 이끄심을 의미한다.

▶ 예수의 십자가 죽음이 '우리의 죄 때문'인 이유

- 우리 죄를 대신하여 십자가에 못 박히신 속죄의 희생양(제사)
- 실제로 당시 유대의 종교지도층이 예수에 대한 무지와 죄(질투심 등) 때문에 죽임.
- 영원히 죽을 수밖에 없는 죄인을 살리기 위해 죽음(부활하신 예수님을 본 제자들이 믿음을 회복함).
- 죽으신 뒤 보내신 보혜사 성령을 통해 구원의 과정을 도우시고 인도하심.

〔로마서 4:24~25〕 의로 여기심을 받을 우리도 위함이니 곧 예수 우리 주를 죽은 자 가운데서 살리신 이를 믿는 자니라 예수는 우리 범죄함을 위하여 내어 줌이 되고 또한 우리를 의롭다 하심을 위하여 살아나셨느니라

▶ 구원의 3단계: 회개는 계속된다

회개 – (은혜) – 죄 사함 – 성화 – 영화

- 칭의(과거적 구원): 하나님과 분리된 자신의 죄적 상태와 죄성을 회개하고 주 예수를 시인함으로써 은혜로 죄를 용서받고 거듭남.
- 성화(날마다 구원): 영접과 은혜적 죄 사함 후에도 바울이 고백하듯 사람은 죄와 항상 가까이 있게 마련이다. 따라서 말씀을 가까이하며 묵상 속에서 일깨우심에 마음을 열고 뜻에 어긋나는 생각, 말, 행동 등을 지속적으로 회개하며, 성령을 의뢰하여 예수님을 따라 실천을 통해 이루어가는 현재적 구원
- 영화(미래적 구원): 창조 시의 온전성을 회복하는 마지막 구원

〔로마서 7:21~24〕 그러므로 내가 한 법을 깨달았노니 곧 선을 행하기 원하는 나에게 악이 함께 있는 것이로다 내 속 사람으로는 하나님의 법을 즐거워하되 내 지체 속에서 한 다른 법이 내 마음의 법과 싸워 내 지체 속에 있는 죄의 법 아래로 나를 사로잡아 오는 것을 보는도다 오호라 나는 곤고한 사람이로다 이 사망의 몸에서 누가 나를 건져내랴

▶ 믿음/율법과 칭의

성경에서는 율법을 지키고 선을 행함으로써 의로워지는 게 아니라 예수 그리스도를 시인하고 믿음으로써 의롭게 된다고 말씀하신다. 어차피 죄성에 잡힌 인간은 자기 힘만으로는 진정한 선을 행하기도 어렵거니와 그렇기에 자칫 위선에 빠지기 쉽다. 율법은 의로워지거나 구원으로 가는 길이 아니라 죄를 깨닫게 하는 수단적 가치로서의 의미가 있다. 즉 율법은 죄의식, 죄책감, 자신에 대한 정죄, 양심의 가책과 온전치 못한 심한 부족감을 느끼게 함으로써 인간이 하나님의 표준에 이르지 못한 것을 드러낸다. 바울은 율법으로 죄를 깨달아 부족한 자신을 알고 겸손하게 될 수 있지만, 인간은 스스로의 힘으로 율법을 지키거나 선행의 능력도 없거니와 그것으로 구원을 얻는 것도 아니라고 말한다. 그러므로 죄의 회개와 함께 나를 버리고, 예수를 구주로 받아들여 은혜로 의로움을 입는 것이 구원의 시작이다("이는 큰 환난에서 나오는 자들인데 어린 양의 피에 그 옷을 씻어 희게 하였느니라", 요한계시록 7:14). 그리고 성령의 인도하심을 의뢰하며 따라가는 삶만이 구원에 이르는 길이다. 결론적으로 그 길로 들어가는 성문을 열 수 있는 키는 바로 예수 그리스도다.

> 〔요한계시록 22:14〕 그 두루마기를 빠는 자들은 복이 있으니 이는 저희가 생명나무에 나아가며 문들을 통하여 성에 들어갈 권세를 얻으려 함이로다

인정욕과 열등감

우리는 인정욕을 추구하는 과정에서 겪는 좌절이나 손상이 비교 대상과 결부되었을 때 열등감이 생기기도 하지만, 열등감 때문에 이를 보상받기 위해 또 권력욕 등 인정욕을 추구하게 되기도 한다. 하지만 세상을 통한 열등감의 보상은 진정한 해결책이 되기 어렵다. 성공하지 못

하면 실패로 인한 심리적 어려움을 겪기 쉽고, 설사 몇 번은 성공한다 해도 인생에서 계속 승승장구할 수만은 없는 법이다. 혹여 승승장구한다 한들 인간의 원초적 죄의식이나 열등감이 완전히 보상되어 충만함을 누릴 수 있을까? 하나님과의 관계회복을 회피한 채 세상으로부터의 보상에 충분히 성공했다 해도 원죄를 지을 때 이미 형성된 미혹의 길이 '자만'이라는 죄성과 끝없는 욕망으로 끌어당겨 잡아먹고자 할 것이기에, 그가 지쳐 쓰러질 때까지….

결국, 열등감의 근본적 해결은 속사람이 강건해지는 것을 통해야만 가능하며, 이는 하나님과의 바른 관계 속에서 자신이 하나님께 온전히 용납되고 있음을 느낄 때 비로소 가능한 게 아닐까.

▶ 부족함에도, 아니 부족하기에 사랑받는 귀한 존재

실수투성이의 불완전한 인간은 보잘것없는 존재인가?

그것을 애써 부정하고 스스로를 속인 채 인간의 위대함을 강조하면서 영웅 만들기, 우상화, 자아도취에 빠지는 것이 과연 인간존중일까? 인간의 한계와 죄성에 눈을 감고, 인간존중이라는 가치로 포장하여 자기애를 조장하며, 사람들을 물질주의, 환경파괴적 소비, 쾌락주의로 물들게 함으로써 결과적으로 극도의 경쟁과 이기주의, 상대적 박탈감과 결핍감, 분쟁과 혼란으로 내모는 주류문화에 의구심을 가지는 게 이상한 것일까?

인간의 실수는 축복이라는 역설적인 생각을 해본다. 사람은 실수하는 존재이기 때문에 아무리 감추려고 해도 자국과 흔적을 남기게 마련이다. 실수가 있기에 범죄자의 증거확보도 가능하고, 악인의 죄가 드러날 수 있지 않은가? 그렇지 않다면, 아마 인간은 교만하여 겸손을 배울 기회를 놓쳐버릴 게 뻔하다.

그런데 예수님은 이미 우리의 불완전성과 반복적 실수, 쉽게 변화하지 못하는 나약함과 연약함을 알고 계시기에 사랑과 인내, 긍휼로 도우시고 위로하신다. 이러한 예수님을 마음속에 모시고 살면, 실수하는 자신을 받아들이고 낙심하거나 좌절하지 않고, 성령으로 새 힘을 얻어 새롭게 시작할 수 있다. 인간의 위대함은 뛰어난 능력에 있는 게 아니라 실수와 실패를 딛고 부족함을 채워가는 데 있다. 다시 말해 죄로 인해 왜곡되고 변이되고 오염된 자신의 죄성을 인정하고 회개하여 하나님의 형상을 닮은(창세기 1:27) 본래의 온전한 모습을 하나님 안에서 회복해가는 데 있다.

〔고린도후서 12:9〕 내게 이르시기를 내 은혜가 네게 족하도다 이는 내 능력이 약한 데서 온전하여짐이라 하신지라 이러므로 도리어 크게 기뻐함으로 나의 여러 약한 것들에 대하여 자랑하리니 이는 그리스도의 능력으로 내게 머물게 하려 함이라

실수하는 인간과 자기긍정

인간의 죄와 불완전성을 자각하고 실수하는 인간으로서 부족한 자기를 겸허히 받아들인다면, 예측할 수 없는 삶에서 인간의 힘에만 의존할 수 없고 하나님의 도움이 필요함을 인정하는 계기가 될 수 있다. 그러나 사탄이 조장하는 문화는 한편으로 인간의 무한한 능력을 찬양하면서 미래에 대한 희망고문 속에 착각과 자만을 조장하고, 다른 한편으로는 행복과 긍정적 자기개념(I'm OK)이라는 실용적 목표를 얻기 위해 자신의 부정적인 면을 자기속임수로 외면하면서 회개 없이도 그냥 자기를 용서하고 수용하라고 길들인다.

완벽주의나 지나친 자기비판이 우울·불안 등 심리문제를 일으킬 수 있다는 점을 고려할 때, 상담 과정에서 자기비하나 부정적 자아상을 긍정적 자아상과 존중감으로 바꾸는 게 무엇보다 중요하다는 것은 이견의 여지가 없을 것이다. 비슷한 맥락에서 전통적 기독교 권면 상담이 내담자들에게 죄책감과 죄의식을 더 심어줘서 부정적인 결과를 낳

을 수 있다는 비판도 일면 일리가 있다. 자신의 죄성을 통찰하고 회개하되, 죄 된 자기를 부정하고 하나님 안에서 온전한 자기를 세워야 하는데, 이 과정 회로가 존재적 자기 전체를 부정하는 식으로 잘못 갈 수 있기 때문이다. 다만 자기긍정으로 가는 과정이 제대로 이뤄지려면, 어떻게 해야 할지에 대한 프로세스적 고민이 필요하다. 덮어놓고 무턱대고 긍정하면 되는 것일까? 만일 통찰과 회개를 통해 거쳐야 할 과정을 거치지 않는다면, 이러한 자기속임수는 잠깐 자신감과 위로효과로 통할지 몰라도 장기적으로 자기 내부에서 무의식적 마찰과 부딪침을 일으키게 될 것이다.

이러한 입장은 인간이 실수하면 안 된다거나 실수하는 인간의 불완전성을 비난하려는 게 아니다. 실수하는 불완전한 자신을 자각하고 인정·회개하는 과정을 거쳐 겸손하게 자신을 하나님 안에서 수용해야 한다는 것이다. 이는 인간 중심적인 자기 의(義)나 율법의 행위가 아니라 믿음과 은혜로 죄 사함과 의로움을 얻어 자기를 용인(용서)하고 긍정하고 바로 세우는 복음적 비밀의 원리다.

> 〔디도서 3:5〕 우리를 구원하시되 우리의 행한 바 의로운 행위로 말미암지 아니하고 오직 그의 긍휼하심을 좇아 중생의 씻음과 성령의 새롭게 하심으로 하셨나니

▶ 실수의 아이러니

역사상 실수가 위대한 발견이나 발명에 기여한 예들은 많다(예: 페니실린의 발견, 나일론, 고무 가공법, 플라스틱 발명 등). 하나님의 창조질서를 실수로 발견하는 아이러니랄까. 어쩌면 인간에게 진정한 창조는 없을지도 모른다. 하나님의 창조원리를 카피한 것일 뿐. 더구나 인간이 새롭게 만들었다는 것들도 실은 스스로 창조했다기보다 창조주 하나님의 법칙을 이용하고 활용하는 경우가 대부분이기 때문이다.

실수에는 역설적으로 긍정적 의미가 있는데, 실수를 통해 배우고 성숙해나가는 태도가 기술발전과 사업 성공의 비결이 될 수 있다. 이를 자녀교육에 적용하면, 의도적 잘못이 아닌 실수에서 죄책감을 느끼지 않게 하고 실수를 용인하는 분위기를 조성함으로써 새로운 것을 시도할 수 있는 용기와 적극적 도전정신을 진작시킬 수 있다.

인정욕과 자아존중감

타인에게든 자신에게든 누군가로부터 'OK'라고 인정받고자 하는 욕구가 충족되느냐 좌절되느냐에 따라 그 경험은 자아존중감과 자아개념 또는 자기 이미지에 상반된 영향을 끼치게 된다. 자아개념을 자신의 개인적인 표현에서 형성된 상이라고 정의한다면, 자아존중감은 자아개념의 하위개념으로서 개인이 자신을 가치 있는 존재로 여기는 태도이며 자기평가다(Coopersmith, 1967). 특히 어린 시절 부모가 긍정적 피드백과 이미지를 주었다면 긍정적 자아상과 높은 자아존중감을 가지게 되고, 부정적 피드백과 이미지를 주었다면 부정적 자아상과 낮은 자존감을 가지고 살아가기 쉽다.

이처럼 인정욕은 자기 스스로에 대한 개념 형성에 커다란 역할을 하기 때문에 사람들이 그토록 매달리는 것이리라. 하지만 불행하게도 '나'라는 대상을 인정하는 주체인 인간이 모두 죄인이고 그중 가장 의미 있는 주체인 부모 또한 부족하고 불완전한 죄인이라는 사실이다. 그래서 부모는 자식에 대한 기대와 요구로 부담감을 주고, 자녀가 어쩌다 잘못이나 실수를 했을 때는 질책과 비난으로 훈육하기 일쑤다. 이렇게 되면 자녀는 객관적인 현실에 상관없이 "나는 형편없다"라고 생각하면서 부정적인 자아개념을 가지고 살게 된다.

인정욕과 불안

우리가 만일 부모 같은 중요한 타인에게 인정받지 못하거나, 잦은 부정적 평가와 지적으로 인해 열등감과 낮은 자존감에 지배된다면, 그렇지 않아도 삶의 불안을 유발하는 경쟁적인 세상에서 내적 불안이 훨씬 더 크게 작용할 가능성이 크다. 특히 예민한 성격 소유자의 인정욕이 '완벽주의', '당위성', '열심(일중독)', '인색함' 등과 만나면 실패나 실수같이 맞닥뜨리고 싶지 않은 상황에 대한 불안이 증폭되고, 강박 관련 장애(강박성 성격장애, 강박증)도 나타날 수 있다. 그래서 정도의 차이는 있을지언정 누구나 어린 시절 부모와의 관계에서 생긴 상한 마음과 상처 기억이 치유를 기다리는 상태인지도 모른다.

그리고 대인관계나 사회관계 속에서 인정욕·애정욕과 관련된 지나친 민감성과 부정적 해석이 사회적 위험을 과대하게 지각하게 하여 불안과 공포가 심해지면, 사회(대인)공포증으로 진행될 수 있다.

▶ 판단·정죄하면 안 되는 이유

누구나 할 것 없이 죄인이자 불완전한 인간이 자신의 기준에서 타인을 판단할 경우, 대개는 자신의 욕구와 편견에 얽혀있기 쉽다. 죄도 없이 우리의 죄를 짊어지신 예수님도 우리를 판단하지 않으시는데, 죄투성이인 우리가 서로 판단하고 정죄하는 것이 분수에 맞는 일은 아닐 것이다. 충고를 꼭 해야 할 때는 그 사람 앞에서 온유하고 신중히, 그리고 성령의 인도 가운데 성경적 토대를 근거로 그 사람과 공동체의 유익을 위해 권면해야 한다.

- 판단 받는 상대방이 힘듦: 인정욕구 손상으로 관계 악영향
- 판단하는 내가 힘듦: 나쁜 에너지와 호르몬·신경전달물질의 영향으로 독이 됨. 특히 부부간 정죄나 비난의 마음은 자기연민을 불러옴.
- 성경적으로 안 맞음: 모두 죄인

〔로마서 2:1〕 그러므로 남을 판단하는 사람아, 누구를 막론하고 네가 핑계하지 못할 것은 남을 판단하는 것으로 네가 너를 정죄함이니 판단하는 네가 같은 일을 행함이니라

▶ 죄의식과 죄책감

일반적 관점

- 죄의식: 자신의 생각·감정 등을 포함하여 포착되는 좀 더 내면적이고 본질적인 죄에 대한 의식
- 죄책감: 자신의 행동이 주로 타인이나 사회에 피해나 상처를 주었을 때 느끼는 구체적·사후적 책임감
  - You message: 죄의식 관련 – "너는 잘못됐어"라는 존재 자체에 대한 부정적 메시지
  - I message: 죄책감 관련 – "내가 이렇게 느껴"라는 대인관계에서 상대의 언행이 끼치는 결과(에 대한 책임감)를 알리는 메시지

기독교적 관점

- 죄의식: 인간은 원죄(하나님과의 관계 훼손)에서 비롯된 원초적인 죄에 대한 의식이 있으며, 이는 하나님을 통해 해결해야 함. 인간끼리 죄의식을 덧씌우거나 조장하면 안 됨.
- 죄책감: 교리와 연관하여 자신의 잘못에 책임감을 느끼는 감정

하나님으로부터 OK, I'm OK

회개와 예수 그리스도의 죄 사함을 통해 '죄의식의 보상심리'가 해결되면 인간[타인(부모), 자신]에게 끊임없이 집착하여 인정받으려는 이유가 퇴색하고, 이와 관련된 애정욕도 의미가 달라진다. 내 안에 거하시는 예수님이요 예수님 안에 거하는 나이기에 용서와 사랑의 예수님이 나에 대한 판단을 일삼던 부모의 자리를 대체하고 나를 의롭다며 긍정하신다. 당연히 타인 및 외부의 요구나 평가, 압력으로부터 억눌리거나 상처받는 정도가 예전보다 약해진다. 그래서 왜곡된 자아 이미지, 바닥을 헤매던 자아존중감, 부정적 사고와 불안감 등에 변화가 오면, 진정으로 자신을 받아들이는 것 — 자기용서, 자기와의 화해 — 은 그다음 수순이 될 것이다.

▶ 자존심과 자존감

일반적 관점

- 자존심: 타인으로부터 존중받고자 하는 욕구로, 경쟁 속에서의 긍정임.
- 자존감: 자기 자신이 애정과 인정을 받을 만하다는 믿음에서 비롯된 자기존중감으로, 있는 모습 그대로의 긍정임.

기독교적 관점

- 자존감: 사람(타인이나 자기)의 인정에서 얻어지는 자존감이 아니라 믿음의 테두리 안에서 부족한 모습 그대로 예수님께 OK(칭의)된 자기를, 자기 자신도 OK하는(바로 서는) 것

기독교 내적 반성

하나님을 믿게 되면 죄의 회개와 죄 사함을 통해 자기가 바로 서고 예수님이 주시는 칭의의 은혜와 평안, 자유함을 누려야 하는데, 대부분

교회에서는 여전히 성도들의 어깨에 죄의식의 무거운 짐을 지우며 죄를 강조하고 있다. 더 큰 문제는 성도들이 죄의 해결을 위해 하나님과 1:1의 개별적 만남과 관계성 속에서가 아니라 헌금이나 교회 봉사 등 외적인 행위로 죄의식을 덜고자 한다는 데 있다.

여기서 봉사자와 교회 직분자를 폄훼하려는 게 아니며, 개인적으로는 그분들을 존경하고 감사하게 생각한다. 다만 이런 훌륭한 분들이 간혹 자유함과 평안을 누리지 못하고 심리적 어려움에 처하기도 하는데, 이에 대한 아쉬움 때문에 언급하는 것임을 밝혀둔다. 이런 면에서 교회 지도자들은 교회 구성원들이 죄 된 자기를 부인 · 회개하고 예수님을 받아들인 뒤에는 더 이상 죄의식에서 허우적대지 않고 은혜와 온전함의 기쁨을 누리도록 '누림'을 강조하여 가르치는 것이 필요하다.

자가치유 핵심 팁

- 나는 지금 이대로 하나님이 사랑하는 귀한 영혼이다.
- 죄인인 인간에게 왜곡된 방식으로 인정받으려는 수고는 무의미하다.
- 타인의 판단이나 정죄는 그들의 잘못이지 내 잘못이 아니다.
- 예수님이 OK(죄 사함)했으므로 나는 떳떳하다.
- 예수님이 용서하신 나를 내가 용서하지 않는 건 교만이다.
- 예수님이 사랑하는 나를 나도 사랑한다.
- 세상의 아버지에게 하는 것처럼 하나님의 인정을 받기 위해 애쓰는 것은 무지 때문이다.
- 모든 사람이 외모를 가장 큰 평가 기준으로 삼지는 않는다.
- 기대 수준은 절대적인 것이 아니라 내가 만든 상대적인 것이며, 이는 타인을 평가하거나 나를 공격하는 칼날이 될 수 있다.
- 에덴적 환상(자신, 타인, 현실)은 당위성 요구와 평가라는 비합리적 사고로 연결된다.
- 최선을 다하는 게 능사는 아니다. 지나친 과부하로 인한 독이 자신을 삼킬 수 있다.
- 너무 치열한 것보다는 조금 부족한 게 나을 수도 있다.
- 과잉된 에너지 낭비와 효과 없는 수고는 끊임없이 자신을 지치게 만든다.
- 자기검열과 자의식은 쉼 없이 자신에게 점수를 매기고, 낮은 점수에 매를 때리는 고문과 같다.
- 내가 없어도(꼭 하지 않아도) 세상은 잘 돌아간다.
- 어려운 사람을 반드시 내가 도와줘야 하는 것은 아니다.
- 나의 어려움을 토로하고 도움을 구하는 것이 자존심 상하거나 창피한 것은 아니다.
- 나의 권리에 해당하는 지분을 요구하는 것이 치사한 것은 아니다.

2. 애정욕구에 대하여

▶ 원초적 보상욕구

죄로 인해 태초의 온전성이 깨지면서 죄의식/수치심과 관계 훼손 등을 보상받기 위해 세상과 사람으로부터 인정받고자, 그리고 사람의 관심과 애정을 얻고자 인정욕·애정욕에 매달리는 심리 기제가 생김.

- 원죄로 인한 죄의식·수치심을 보상받기 위한 인정욕
- 원죄로 인해 하나님의 사랑을 잃고, 훼손된 관계를 보상받기 위한 애정욕

우리는 아마도 누군가에게 자기 전체를 절대적으로 감싸안고 받아들여주는 그런 사랑을 마음속 깊이 원하는지도 모르겠다. 마치 아기가 엄마의 태와 품속에서 느끼며 암묵적으로 기억하는 사랑 말이다. 아기는 자라서도 그런 사랑을 원하지만, 이 바람은 유아적 환상일 뿐이다. 엄마도 죄성을 가진 인간이며, 불완전하고 부족한 존재이기 때문이다. 이걸 깨닫기 전에는 나이는 어른이 되었어도 아직 미성숙한 애어른에 불과하다고 볼 수 있다.

사람들은 대개 애어른인 채로 결혼도 하고 아이도 낳는다. 그리고 배우자에게서 엄마·아빠 같은 사랑을 바라거나, 또는 엄마에게서 못 받은 사랑을 채우고자 갈망한다. 어쩌면 이런 갈증은 하나님의 절대적 사랑을 잃어버린 순간부터 시작되었을 것이다. 하나님으로부터 채워야 할 사랑을 사람을 통해 해결하려 하니 문제가 생기지 않을 수 없다. 이렇게 왜곡된 사랑을 '애정욕구'라는 이름으로 살펴보는 것은 어슴푸레하게나마 진정한 사랑으로 가는 길을 모색해보고자 함에 있다.

애정욕구와 원죄

인간은 원초적 애정결핍 상태라고 볼 수 있다. 태초에 하나님과 인간은 서로 교통하며 연결된 상태였지만, 원죄로 인해 죄가 들어오게 되고, 아담과 하와는 자신들의 수치스러운 몸을 나뭇잎으로 가리고 하나님을 피해 숨었다. 이러한 하나님과의 관계성 훼손은 하나님과의 애정 전선에 빨간불이 들어온 것이며, 여기서 비롯된 분리감은 불안정 애착으로 인한 유아의 분리불안처럼 우리의 정서적 평안이 깨졌음을 뜻한다.

따라서 사탄의 개입으로 인한 '하나님과의 분리' 자체가 본질적으로 죄적 상태이며, '분리감' 자체가 죄의식적 상태라고 볼 수 있다. 그리하여 인간은 하나님과의 관계성 회복에 대한 보상욕구로 인간관계에서 그토록 강렬하게 사랑을 갈구하게 되었는지도 모른다.

하지만 남녀 간의 사랑을 포함하여 대부분의 인간적 사랑은 받는 사랑뿐만 아니라 주는 사랑조차 자기중심성이라는 한계를 벗어나기 어려운 것 같다. 예를 들어 받는 사랑의 경우에는 상대의 사랑하는 마음을 이용해서 자기가 받을 사랑을 요구하고, 좌절 시에는 화를 내게 된다. 주는 사랑의 경우에는 "사랑 때문에 그런 거야"라며 사랑을 핑계로 상대방의 행동을 통제하거나, 자기의 사랑 방식을 받아줘야 한다고 요구하는 식이다.

▶ **애정욕과 관계중독(연애중독, 배우자중독)**

관계중독은 성인이 되어서도 애착* 상태에서 심리적 독립을 하지 못하고, 계속 자신의 욕구충족을 위해 누군가와 관계를 맺으려는 경향성을 보인다. 아기의 욕구에 대한 적절한 반응과 돌봄, 스킨십 등의 애착관계가 잘 형성되지 않을 경우, 성인이 되어서도 관계에 대한 불안감으로 혼자 있는 상황에 강한 불편함을 느끼고 중독적으로 관계를 추구하게 된다.

애정욕과 인정욕

애정 및 인정과 관련하여 부모의 태도와 양육방식은 자녀의 애착관계 형성에 지대한 영향을 미치며, 이는 평생을 좌우한다고 알려져 있다. 사람들은 어릴 때부터 기본적으로 애정욕구와 이와 관련한 인정욕구를 가지고 있으며, 이러한 욕구들이 잘 해결되지 않았을 때 우울, 강박 등 여러 가지 정서적 장애와 정신문제를 초래하는 원인으로 밝혀졌다. 생애 초기 부모(특히 어머니)와의 애착관계가 불안정할 경우 또는 교육환경이 지나치게 과잉보호적이거나 권위적인 경우에 생기는 부적응 문제가 그 예다. 운이 좋아 좋은 부모를 만난다면 좋겠지만, 모든 사람이 운이 좋을 수는 없는 법이다. 설사 운이 좋다 하더라도 어떻게 부족한 게 전혀 없겠는가?

---

* 애착: 생후 1~2년 이내에 자신을 돌보는 양육자와 형성하는 상호적이고 감정적인 유대관계로, 혼자서는 생존할 수 없는 무력한 아기가 양육자인 부모의 사랑을 받기 위해 떨어지지 않으려는 마음이다. 좀 더 넓혀 말하면, 자신의 욕구를 채워주는 대상에게 끌리는 일방적·요구적 사랑을 뜻한다.

애정을 통한 인정욕 추구
애정이 확인되어야 스스로가 인정되고, 긍정적 자아 이미지가 가능하며, 관계의존적인 모습을 보인다. 관계의존은 타인에게 인정·사랑받기 위해 관계에 의존하고 주체적 자기를 상실한 상태로, 관계중심과 관계의존은 서로 다르다.

애정을 위한 인정욕 추구
인정을 통해 애정을 구하고 애정을 얻기 위해 성취적 노력을 하는 상태로, 부모의 조건적 사랑과 기대가 이를 촉발할 수 있다.

C는 할머니 손에 맡겨져서 사랑을 듬뿍 받으며 자란 첫 손주이지만, 부모님과 동생이 있는 집으로 돌아온 뒤 점차 애정결핍과 정서적 불안에 시달리게 되었다. 학교 성적이 좋은 동생은 부모님의 사랑과 인정을 받은 반면, 자신은 차별과 무관심 속에 지적받는 일이 많았기 때문이다. C는 친구, 선생님 등 가능한 한 다른 많은 타인과의 접촉 속에서 관계유지를 위해 노력했고, 그들과 항상 연결되어 있음을 확인해야 할 만큼 관계에 심하게 집착하는 바람에 오히려 부담감을 느낀 지인들이 멀어지는 일이 많아졌다. 부모님에게 사랑받기 위해 성적을 향상시키고 싶었지만, 원하는 만큼 잘 안됐다. 주변의 반응과 관계에 지나치게 신경을 쓰다 보니 학업 집중력과 능률도 떨어졌다.

그러다가 어떤 때는 하루에도 몇 번씩 자위행위를 할 만큼 불안이 심해졌고, 대입시험에 떨어져서 재수·삼수 후 지방대학에 입학했으나 자퇴하고, 10년 이상 계속 입시에 매달리기도 했다. 학원에서는 친구 없이 따돌림받았으며, 진로를 생각하면 우울(조울), 자살 충동을 느꼈고, 모의고사 문제지를 수집하는 등 강박성을 보였다. 은행이나 길에서 만난 누나들, 신부님, 경찰관, 채팅으로 알게 된 사람들에게까지 자신의 문제를 계속 토로하다 보니 통신료(인터넷, 휴대폰비)가 지나치게 많이 나왔고, 공중화장실에서 여성들을 훔쳐보다가 경찰에 고발조치가 된 일도 있었다. C는 상담을 종료한 이후 지금도 약을 복용하고 있지만, 자신의 문제를 잘 이해하고 있고, 불안·우울 증상이 완화되어 그런대로 잘 지내고 있다.

악순환의 고리
성적이 안 나오면 불안 → 성충동 행동 → 죄의식(후회) → 타인 의존-채팅(관계 중독) → 공부할 시간과 집중력 부족 → 성적 하락

부부관계, 보이지 않는 힘

부부가 집안에서 만드는 분위기와 이를 감싸고도는 에너지는 보이지 않지만, 자녀가 매일 마시고 들이키며 연결되고 전달된다. 뇌과학적으로 두뇌와 마음은 빛(광자), 전기, 자기 등의 에너지로 신호를 주고받으며 상호작용하고 있다. 그 에너지가 하나님과 연결된 (+)에너지인지 사탄과 연결된 (-)에너지인지에 따라 그 결과는 상반되게 갈라질 것이다. 부부가 인간적 사랑과 남녀 간의 사랑에만 갇히지 않고 하나님을 바라보며 함께 걸어간다면, 그리하여 가능한 한 하나님을 닮은 사랑을 서로 주고받으려 노력한다면, 집안에 생명에너지와 활력이 넘치고 자녀는 이를 호흡하게 될 것이다. 이처럼 부부관계는 둘만의 관계에서 끝나는 게 아니라 가족관계와 자녀의 정서, 인지기능에 미치는 영향이 지대하다. 대개의 경우 어머니가 상대적으로 더 밀접하게 자녀양육에 관여한다고 본다면, 남편(아버지)들은 아내(어머니)들에게 이러한 고려없이 던졌던 그간의 언행을 되돌아보시라.

〔가톨릭성경, 루카복음 11:34~35〕 네 눈은 네 몸의 등불이다. 네 눈이 맑을 때에는 온몸도 환하고, 성하지 못할 때에는 몸도 어둡다. 그러니 네 안에 있는 빛이 어둠이 아닌지 살펴보아라.

▶ (+)에너지

사람의 마음이 하나님과 연결되면 (+)에너지, 즉 생명을 살리는 에너지가 충전되며 이는 영적 · 심리적 · 육체적으로 동시에 작동한다. 성경 말씀에 성령이 함께 계시므로 우리가 말씀을 읽거나 성경에서 권하는 생각과 정서와 행동에 가까워지면, 생명이 살아나고 마음이 맑아지며 평안해진다. 이처럼 묵상과 기도 등을 통해 성령이 이끄시는 생각과 정서가 뇌에서 작동할 때, (+)에너지의 활동력으로 뇌파, 기(에너지장)의 변화가 일어나며 몸의 면역력을 높이거나 마음의 평안에 도움이 되는 좋은 호르몬과 신경전달물질이 분비된다. 이와 관련하여 뇌과학적 연구를 통해 밝혀진 바에 따르면, 수녀님들의 기도나 명상가들의 명상 시 뇌파와 신경전달물질 분비에 변화가 따른다고 한다.

사람의 몸 안팎을 감싸고도는 이러한 에너지는 따뜻한 마음이 담긴 눈빛, 목소리, 위로의 말을 통해 다른 사람들에게도 전달된다. 이는 상담현장이나 전도현장에서도 밝은 빛으로 힘을 발휘하겠지만, 일상의 부부관계와 가족관계에서도 당연히 영향력을 끼친다.

> **하나님과 연결된 에너지**
> 온유, 절제, 겸손, 의, 진리, 인내, 자족, 감사, 기쁨, 용서, 믿음, 소망, 사랑 등 (+)에너지

우리의 몸과 마음은 뇌과학에서 추구하는 것처럼 증명할 수 있고 눈에 보이는 것(뇌영상, 뇌파, 신경계, 신경전달물질 등)들로만 이뤄지지는 않은

듯하다. 1998년 미국 국방부의 흥미로운 실험이 있다. 피실험자의 입천장에서 세포 몇 개를 떼어내 시험관에 넣고, 몸과 시험관에 각각 피부 반응 감지기를 부착한 뒤 입천장 세포들이 든 시험관만 옆 건물에 갖다놓았다. 비디오 감상을 통해 피실험자의 마음이 평화로워짐을 느꼈을 때 몸에 붙여놓은 피부 반응 감지기에 '평온' 반응이 나타났다. 그런데 놀랍게도 그 순간, 옆 건물에 갖다놓은 입천장 세포들에도 '평온' 반응이 나타났다. 심지어 5일 후 옆 건물이 아닌 80km나 떨어진 다른 도시에 옮겨다놓고 똑같은 실험을 해도 그 결과는 같았다. 우리 몸의 세포는 에너지장의 변화에 주파수를 맞추고 '형태공명(morphic resonance)'(Rupert Sheldrake, 1995)을 한다는 주장이 있는데, 이 실험에서 동일인의 살아있는 세포는 거리와 관계없이 공명한다는 것을 보여준다. 이는 인간의 심리와 몸이 뉴런 등 생화학적 과정을 통해서만 작동하는 게 아니라 시공간을 뛰어넘는 에너지 교류가 있음을 보여주는 게 아닐까.

이러한 상호작용론은 하나님과 인간 그리고 자연 간의 상호교류와 영향력을 위해 창조주가 만든 일반은혜적 시스템의 원리를 이론화한 것으로 볼 수 있다. 예를 들어 상담자의 공감은 내담자와의 공명으로 내담자가 힘을 얻게 하고, 그 신뢰감을 바탕으로 상담을 통해 긍정적 생각과 행동의 변화를 가져오는 데 중요한 역할을 한다. 이를 통합상담적 관점에서 보면, 공감은 상담자와 내담자 간에 공명을 일으켜 따뜻한 마음과 긍정의 말로 (+)에너지를 전달함으로써 내담자를 지지하고 치료효과를 가져온다. 하나님으로부터 공급받은 에너지의 전달은 타인이나 외부뿐만 아니라 자기 내부의 영역에도 작동하며, 자가치유나 마음수련, 종교적 수도과정에서도 유사한 방식으로 치유적 변화와 성숙을 가능하게 하는 것 같다.

〔고린도후서 4:18〕 우리의 돌아보는 것은 보이는 것이 아니요 보이지 않는 것이니 보이는 것은 잠간이요 보이지 않는 것은 영원함이니라

▶ (-)에너지

사람의 생각과 정서가 사탄과 연결되면 (-)에너지, 즉 사망으로 이끄는 에너지가 전달되며 이는 영적 · 심리적 · 육체적으로 동시에 작동한다. 우리가 성경에서 멀리하는 생각과 정서와 행동에 연결되면 아담으로부터 피를 타고 내려온 죄성이 불같이 일어나 에너지가 소진되고, 정신이 탁해지며, 생명이 고갈된다. 분노, 적개심, 공격충동 등 뇌에서 사탄이 유혹하는 생각과 정서가 일어날 때 뇌파, 신경전달물질, 기(에너지장)의 변화가 일어나며 그 파괴적이고 어두운 에너지가 눈빛, 목소리, 독한 혀를 통해 다른 사람들에게 전달된다. 이는 사람 간에 갈등과 분열을 야기하고, 서로 상처를 줘서 불안, 우울, 자살 등 각종 심리문제를 일으킨다.

사탄과 연결된 에너지
교만, 분노, 정죄, 시기, 원망, 낙심, 탐욕, 인색, 음욕, 불안, 나태 등 (-)에너지

〔마태복음 12:34~35〕 독사의 자식들아 너희는 악하니 어떻게 선한 말을 할 수 있느냐 이는 마음에 가득한 것을 입으로 말함이라 선한 사람은 그 쌓은 선에서 선한 것을 내고 악한 사람은 그 쌓은 악에서 악한 것을 내느니라

부모의 사랑은 아가페?

인간은 대개 주고받는 사랑이나 조건적 사랑에 익숙하기에 조건 없이 주는 사랑인 아가페적 사랑을 하기는 쉽지 않다. 부모의 사랑이 아가페적이라고 흔히들 말하지만, 과연 부모의 사랑은 아가페적인 걸까? 아가페적 사랑을 '무조건적인 절대적 사랑'이라고 정의한다면, 아마도 조

건과 무관하게 상대를 중심으로, 상대에게 유익하게, 주는 사랑이라고 볼 수 있을 것이다. 그런데 부모의 사랑은 부모-자식이라는 혈연관계의 조건이 붙는다. 부모의 피와 유전자를 물려받은 특수한 조건이 부모가 사랑을 주는 대상인 자식과 끈끈하게 얽혀 있다. 내 자식이기 때문에 희생도 하고 헌신적 사랑을 하는 것 아닌가. 이러한 조건은 아무리 상대, 즉 자녀를 중심으로 한 사랑을 주려 해도 조건의 영향 때문에 온전히 상대 중심적이 되기가 쉽지 않다. 오히려 부모 중심적이기 십상이다.

그런데 여기서 끝이 아니다. "열 손가락 깨물어 안 아픈 손가락 없다"라는 말처럼 자식이라는 조건은 부모가 공평하게 사랑할 수 있음을 담보하는가? 부모가 자녀를 유익하게 사랑하려고 해도 유익의 판단기준을 부모가 정하므로 실상 '부모가 생각하는 유익'을 자녀는 그렇게 느끼지 않을 수 있다. 따라서 결과적으로는 유익하지 않고, 오히려 해가 되는 사랑을 많이 본다. 주는 사랑도 마찬가지다. 영아부터 성인이 될 때까지 부모의 사랑은 기본적으로 주는 사랑이라고 볼 수 있겠다. 부모는 주는 사랑을 했다고 믿겠지만, 엄밀히 들여다보면 그 사랑을 통해 무의식적으로 부모가 얻고자(받고자) 하는 것이 있기 마련이다. 특히 부모의 열등감이 개입되거나 그에 대한 보상 또는 대리만족의 도구로 자식 사랑이 왜곡될 우려도 있다.

불행히도 인간은 자신의 욕구와 감정에서 완전히 자유로울 수 없다. 그리하여 자기의 좌절된 욕구와 바람을 자식에게 투영시켜 그렇게 한 번 더 조건화된 자식 사랑을 덧입히게 되면, 여기서 바로 자식의 고통이 시작되리라. 사랑이라는 이름으로 요구하고 평가하고 책망하는 부모의 목소리는 삶의 전반을 따라다니며 자녀의 자기 이미지와 자존감에 커다란 영향력을 행사한다. 그래서 타인에게는 아가페적 사랑이 가능할 수도 있겠지만, 자녀에게는 역설적이게도 아가페적 사랑이 더 힘든 것이다.

▶ 부모로부터의 독립

유아, 청소년기
생리적·물질적·심리적 보살핌이 필요한 시기

성인기
독립해야 하는 시기(애착불안이나 애정결핍은 독립에 대한 불안을 유발함)
- 모성애의 바람직한 방향: 보호 → 양육 → 독립
- 부모의 사랑 왜곡: 부모·자식 간 사랑중독과 의존문제가 생기고, 자식을 위한 사랑이 아닌 자기만족적 사랑으로 변질될 수 있다.
- 부모도 불완전한 죄인임을 이해: 부모의 부족했던 부분을 주 안에서 용서하고 받아들임으로써 자식도 차츰 원가족 관련 상처에서 벗어날 수 있다.

〔창세기 2:24〕 **이러므로 남자가 부모를 떠나 그 아내와 연합하여 둘이 한 몸을 이룰찌로다**

애정욕과 소유적 사랑

아가페의 역설
- 하나님의 아가페 사랑: 우리가 하나님의 조건 없는 사랑을 성숙한 믿음으로 누리지 못하고, 개인의 욕구와 결부시켜 원하는 것은 모두 기도나 믿음으로 얻을 수 있다는 환상적 믿음으로 왜곡되면, 여러 부작용과 문제가 생길 수 있다(예: 종교중독).
- 인간의 아가페 사랑: 모성애가 과잉되거나 왜곡되면, 부모와 자식 모두에게 부정적이고 역기능적인 문제가 생길 수 있다(예: 관계의존, 충동조절장애, 불안/우울).

자녀의 어린 시절부터 성장기까지는 과도기적으로 부모가 수용적 사랑 속에서 은사(재능)나 노력에 대해 적절한 칭찬과 인정을 해줌으로써 자녀가 긍정적 정서와 자존감을 가질 수 있게 하는 것이 필요하다. '과도기'라는 표현을 쓴 이유는 장성하면 '부모를 떠나 아내와 연합'하는 성경적 원리에 따라 자식이 성년이 되면 떠나보내야 하기 때문이며, 궁극적으로는 하나님께 양육권과 양육의 책임을 넘겨드려야 하기 때문이다.

이와 함께 이러한 양육과정에서 어려우면서도 중요한 점은 부모의 개인적 보상심리나 자식에 대한 욕심 때문에 자식에게 외부(학교, 사회)에 대한 인정욕구를 지나치게 주입하거나 자극하지 않도록 조심해야 한다는 것이다. 자식에 대한 소유적 사랑은 지나친 통제, 지나친 보호, 지나친 밀착과 융합으로 부모와 자식 둘 다에게 부정적 · 역기능적 영향을 끼친다.

그리고 아이의 이해 수준에 맞게 — 의외로 아이들은 영적 이해가 빠르다 — 성경 말씀을 전하며 하나님의 사랑과 도우심을 알게 하는 것이 나중에 부모를 떠나 성인으로 건강하게 독립하는 데 효과적인 역할을 하게 된다고 생각한다.

▶ 양육 스타일과 자녀에 대한 영향

하나님이 자녀인 우리에게 사랑과 은혜만 주시지 않고 진노와 진리를 함께 보여주신 것을 적용해보면, 자녀 양육에서도 애정과 통제가 함께 있어야 바람직하다고 볼 수 있다. 아래는 편의상 구분한 것이고, 실제 양육에서는 칼 같이 나누어진다기보다 네 가지 스타일 속 특성들이 서로 섞여 있는 경우도 많다.

- 관대한 스타일(허용적): 애정충족, 통제 부족 – 충동적, 이기적, 공격적, 폭력성
- 권위적 스타일(독재적): 애정 부족, 통제, 규칙 강요, 대화보다 처벌 – 무감정(인간관계 어려움), 완벽주의, 우울, 불안, 강박

- 수용적 스타일(현명함): 통제와 애정충족, 자녀가 함께 규칙 정함 – 협력적, 자율적, 학습능력 우수
- 방임적(무관심): 통제와 애정 둘 다 부족 – 반항적, 반사회적, 거칠고 통제하기 힘듦.

부모의 사랑 색깔과 문제 사례

- 내 자식 사랑: 자식에 대한 인간적·육적 사랑이 지나치면 심리적으로 건강하지 못하고, 의존성과 학교·사회 부적응 등 부작용이 심각할 수 있다(과잉보호적 양육).
- 통제적 사랑: 자기사랑의 일종(?). 자기가 바라는 기준에 도달시키기 위한 사랑으로, 자식에게 지나친 스트레스와 반발심을 줄 수 있어 오히려 역효과를 초래하기 쉽다(권위적 양육).
- 감정이입(밀착된) 사랑: 부모와 자녀가 경계선 없이 뒤섞인 감정과 밀착된 사랑으로 언뜻 사이가 너무 좋아 보이나 언젠가는 문제가 터지게 된다. 갈등이 생기거나 서로 독립해야 할 시기가 왔을 때, 양쪽 다 환상이 무너지는 충격이 크게 마련이다(과잉보호적 양육뿐만 아니라 수용적 양육방식에서도 나타날 수 있음).

▶ 과잉사랑/과잉보호

과잉사랑과 과잉보호는 자녀를 귀여움의 대상으로 보거나 지나치게 보호하고 도와주려다 보니, 자녀가 자율성과 독립성을 기르지 못하여 의존적이고 사회적응이나 문제해결력이 떨어지기 쉽다. 자녀가 원하는 것을 무분별하게 채워주니 인내심이 생길 리 없고, 자녀가 해야 할 일도 대신 해주니 적절한 좌절 경험의 기회가 주어지지 않으며, 자녀 스스로의 노력으로 이룬 성공 경험이 부족하게 된다. 그 결과 새로운 것에 대한 호기심을 지속하지 못해 쉽게 권태감을 느끼고, 어떤 일이든

끝까지 해내려는 끈기가 부족하여 누군가의 도움을 늘 기대하고, 스스로 힘든 노력을 하려 하지 않기에 사회에 적합하지 않은 사람으로 성장한다. 세상은 부모처럼 자신을 알아서 챙겨주거나 보호해주지 않는데, 여전히 에덴적 환상 속에서 자기중심적이고 때로는 충동적·이기적으로 다른 사람에게 비현실적 기대를 하니, 부모의 손길이 안 닿는 곳에서 좌절로 인한 상처와 실망이 뒤따르는 건 어쩌면 당연한지도 모른다.

에덴적 환상은 인간의 죄성과 유한한 세상에 대한 몰이해와 함께 자신과 타인에게 완전성과 당위성에 따른 기대를 한다는 데서 문제가 싹튼다. 먼저, 자신에 대한 기대는 그 기준에 못 미치는 현실의 자기 모습과 괴리가 생기고, 나아가 자기가 원하는 자신의 모습과는 더욱 괴리감을 느끼기 쉽다. 여기서 생기는 죄의식은 자존감을 떨어뜨려서 우울과 불안을 유발하거나 망상적 자기세계를 창조하기도 한다. 다음으로 타인에 대한 기대는 당위성에 의거하여 상대방을 판단·비난하면서 공격할 수도 있지만, 외부로부터의 상실감과 분노 등이 내부로 향하면 우울증으로 이어지거나, 피해의식(현실과 환상의 불일치)으로 인해 망상에 빠질 수도 있다.

적절한 좌절 경험 적고 과잉사랑

에덴적(낙천적) 환상 → 환상 좌절 시 상처 → 판단(당위성: 타인/이상적 기준: 자신) → 타인(현실)과 자신에 실망 → 철수, 회피 → 우울

- 낙천, 예민, 극과 극(정서적 격차), 관계의존
- 타인과 자신에 대한 높은 기대 수준, 외부(타인)의 평가에 민감, 에덴적 환상 속 완벽주의
- 철수, 회피, 고립, 감정 포장

적절한 좌절 경험 없고 과잉보호

에덴적(의존적) 환상 → 환상 좌절 시 분노 → 타인 비난·공격 → 자기와 현실 간 합리화 시도 → (합리화에 실패하면) 도피 → 망상(객관성이 결여된 비합리적인 비현실 창조)

- 의존, 나약, 충동조절(×), 인내심(×)
- 무능력+부적응: 에덴적 환상 속에서 천국이 아닌 현실에 적응하지 못함.
- 망상: 현실에서 도피, 자기만의 (망상적) 세계 창조

조현병(망상) 진단을 받은 Y는 '에덴적 환상' 속에서 의존적이고 나약하며, 하기 싫은 건 절대 안 하려 하고 하고 싶은 건 꼭 해야 하는 성격으로 충동조절장애와 분노조절장애도 가지고 있다. 어머니의 과잉보호적 양육방식이 끼친 영향도 컸다. 모든 것이 허용적인 집이라는 공간을 벗어났을 때, 엄격한 학교 선생님과 냉혹한 사회에서 적응에 어려움을 겪는 게 어쩌면 당연한지도 모른다. 어머니에 대한 애착과 융합 관계는 권위주의적인 아버지와의 관계에 더욱 악영향을 끼쳤는데, 특히 어머니가 아버지에 대한 불만을 아들에게 털어놓음으로써 이로 인해 Y가 성장기에 더 큰 정서적 혼란과 불일치(삼각관계)를 겪게 된 것이 안타까웠다.

통찰적 통합상담 이후 Y는 아버지에 대한 미움이 완화되고 아버지와의 관계가 회복되면서 정서적으로 호전되었지만, 어머니와의 유착관계는 쉽게 변화되기 어려웠다. 자기가 원하는 게 있으면 거기에 집착하다가 잘 안 되면 충족되지 못하는 상황을 받아들이거나 참지 못하고, "하나님이 해주신다고 했다", "하나님이 그렇게 하라고 했다"는 등 망상으로 빠졌다. 종교망상으로 인해 지속해서 정신증 약을 복용해야 하는데, 조금 좋아질 만하면 약에 대한 저항감으로 스스로 약을 끊는 바람에 입·퇴원을 반복하며 만성적인 상태에 처해있다.

〔잠언 29:15〕 채찍과 꾸지람이 지혜를 주거늘 임의로 하게 버려 두면 그 자식은 어미를 욕되게 하느니라

▶ 엄한 사랑(권위적 양육)

한편 부모의 권위적이고 엄격한 양육방식으로 인해 부모의 요구와 맞물려 자녀가 자신에 대한 기대 수준을 높이게 되면, 성취와 수행 등에 있어 '완벽주의'로 인한 비현실적·에덴적 환상을 갖게 될 수 있다. 부모의 완벽주의를 자녀가 (경험)유전적으로 물려받거나, 생활 속에서 은연중에 부모의 방식을 보고 배우고 모방하면서 거기에 실린 (-)에너지에 전염되어 부모를 닮아가기도 한다. 이는 과도한 자기 채찍으로 스스로를 누를 뿐만 아니라 사고나 행위에 있어 자신에게 부여했던 '당위성'의 잣대로 자연스레 타인에게도 기대·요구하게 될 것이다. 그 결과 자신에 대한 불만과 부정적 이미지뿐만 아니라 대인관계 문제와 정서적 불안, 우울장애로 이어지기도 한다.

- 조건화된 사랑의 부작용: 부모로부터 인정받아 애정을 얻고자 함.
- 지나친 기대, 완벽 요구: 자존감 저하, 정서적 불안정, 우울, 강박성
- 부정적 평가와 처벌: 실패에 대한 두려움, 불안 상승, 집중력 저하

아버지가 엄격하고 완벽주의적인 양육방식 속에서 자란 J는 평소 모범적이고 규칙을 잘 지키며 과제나 학업을 성실히 수행하는 학생이었다. 내성적인 성격에 불안과 우울 성향이 약간 있었지만, 학교 성적은 상위권이었다. 하지만 수능시험에서 예상치 못한 저조한 결과가 나왔다. 시험을 치는 동안 문제지의 글씨가 하얗게 흐려져 읽을 수 없는 현상이 벌어진 것이다. 반복해서 다시 읽어도 마찬가지였으니, 성적이 잘 나올 리 만무했다.

아버지로부터의 눌림과 지배적 영향력에서 벗어나 하나님 안에서 독립된 자아를 되찾는 것이 치료의 관건이라고 보았고, 긍정적인 자기 개념과 자존감 회복이 절실했다. 게슈탈트통합치료와 영적치유를 중심으로 한 기독교 통합상담 이후 J는 집을 떠나 외국 유학을 선택했으며, 성공적인 유학 생활을 마친 후 지금은 직업과 생활 모두에서 만족하며 지내고 있다.

〔에베소서 6:4〕 또 아비들아 너희 자녀를 노엽게 하지 말고 오직 주의 교양과 훈계로 양육하라

▶ 밀착된 사랑

지나치게 친밀하고 가까운 사랑 방식으로 겉보기에는 수용적이고 민주적인 관계로 보일 수도 있지만, 실제로는 서로의 감정과 정서, 욕구 등이 융합되어 경계선 없이 마치 서로 똑같이 생각하고 느끼는 듯 착각하는 사랑이다. 즉 사랑하는 대상과 분리되지 않고, 모든 것을 공유하며, 내가 갖는 욕구와 느낌을 상대방도 똑같이 가지고 있을 거라는 환상에 빠져있다. 투사적 동일시와 공의존, 공생을 특징으로 하는 자기중심적이고 의존적이며 왜곡된 상태는 어떤 계기로 인해 언젠가는 민낯이 드러나게 마련이다. 그렇게 착각과 기대가 깨어지는 순간 상대방에 대한 배신감에 사로잡혀 서로 상처를 입게 된다.

자녀의 의사를 존중하고 수용적이며, 자녀의 자율적 판단과 선택을 중요시하는, 합리적이고 민주적인 엄마. 상담자가 보기에도 부족한 점이 거의 없어 보이는 엄마에게서 태어났다는 것은 딸인 P에게 행운이라고 할 수밖에 없었다. 친구처럼 속 얘기까지 나누며 남들이 부러워할 만큼 엄마와 관계가 좋았고, 행복한 유년기와 청소년기를 보냈다. 학교 성적도 최상위권을 유지했고, 최상위 대학을 나와 원하는 좋은 직업도

얻었다. P의 성공에는 딸에게 필요한 다양한 정보를 제공하며, 고민을 들어주고 조언도 해주는 엄마의 도움이 지대했다.

그런데 딸에게 상대적으로 조건이 떨어지는 남자친구가 생기면서 모녀 관계에 변화가 생기기 시작했다. 척하면 척, 눈빛만으로도 서로를 이해하고 위해주던 관계였는데, 남친과의 만남을 반대하는 엄마에게 딸이 "엄마가 내 마음과 그렇게 다를 줄 몰랐다. 배신감을 느낀다"면서 자신의 삶에 관여하지 말라는 선언을 해버린 것이다. 그 뒤 P는 집을 나가 따로 살게 되었고, 엄마는 우울증에 삶의 의욕조차 잃어버리며 정신과 약을 처방받게 되었다. 헌신적으로 자식에게서 모든 의미를 찾아왔던 엄마가 자신의 삶을 돌아보고, 지나치게 밀착된 딸과의 관계를 회개하며 하나님 안에서 진정한 자기 만남과 존재를 찾아가는 과제가 남은 것이다. 기독교 통합상담 결과, 증상이 호전된 P의 엄마는 의사의 판단에 따라 약을 끊게 되었고, 딸과의 적당한 거리를 받아들이면서 안정을 찾았다. 그 후 딸이 집으로 다시 들어오지는 않았지만, 명절이나 기념일에 드나드는 정도로 관계가 회복되었다.

자식 사랑과 뒷받침

한국의 부모는 아이들이 어릴 때부터 영어교육, 예능교육 등 조기교육에 열성적이고, 초등학교부터 대입을 위한 사교육에 뺑뺑이를 돌리며, '공부 잘하는 자녀' 만들기에 모든 역량을 쏟다시피 한다. 그리고 그것이 자식을 위한 사랑이라고 믿는다.

부모들이여, 자녀가 공부 잘하기를 진정 원하는가?

누구나 하나님이 주신 은사가 있으므로 이를 발견하고 키워서 공동체에 필요한 역할을 하는 게 중요하겠지만, 백번 양보해서 경쟁 사회에서 살아남기 위해 자녀의 대입과 성적이 중요하다고 인정한다 치자. 그런데 부모가 쏘아대는 공부하라는 잔소리, 성적을 올리라는 요구가 오히려 자녀의 성적을 떨어뜨리고 있다면? 이러한 아이러니는 부모들이 자신이 내뱉는 말의 힘을 잘 모르기 때문에 생긴다는 사실! 하나님이 말씀으로 세상을 창조하셨듯이 하나님의 형상을 닮은 인간의 말에도 상상할 수 없는 힘이 실려 전달된다. 그렇다면 자식에 대한 사랑이라는 이름으로 무장한 채, 부모 자신의 바람과 욕구가 어떤 말을 타고 자식이 공부하고 싶은 욕구를 오히려 떨어뜨리는 것일까? 그리고 자녀의 성적향상과 연관성이 높은 것으로 밝혀진 정서 · 인지기능에 도움을 주려면, 부모는 어떤 말을 해야 하는 걸까? 아래에서는 이에 관해 살펴보고 몇 가지 팁을 주고자 한다. 다만, 개인적 생각으로는 이를 위해 흔히 부모교육에서 훈련하는 기술적인 표현이나 대화법 같은 지엽적인 접근보다 부모가 하나님 안에서 자신을 통찰하여 자신의 욕구나 가치관을 성경적으로 재조정하는 작업을 선행하는 것이 자녀교육에 자연스럽고도 근본적인 변화를 가져오리라고 본다.

조기교육, 해야 할까?

필자는 일찍이 부모의 일방적이고 비주도적인 조기교육이 아이들의 인지나 정서발달에 바람직하지 않다고 믿었기에 두 아이 모두 사교육 기관을 통한 교육을 가능한 한 늦추고 전인교육 위주의 유치원과 열린 초등학교에 보냈다. 고등학교 이전까지는 동네 영어학원에도 보내지 않았다. 그 대신 동화 비디오와 디즈니영화를 거의 매일 틀어준 것이 자연스레 우리말과 영어를 듣고 익히는 데 도움이 되었던 것 같다. 두 아이 모두 국어와 영어에서 독해와 글짓기, 말하기, 듣기 등에 우수한 이유가 이와 상관이 있지 않을까 싶다. 하지만 개인적으로 여기서 짚고 넘어가고 싶은 것은 영어교육이 소통에 필요한 기능적 차원 정도면 충분하며, 학생들이 전부 뛰어난 영어 실력을 갖추어야 한다고 생각하지는 않는다는 점이다.

유아기에는 놀이터에서 많이 놀아주면서 모래놀이, 블록 조립, 밀가루놀이(부침개 하는 날), 물놀이 등으로 신체적 · 정서적 발달을 도모했고, 소년기에는 과학관, 미술관, 연극, 음악회 등을 견학하여 감상과 체험 기회를 많이 주면서 좋아하는 운동을 맘껏 하게 했다.

하지만 그 과정에서 어려움이 없었던 것은 아니었다. 큰아이가 5학년 때의 일이다. 산수 시험점수를 20점, 30점 연이어 받아와서 이건 너무한 거 아니냐고 물으니, "아니에요. 우리 반에는 빵점짜리도 있어요"라며 정색하는 것이었다. 지금은 두 아이 모두 자기 적성과 은사에 어울리는 길을 잘 찾아가고 있기에 웃으며 말하지만, 그 당시에는 당황했던 기억이 난다.

▶ 정상발달의 의미

- 연령에 따른 발달: 운동능력, 적응, 언어발달, 인성·사회발달
- 정상발달의 의미: 예측 가능한 패턴적 단계, 기질·환경과 경험 등 여러 변인에 의존
- 영아의 두뇌·신체 능력: 연령에 따른 순차적 발달
- 어린 나이에 과도한 교육 영상 노출: 불안정 애착, 자폐 성향, 정서 문제, 언어발달 문제 초래(신의진, 2004)

▶ 조기(사)교육: 스트레스↑, 끈기↓, 자율성↓, 단계별 발달 저해

- 사교육 시간과 아동의 우울 증상 간의 상관성(Hong, et. al., 2010)
- 사교육 시간과 저소득층 아동의 공격성 간의 상관(Dream Start, 2009)

▶ 중·고등학생과 사교육

- 주요 스트레스 인자: 교육 수행 결과에 따라 조건화된 부모의 사랑과 관심은 자녀가 사랑받기 위해서는 공부를 잘해야 한다는 부담감을 갖게 하고, 왜곡된 인정욕으로 불안과 스트레스를 유발하여 역기능적으로 작용한다.
- 부모-자녀 갈등의 주원인: 부모가 자녀의 학업과 성적에만 관심을 가지고 통제
- 우울 및 자살과의 관련성: 낮은 학업성취도, 지나친 경쟁
- 청소년 본인의 학습 동기가 중요: 부모에게 인정받기 위해? 부모를 위해 공부?
- 건강한 정체성 형성에 부정적인 영향: 주도성과 자율성, 독립성 결여

∴ 과잉 사교육, 선행학습, 인지기능에 치우친 조기교육 지양

▶ 스트레스와 성적은 반비례

- 스트레스 → 코르티솔 분비 → 해마 활성화↓ → 작업기억능력↓ → 학습능력↓ → 시험점수↓(Diamond, 1996; Najmeh Khalili-Mahani, 2010)

∵ 스트레스: 높은 수준의 부신스테로이드, 당질 부신피질호르몬 노출 – 해마와 편도체 손상

- 생애 초기 스트레스 경험: 아동의 행동에 주요한 영향 → 유전자 표현형 바꿈, 세로토닌 활성화의 변화 – 스트레스에 뇌가 반응하는 방식 변화, 다양한 행동장애, 뇌구조에 지속적인 영향 → 편도체의 크기가 커지고 해마의 크기가 줄어듦.
- 스트레스 호르몬: 발달하는 두뇌의 신경연접 형성 저해, 실행기능 및 판단력, 기억력 등과 관계된 전전두엽, 편도 영역에 영향 → 학습 동기 저하 및 학업 효율성 저하 → 장기적으로 지적 능력 저하 → 2차적 지적장애 및 학습장애

∴ 지나친 부모 기대, 성적 결과 요구, 통제적 부모-자녀 관계 지양

우울·불안 등 부정적 정서와 인지기능의 상관관계

▶ 우울과 인지기능

- 우울은 인지기능에 악영향: 주요 집행기능(사고의 전환, 억제 및 갱신), 작업기억의 손상

∵ 전전두엽 피질의 활동 결함(Monhanty & Heller, 2002), 비대칭성 – 우측보다 좌측 전전두엽이 덜 활성화(Heller & Nischicke, 1998), 전측대상회와 기저핵의 국소적 대뇌혈류 및 대사율의 저하(Videvach, 2000)

- 우울은 비정상적인 지각적 비대칭성: 우반구 후측 영역의 활성화가 상대적으로 감소

∵ 선지남력검사, 3차원적 구성과제, 얼굴인식과제, 공간연합학습검사, 촉각수행검사에서 저조한 수행(Heller & Nischicke, 1997)

▶ 불안과 인지기능

- 불안도 인지기능에 악영향: 잠재적 위협에 대한 주의편향

∵ 정서적 스트룹 과제: 정서적으로 중립적 단어보다 불안하게 하는 단어의 색깔을 파악하는 데 더 오랜 시간 소요 – 색깔 과제에 주의를 기울이지 못하고 의미에 사로잡힘(McNally, 1998).

- 위계적 통제정보의 해석과 기억: 모호한 자극에 위협적 의미해석, 부정적 정보를 더 잘 기억함.

∵ '정서적 감시'에 포함된 우반구 체계와 연관: 감시, 주의, 평가, 반응(접근행동, 회피행동)

▶ 정서조절과 학습 성취도/창의성 간의 상관성

학교 상담실에서 근무할 때 우울척도가 높은 학생들이 자아존중감 및 대인관계 향상프로그램과 상담을 통해 우울·불안이 완화되고 성적이 오르는 사례를 많이 보았다. 성적향상의 주원인은 우울·불안의 완

화와 관련된 주의력 등의 '인지기능 향상' 때문일 가능성이 크다.

선행연구에서는 주의력을 비롯한 '인지기능과 우울의 상호 영향관계'를 밝힌 예들이 많고, 학습 성취도 간 상관관계에 관한 연구들도 이를 뒷받침한다. 한편 긍정적 정서는 학습능력뿐만 아니라 창의성에도 긍정적 영향을 끼친다. 부정적인 정서는 사람들의 주의를 편협하게 하고 숲 전체를 보지 못하도록 하는 데 비해 긍정적인 정서는 주의를 확장시킨다. 이로써 순간적인 행동 레퍼토리를 확장시키며, 뚜렷하게 비범하고도 유연하고 창조적이며 통합적이고, 정보에 대해 개방적이며 효과적인 사고 패턴을 보여준다(Isen).

- 만 5세 아동 325명을 대상으로 학습 성취도와의 상관성 연구: 정서조절과 학습 성취도 간 .22의 상관관계

∴ 칭찬하는 말, 배려하는 말 등 아동의 정서조절 능력에 좋은 영향을 끼치는 언행과 태도로 부모가 변화하고, 이를 통해 자녀와의 소통과 관계를 향상시키는 것이 중요함.

진짜 서포트(support)란

▶ 학습향상요인

- 노력(자신감, 동기, 끈기)+적절한 주의력(정서적 안정)+기억(스트레스 관리)

∵ 노력과 과정 칭찬 → 비판대처능력↑, 문제해결능력↑(Cimpian, Markman & Dweck, 2007)
수행 결과보다 학습 피드백 → 학습능력↑, 뇌파 차이(Mangels et al., 2006)

∴ 꾸중보다 칭찬을 많이 할 필요(1:5)가 있다. 그러나 남발하면 안 되며, 칭찬받을 만할 때 칭찬하고, 과잉칭찬은 더 안 좋다. 구체적 근거와 과정을 들어 칭찬한다.

▶ **성공요인**

• 자기조절 + 자율성(주도성) + 창의성(긍정성, 낙관성)
∵ 정적 정서 유발 → 창의성과의 상관관계(Misra, 2003)
낙천주의 → 스트레스 저하(Chang, 1998),
→ 학점과의 상관관계(Tara Haynes et al., 2006)
∴ 수용적이며 소통적인 부모의 양육 태도 필요

정서는 기억과 사고에 강력한 영향을 끼친다. 결국, 부모가 자녀에게 '부정적 판단 및 평가를 줄이고' 욕심에서 비롯된 부모의 '기대와 통제욕구를 조절'하는 것이 역설적이게도 자녀의 정서와 성적향상에 도움이 된다는 결론이다. 인간적 사랑은 지나치면 과잉보호나 밀착·융합 등에 치우쳐 자녀의 심리적 독립을 방해하고, 의존이나 회피 등 심리문제를 일으키기 쉽다. 자녀에게 필요한 관심과 지원은 하되, 할 수만 있다면 인간 냄새가 덜 나는 무채색 사랑으로 자식이 스스로 할 수 있는 여지를 주는 것이 좋을 것이요, 예수님을 닮은 사랑으로 자식을 수용하고 하나님께 맡긴다면 가장 좋을 것이다. 어차피 자녀가 장성하면 한 몸을 이룰 짝에게 넘겨야 하지 않는가. 그전에 사춘기쯤부터는 자녀를 위한 기도를 하면서 하나님께 자녀의 앞길을 의뢰하고 부모는 한발 물러서는 게 어떨까. 부모들이여, 생각해보라! 죄성에서 자유롭지 못한 우리 자신의 한계를!!

▶ **동기부여**

부모가 자녀에게 주는 긍정적 정서가 학습 결과나 창의성에 도움이 된다 해도 정작 본인이 동기를 가지고 꾸준히 노력해야 지속적인 결과가 나오기 때문에 동기부여는 어쩌면 부모가 해줄 수 있는 가장 중요한 서포트인지도 모른다. 학생들에게 왜 공부하느냐고 물으면, 돈 벌기 위해, 성공하기 위해, 잘 먹고 잘살기 위해서라고 대답하는 경우가 꽤 많다. 대개의 부모도 그렇게 가르친다. 그런데 이런 목표설정은 학습자에게 먹힐 수 있는 의미 창출이 어렵고, 따라서 마음에서 우러나는 동기부여가 어렵기에 열심히 노력하는 동력도 떨어지게 마련이다. 당연히 대개 성적이 잘 나오지 않는다. 혹여 학습자가 목표를 받아들였다 하더라도 부모의 기대와 당위성에 기댄 노력은 장기적으로 인정욕과 애정욕으로 인한 여러 문제를 양산하게 된다.

그런데 만일 자녀가 적성과 흥미를 찾아서 미래에 대한 희망을 품고 공부하는 목표를 자아실현에 둘 수 있다면, 학습동기 향상에 상당히 도움이 될 것이다. 구체적인 방법으로 성격유형검사, 적성검사, 진로탐색검사 등 — 워크넷, 커리어넷 등 사이트 활용 — 으로 자녀의 성격과 적성, 흥미에 맞는 직업군을 찾아내 직업탐색을 하고 진로계획을 스스로 세우게 한다면 좋을 것이다. 하지만 기독교적 관점에서 이러한 자아실현 목표가 개인적이거나 사회적인 의미에만 머문다면 한계가 있다고 본다. 하나님이 주신 은사(달란트)를 갈고 닦아 공동체에 기여하는 방식으로 하나님의 뜻에 맞게 쓸 때, 개인적 · 사회적 · 영적 자아실현이 가능하기 때문이다. 성경에서 "은사를 많이 주신 사람에게 많이 요구하신다"라는 뜻을 밝히신 걸 보면, 은사가 개인의 자아실현만을 위해 주신 것은 아님이 확실하지 않은가.

〔누가복음 12:47~48〕 주인의 뜻을 알고도 예비치 아니하고 그 뜻대로 행치 아니한 종은 많이 맞을 것이요 알지 못하고 맞을 일을 행한 종은 적게 맞으리라 무릇 많이 받은 자에게는 많이 찾을 것이요 많이 맡은 자에게는 많이 달라 할 것이니라

▶ 달란트와 므나

큰아들이 중1 때 "공부를 왜 해야 하느냐?"며 회의적으로 따져 물었다. 순간 당황한 필자는 잠시 기도한 후 "엄마는 '세상 성공이나 돈'

이 아닌, '하나님이 주신 은사'를 찾아서 하나님 뜻에 따라 공동체에 필요한 역할을 하기 위해서 공부한다고 생각해"라고 대답했다. 그 뒤 아이가 현저하게 달라져서 스스로 공부를 열심히 하여 전체 1등에게만 주는 학교장학금을 받게 된 일이 생각난다. 이런 변화를 가져온 자초지종은 나중에야 아들에게 들어서 알게 되었다. 공부를 열심히 하고 싶은 마음이 생긴 건 바로 은사에 대해 생각하기 시작하면서부터였다는 것이다. 성경에서 '달란트'는 각기 다른 재능을 뜻하는 은사의 비유로, '므나'는 재능은 다르지만 지체들에게 똑같이 주어진 충성의 의무를 뜻하는 말로 쓰이고 있다.

〔베드로전서 4:10〕 각각 은사를 받은 대로 하나님의 각양 은혜를 맡은 선한 청지기같이 서로 봉사하라

▶ 부모가 자식에게 긍정적 정서를 선물하는 방법

- 부부간 좋은 관계가 만들어내는 집안 분위기
- 부모의 일관된 양육방식: 부모의 비일관된 반응은 혼란과 불안 야기
- 말과 행동의 일치: 빈말, 말 바꾸기, 같은 행동에 대한 비일관된 반응은 규칙의 혼선으로 정서적 안정을 해침.
- 효과적인 의사소통(대화기술) 방식: I message, 수용과 소통, 상처 주는 말이나 극언 조심
- 하나님을 닮은 아가페적 사랑: 조건과 상관없이 본질적으로 존중받는 귀한 존재로서의 자아상
- 자녀가 스스로 고민하고 결정하기: 부모에게 사랑받기 위해 수동적으로 인정욕이 발현되면 능동성과 주도성이 결여되기 쉬움.
- 꾸중보다는 칭찬 많이 하기(1:5 비중)
- 결과보다는 과정에, 개인적 자질보다는 노력과 행동에 칭찬
- 칭찬할 만할 때 구체적으로 칭찬: 지나친 칭찬은 인지부조화(불일치), 과장된 자아상의 부작용
- 성공, 돈 같은 세속적 가치를 넘어서는 초월적 가치(기독교)

기독교 내적 반성

우리는 부모와 물리적으로 떨어져 있거나 부모가 세상을 떠나서 안 계실 때조차 어린 시절 부모님에게서 영향받은 자기에 대한 이미지에서 벗어나기 어렵다. 어쩌면 그런 부모와의 관계기억이나 부모상을 항상 몸과 마음속 저장장치에 담아두고 사는지도 모르겠다. 그러다가 좌절을 겪거나 힘들 때면 그 기억과 이미지가 부지불식중에 되살아나서 나를 마구 흔든다. 이런 이미지는 워낙 막강해서 하나님(아버지)에 대한 이미지에도 영향을 줄 수 있다. 게다가 교회에서 권위적이고 엄격하며 두려운 대상으로서의 하나님에 대한 왜곡된 이미지를 심어 성도들에게 하나님께도 이 세상의 아버지한테처럼 어떤 조건을 채워 인정받고 사랑받고자 노력하도록 가르친다면, 하나님이 마련하신 풍성한 은혜를 누리기 어렵다.

하나님은 이미 사랑이시다. 부족한 우리를 품어서 은혜를 베푸실 준비가 되어 기다리고 계신다. 우리가 마음을 열기만 하면 되는 거다. 그런데 이런 식의 가르침은 세상을 닮은 조건부 사랑으로 믿음 생활에서도 사람들을 또 다른 얽매임과 부자유의 틀에 가둘 수 있다. 더구나 교회 봉사라든가 헌금 또는 어떤 행위를 조건으로 하나님의 사랑을 받고자 한다면, 예수님의 희생에 대한 의미가 축소되고 다시 율법주의로 돌아갈 우려가 있다. 값없이 주신 십자가 사랑으로 세상과는 구별되는 자유함과 은혜를 누리며, 예수님 안에서 지체들과 연결되고 회복하는 것이 기독교적 사랑의 본질이라고 본다면, 교회는 예수 닮은 사랑으로 세속적인 인간적 사랑을 성숙시키는 역할을 해야 할 것이다. 거꾸로 세상의 조건화된 가치와 문화가 교회를 덮어서는 안 된다. 믿는 지체들이 개인적으로도 은혜를 누리고, 공동체적으로도 은혜와 사랑을 함께 나눌 수 있어야 하기 때문이다.

〔갈라디아서 2:21〕 내가 하나님의 은혜를 폐하지 아니하노니 만일 의롭게 되는 것이 율법으로 말미암으면 그리스도께서 헛되이 죽으셨느니라

자가치유 핵심 팁

- 상대방을 판단하는 순간, 나의 실망감이나 서운함이 상대에게 전달되고 왠지 모르게 관계가 소원해진다.
- 상대가 나를 판단하는 순간, 상대의 칼날이 움츠러진 내 손에 들려 나를 찌를 수 있다.
- 스스로를 판단하는 순간 자존감 저하, 짜증과 분노, 불안과 우울감이 슬금슬금 연기를 피우며, 나를 미워하게 만든다.
- 집착적·과잉보호적 사랑은 내 피를 계속 빨아먹어야 사는 거머리를 키울 수 있다.
- 상대가 특정사안에 대한 거부를 보일 때, 이를 자신에 대한 거절로 받아들이는 것은 자존감 부족과 과잉 일반화 때문이다.
- 상대가 갈등에 대한 회피를 보일 때, 이를 자신에 대한 무시로 받아들이는 것은 소통문제보다 자기 이미지 문제일 가능성이 크다.
- 사랑받기 위해 인정받고자 하는 것은 자기를 소외시키고 결국 둘 다 잃게 된다.
- 애정욕구가 좌절되어 철수하여 숨는 것은 자기라는 동굴에 잠시 피했을 뿐 관계 의존 패턴은 다시 반복되기 마련이다.
- 상대방이 무리하게 도와달라고 요구할 때, 화내지 말고 쿨하게 거절해보라.
- 모든 관계에서 사랑받고 인정받아야 할까?
- 내가 힘들 때 누군가가 나를 도와줘야 할까?
- 마음이 울적해도 사람들 앞에서는 웃는 모습으로 포장하여 관계에 손상을 주지 말아야 할까?

3. 분노에 대하여

공적 분노

공동체 내의 부당함, 불공정 등 공적인 일에 대해 느끼는 분노

의분(義憤), 의노(義怒): 옳지 않은 일을 보면 일어나는 정의로운 분노

예) 성전 장사꾼들에 대한 예수님의 분노, 하나님의 구원계획(영혼 구원)을 방해하거나 성령을 훼방할 때 바울이 느꼈던 분노

사적 분노

개인적 욕심이 서로 부딪히거나 욕구가 좌절되었을 때 느끼는 화/분노

예) 인정욕이 좌절되거나 무시당했을 때 느끼는 분노(자존감 손상)
애정욕이 좌절되거나 상실·결핍되었을 때 느끼는 분노(배신감)
통제욕이 좌절되거나 지배욕 손상으로 인한 분노(괘씸함)

위에서처럼 분노를 공적 분노와 사적 분노로 나눠보았는데, 현실에서는 명확히 구분된다기보다는 섞여 있는 경우가 많다. 예를 들어 LH의 투기 의혹에 대해 공분하여 관련 기관에 항의하고 시위에 참여하는 무주택자 A의 옆집에 LH 직원 가족이 살고 있다면, 이는 조금은 사적 분노가 섞인 분노일 수 있다. 반면에 학교에서 교사가 B라는 학생의 집

단따돌림과 폭행 피해에 안이하게 대처해서 결국 B가 스스로 목숨을 끊는 일이 발생했을 때, 이는 B와 그 가족에게는 사적 분노를 일으키겠지만, 교육시스템 전반에 대한 공적 분노로 이어질 수 있을 것이다.

건강한 분노와 병적 분노

분노는 건강한 분노와 건강치 못한 분노로 나눌 수 있는데, 예수님의 분노처럼 사랑에 기반을 두고 공의를 실현하고자 하는 노함이라면 건강한 분노요 응당 터뜨려야 할 분노라고 할 수 있지만, 개인의 욕구와 감정에서 비롯된 사적 분노는 대개 건강하지 못하고 공동체의 평화를 해치며 때로는 병적인 분노로까지 진행될 수 있다. 이런 점은 모든 분노가 반드시 사랑과 배치되는 것이 아님을 말해준다. 다시 말해 악과 불의에 대한 싸움과 저항은 사랑, 용서 등의 가치와 양립 가능하다고 할 수 있다.

▶ 공적 분노(공분, 公憤): 타인에게는 회개 촉구, 사회에는 개혁주장, 자신에게는 회개의 단초

사회나 공동체에서 일어나는 악과 불의를 마주하고도 분노하지 않고 눈감은 채 개인적 행복만 추구하며 산다면, 이는 의도 아니고 악도 아니고 맛을 잃은 소금일 뿐이다. 이렇게 미적지근하고 모호한 태도는 악에 순응하면서 악의 세력에 의해 길들기 쉬우므로 선한 싸움, 즉 선으로 악을 이기라는 성경 말씀과 맞지 않는다. 하나님은 특히 권력과 부를 가진 강한 자들이 힘없는 약한 사람들을 속이고 힘을 이용해서 이익을 탈취한다거나 부정부패로 나라를 어지럽히는 것에 진노하며, 이를 그치라고 말씀하신다.

〔에스겔 45:9〕 나 주 여호와가 말하노라 이스라엘의 치리자들아 너희에게 족하니라 너희는 강포와 겁탈을 제하여 버리고 공평과 공의를 행하여 내 백성에게 토색함을 그칠찌니라 나 주 여호와의 말이니라

▶ 의노(義怒): 예수님이 분노하실 때는 언제인가?

- 교만: 자기 의를 내세우고 타인을 비판·정죄하여 상처를 줌.
- 위선: 겉으로는 선한 천사 같으나 속으로는 악에 부역/(종교)지도자들의 외식행위
- 탐욕: 착취, 토색, 성전 장사판
- 인색: 도움이 필요한 곳에 눈감고 매정함.

〔개역개정, 예레미아 5:30~31〕 이 땅에 무섭고 놀라운 일이 있도다 선지자들은 거짓을 예언하며 제사장들은 자기 권력으로 다스리며 내 백성은 그것을 좋게 여기니 마지막에는 너희가 어찌하려느냐

공적이거나 의로운 분노 상황에서는 용기 있게 맞서서 싸울 수 있어야 한다. 예를 들어 최근 유튜브, 페이스북 등 뉴미디어를 소유한 세계적 빅테크 기업들이 표현의 자유와 공정한 경쟁이라는 시장경제의 대원칙을 무시하고 우월적 시장지배력을 이용하여 편집된 (거짓)증거로 경쟁자들을 아웃시키거나 독점하는 행태를 보인다. 나아가 자신들만이 옳다는 자만심으로 모든 수단을 동원해 가치나 법 적용, 심지어 허용 가능한 언론과 표현의 기준까지 정해서 통제하고, 거기서 벗어나는 경우 카르텔을 활용하여 마녀사냥을 방불케 하는 비판과 공격으로 다른 편을 가차 없이 도태시키는 일도 서슴지 않고 있다. 자신들이 마치 세상의 중심이요 왕이라도 된 것 같이 점점 커지는 오만과 탐욕으로 세상을 자기들 입맛에 맞게 세팅하기 위해 불법과 조작도 마다하지 않으니, 우리는 이에 분노해야 마땅하지 않겠는가? 또 다른 예로 난민 문제를 인도주의와 세계평화라는 가치로 풀어야 한다고 그럴듯한 주장을 하면서

도 정작 내전 종식의 실질적 노력은 하지 않는(오히려 배후에서 지원하며 이득을 챙기는) 무기산업과 전쟁기획자들을 보며, 성전 상인들의 위선에 대해 예수님이 던졌던 진노(마태복음 21:12~13)가 떠오르는 건 왜일까.

〔잠언 25:18〕 그 이웃을 쳐서 거짓 증거하는 사람은 방망이요 칼이요 뾰족한 살이니라

▶ 사적 분노

개인적 욕구와 죄성이 결부되기 쉬운 사적 분노는 자칫 부정적 감정에 휘말려 자신과 상대방에게 파괴적인 악영향을 끼칠 수 있으므로 조심하고, 분노를 적절한 방법으로 표현하거나 해소하는 훈련이 필요하다. 사적인 욕구(인정욕, 애정욕, 통제욕, 물질욕, 성욕)가 좌절되어 생기는 분노는 '적절히 표현해야 할 경우'와 '조절하고 절제해야 할 경우'로 나뉠 수 있다.

1. 분노를 적절히 표현하고, 커뮤니케이션을 통해 소통과 성장의 계기로 삼음.
    - 존재로서 존중받지 못할 때: 인간은 존엄한 존재로서 누구나 존중받을 권리가 있음.
    - 인격이 무시당할 때: 각각의 지체는 독립된 인격을 지닌 귀한 영혼
    - 억울할 때: 일이나 노동에 대해 정당한 평가나 대가를 받지 못함.
    - 누군가에 의해 이용당한다고 느낄 때: 인간은 도구적 존재가 아닌 목적적 존재
    - 성폭력(성희롱, 성추행, 성폭행) 등으로 짓밟혔다고 느낄 때: 인간은 힘이나 권력에 의해 정신적·육체적(성적)으로 착취당하거나 유린당해서는 안 되는 존재
    - 을이 갑질로 인해 인격적·경제적 피해를 입었을 때
    - 사회나 관계 속에서 동등하게 대접받지 못하고 차별받을 때
    - 타인이 자신의 이익을 위해 나에게 부당하고 심한 피해를 줄 때
    - 사랑받아야 하는데 사랑받지 못한다고 느낄 때(부모, 부부 등)

2. 조절해야 하는 경우: 경쟁, 논쟁, 투쟁 등 이익이나 승패와 관련될 때
   • 자신의 생각대로 돌아가지 않거나 컨트롤이 잘 안 될 때
   • 서로의 가치 기준이나 당위적 논리가 어긋날 때
   • 상대방에게 서운하거나 질투를 느낄 때

〔잠언 15:18〕 분을 쉽게 내는 자는 다툼을 일으켜도 노하기를 더디하는 자는 시비를 그치게 하느니라

분노-우울 기제

분노 – 자기공격(자기비하) – 자존감 손상 – 에너지 저하 – 우울증

정신분석에서는 우울증을 무의식적으로 분노가 자기에게 가해진 현상으로 본다. 상대방에 대한 분노가 표출되지 못하고 도덕적 억압 등으로 인해 무의식 속으로 잠복하게 되면서 자기 자신에게로 향한다는 것이다. 분노가 자기 자신에게로 내향화되면 자기비난, 자기책망, 죄책감으로 인해 자기가치감의 손상과 더불어 자아기능이 약화되고 에너지 저하, 무기력, 무의욕 증상이 나타나며, 그 결과 우울로 심화될 수 있다. 이러한 과정은 무의식적으로 진행되기 때문에 당사자에게는 지각되지 않는다.

한편, 게슈탈트치료에서는 자기에게 중요한 타인의 가치관이나 태도를 내사*하게 되면, 타인의 비난이나 분노의 내용이 자기 자신인 줄

* 내사: 외부환경이나 타인의 행동·속성을 무비판적으로 내면화함으로써 자기 것으로 소화하지 못한 채 개체의 행동이나 사고방식에 악영향을 미치는 과정을 뜻하며, 관계유지를 위해 자기상실을 감수하게 된다.

착각하고 밖으로 표출되어야 할 분노감이나 공격성이 자기 자신을 (향하여) 괴롭히게 된다고 본다.

▶ '인정욕·애정욕과 분노'에 대한 통합적 관점

사람들은 인정받고 싶은 대상에게 인정받지 못하고 오히려 무시당하거나 비난을 받게 되면 인정욕구의 좌절을 겪게 된다. 인정욕구의 좌절은 섭섭함과 분노를 불러일으키며, 간혹 존재적 상처로 인해 버티지 못하고 고꾸라지기도 한다. 이는 시기심, 공격성, 화로 이어지기 쉽고, 그럴수록 분노는 더 커진다. 그런데 이를 적절히 표현하지 못하고 누르면, 분노라는 (-)에너지는 자기 자신을 겨냥하여 타오르게 된다. 이 불은 화병이 되고, 자기의 힘과 생명에너지를 소진하여 무력감과 우울이라는 재를 남기게 된다.

한편 사랑을 받고 싶은 대상에게서 충분한 사랑을 받지 못한다거나, 사랑하는 사람에게 사랑을 거부당하거나, 사랑하는 사람과 헤어져 사랑을 잃었을 때, 애정욕구의 좌절을 겪게 된다. 애정욕구의 좌절은 결핍감과 상실감, 분노를 일으키며, 이는 상대에 대한 애증과 미움, 질투 등으로 바뀔 수 있다. 인정욕구의 좌절과 마찬가지로 애정욕구의 좌절로 인한 분노나 미움을 상대에게 표현할 수 없을 때는 역으로 자기 자신에 대한 비하와 부정으로 방향을 틀게 된다. 이는 역기능적 사고, 비합리적 신념 등과 결합하여 절망감과 우울증을 유발할 수 있다.

이처럼 분노의 대상에게 적절히 화를 풀지 못한 상태에서 분노를 잘 다루지 못하면, 자신에게 화가 돌아와 화병이 되기도 하고, 자책하거나 자학적으로 자신에게 분노를 해소함으로써 스스로를 심판하는 심판자이자 재판받는 죄인이 되고 만다. 이는 에너지 고갈과 탈진, 우울증의 원인이 될 수 있으므로 분노조절과 적절한 관리가 중요하다.

분노와 타나토스(Thanatos)

프로이트는 인간의 두 가지 기본 동기로 에로스〔삶=사랑(성)에 대한 본능〕와 타나토스〔죽음=파괴(공격)에 대한 본능〕를 들었는데, 인간 사회의 공격성과 갈등은 경제적 · 정치적 문제에서 비롯된다기보다 타나토스에서 비롯되는 것이므로 인류의 불만은 사회적으로 해결될 수 없다고 보았다. 타나토스는 기독교적 관점에서 볼 때, 사망으로 이끄는 사탄의 (-) 에너지에 사람의 심리가 지배될 때 나타나는 파괴적 힘으로 해석될 수 있다. 이 힘이 내부를 향하면 자신을 공격하고, 외부를 향하면 남을 공격하게 된다. 또 외부를 파괴하기 위해 자신까지 파괴하는 자살폭탄테러는 결과적으로 내부와 외부를 동시에 공격한 예다.

타나토스는 힘을 가진 강한 축에서는 타살(전쟁, 살인, 폭력, 테러)의 방향으로, 힘이 없는 약한 축에서는 자살(자해)의 방향으로 향하는 경향성이 있다. 강한 축에서는 자기애적 통제와 교만한 지배욕이 흔들릴 때, 약한 축에서는 인정욕 · 애정욕이 좌절되어 자존감에 손상을 입거나 억울하게 피해를 입었을 때 분노가 파괴적 공격성을 일으키는 촉매 역할을 하기도 한다. 성경에 의하면 카인이 동생 아벨을 죽인 사건은 인정욕 · 애정욕의 좌절로 인한 분노에서, 그리고 에서가 동생 야곱을 죽이려 했던 마음은 장자권 박탈로 인한 피해의식에서 비롯되었다고 볼 수 있다. 그런 경우 타나토스는 어쩌면 에로스와의 연결선상에 있는지도 모른다. 삶의 욕망이 좌절된 곳에서 뿜어나온 분노가 타나토스로 폭발할 수 있기 때문이다.

이와는 달리 분노와 직접적인 연결고리 없이 타나토스가 분출되기도 한다. 사이코패스가 그 대표적 예일 것이다. 김동인의 소설 『광염소나타』의 주인공처럼 사람을 죽이거나 건물을 파괴하는 데서 중독적인 쾌감을 느끼기도 한다. 한편 에로스를 충족하기 위해 방해 대상에게 타나토스를 퍼부으며 공격하는 경우는 분노에서 시작된 건 아니지만 그러다 보면 서로 싸움이 일어나 분노하게 되고, 결국은 자기와 타인 둘 다 파괴하는 결과를 낳기도 한다. 예를 들어, 돈이나 권력 또는 사랑을 놓고 쟁탈전이 벌어졌을 때, 에로스를 향한 경쟁과 질투는 암투 속 타나토스를 이용해 목적을 달성하기도 한다. 또 통제와 지배를 강화하기 위해 타나토스를 활용하기도 한다. 권력과 금력을 가진 강자가 이를 이용하여 특정 집단을 선동하거나 은밀하게 지원하고, 심지어 선거에 개입하거나 지배·통제에 저항하는 요인(要人)들을 고도로 훈련된 테러리스트에게 암살을 지시하는 등의 예다. 실제로 지도자들은 자신의 권력 유지를 위해 민중의 우매함과 분노감을 반대편을 없애는 데 이용하는 경우가 많은데, 그 한 예로 예수의 존재감과 영향력에 위협과 질투를 느끼던 유대의 기득권 종교지도층이 군중의 분노감을 자극하고 속임질하여 예수를 십자가에 매달아 죽인 사건을 들 수 있다.

〔마가복음 15:10~13〕 이는 저가 대제사장들이 시기로 예수를 넘겨 준 줄 앎이러라 그러나 대제사장들이 무리를 충동하여 도리어 바라바를 놓아 달라 하게 하니 빌라도가 또 대답하여 가로되 그러면 너희가 유대인의 왕이라 하는 이는 내가 어떻게 하랴 저희가 다시 소리지르되 저를 십자가에 못 박게 하소서

- 분노 → 분풀이, 복수(분노가 상대를 향함) → 사탄의 사망전략 1(타나토스-외부: 타살)
- 분노 → 우울, 자기부정(분노가 자기를 향함) → 사탄의 사망전략 2(타나토스-내부: 자살)

프로이트는 비록 기독교를 긍정하지는 않았지만, 하나님(사랑과 생명의 +에너지)과 사탄(파괴와 죽음의 -에너지)에서 비롯되는 상반된 두 에너지를 자신만의 눈으로 본 것이 아닐까. 인류의 문제를 해결 불가능하다고

본 것은 '에덴적 환상'을 갖지 않은 그의 냉철한 심리안을 반증하는 것으로, 이 세상이 사탄의 유혹과 죄로 인해 현실적으로나 심리적으로 고통이 이어질 수밖에 없다는 성경적 지식과 통하는 것이어서 흥미롭다. 타나토스는 육체적 · 신체적으로는 인간의 숨겨진 공격성과 야만성(자살, 살인, 폭력, 사디즘 · 마조히즘)에 불을 지르고, 정서적 · 영적으로는 자신이나 사람들을 비판하고 상처 주는 말(비난, 경멸, 분노, 살기, 자책, 비하, 정죄)로 영혼을 죽이는 독한 혀를 사용한다. 그 대상이 되는 피해자들은 공포로 무너지거나, 분노로 복수의 칼날을 갈게 되는 악순환이 반복된다. 이렇게 사탄의 (-)에너지에 의해 공동체가 파괴되고 멸망으로 갈 수밖에 없는 세상이기에 인류를 살리기 위해 목숨까지 버리신 예수님의 가르침이 더욱 귀하게 다가올 수밖에 없다.

사탄(-에너지)
- 강: 타인 비난, 정죄, 폭력, 타살
- 약: 자기비하, 우울, 자학, 자살

〔요한일서 3:15~16〕 그 형제를 미워하는 자마다 살인하는 자니 살인하는 자마다 영생이 그 속에 거하지 아니하는 것을 너희가 아는 바라 그가 우리를 위하여 목숨을 버리셨으니 우리가 이로써 사랑을 알고 우리도 형제들을 위하여 목숨을 버리는 것이 마땅하니라

▶ 분노조절장애와 분노중독

분노조절장애는 충동조절장애의 하나로, 통제 불가능한 언어적 · 신체적 공격 및 재산 · 기물 파괴 등으로 사소한 것에도 발작적이고 폭발적이며 과도한 공격성이 나타나는 '간헐적 폭발성 장애'다. 쾌감이나 쾌락적 경험만 중독되는 게 아니라 분노나 불안 등 부정적 정서도 중독될

수 있다. 타인에게 분노를 퍼부음으로써 (–)에너지를 해소하는 경험이 '부적강화(negative reinforcement)'로 중독의 요인이 될 수 있으며, 또한 타인에게 화를 내고 잘못을 비판하면서 심판자(judge)의 위치에서 우월성과 자기고양감을 확인하게 된다.

뇌과학적으로는 감정의 기억을 담당하는 대뇌변연계에서 분노의 감정이 뇌에 저장되는데, 스트레스 상황에서 조건반사처럼 화를 내고 분노에 자주 노출되면 뇌세포가 손상돼 뇌가 위축된다. 분노에 중독된 뇌는 뇌 변연계의 해마와 편도 부위의 크기가 정상 뇌보다 줄어든다는 연구 결과가 있다(2005년 하버드 의대 연구진). 분노에 중독되면 사소한 스트레스 상황에서도 뇌신경세포에서 분노 호르몬인 노르아드레날린 분비가 증가하여 교감신경계가 강한 흥분 반응을 일으키며, 뇌세포에 독소로 작용하면서 뇌세포가 손상된다.

〔야고보서 1:19~20〕 내 사랑하는 형제들아 너희가 알거니와 사람마다 듣기는 속히 하고 말하기는 더디 하며 성내기도 더디 하라 사람의 성내는 것이 하나님의 의를 이루지 못함이니라

한편 분노는 사람들 사이에서 살아 움직이는 에너지다. 누군가 분노의 감정을 표출하면 타인에게 분노의 감정과 행동이 전염되고 전달된다. 이때 거울 뉴런의 활동으로 상대방의 감정을 거울로 비추듯 화난 표정과 행동을 자연스럽게 모방하게 된다. 분노의 감정은 긍정적인 감정보다 전염 속도가 빠른데, 이는 인간의 죄성 때문에 (–)에너지가 전염과 전파가 더 잘되는 게 아닌가 싶다.

사회구성원들이 양극단으로 분열되어 싸움을 벌이는 사회는 분노 중독 사회일 가능성이 있다. 우리나라도 예외는 아니다. 진보진영과 보수진영이 좌우로 갈라져 합리적인 의사소통과 의견수렴보다는 자기 쪽의 논리와 이익으로 뭉쳐 상대편을 비판·비난하고 공격하는 정치문화가 위험수위에 달했기 때문이다. 이렇게 되면 정치인들이나 권력자들

은 자신들의 지지층을 결집시키고 이용하기 위해 더욱더 분노를 자극하며, 대중의 분노거리를 찾아 언론 등을 통해 먹이를 제공한다. 대중은 그 먹이를 먹고 자신의 개인적 분노까지 섞어서 분노의 대상에게 뜨거운 분노를 발산한다. 집단적 시위를 통해서건, SNS와 댓글을 통해서건, 청와대 청원을 통해서건…. 이런 수단들은 분노중독과 함께 매체중독의 위험성도 부채질한다. 대중은 이제 스스로 분노거리를 찾아 나선다.

권력을 놓고 벌이는 정치싸움에 대중이 좌우로 나뉘어 휘둘리는 것은 인지적으로 시대정신(산업화와 민주화)과 가치(자유와 평등) 충돌에 갇혀 있는 탓도 있지만, 정서적으로 피해의식이나 상실감, 이에 따른 분노감이 감정과 기억 저변에 강하게 자리 잡고 있기 때문이다. 이런 역사적 상처가 치유되어야 사회적 통합과 용서, 화해가 가능할 텐데, 권력자들은 자신들의 이익에 그 상처가 도움이 되기 때문에 그럴 뜻이 없는 듯하다.

〔고린도전서 3:3〕 너희가 아직도 육신에 속한 자로다 너희 가운데 시기와 분쟁이 있으니 어찌 육신에 속하여 사람을 따라 행함이 아니리요

▶ 분노 대처법

① 스스로 화를 푸는 방법을 모색한다: 모든 화를 다 표현하기는 어렵지만, 화를 풀어내고 해소하는 자기만의 방법을 찾을 필요가 있다(예: 운동, 명상, 기도, 수다, 여행, 취미활동, 웃음).

② 화를 조절한다: 화를 주체하지 못하고 마구 쏟아내다 보면 화가 더 치밀어 오르게 되고(화가 화를 부름), 상대방의 화도 북돋아 관계가 걷잡을 수 없이 악화될 수 있다. 복식호흡을 깊게 여러 번 하는 것만으로도 분노나 화가 어느 정도 진정되는 효과가 있다.

③ 화를 적절히 표현한다: 화가 난 현장에서 공간적으로 떨어지거나 시간을 지연시켜 화를 누그러뜨리고, 경계와 조절 가능한 상태에서 '나

전달법(I-Message)'으로 화를 표현한다.

④ 분노가 올라오면 그게 의로움에서 비롯된 선한 분노인지 아닌지 분별한다: 이기심과 죄성에서 비롯된 분노는 자신과 타인에게 파괴적으로 작용한다.

⑤ 공분을 표현하려면 현실대항력을 갖춘다: 적대감과 분노를 댓글/톡질로 발산만 하는 것은 양쪽 권력에 이용당할 뿐 실제적 변화를 가져오기 힘들다.

⑥ 갈라치기 분노 표현을 조심하라: 그렇게 대중의 분노가 해소되는 틈에 양쪽 권력을 넘나드는 큰 손과 세력이 이익을 보고 있다.

> **나 전달법(I-Message)**
> '나(I)'를 주어로 해서 말하는 방식으로, 자신의 생각이나 느낌을 중심으로 표현함으로써 상대방에게 자기 입장을 더 잘 이해시킬 수 있다.
>
> **너 전달법(You-Message)**
> '상대방(You)'에게 지시·평가·추궁하며 말하는 방식으로, 상대방에게 문제가 있다는 인식하에 일방적인 강요·비난·공격하는 느낌이 전달되기 쉽다.

분노와 분쟁이익

공분같이 공의를 실현하기 위한 분노는 정당성이 있겠지만, 대개의 분노는 시기와 분쟁의 씨앗이 되어 불행의 악순환을 가져오기도 한다. 예를 들어 개인 간에는 폭력과 살인 등으로, 국가적으로는 사회 혼란과 내전으로 치닫는 원인이 되기도 한다. 이런 일이 생기면 서로 중재와 평화적 해결을 위해 협상이 필요할진대, 외부에서 오히려 이를 이용하거나 되레 분노를 더 일으키도록 조장하여 싸움을 붙이는 행태들이 사그라지지 않는 건 왜일까? 국제적으로는 내전만 아니라면 자원이 풍부하여 잘살 수 있는 나라의 국민이 난민 신세가 되어 타지를 떠돌며 기아에 허덕이고, 기본적인 생계조차 위협받는 상황들이 끊이지 않고 있다. 탐욕과 권력에 눈먼 글로벌 큰손과 세력들은 겉으로는 평화를 말하면서 실제로는 자신들의 이득을 위해 인명 살상도 마다하지 않으니, 성경에서 언급하고 있는 하나님의 심판이 두렵지 않은 것 같다. 요 근래 미국에서조차 저소득층, 흑인, 여성, 성적소수자 등 소외 집단의 욕망 좌절로 인한 분노와 피해의식, 상대적 박탈감을 포퓰리즘(populism, 대중주의)으로 달래면서 특정 계층에 대한 시기와 질투를 이용하여 권력을 잡고, 화합보다는 분열과 적대적 · 공격적인 분쟁으로 정권의 이익을 추구하는 경향이 늘어나고 있다.

성경에서 복수나 정죄가 아닌 용서와 사랑을 가르치는 것은 인간이 죄성 때문에 사탄에게 속아 서로를 미워하고 싸우고 죽이다 보면 결국 인류가 멸망으로 갈 수밖에 없는 것을 아시기에 우리를 사망의 구렁텅이에서 구해내기 위함이 아닐까.

> 〔베드로후서 2:3〕 저희가 탐심을 인하여 지은 말을 가지고 너희로 이를 삼으니 저희 심판은 옛적부터 지체하지 아니하며 저희 멸망은 자지 아니하느니라

분노와 화병

사람은 욕구가 안 채워지거나 억압되거나 상실감을 느끼게 되면 자연스레 화가 올라온다. 화가 안 날 수 있으면 가장 좋겠지만, 일단 나버린 화는 잘 풀어야 병이 안 된다. 다시 말해 화를 안 낼 만큼 성숙하거나 분노조절을 잘할 수 있다면 바람직하겠지만, 일단 화가 났는데 배출하지 못하면 병이 된다. 이른바 화병이다. 화병은 밖으로 표현하지 못한 분노가 독이 되어 신체적 · 정신적으로 자신을 파괴한다. 그래서 분노로 인한 심리문제는 실제로는 신체적 질병이 아닌데도 증상이 있는 '신

체화 장애'를 일으키기도 하고, 실제로 질병을 만들기도 한다. 화의 독소인 노르아드레날린은 면역력에 좋은 호르몬을 감소시켜 염증 수치를 높이고 암 등 각종 질병을 유발한다. 또 스트레스 호르몬인 코르티솔이 분비되면 혈압이 증가하고 갑상선 기능이 억제되며 신진대사 기능이 떨어져 면역력이 약해진다.

▶ 신경전달물질과 호르몬

신경전달물질

뇌의 신경세포 말단에서 시냅스로 분비되어 시냅스 후 신경세포에 있는 수용체에 작용한 후 시냅스 내 효소나 시냅스 전 세포에 도로 재흡수되어 제거되는 물질

- 아미노산계: 글루타메이트(흥분성), GABA(γ-aminobutyric acid, 억제성)
- 생체아민계: 아세틸콜린(부교감신경계 자극/주의), 도파민(보상, 쾌락-식욕·성욕·수면/ 인지, 운동조절), 에피네프린(투쟁/도피), 노르에피네프린(불안, 스트레스반응/ 각성, 흥분), 세로토닌(행복감·평상심 유지)
- 신경펩타이드: 오피오이드(내인성 아편 유사물질) — 베타엔도르핀, 다이노르핀, 엔케팔린

호르몬

내분비샘(뇌하수체, 갑상샘, 부갑상샘, 부신, 이자, 난소, 정소)에서 합성되고 분비되어 혈류를 타고 특정 조직이나 기관의 생리 작용을 조절하는 화학물질

- 아드레날린(에피네프린), 노르아드레날린(노르에피네프린), 코르티솔(스트레스 자극), 옥시토신(자궁수축, 모유 분비), 에스트로겐(여성호르몬), 테스토스테론(남성호르몬), 멜라토닌(생체리듬) 등 다수

분노와 상실감

인정욕의 좌절 또는 애정욕의 좌절 경험은 분노와 함께 상실감으로 이어질 수 있다. 상실감을 심리적으로 수용하면 슬픔이 되지만, 수용하

지 않으면 집착하고 반추하면서 우울뿐만 아니라 불안을 일으킨다. 잃어버린 것에 대한 집착, 실패한 경험의 고통에서 벗어나지 못하고 향후 다시 그런 일이 일어날지도 모른다는 불안감이 상승하면, 위험에 대한 예민도가 높아지고 강박장애 등 불안장애로 심화될 수 있다.

외현적 강박행동은 강박사고 및 관련 불안을 제지하기 위해 우연히 강화된 불안 완화 행동을 반복적으로 하면서 끊지 못하여 중독과 비슷하게 고착된다. 비합리적·미신적 사고에서 비롯된 행동인데도 불안을 해소하고 심리적 안심(쾌감)을 얻는 행동이라고 착각하기 때문에 시간이 갈수록 심해지기 쉽다. 이는 회피적 중독(예: 인터넷중독의 대리적 존재/관계 확인)이나 도피적 중독(예: 종교중독의 비현실적 위안)과는 성격이 다르며, 불안중독(예: 걱정 행위로 불안 해소)의 일종으로 볼 수 있다.

기독교 내적 반성

사람을 판단하거나 정죄하지 말라고 하신 성경 말씀과 달리 그 말씀을 가지고 성도들 간에 정죄하고 비판하며 자기(편)들이 의롭다고 서로 싸우고 주장하게 되면, 사탄이 분노와 분열이라는 유혹으로 교회를 파괴할 수 있다. 이에 한국 교회의 분열상에 대한 기독교 내적 반성이 필요하다. 이는 교회 내의 분열뿐만 아니라 각 교회 또는 교파 간의 불화에도 해당한다. 여기서 서로 부딪치는 분노와 화는 공적 분노나 의로운 분노와는 거리가 멀다고 볼 수 있어 교계 지도자나 교회 원로들이 삼가고 돌아볼 부분들이다.

또한, 성경 말씀을 상대를 공격하고 자신들을 정당화하기 위해 작위적이고 인간적으로 적용하다 보면, 복음은 왜곡되고 죄성에 가득 찬 욕망이 그 가운데 숨어있기 마련이다. 이는 자칫하면 종교지도자들이 사탄의 올무에 걸려 자신들을 우상화하거나 이단으로 전락할 우려마저 있어 주의해야 한다.

분열의 씨

- 갑질(물질, 언어, 권력, 폭력, 성) — 분노
- 경쟁(중상, 배반, 파당, 배제-따돌림) — 미움
- 판단(비난, 정죄, 규정 짓기) — 상처

〔갈라디아서 5:20〕 **우상 숭배와 술수와 원수를 맺는 것과 분쟁과 시기와 분냄과 당짓는 것과 분리함과 이단과**

자가치유 핵심 팁

- 화가 화를 부른다: 화를 내다 보면 자신이 내는 화의 정도가 급격히 올라감.
- 화는 전염된다: 내가 화를 내면, 반작용으로 상대방이 더 크게 성을 냄.
- 가능한 한 분노를 안 느낄 만큼의 성숙함이 좋겠지만, 느끼더라도 덜하게, 성내는 건 더디게
- 분노가 올라옴을 자각할 때, 숨을 크게 들이쉬는 것만으로도 화가 줄어든다.
- 나의 어떤 바람이 거부되거나 안 돼서 화가 났는지 돌아본다.
- 화가 안 나면 좋겠지만, 일단 화가 나면 화를 푸는 적절한 방법을 찾는다.
- I message로 화를 적절히 표현하는 것도 좋다.
- 무조건 참는 건 안 좋음(화병).
- 화가 쌓이면 독이 된다(심리적·신체적 질병).
- 화가 쌓이면 나에게나 상대방과의 관계에 악영향을 미친다.
- 화내는 상대방에게 대응하고 자신을 지키되 상처받지 않기
- 화내야 할 상황에 화를 내지 않으면 상대방을 더 나쁘게 만들 수 있다.
- 가끔 감정적인 분노 표현이 효과적일 때도 있다.
- 하나님, 예수님도 분노하셨다(공분/의분): 대노도 가능하지만, 효과적인 방법으로 표현하는 게 관건
- 화가 났어도 상대의 호의나 나의 이익을 쳐내면서 자학적으로 손해를 감수할 필요는 없다.
- 부부간 화는 그날 푼다.
- 상대방도 언젠가 용서받을 수 있는 예수님의 지체다.
- 가해자에게서 내 모습을 볼 때, 통찰과 회개를 통한 용서가 가능하다.

4. 불안에 대하여

불안과 공포는 불쾌하고 고통스러운 감정이지만, 우리를 위험으로부터 안전하게 보호하도록 돕는 필요한 감정이다. 즉, 현실적으로 위험하거나 위협적인 상황에서 느끼는 불안은 자연스럽고 적응적인 심리적 반응으로 정상적인 불안이라고 할 수 있다. 그러나 현실적인 위험이 없는 상황 또는 대상에 대해 불안을 느끼거나, 위험의 정도에 비해 과도하게 심한 불안을 느끼거나, 위협적 요인이 사라졌음에도 불안이 과도하게 지속되는 경우는 부적응적인 병적 불안이라고 할 수 있다.

불안장애는 다양한 형태의 비정상적·병적 불안과 공포로 인해 일상생활에 장애를 일으키는 정신질환이다. 심리적 고통과 함께 부적응, 신체적 증상(교감신경이 흥분되어 두통, 불면, 심장박동 증가, 호흡 수 증가, 위장관계 이상)을 함께 겪는 경우가 많으며 범불안장애, 공포증(특정공포증, 사회공포증, 광장공포증), 공황장애, 강박장애, 외상후스트레스장애, 급성스트레스장애 등으로 나뉜다.

원죄와 죽음에 대한 공포

에덴은 태초에 하나님이 만물을 창조하셨을 때의 온전함 그대로 아무런 부족함이 없던 낙원이다. 인류의 시조인 아담과 하와는 하나님이 먹지 말라고 명령한 선악과 외에는 동산 나무의 열매를 임의로 따먹을 수 있었다. 그러나 사탄의 유혹에 넘어가 "선악을 알게 하는 나무의 실과는 먹지 말라 네가 먹는 날에는 정녕 죽으리라"(창세기 2:17)고 말씀하신 하나님의 명령을 어긴 원죄로, 인간은 에덴에서 추방되고 생명나무에 접근이 불가능하게 되었으며 죽음이 주어졌다. 성경 기록을 보면, 하나님은 선악을 알게 된 인간이 "영생할까" 우려하셨음을 알 수 있다.

그 이유는 무엇일까? 인간이 사탄과 손잡고 죄에 오염된 상태로 생명나무 실과를 따먹고 영생하면, 잡귀들처럼 사탄을 따르는 제2의 악한 존재가 될 것이 뻔했기 때문은 아니었을까. 하나님은 아담과 하와를 에덴에서 추방하셨지만, 그 후손인 인간을 '죽음과 유한성' 속에서 '연단과 구속'을 통해 구원하실 계획을 세우셨다. 이를 고려할 때, 예수님이 병 치유와 귀신을 쫓아내는 표적을 행하신 것은 당장 병마에 괴로워하는 영혼을 돕는 목적도 있겠지만, 그보다는 정신적·육체적 고통과 한계상황에 처한 사람들에게 이런 능력을 보임으로써 믿음을 갖게 하려는 뜻이 가장 크다고 봐야 할 것이다.

〔창세기 3:22〕 여호와 하나님이 가라사대 보라 이 사람이 선악을 아는 일에 우리 중 하나같이 되었으니 그가 그 손을 들어 생명나무 실과도 따먹고 영생할까 하노라 하시고

성경에 따르면 하나님은 말씀("가라사대")으로 세상 만물을 창조하셨고, 말씀에는 하나님의 마음과 생각(concept)이 담겨있다. 피조 세계는 창조질서 속에 하나님의 일반은혜인 에너지 법칙에 따라 운용되며, 과학은 그 원리의 극히 일부를 밝혀냈을 뿐이다. 우주는 하나님과 인간,

그리고 자연이 연결되어 소통하고 영향받는 관계성을 가지고 있지만, 성경에 따르면 이러한 자연의 신비는 인간이 다 알 수 없다. 그런데 현대 양자물리학은 기계론을 깨고 무에서 유가 창조될 수 있음을 이론화함으로써 우주의 시작에 대한 관점과 창조론의 가능성을 열어주었다. 예를 들어 이중슬릿 실험에서 미립자가 눈에 안 보이는 파동으로 우주에 존재하다가 관찰자가 어떤 의도를 품고 바라보는 순간, 눈에 보이는 현실(입자)로 모습을 드러내는 것이 밝혀짐으로써 말씀(마음)으로 만물을 창조하는 핵심적인 원리가 가능함을 보여주었다. 이중슬릿 실험은 양자역학에서 실험 대상의 파동성과 입자성을 구분하는 실험인데, 미립자가 실험 중 누군가가 자신을 관측하면 입자와 같이 행동하고(두 개의 띠), 관측하지 않으면 물결과 같이 행동한다(간섭무늬). 하지만 바울의 말처럼 모든 학문이나 과학(양자역학 포함)은 아무리 뛰어나다 하더라도 하나님의 창조시스템을 발견한 것에 불과하다고 보며, 따라서 과학(의학)이 어떻게 활용되느냐에 따라 악한 의도를 가지고 적그리스도에 부역할 수도 있음에 유의해야 할 것이다.

〔히브리서 11:3〕 믿음으로 모든 세계가 하나님의 말씀으로 지어진 줄을 우리가 아나니 보이는 것은 나타난 것으로 말미암아 된 것이 아니니라

또 성경에서는 인간이 사탄의 꼬임에 넘어가 죄를 지으면서 관계성(하나님-인간-자연)이 훼손되었으며, 실낙원인 이 땅은 악한 영(靈)이 공중의 권세를 잡고 인간을 미혹하여 사망으로 끌어내리고자 호시탐탐 노리는 곳임을 말해준다. 죄로 인해 우리에게 죽음이 던져졌고, 삶을 유지하는 생의 욕구(식욕, 수면욕, 성욕)는 왜곡된 불안·공포와 맞물려 탐욕과 집착이라는 자기애적 대응심리로 우리를 잡아맨다. 불안과 공포 자체는 생명을 보호하기 위한 신경학적 보호 장치이지만, 사탄은 우리의 죄성을 파고들어 불안과 공포를 확대 재생산해 심리적 고통과 병리를 일으킨다.

〔창세기 3:17〕 아담에게 이르시되 네가 네 아내의 말을 듣고 내가 너더러 먹지 말라 한 나무 실과를 먹었은즉 땅은 너로 인하여 저주를 받고 너는 종신토록 수고하여야 그 소산을 먹으리라

▶ 죄의 대가: 실낙원과 죽음(육체적·물질적 한계, 유한성)

이 땅에서의 죽음에 대한 불안과 육체적·물질적 유한성에 따른 인간의 수고로움은 원죄의 대가로, 고난과 시련의 의미를 지닌다. 우리는 질병과 굶주림, 출산이라는 고통 속에서 생존을 위한 땀을 흘려야 한다. 실제로는 힘든 일이겠지만, 만일 믿음이 확고해서 영적 가치를 우선으로 하여 일용할 양식만으로도 자족과 감사를 누릴 수 있다면 얼마나 좋을까. 성경의 가르침대로 성령의 인도 속에서 지혜를 구하며 노력하되 결과는 하나님께 맡기고 수용한다면, 삶의 불안으로 인한 고통과 걱정을 상당히 덜 수도 있을 것이다. 나아가 인간에게 고난을 주셨지만, 수고와 연단을 거쳐 예수님을 따라 부활과 영생의 길을 예비하심에 소망을 갖는다면, 죽음에 대한 공포를 어느 정도 넘어설 수도 있지 않을까?

〔현대인의 성경, 로마서 6:23〕 죄의 대가는 죽음이지만, 하나님께서 거저 주시는 선물은 우리 주 그리스도 예수님 안에 있는 영원한 생명입니다.

하지만 인간은 연약하고 나약하기에 죽음의 공포와 삶의 불안 속에서 평안을 누리기란 그리 쉽지 않다. 더구나 죄인인 인간의 약점을 파고드는 사탄의 교묘한 전략 속에서 탐욕과 나태, 쾌락에 빠지고, 교만과 아집으로 서로 상처를 주면서 끝없는 걱정·불안에 시달리며 사는 게 죄성을 가진 우리 인간의 모습이 아닌가. 이는 사탄이 삶의 불안을 극대화하여 심리적으로 위축시키고, 영적으로 하나님과의 만남을 방해하여 멀어지게 하며, 원죄의 결과로 죽음과 육체적·물질적 한계에 맞닥뜨린 인간의 나약함을 자극하여 나태 또는 그 반대인 탐욕의 불길로 끈질기

게 유혹하기 때문이다. 이는 우리를 상대적 박탈감 또는 치열한 경쟁의 스트레스로 지치게 하고, 갈증으로 인한 갖가지 중독에 취약하게 만든다. 단순함이 답이라고 했던가. 이를 단순화하면, 욕구 좌절과 불안으로 인한 인간의 정신문제는 '실낙원에서 마주치는 에덴의 상실감과 그 집착'에 닿아있으리라.

불안은 실제적 불안과 가짜 불안, 그리고 예기불안으로 나눌 수 있다. 실제적 불안이 생존의 조건과 관련된 1차적 불안이라면, 가짜 불안은 잉여로 만들어진 과잉염려 불안, 즉 2차적 불안이며, 예기불안(예: 공황장애, 공포증, 강박증)은 아직 일어나지 않은 가까운 미래에 대한 예상불안, 즉 심리적·신체적 경험에 대한 3차적 불안이다. 실제적 불안이 생존에 필요한 기본적 불안(의식주)이라면, 과잉염려 불안은 지나친 염려로 인한 불안으로 사탄이 인간의 나약함을 공격하는 주요 타깃이 된다. 과잉염려와 불안은 관심사에 대해 지나치게 주의를 기울이고 집착함으로써 인식의 오류와 부정적 요인의 과대해석으로 에너지를 낭비하고 부정적 정서에 취약하게 만든다. 그래서 성경에서는 일용할 양식에 자족하고 감사하라고 말씀하고 계시는 것이다. 그러나 동시에 가진 것을 약자들과 나누고 고통을 함께하라고 가르치시는 것은 생존에 필요한 최소한의 조건과 관련한 불안(1차적 불안)은 기본적으로 해결되어야 할 것으로, 인류 공동체가 같이 짊어져야 할 과제라는 의미일 것이다(예: 빈곤과 기아 문제, 식수 부족). 이는 미국을 비롯한 선진국이 글로벌 어젠다를 이용한 헤게모니 싸움에 열중하지 말고, 무기개발이나 우주개발에 쓰는 돈을 기아나 환경문제 해결에 힘써야 할 이유이기도 하다.

〔잠언 30:8〕 곧 허탄과 거짓말을 내게서 멀리 하옵시며 나로 가난하게도 마옵시고 부하게도 마옵시고 오직 필요한 양식으로 내게 먹이시옵소서

죄의 대가에 따른 불안과 불안대응 양상

죄 → 죽음 → 물질적·육체적 한계 → 수고와 고통 → 불안 → 공포

- 1차적 불안(기본적 욕구 관련): 정상적이고 자연스러운 기본 불안으로, 죽음에 대한 공포와 삶(유한한 조건, 위험)에 대한 불안이 해당한다.
- 2차적 불안(현실적 욕구 관련): 현실(외부)에 대한 불안으로 탐욕·물질욕 등 과도한 욕심이나 인정욕·애정욕 추구 및 좌절에 따른 2차 죄의식과 평가불안이 관련된다. 자신이 상정한 과도한 기준 또는 기대 수준에 의해 파생된 가짜 불안이며, 회피나 대응 노력이 오히려 불안을 증폭시키고 그 과정에서 불안이 불안을 부르는 악순환이 이어진다.
- 3차적 불안(심리 내부촉발): 심리(내부)에서 만들어진 불안으로, 과거에 겪은 불안과 공포 경험이 눈앞에 닥칠 미래에 대한 통제하기 어려운 병적 불안, 즉 '불안에 대한 불안'과 '공포에 대한 공포'를 야기한다.

불안 관련 욕구

- 기본적 생존 욕구: 식욕, 성욕, 수면욕 ☜ 1차 불안(정상적 불안) 관련
- 지나친 현실 욕구: 식탐(탐욕), 인색, 음욕, 나태/ 인정욕·애정욕
  - 불안장애(건강염려증, 범불안장애) ☜ 2차 불안(가짜 불안) 관련
- 만들어낸 병적 욕구: 불안에 대한 불안, 공포에 대한 공포
  - 불안장애(강박증, 공포증, 공황장애) ☜ 3차 불안(예기불안) 관련

식욕이나 수면욕, 성욕 자체는 인간의 기본적 생리 욕구로, 죄의 결

과인 죽음과 유한성에 대응하고 생명을 유지하려는 정상적 욕구지만, 이것이 지나치거나 왜곡되면 물질과 쾌락, 건강에 탐욕적으로 집착하여 2, 3차적 불안 속에서 죄의 속성과 약점에 휘둘려 심리문제를 일으킬 수 있다.

▶ 불안에 대한 대응양상

탐욕은 불안 대응양상 중 강한 축으로 인정욕의 강한 축인 지배욕·권력욕과 연결되고, 나태는 불안 대응양상 중 약한 축으로 의존이나 무기력과 연결된다. 탐욕과 나태는 속성상 반대이지만, 심리 내부에서는 항상 배타적이지 않고 정도와 비중의 차이가 있을 뿐 섞여 있는 경우가 많다. 탐욕은 일탈적 쾌락추구로 이어져 탐닉적 중독의 위험이 있다면, 나태는 부담(스트레스)의 회피와 도피로 이어져 방탕적 중독의 위험이 있다. 성경에서는 삶의 걱정·불안에서 오는 탐욕, 쾌락, 나태, 중독 등과 연관되는 표현으로 '방탕함과 술 취함과 생활의 염려'로 영적으로 깨어 있지 못하고 둔해지면 하나님과의 통로가 막힐 수 있으니 조심하라고 말하고 있다. 우리가 영적으로 깨어 있지 못하고 잠시 하나님을 잊어버리는 사이, 어느새 육신의 정욕이 이끄는 구습의 패턴이 (−)에너지를 타고 되살아나게 된다.

- 믿음 안에서 1차 불안(정상적 불안) 수준의 대응으로 노력+맡김+자족 → 평안
- 사탄이 자극하는 2차 불안(가짜 불안)에 관련된 대응
  - 탐욕: 탐람, 토색, 탐색(음욕)
  - 불안장애: 범불안장애, 건강염려증
  - 나태: 게으름, 잠
- 공포에 대한 공포, 3차 불안(예기불안): 공포증, 공황장애, 강박증

〔누가복음 21:34〕 너희는 스스로 조심하라 그렇지 않으면 방탕함과 술 취함과 생활의 염려로 마음이 둔하여지고 뜻밖에 그 날이 덫과 같이 너희에게 임하리라

▶ 죄의 대가(수고, 죽음)에 대한 불안 대처의 문제 유형

- 죄의 대가(죽음의 공포)를 회피함으로써 불안 회피: 사탄이 인간의 불안감과 심리적 나약함을 공격하여 공포의 공포를 극도로 자극함. 공포증(특정공포, 사회/대인공포, 광장공포, 고소공포), 공황장애, 외상후스트레스장애, 범불안장애
- 죄의 대가(삶의 불안)를 통제하려는 노력으로 불안 억제: 강박장애, 건강염려증
- 죄의 대가(수고)를 지나치게 지불함으로써 불안 해결 노력: 일중독, 음욕, 탐욕
- 죄의 대가(수고)를 거부함으로써 불안 대처 미룸: 나태, 게으름

불안장애의 치료

불안장애의 치료는 일반적으로 인지행동치료와 약물치료가 병행되는 경우가 많다. 기독교 통합상담에서는 알아차림, 인지행동치료, 통찰치료, 영적 치료 등이 통합되는데, 이는 뒤에서 소개할 불안장애(강박) 사례에서 좀 더 상세히 다루기로 한다.

불안장애	불안의 내용	대처
특정공포증	특정한 대상이나 상황	특정 대상의 회피
사회공포증	부정적 평가	사회적 수행의 회피
광장공포증	광장이나 밀폐된 공간	피하기 힘든 두려운 공간 회피
공황장애	신체적 감각, 심리적 경험	신체적 감각 유발 상황의 회피

불안장애	불안의 내용	대처
외상후스트레스장애	외상적 사건의 재경험	외상과 유사한 상황 회피
범불안장애	일상생활의 전반적 주제	과도한 걱정·근심, 인지적 회피
강박장애	강박사고	침투적 사고의 억제, 강박행동
건강염려증	신체적 질병	건강에 대한 과도한 관심과 보호
분리불안장애	애착 대상과의 분리	과도한 반복적 공포·불안 회피

- 범불안장애: 인지행동치료, 벤조디아제핀(Benzodiazepine) 계열 약물치료
- 특정공포증: 체계적 둔감법, 노출치료, 참여적 모방학습법
- 사회공포증: 인지행동치료(부정적인 자기개념, 대인관계에 대한 역기능적 신념, 자신의 사회적 행동에 대한 부정적 평가, 자기초점적 주의 변화)
- 공황장애: 인지행동치료(불안을 조절하는 복식호흡과 긴장 이완, 신체감각에 대한 파국적 오해석의 인지적 수정, 두려운 상황에 대한 점진적 노출), 벤조디아제핀 계열 약물치료, 삼환계 항우울제, 세로토닌 재흡수 억제제
- 강박장애: 노출 및 반응방지법(Exposure and Response Prevention), 인지적 치료, 약물치료

강박장애

▶ 강박성 성격장애와 강박장애

강박성 성격장애는 정리정돈, 완벽주의, 규칙/순서 등 세부적인 사항 및 마음의 통제에 집착하며 과도한 성취지향성과 인색함, 흑백논리 등 경직성을 특징으로 하는 성격장애다. 강박장애자는 강박성 성격장애를 겪지 않기도 하지만, 강박성 성격장애자는 대개 강박장애를 동시에 가지는 경우가 많다.

강박장애는 세 가지 하위유형으로 구분할 수 있다. 첫째는 외현적 강박행동이 나타나지 않고 내면적인 강박사고(성적인 생각, 공격적 충동, 비윤리적 심상 등)만 지니는 경우이고, 둘째는 강박사고와 함께 내면적 강박행동(숫자 세기, 기도하기, 속으로 단어 반복하기)만 지니는 경우이며, 마지막으로 강박사고와 더불어 외현적 강박행동이 나타나는 경우다. 특히 외현적 강박행동형은 강박사고와 함께 이로 인한 고통이나 불안을 감소시키고 두려운 사건이나 상황을 방지하기 위해 겉으로 드러나는 강박행동(씻기, 청소, 정돈, 반복, 수집, 확인행동)이 반복되어 여기에 많은 시간을 허비하지만, 현실적으로 기능하지 못하고 과도하기에 심리적 고통과 현실 적응에 심각한 어려움을 겪는다. 이하에서는 주로 만성적인 외현적 강박행동형을 중심으로 살펴보겠다.

강박사고는 반복적으로 의식에 침투하는 고통스러운 생각, 충동 또는 심상을 말한다. 인지적 측면에서 볼 때 우연히 의식 속에 떠오르는 원치 않는 불쾌한 생각 등 침투적 사고에 대해 과도하게 '중요성, 책임감, 통제 필요성'을 부여하는 자동적 사고가 일어나면서 이를 억제하거나 제지할수록 '사고억제의 역설적 효과'(Wegner, 1987)에 의해 오히려 더 빈번하게 침투적 사고가 떠오르게 된다.

강박장애자는 본인의 강박사고 및 행동이 비합리적·비현실적 사고나 행동인 줄 알면서도 주관적인 미신적 믿음 또는 우연한 불안 해소 경험이 강화되어 강박사고 억제 목적의 불안회피 행동을 끊지 못하며, 강박행동으로 불쾌(불안)감이 일시적으로 완화되는 경험이 반복되어 중독적으로 반복되는 듯하다. 어떻게 보면 기이하게도 보이는 비합리적이고 근거 없는 주관적인 내부규칙과 장치를 만들어놓고, 그 기준에 맞으면 불안에서 잠시라도 벗어나 쉼을 얻는 경험이 반복되고 강화되어 결국 그 기준에 반드시 맞춰야만 마음이 놓이고 그렇지 않을 때는 안절부절못하고 당황하며 혼란으로 뒤집히는(upset) 상태까지 갈 수 있다. 자신의 강박적 생각이나 행동이 비정상적이라는 것을 알면서도 의식이 논리적으로 연결되지 못하고, 일관성 없이 파편화, 분절된 채 불안으로 몰아가는 (-)에너지에 강하게 지배되어 역기능적으로 대응한다. 하지만 이는 일시적인 가짜 편안함을 제공할 뿐이며 근본적인 불안 해소는 아니라는 점에서, 그리고 본인이 문제점을 알고도 통제가 안 된다는 점에서 중독 상태와 비슷한 측면이 있다.

강박행동은 처음에는 우연한 경험의 강화로 인해 생길 수도 있지만, 이후에는 어떤 행동에 자의적 의미를 부여하여 불안을 해소함으로써 의도된 강화로 인해 후속 패턴이 생길 수도 있다. 그런데 우연한 불안 해소 경험에 의한 강화 효과로 강박행동을 하는 경우(이 경우 노출치료 효과도 큼)보다 강박사고가 경고하는 '원치 않는 결과'를 막기 위한 행동이 심리 내부에서 설계된 경우에는 더 고질적이고 치료하기가 힘들다. 이는 단순한 행동이 강화되기보다 인지적 설계에 따라 신념화된 행동이라서 그런 것 같다(노출치료와 함께 비합리적 설계를 논박하는 인지행동치료 필요).

강박증 환자는 강박사고가 예고하는 내용, 예를 들어 자신이 원치 않는 사건이나 불행을 강박행동이 막아주고 불안을 해소한다고 믿는데, 여기에는 그의 독특한 강박행동을 정당화시키는 어떤 생각이 스스로에 의해 심어진 듯 보인다. 자기만의 독특한 방식으로 불안을 해소하는 장치인 강박행동에 근거를 만들어주기 위해 무의식적인 '씨뿌리기(seeding)' 작업을 해두는 것이다. 이는 비현실적 · 비논리적 믿음을 바탕으로 허구적 근거를 창작하여 씨를 뿌리는 것이라고 볼 수 있다. 중독기제와 비슷하게 강박행동이 더 심화되며 꼬리를 물고 계속 늘어나는 현상은 씨뿌릴 거리가 계속 늘어나는 것과 연관되는데, 어쩌면 강박증 환자는 씨뿌릴 거리를 계속 찾아다니고 있는지 모른다. 아무 일이 없을 때조차 편안하지 못하고, 거의 습관적으로 실제로는 별 소용도 없는 씨뿌릴 거리를 찾아서 불안을 해소하고 기분이 나아지고자 쉼 없이 움직이기 때문이다.

'씨뿌리기'는 점화 기제를 치료적으로 활용하여(Zeig, 2006) 유사한 작용원리를 토대로 내담자가 알아차리지 못하게 씨앗을 심어둠으로써 이후의 경험을 변화시키는 상담기법이다. 역설적이게도 강박증 환자는 불안을 해소할 근거를 거의 무의식적으로 찾아내어 씨뿌리기로 신념화하고, 이를 강박행동에 적용하는 듯하다. 하지만 이런 방책은 불안을 해결하는 데 효과가 없을 뿐만 아니라 역효과로 오히려 추가적인 문제를 계속 양산하게 된다.

▶ 강박장애의 증상과 특징

강박장애는 불안으로 인한 반복적 확인과 지연행동, 선택 미룸으로 시간 관리가 안 되고, 사회적·직업적으로 현저한 기능손상을 초래한다. 짧은 시간에 해결할 수 있는 일을 긴 시간을 두고 고심하다가 결국 D-day까지 선택하지 못하고 고민한다. 처음에는 강박사고와 관련하여 가까운 미래의 불안을 최소화하기 위해 어떤 행동을 해야 할지 고민하느라 시간을 낭비하고, 다음에는 불안억제(강박행동)에 몰두하느라 지나치게 시간 낭비를 하며, 심지어 불안과 관련 없는 일상적 선택마저 강박사고와 억지로 연결 지어 선택하지 못하고 지연하곤 한다.

그런데 강박증 환자가 외부 환경에 의한 어쩔 수 없는 상황이나 결과는 (혹여 부정적이더라도) 비교적 담담하게 받아들이는 모습을 보면 자신이 정한 규칙에 대한 엄격한 태도와 상반된다. 이는 강박 환자가 내부규칙에 100% 충성하고자 최선을 다하며, 자기로부터의 인정욕과 자기검열 등 '자기평가'에 집착하여 매여 있음을 말해준다. 반면 자기가 개입할 여지가 없는 조건이나 상태에서는 자기에게 책임이 없다고 판단하고, 자기를 추궁하거나 더 잘할 수 있었는데 못했다는 자책감에 시달리지 않는다. 뭔가를 할 여지가 아예 차단되면, 선택이나 책임으로부터 자유로워지는 것이다. 바로 여기에 전도를 통한 변화의 가능성이 있다. 왜냐하면, 자기가 아무리 애써도 하나님이 허락하시지 않으면 안 된다는 것, 자기가 한 일도 궁극적으로는 하나님께서 인도하시고 이루신다는 것을 이해하면, 자기가 진 짐(책임)과 죄의식(자책)에서 조금씩 벗어날 수 있기 때문이다. 나아가 좀 더 믿음이 성장하여 자기가 전부 하려고 하기보다 하나님께 의뢰할 수 있다면 치유에 더 가까이 갈 수 있을 것이다.

세상적 지식이 가르치는 주체성과 책임의식은 자기 일은 자기 힘으로 해야 한다는 비합리적 신념 — 세상은 이를 '합리적'이라고 한다 — 을 가지도록 압박한다. 이는 자신의 의사에 반하여 누군가에 의해 물리적으로 강박행동이 저지당할 때 강한 반발과 발작 수준의 반응을 보이는 것과 달리, 인지적으로 강박행동의 비효율성과 변화 필요성을 이해

강박장애의 특징

- 에너지 소진: 과도한 위험 불안과 과도한 제어 노력으로 시간 낭비, 에너지 낭비
- 선택(결정) 불능: 선택에 따른 결과를 미리 너무 재단하다 보니 각 선택지에 대한 부정적 예상요인 때문에 아무것도 선택하지 못한다.
- 끝없이 이어지는 생각: 어렵사리 선택하더라도 선택 후에 예상되는 부정적 요소에만 초점을 맞추어 집착하고 반추하며 후회하거나 자책한다. 모든 선택에는 장단점이 있게 마련인데, 항상 선택하지 않은 길에 미련을 갖기 때문에 어떤 쪽을 선택해도 머릿속에 계산기가 돌아가서 힘든 건 마찬가지다.
- '자기'평가라는 문제, 자기로부터의 '인정'이라는 문제: 자기가 선택할 수 있는 게 아니라 외부에서 강제로 주어지는 상황이나 결과는 그냥 받아들이고 괴로워하지 않는다는 점은 자기 책임과 관련이 없는 경우에는 자책하지 않는다는 것, 즉 자기가 선택하거나 책임이 있는 경우에 특히 스스로가 과도하고 예민하게 대응함을 말해준다.
- 당위성(예: 최선을 다해야 한다): 일 처리에서 자기가 뭔가 할 수 있는 여지가 있으면 그 시간이 끝날 때까지 고민하다가도 D-day가 지나면 그 문제에 무관심해지는 경우도 많다. 실제 결과에 초점이 있다기보다 미래의 원치 않는 결과를 방지하기 위해 자신의 행위와 노력에 최선을 다해야 한다는 당위성에 초점이 있다.

시킨 뒤에 '노출 및 반응방지'를 시도할 때는 비교적 잘 견디는 모습을 보이는 것과 상통한다. 강렬한 욕구가 존재하는 곳에 고통이 뒤따르는 것일까? 인지행동치료로 강박환경에 노출한 상태에서 이전의 강박행동을 하지 않게 했을 때, 한편으로는 불안해하면서도 눌려있던 마음이 홀가분해졌다고 말하는 내담자도 있다. 이런 내담자야말로 자기도 어쩔 수 없는 반복되는 족쇄에서 풀려나고 싶었을 것이다.

이와 함께 강박장애는 인색함을 특징으로 하지만, 이는 더 모으려는 탐욕이라기보다 불안의 기저에서 비롯된 효율성과 완벽성을 추구하는 경향과 관련된 것으로 보인다. 즉 같은 재화를 사용하여 최고의 효과를 내기 위해 낭비를 줄이고 아끼려는 기준에 충실하며, 이것이 지나쳐 불필요한 물품이 쌓여도 혹시나 언젠가 필요할까 봐 버리지 못하고 모아두는 강박적 비축과 수집으로 이어진다.

▶ 강박장애의 원인

강박장애는 대칭/정렬 등 불완전감 차원과 청결/확인 등 위험회피 차원으로 그 유형을 나눌 수 있다. 불완전감 차원의 유형은 깔끔하고 균형 있게 정리되어있지 않으면 불완전감을 느끼고 이를 해소하고자 하며, 위험회피 차원의 유형은 질병이나 사고 등 위험을 예방하기 위해 씻기와 확인행동을 반복한다. 위험회피 차원은 죽음이나 신체적 불행과 맞물려서 더 심각한 장애를 가져올 수 있다.

위험회피 차원 강박유형의 경우, 좌절 경험이나 과도한 스트레스 상태에서 특정 조건이나 상황을 위험으로 인식하여 '공포감'을 가짐으로써 비현실적인 감정기억이 똬리를 틀게 되고, 이러한 감정기억이 강박사고나 강박행동을 유발할 가능성이 있는 것 같다. 즉 감정기억에 연루된 어떤 위험 상황이나 불행한 사건·사고가 자신에게 절대로 일어나서는 안 된다는 생각이 오히려 불안을 키우고, 무의식적으로 강박사고가 침투할 환경을 조성하게 된다.

여기에 유전적으로 타고난 성격이 예민하고 불안에 대해 과민할 경우, 약한 수준의 불안한 상황도 공포 상황으로 같이 엮일 수 있다. 이렇게 불안이 심리를 지배하면 이성적 사고가 작동하기 힘들게 되고, 자신이 두려워하는 결과와 실제로는 연관성이 없는 것들인데도 우연히 불안을 느끼거나 의미를 부여한 어떤 작은 요인과 연결 지어 강박행동을 하게 된다. 이는 무의식적으로 진행되기 때문에 본인이 강박행동을 하지 않으려고 노력해도 멈추기가 쉽지 않다.

- 심리학적 요인: 중대한 스트레스나 외상적 사건
- 생물학적 요인: 세로토닌 시스템과의 연관성, 신경회로(대뇌피질-선조체-시상-대뇌피질), 안와전두엽, 미상핵, 앞쪽 띠이랑 문제
- 유전학적 요인: 연구를 통해 가족 유병 가능성을 보여줬으나, 일관된 후보 유전자를 식별하지는 못한 상태

▶ 강박장애의 치료

일반적인 강박장애의 치료는 주로 인지행동치료와 약물치료다. 뇌과학적 측면에서 볼 때, 강박증 환자들은 기저핵과 미상핵 영역에서 과도한 활성화가 일어나는데, 인지치료를 받은 후에 오른쪽 미상핵에서 신진대사가 감소했고, 노출 및 반응 방지치료 후에 시상 신진대사의 의미 있는 감소와 함께 오른쪽 전대상회 활성화의 의미 있는 증가를 확인한 연구 결과가 있다. 이는 환자들이 변연계 체계를 안정시키고 대상회의 활성화를 통해 감정을 통제함으로써 증상이 개선되는 것을 느끼는 것과 연관되는 발견이다. 신경전달물질 중 세로토닌, 노르에피네프린, 도파민, 글루타메이트, 감마-아미노부티르산(GABA) 등과 관련이 있으며, 약물치료는 과흥분을 줄여줌으로써 시스템이 다시 균형을 잡도록 돕는 것으로 '선택적 세로토닌 재흡수 차단제(SSRI)'가 효과가 있는 것

으로 밝혀졌다.

통합상담에서 초기에는 내담자가 자신의 신체감각, 감정(불안), 생각, 욕구, 행동 등을 알아차리고, '에덴적 환상' 속에서 반복되고 못 벗어나는 내부규칙의 비현실성을 인지하며, 상황에 노출하되 강박행동(반응)을 하지 않는 ERP(Exposure and Response Prevention)-인지행동통합치료를 한다. 중·후기에는 욕구 통찰과 사탄의 전략을 파악하고 회개하여 자기가 100% 하려던 것을 놓아버리고 믿음으로 하나님께 의뢰하는 역동통합/영적 치료를 한다.

기독교 통합상담

- 삶의 불확실성을 받아들인다: 세상은 100%의 확실성과 안전, 완전함은 불가능하지만, 그래도 그런대로 돌아간다. 에덴적 환상(완벽주의)을 깨서 확실하고 완전하게 하지 않으면 파국이 올 것 같은 공포 때문에 취하는 강박행동의 비합리성과 비현실성을 깨닫고, '인지행동 변화+믿음'으로 자족하며 현실을 수용한다.
- 자기 힘으로 모든 것을 통제(위험차단, 완전화)하려는 것은 불가능한 바람이라는 것을 깨닫는다: 통찰을 통해 자신의 인간적 한계와 분수를 알고, 기도 속에 노력은 하되 결과는 하나님께 겸손히 맡기는 믿음과 소망으로 삶의 불안과 두려움을 극복해나간다.

불안과 우울

2차 죄의식은 세상적 보상으로 인정욕·애정욕을 추구함으로 인해 스스로 만들어내는 가짜 죄의식이며, 2차 불안은 사탄의 자극에 의한 욕심과 욕망으로 인해 덧붙여진 가짜 불안이다.

1차 죄의식 → 죄의식의 보상으로 인정욕·애정욕 추구 → 2차 죄의식 → 욕구 좌절로 인한 분노 → 자기비하 → 우울증 → 2차 불안 야기

죄의식을 세상적 추구로 보상받으려는 인정욕·애정욕과 이러한 욕구의 좌절과 관련된 2차 죄의식은 불안에 영향을 줄 수밖에 없는데, 이는 일(성공)과 인간관계가 생존의 조건에 긴밀히 연결되기 때문이다. 이처럼 (2차) 죄의식과 (2차) 불안의 상호영향 관계는 우울과 불안의 상관관계와도 관련이 있어 보인다. 실패경험과 우울, 에너지 저하로 인해 자신과 세상·환경, 미래를 부정적으로 바라보거나 삶의 위험 가능성을 과대평가하게 되면, 불안에 대한 예민도가 심해져 불안장애 가능성이 커진다. 또 심한 불안을 경험했던 비슷한 상황에 맞닥뜨리거나 그렇게 예견되는 상황에서 불안이 증폭되어 공포화되면, 예기불안(3차 불안)으로 공포증이 나타날 수 있다. 이는 에너지 소진을 일으키고 다시 우울을 심화시키는 악순환이 반복된다.

'2차 불안'+'인정·애정욕구 추구' → 욕구 좌절·실패 → 2차 죄의식과 분노 → 집착과 반추 → 내부공격 → 에너지 소진(무기력) → 우울 진행

불안에 인정·애정욕구의 좌절로 인한 죄의식이 겹치면 에너지 소진과 우울로 진행될 위험이 크다. 예를 들어, 완벽주의에 인정받기 위한 노력과 불안이 결합하면, 불안으로 인해 과업의 집중력이 떨어지게 되고, 과업실패(실제로는 본인의 주관적 기준일 수도 있음)로 인한 2차 죄의식과 분노, 반추적 사고가 (–)에너지로 자신을 비난·공격하여 기분이 위축되고 부정적 정서와 무력감, 절망감에 빠질 수 있기 때문이다.

염려와 걱정·근심

우리는 무의식적으로 죽음의 공포와 삶의 불안에 눌려서 일상생활에서도 염려와 걱정·근심으로 많은 시간을 낭비하는 경우가 많다. 대개는 불필요한 걱정도 많고, 아직 생기지도 않은 일을 지레 염려하기도 한다. 걱정에 중독되다 못해 걱정이 없어지면 심리적으로 새로운 걱정거리를 찾아 마음속을 헤매다니기도 한다. 원치 않는 상황이나 결과를 자기 힘으로 어떻게든 막아보겠다고 갖은 애를 쓰다가 지쳐 병들기까지 한다. 그 대표적 예가 강박증일 것이다. 건강이 괜찮았던 사람이 건강을 지나치게 염려하다가 오히려 건강을 해치게 되는 경우도 그렇다.

> 〔마태복음 6:25〕 그러므로 내가 너희에게 이르노니 목숨을 위하여 무엇을 먹을까 무엇을 마실까 몸을 위하여 무엇을 입을까 염려하지 말라 목숨이 음식보다 중하지 아니하며 몸이 의복보다 중하지 아니하냐

그렇다면 최선을 다해 노력하고 움직이되, 지나친 걱정을 줄일 수는 없을까?

성경에서는 죄의 대가로 사람에게 주어진 고난, 즉 죽음과 육체적·물질적 한계조건에서도 하나님이 돌보고 지키시니 자신에게만 갇혀서 염려하지 말고 하나님께 맡기라고 말씀하신다. 그리고 자기 손으로 수고하여 얻은 일용할 양식 등에 자족하고 감사하며, 예수님의 사랑으로 어려운 이웃들과 나누라고 가르친다.

하지만 나약한 우리 인간은 불안을 자극하는 사탄의 꼬임에 넘어가 좀 더 모으고 쌓기 위해 집착하다 보면, 서로 싸우다가 뺏고 뺏기며 항상 불안에 시달리게 된다. 그 과정에서 현실적 결과에 대한 지나친 집착과 부담감, 그리고 부정적 예단에 따른 불안이 걱정을 더 크게 만든다면, 이는 만들어진 가짜 불안이다. 내 힘으로 모든 걸 잘 해내야 한다는 비합리적 신념과 이에 뒤따르는 부정적 자기평가에 대한 불안도 마찬

가지다. 결국, 여기서 벗어나는 것이 마음의 평안을 누리는 길이 될 수 있으리라. 욕심을 내려놓는 것과 자신에게 지운 짐을 하나님께 맡기는 것이야말로 염려와 걱정·근심을 줄이는 비결이다. 이에 필자 자신과 여러분에게 외쳐본다. "하나님이 지키시니, 쫄지 말고 담대하라!"

〔요한복음 14:27〕 평안을 너희에게 끼치노니 곧 나의 평안을 너희에게 주노라 내가 너희에게 주는 것은 세상이 주는 것 같지 아니하니라 너희는 마음에 근심도 말고 두려워하지도 말라

공포와 겁먹음

역사적으로 독재자나 테러리스트집단, 사이비종교 등을 볼 때, 공포가 사람을 통제하는 데 가장 유효한 수단이라는 주장은 설득력이 있다. 코로나19 팬데믹 상황에서 세계의 거의 모든 나라에서 각종 통제와 언론규제, 이동의 자유, 표현의 자유, 종교모임의 자유 등이 억압되고 파시즘적 행태가 확산하는 것도 같은 맥락으로 볼 수 있다. 사람들은 바이러스와 죽음의 공포, 봉쇄로 인한 수익감소와 실업 등 심리적·신체적·경제적인 전 방위적 영역에서 공포와 맞닥뜨려야 했다. '생명과 생업'에 대한 위협은 곧바로 삶의 기본조건이자 인간의 기본욕구와 연결된 '건강과 물질'에 대한 불안을 증폭시키기 때문이다.

거리 두기와 방역 조치로 인해 경제가 타격을 입고 자영업자와 소상공인들은 버티기 힘든데, 양적완화로 돈을 마구 풀어 부동산과 주식 등 자산시장이 급등하니 빈부격차가 더 심화되었다. 누가 만들었는지 알 수도 없는 비트코인이 시장에서 버젓이 거래되고, 주식보다 더 큰 이득을 봤다는 사람들도 꽤 있다. 물론 결국, 손해 본 사람들도 많지만…. 가상화폐 시장을 탐욕이 판치는 투기시장이라고 말한다면 미래를 보지 못하는 너무 편협한 시각일까?

그런데 이 같은 코로나19 문제와 이혼 급증, 청소년 자살률 증가 등 사회적으로 드러나는 직접적 영향 외에 일일이 측정할 수 없는 간접적 영향도 무시할 수 없다. 아니, 어쩌면 이게 더 심각하리라고 본다. 요는 우리의 마음과 의식의 변화가 장기적으로 더 큰 폐해를 가져올 것이다. 예를 들어 방역 조치와 거리 두기가 가져온 모임 금지, 예배 금지, 집합 금지는 자유를 침해할 뿐만 아니라 인간관계를 소원하게 하고, 비대면 문화의 확산으로 개인주의를 가속화하여 공동체 문화를 무너뜨릴 수 있다. 인간관계가 축소되어 폐쇄적으로 변해가고, 휴머니즘적 관심과 개방성이 줄어들면 사회관계적 에너지 수준도 현저히 떨어지게 된다.

인간 면역결핍 바이러스(HIV, Human Immunodeficiency Virus) 발견에 대한 공로로 2008년 노벨의학상을 수상한 프랑스의 바이러스 학자 뤽 몽타니에(Luc Montagnier)는 코로나바이러스 유전자 코딩에서 말라리아와 에이즈바이러스(HIV) 염기서열을 확인했다면서, 이는 우연이라고는 볼 수 없고 인공적 처치라는 증거라고 말했다. 그의 주장은 사실로 드러나기 시작했고, 말라리아 치료제인 하이드록시클로로퀸이 왜 초기 코로나19 환자들에게 놀라운 치료 효과를 보여줬는지, 왜 화이자가 만든 코로나19 치료제에는 에이즈 치료제가 포함되어 있는지에 대한 설명도 가능해진다(2022.02.11, 파이낸스투데이). 한국의 전기엽(외 2인)이 2022년 3월 11일 국제학술지(IJVTPR)에 발표한 논문에 따르면, 미접종자와의 비교연구를 통해 코로나19 백신 접종자의 혈장 표본에서 다양한 크기와 형태의 이물질(움직이는 생물체)과 금속 같은 입자들을 발견했는데, 이는 코진의(코로나진실규명의사회)가 이전에 코로나19 백신에서 발견했던 것과 유사하며 코로나19 백신 접종자의 부작용과 분명한 관련성이 있다고 보고했다. 그리고 백신으로 인해 영향을 받은 면역 시스템은 '면역 침식' 또는 '백신후천면역결핍증후군(VAIDS)'으로 이어지는 비효율적인 항체 생산을 하게 된다는 것이다. 그 진위 여부는 규명되어야 알 수 있겠지만, 코로나 팬데믹과 공포를 이용하여 이익을 얻는 세력이 없다고 할 수 있을까?

과연 이런 미증유의 사태에서 누가 가장 큰 이득을 얻는 것일까? 유전자 증폭검사인 코로나 PCR검사는 증폭횟수(CT)를 늘리면 위양성률이 높아지는 문제가 있는데, 2021년 초까지만 해도 미국의 식약청(FDA)과 질병통제예방센터(CDC) 등에서 CT값을 40~45로 설정할 것을 권했다가 너무 과도한 증폭 값이라는 전문가들의 지적이 많이 나오자, 나중에야 CT값을 28 이하로 변경한 바 있다. 이는 그동안 무증상의 가짜 확진자를 늘려서 공포를 조장했다는 방증인데, 아직도 한국은 높은 CT값(2021.11.10. 기준 평균 40 이상)을 유지하고 있다. 문제점이 밝혀지자, CDC는 PCR 테스트가 코로나와 인플루엔자를 구별하지 못하므로 코로나19의 확진 검사방법으로서 유효하다고 인정하지 않는다면서, 검사기관들이 다른 검사방법으로 전환할 것을 권고하고 2021년 12월 31일 이후 FDA에 요청했던 PCR 테스트의 비상 승인을 철회한다고 밝혔다(2021.07.25, Natural News).

CDC 스스로 PCR 검사가 코로나와 독감 구별능력이 없음을 인정한 셈인데, 2020년 코로나 사망자 수가 느는 동안 독감 사망자는 줄었고, 전체 사망자 수는 예년과 비슷하다는 전 세계적 통계 결과는 코로나 사망자 통계의 오류 가능성을 시사한다. 또한, 한국 질병관리청은 질의응답에서 기저 질환이 없는 순수 코로나 사망자는 전체 코로나 사망자의 3.4%라고 밝힌 바 있어 코로나 사망통계의 문제점을 드러냈다. 실제로는 기저 질환으로 죽은 사람들도 사후 코로나 검사에서 양성이면 모두 코로나 사망으로 잡았다면, 사망자가 부풀려졌을 가능성이 있고, 이는 코로나에 대한 대중의 공포감을 부추기는 역할을 하게 된다. 의심스러운 건 CDC가 PCR검사 긴급승인을 취소하겠다고 발표하기 며칠 전인 2021년 7월 19일, 빌 게이츠와 소로스가 코로나19 간이테스트를 개발한 영국의 몰로직(Mologic)사를 인수한다고 발표했다는 것이다. 한편 한국 — 2020~2021년까지 선별진료소 및 병원에서 코 깊숙히 찌르는 비인두 도말 검사를 기본적으로 실시함 — 에서 가장 많은 코로나 PCR검사 면봉을 생산하는 하청업체에서 인체에 유해한 자동차 고착제를 사용했다는 논란(2021.03.11, SBS 뉴스)에 이어, 미국 국립 유독물센터는 새로운 검사방법인 셀트리온 등의 자가진단키트에 건강을 위협할 수 있는 유독성 화학물질(아지드화 소듐)이 들어있다고 경고했다(2022.02.24, THE GURU). 안타깝게도 유치원과 초등학교에서는 2022년 3~4월, 등교 전 주2회 코로나19 선제 자가검사를 실시했으며, 신속항원검사 키트를 활용한 선제검사 대상을 전국의 중·고등학생과 교직원으로 확대한 바 있다.

사람들은 백신 접종률 70%면 집단면역이 가능하다는 주장을 믿고 백신을 맞았지만, 기실 이는 거짓말이 되어버렸다. 게다가 통계상 코로나 무증상 확진자가 많고, 기저 질환자나 일부 유전적 소인이 있는 사람에게서만 중증 또는 사망으로 진행되는 바이러스 질환을 예방하기 위해 아직 안전성이 확보되지 않은 코로나 백신을 임산부를 포함하여 전 세계인이 맞아야 할 것인가? 더구나 최근 변이바이러스 때문에 돌파감염이 속출하는 등 효과가 떨어진 것으로 밝혀진 백신을 의무화하려는 시도나, 그 부작용 가능성에도 불구하고 감염에서 비교적 자유롭고 코로나로 인한 사망이 거의 없는 어린이와 학생들에게까지 접종하고 있는 것은 심히 우려스럽다.

mRNA 백신 기술 발명자인 로버트 말론(Robert W. Malone) 박사는 코로나 백신은 유전자 백신이므로 자녀의 세포에 주입되는 바이러스 유전자가 아이의 몸에 독성 스파이크 단백질을 만드는데, 이는 중요 신체 기관에 영구적인 손상을 일으킬 수 있으며 이후 뇌와 신경계, 혈전을 포함한 아이들의 심장 및 혈관 그리고 그들의 생식 기관 등 면역체계에 장기적으로 근본적인 변화를 초래한다고 경고했다.

뤽 몽타니에 박사도 다수의 코로나 백신 접종이 세계적으로 새로운 변종 바이러스를 더 생기게 만들며, 백신 접종자는 항체의존성강화(ADE)로 변이바이러스 감염에 더 취약해진다고 밝힌 바 있다. 그는 또 코로나19 백신의 성분에는 프리온이 포함되어 있어서 우리의 신경세포를 파괴하며 이미 이로 인한 사망자들이 나오고 있고, 이것이 우리 몸의 유전자를 예측 불가능한 수준으로 변형시킬 수 있다고 말했다. 그리고 2022년 1월 9일자 월스트리트저널(WSJ) 공동기고문에서 코로나19 백신이 오미크론 변이감염을 줄이고 있다는 증거는 없다며, 바이든 미 행정부의 백신 접종 의무화 조치를 비판했다. 그의 말은 백신 접종률 1, 2위를 달리는 한국과 이스라엘에서 백신 접종률이 높아질수록 오히려 확진자와 사망자가 급증하고, 실제로 코로나 변이바이러스에 백신 접종자가 많이 감염되는 기현상과 일맥상통한다. 2022년 2월 8일 갑자기 사망한 그의 죽음은 백신 비판론자들의 거듭되는 죽음처럼 우연의 일치에 불과한 것일까. 캐나다 앨버타대학교 정치학과 카일 비티(Kyle A. Beattie) 교수가 2021년 11월 15일 발표한 「코로나19와 관련된 감염 및 사망 사례와 백신접종과의 인과관계: 145개국의 빅데이터 분석」이라는 논문에 따르면, 거의 모든 나라에서 백신 투여가 확진자와 사망자를 증가시킨 뚜렷한 원인으로 작용했으며 통계적으로 유의미한 영향을 미쳤음을 증명하고 있다.

영국의 권위 있는 의학회지 The BMJ는 화이자 임상실험을 진행했던 전직 1명과 현직 2명의 말을 인용해 "화이자 백신이 엄격한 임상실험을 거치지 않았고(이중맹검법 위반), 예방효과(94%)는 과장되었으며, 중증 부작용에 대한 충분한 조사가 되지 않은 백신"이라고 밝혔다(2021.11.02, BMJ jounals). 한편 'PHMPT'(투명성을 위한 공중보건 · 의료 전문가들. 예일, 하버드, 브라운대 출신의 과학자, 교수, MD 등으로 이루어짐)가 각국 정부와 비밀유지 백신 공급 계약을 한 화이자와 관련하여 FDA에 제기한 백신 자료공개 소송에서 FDA는 화이자 백신을 3개월 만에 긴급승인한 것과 달리 백신 자료공개는 매달 500페이지씩 55년(75년으로 정정)에 걸쳐 공개하겠다고 요청했다. 하지만 텍사스법원은 매달 5만 5천 페이지씩 8개월 내에 전체를 공개하라는 명령을 내렸고, 그 결과 FDA가 처음으로 공개한 화이자 승인심사 자료에 따르면 화이자 코로나19 백신 접종 후 신장장애, 급성 이완성척수염(AFM), 뇌색전증, 심장마비, 출혈성뇌염 등 무려 1,291종의 부작용이 보고됐다는 내용이 실려 있었다(2022.3.10, 에포크타임스). mRNA 백신에 대한 불신감이 커지자 2021년 말부터 2022년 초, 단백질(유전자)재조합 방식인 노바백스 백신이 WHO와 유럽을 비롯하여 한국 등 30여 개국에서 승인되었다. 참고로 러시아 스푸트니크V 백신은 전통방식의 사백신으로 변이바이러스에도 효과가 있고 부작용이 거의 없는데도(2021.02.16, MBC) WHO에서 승인해주지 않아서 일부 국가에서만 접종하고 있다.

그런데 일본 후생성에서는 모더나 백신에서 산화그래핀으로 의심되는 금속 물질이 나와서 폐기 처분한 바 있고(의료인연합 성명, 2021.10.04), 영국 연구소의 공식 보고서에서도 코로나 백신(모더나, 아스트라제네카, 화이자)에 신체의 자연 장벽을 관통하고 중추신경계를 손상할 수 있는 산화그래핀이 포함되어 있음이 확인되었다(2022.02.13, THE EXPOSÉ). 우리나라에서도 백신 배양액에서 정체불명의 괴생명체가 발견되었다는 주장(이영미 산부인과 의사, 2021.12.13)이 나왔다. 이를 재차 확인한 '코진의'(코로나진실규명의사회 28명)는 정부에 코로나 백신 성분조사를 요구했지만, 당국은 괴담과 가짜뉴스에 엄정 대응하겠다며 이를 무시하고 있어 정말이지 현시대는 어떤 것이 진실인지 알 수 없는 혼란의 시대다.

이러한 상반된 정보의 홍수는 대중에게 혼란과 인지부조화를 일으켜 주체적 판단력을 상실하게 하는데, 이는 권력이 언론을 활용한

'공포 조장과 갈라치기(예: 백신 접종자/비접종자)'를 통해 집단형성(Mass Formation)을 하고 반대편에 책임을 돌리며 최면을 유도해 통제권을 얻기 쉽게 만든다. 대중은 정부가 제공하는 해결책을 믿고 불안 해소와 심리적 안정을 얻게 되어 순응하게 된다.

같은 기간 대비 나이대별로 코로나19로 죽은 사람보다 백신 부작용 사망자가 더 많다는 주장이 있음에도 사람들이 백신을 받아들이는 걸 보면, 코로나 공포가 백신 부작용에 대한 공포를 감수하게 만드는 것은 아닐까? 2021~2022년 유럽과 미국, 캐나다, 호주, 브라질 등 전 세계적으로 백신 강제에 저항하는 시위가 확산했지만, 한국에서는 전 국민 백신 접종률 80% 상황에서야 뒤늦게 학부모단체 등을 중심으로 백신패스 반대운동이 시작되었고 격렬한 백신 의무화 반대시위로 2022년 2월 6일 캐나다 오타와에 비상사태가 선포되었다. 그런데 총리 트뤼도 재단이 화이자 백신 지질 나노입자 제조업체의 지분 40%를 보유한 의혹이 불거짐으로써 각국 정부의 방역 정책에 어떤 식으로든 백신과 관련된 이윤이 개입되었을 가능성이 제기되고 있다. 남는 백신을 폐기하다 못해 유효기간을 연장하는 상황에서도 백신은 계속 도입될 예정이다.

매일매일 방송에서는 급증하는 코로나 확진자 수를 시끄럽게 떠들어대며 공포감을 전파하고 백신 접종만 강조할 뿐 백신 부작용을 겪는 사람들이나 코로나 환자들이 이후 어떻게 되었는지는 제대로 알려주지 않는다.

부당한 탄압이나 극도의 위협적 상황에서 공포와 겁먹음은 진리를 향한 추구와 용기, 공동체적 결집과 담대한 믿음으로 가는 힘을 잃게 만든다. 그래서 성경은 많은 구절에서 "두려워하지 말라"고 말씀하는지도 모르겠다. 만일 종교박해 시대에 기독교를 지켜온 사람들이 공포와 겁에 주저앉았다면, 지금 기독교는 우리에게 전해지지 못했을 것이다.

기독교적으로 봤을 때 작금의 코로나 사태 현주소는 성경적 이해 부족과 에덴적 환상 때문에 사람들이 피아(彼我)를 분별하지 못하고, 예수님을 아는 지식과 믿음이 부족하니 악한 속임질과 공포·불안에 겁먹으며 휘말려서 영이 흐려지고 진실을 보지 못하는 게 아닐까 싶다. 두려워하는 마음은 악이 득세할 수 있는 여지를 주고, 우리가 오히려 사탄의 간교와 궤휼에 넘어지기 쉽게 만든다는 사실을 알고 영적으로 깨어 굳세어져야 할 때다.

〔에베소서 6:20 KLB〕 이 일을 위해서 나는 쇠사슬에 묶인 사신이 되었습니다. 내가 당연히 해야 할 말을 담대하게 말할 수 있도록 기도해 주십시오.

막으려는 강박과 모으려는 탐욕

▶ 불안(삶의 불안 = 불행한 삶에 대한 공포; 죽음에 대한 공포)
→ 강박사고/강박행동(저지, 억제 등 방어적 통제시도)

자신과 관련된 모든 것을 자기 손아귀에서 좌지우지하려는 시도는 인간이 컨트롤할 수 없는 하나님이 하시는 고유영역을 침범하는 것이며, 자기 힘으로 원치 않는 미래와 불안을 막으려는 것은 인간적 한계를 넘어선 교만이자 일종의 탐욕으로 볼 수 있다.

- 불행이나 원치 않는 사건 등 삶에 대한 불안을 막으려는 지나친 행동 과정에서 2차, 3차 불안이 꼬리에 꼬리를 물고 강박행동도 계속 덧붙여 늘어난다.
- 문제를 해결하려는 시도가 오히려 그 문제를 유지하거나 증폭시킬 수 있다.
- 문제를 통제하려는 시도가 문제이지, 문제 자체가 문제가 되지 않는 경우도 많다.

강박 환자는 과거의 상실감이나 실패경험을 수용하지도 털어버리지도 못하고 집착·반추하면서 스스로를 탓하고 괴로워한다. 그러다가 미래에 비슷한 불행이 일어날 것 같은 불안감이 증폭되면, 이런 무의식적 불안으로 인해 "원치 않는 사건이나 위험한 사고가 일어난다"는 등의 강박사고가 침투하게 된다. 강박사고는 인위적인 노력으로 피하거나 멈추기 힘들며, 어쩔 수 없이 이를 억제하기 위한 강박행동 또는 강박사고에서 예고되는 사건이나 불행을 스스로 막기 위한 강박행동(청결행동, 확인행동, 정돈행동, 수집행동 등)을 하게 된다. 문제는 그러한 강박행동이 불필요하게 과다 반복될 뿐 미신적·비현실적이고 효과가 없음에도 일시적으로 불안이 감소하는 경험 때문에 (부적)강화가 된다는 점이다.

〔로마서 12:3〕 내게 주신 은혜로 말미암아 너희 중 각 사람에게 말하노니 마땅히 생각할 그 이상의 생각을 품지 말고 오직 하나님께서 각 사람에게 나눠 주신 믿음의 분량대로 지혜롭게 생각하라

▶ 불안(삶의 불안; 죽음에 대한 공포) → 탐욕(끝없이 생명과 안전추구 욕망을 좇는 노예가 되도록 만들어 다시 불안을 가중하는 악순환의 고리)

사탄은 인간이 적당한 정도의 불안과 정상적인 기본욕구에 자족하지 못하도록 지나친 (2차) 불안과 욕망을 자극하여 개인적으로는 평안을 누리지 못하고 공동체적으로는 시기와 싸움에 휘말리도록 유혹한다.

〔전도서 9:1〕 내가 마음을 다하여 이 모든 일을 궁구하며 살펴본즉 의인과 지혜자나 그들의 행하는 일이나 다 하나님의 손에 있으니 사랑을 받을는지 미움을 받을는지 사람이 알지 못하는 것은 모두 그 미래임이니라

집착과 탐심

> 무엇인가를 가지려는 과도한 욕망(눅 12:15; 엡 5:5; 골 3:5), 남의 것을 더 가지려는 지나친 욕망(출 20:17; 롬 7:7) 등 바울 사도는 탐심을 가리켜 물질을 추구하여 그것을 하나님의 위치에 놓기 때문에 우상 숭배라고 했으며(골 3:5), 바로 그런 맥락에서 탐심을 죄악으로 규정했다(롬 7:8).

사람들이 성경에서 '일용할 양식'이라는 말로 함축된 '삶에 필요한 정도의 물질'에 만족하지 않고, 잉여의 부를 가지기 위해 애쓰고 걱정·근심 속에 사는 이유는 뭘까? 힘든 세상살이에서 질병, 사고와 같이 갑작스러운 위험이나 위기상황에 대한 대비로, 그리고 자녀교육, 노후대비 등 장기적인 생애준비를 위해 어느 정도의 여유 자산이 필요한 건 사실이다. 문제는 '정도'의 기준이 없는데다가 과시와 자기만족, 소비적 쾌락 등 인간의 욕심 때문에 누군가에게, 심지어 자기에게 상처를 주면서까지 끝없이 부를 축적하고자 달음질을 멈추지 않는다는 데 있다. 비슷한 관점으로, 우리가 인정욕이나 애정욕을 채우기 위해 어떤 일이나 성취, 관계에 지나치게 최선을 다하는 것도 어떤 의미에서는 탐욕이 아닐까. 물론 올바른 방법으로 열심히 일하다 보니 축적된 부라면 축복할 일이고, 또 이를 뜻 있는 곳에 쓴다면 더욱 축복할 일이겠지만 말이다. 순위가 바뀌어 영적 가치보다 세속적 가치(성공, 물질)를 더 우선으로 추구하는 게 아니라는 전제하에….

하지만 작금의 현실은 어떤가. 물신주의와 탐욕을 부추기는 현대문화가 영화나 TV 광고 등에서 개인주의와 자아도취적 교만함을 멋있는 모습으로 그리며 스타를 찍어내면, 사람들은 모방하고 따라가며 소비한다. 음식, 연예, 스포츠, 섹스 등 향락과 물질추구가 지배적 가치가 되어 상속문제로 가족관계가 파괴되는 일이 흔한 세상이 되었다. 부동산, 주식, 심지어 코인(가상화폐)까지 등장하여 재테크 열풍에서 소외되면 상대적 박탈감을 느끼는 등 사람들이 경쟁적으로 탐욕의 도가니에서 영적으로 몰가치적 삶을 사는 게 트렌드가 되어버렸다. 이러한 탐욕과 소비중심문화 속에서 사람들은 무한경쟁으로 인한 긴장, 스트레스를 잊기 위해 술과 인터넷(쇼핑), 게임과 도박에 빠지기도 하고, 특히 돈과 권력을 가진 상류층은 퇴폐적인 쾌락을 위해 마약, 성(인신)매매 등 범죄에 빠져들기도 한다. 이러한 세태는 여러 종류의 중독자를 양산하고 있으며, 다양한 요인에 의해 불안장애로 고통받는 사람들도 점점 늘고 있다.

〔디모데전서 6:9〕 부하려 하는 자들은 시험과 올무와 여러 가지 어리석고 해로운 정욕에 떨어지나니 곧 사람으로 침륜과 멸망에 빠지게 하는 것이라

여기서 정욕은 세속적 즐거움과 쾌락적 욕구, 육체적 · 성적인 욕구뿐 아니라 정신적인 욕구의 개념도 포함된다. 예를 들면 인정욕, 애정욕, 물질욕, 게으름, 향락, 음욕(시 68:30, 잠 11:6, 살전 4:5, 요일 2:16~17, 마 5:28, 롬 1:24, 엡 4:22)이 있다.

그러나 성경적으로도 물질축적 자체가 죄는 아니며, 물질을 얻기 위한 수고와 노동의 가치는 숭고하다고 볼 수 있다. 정당한 방법으로 열심히 수고하여 모으고, 남에게 손 벌리지 말고, 남는 것이 있게 하여 고아, 과부 등 사회적 약자(일할 수 있는데 게으른 자 아님)를 도우라 하셨기 때문이다.

기준

① 우선순위: 하늘의 의, 영적 가치 우선
② 지나치지 않음: 지나치면 심리적으로 불안이 가중되며, 물질의 노예 상태로 전락
③ 옳은 방법: 착취, 거짓, 위선, 불공정, 불법 등에 주의

〔마태복음 6:33〕 너희는 먼저 그의 나라와 그의 의를 구하라 그리하면 이 모든 것을 너희에게 더하시리라

인색과 탐욕

라틴어 Avaritia는 재물을 지나치게 탐하고 아끼며, 재물 모으기에 급급하여 지나치게 인색한 태도를 일컫는 말이다. 식탐(Gula)은 1차적으로는 먹을 것을 탐한다는 의미이지만, 가톨릭 7대 죄악에 쓰일 때는 음식과 재물에 대한 지나친 욕심, 즉 탐욕을 뜻한다.

아끼고 안 쓰려는 인색함과 모으고 거두고 뺏으려는 탐욕은 서로 다른 것 같지만, 실은 인색함도 아껴서 모으려는 욕구에서 비롯된 일종의 탐욕이라고 볼 수 있다. 낭비도 문제가 있지만, 그 반대축에 자리잡은 인색함은 물질을 쓰지 못하고 아끼느라 남한테뿐 아니라 자신한테 필요한 것조차 쓰지 않고 지나치게 모으려고 한다는 점에서 그에 못지않은 문제를 가지고 있다. 타인에 대한 인색도 그렇지만, 자신에 대한 인색은 더욱더 그렇다. "네 이웃을 네 몸과 같이 사랑하라(마태복음 19:19)"고 하신 말씀의 전제는 성전(聖殿, '그리스도의 몸'인 지체)으로서 귀한 자신의 몸을 먼저 사랑하고 잘 대해주는 데 있다. 예를 들어 상한 음식을 아까워서 못 버리고 먹다가 식중독에 걸린다든지, 칫솔을 새 걸로 바꿔 써야 하는데도 아끼면서 오래 쓰다가 입속 염증이 생겨서 고생한다면, 성전인 자기 몸을 해치는 것이다. 잘 먹어야 하는데도 시간을 아끼려고 대충 먹는다든지, 쉬어야 하는데도 자신에게 휴식 시간을 주지 않고 과도하게 일하며 물질을 축적하려는 것도 커다란 의미에서 인색함이요 탐욕이다.

또한 가성비(?) 최고의 효율성 추구, 지나친 합리성, 재화나 물건에서 최대한의 보상을 얻으려고 애쓰는 것도 인색함의 일종이다. 그 과정이나 결과에서 자기평가와 관련한 2차 죄의식과 불안 등이 커지면, 심

리적 어려움이나 장애가 생길 수 있다. 그리고 만일 인색함이 가진 것을 타인에게 나누지 않는 소극적 탐욕에 머물지 않고, 더 나아가 일을 부려먹고 대가를 제대로 지불하지 않거나 착취하는 등의 적극적 탐욕으로 심화된다면, 이는 성경에서 보듯이 하나님이 대노하시는 죄악이 될 수 있다.

〔디모데전서 5:18〕 성경에 일렀으되 곡식을 밟아 떠는 소의 입에 망을 씌우지 말라 하였고 또 일군이 그 삯을 받는 것이 마땅하다 하였느니라

▶ **인색의 예**

- 여유 있는 부자가 가난한 사람들에게 나누지 않음.
- 버리지 못하고 계속 모아두기만 하는 것
- 자원을 지나치게 효율적으로 활용하여 과대 이익을 얻으려 함.
- 상한 음식 같은데 아까워서 먹고 탈이 남.
- 배가 부른데 버리기 아까워서 더 먹고 소화불량
- 자신만을 위해서는 돈과 수고, 시간을 투입하지 못함.
- 일꾼을 부리고 품삯을 제대로 주지 않음.

가톨릭 7죄종

죄목	교만	인색	시기	분노	음욕	식탐	나태
라틴어	Superbia	Avaritia	Invidia	Ira	Luxuria	Gula	Pigritia
한자	驕慢	吝嗇(貪慾)	猜忌	憤怒	淫慾	食貪	懶怠
영어	Pride	Greed	Envy	Wrath	Lust	Gluttony	Sloth
반대개념	겸손	자선	친절	인내	순결	절제	근면

[사도행전 20:35] 범사에 너희에게 모본을 보였노니 곧 이같이 수고하여 약한 사람들을 돕고 또 주 예수의 친히 말씀하신바 주는 것이 받는 것보다 복이 있다 하심을 기억하여야 할찌니라

명상과 마음챙김/알아차림

명상은 고요히 눈을 감고 차분한 상태로 어떤 생각도 하지 않으면서 자신의 참된 자아를 깨닫기 위해 마음을 집중하는 것을 가리킨다. 불교의 명상방법은 크게 집중명상(사마타)과 통찰명상(위파사나)으로 나눌 수 있는데, 집중명상이 특정한 대상에 주의를 집중함으로써 모든 망념을 멈추고 마음을 안정시키는 방법이라면, 통찰명상은 몸과 마음에서 일어나는 현상을 관찰하고 알아차림으로써 존재의 실상을 체득하는 지혜 수행법이다.

대표적인 명상기법으로는 사티(sati)와 삼파잔나(sampajāna)를 들 수 있으며, 사티와 삼파잔나가 함께 짝으로 사용될 때 사티는 대상을 있는 그대로 주의하고 관찰하는 것이고, 이러한 주의 관찰된 내용을 지적으로 깊게 통찰하는 것이 삼파잔나다. 한역경전(漢譯經典)에서 사티는 '정념(正念)'으로, 삼파잔나는 '정지(正知)'로 번역되고 있다. 이 두 과정은 이어서 묶음처럼 이뤄지기 때문에 '마음챙김(mindfulness)'과 '알아차림(awareness)'을 혼용하여 쓰기도 하는 것 같다.

명상뿐만 아니라 요즈음 자기계발과 심리치료 분야에서도 관심이 높아진 '알아차림'이나 '마음챙김'은 그 뿌리가 불교나 동양철학에 있다고 볼 수 있다. 불교의 명상기법을 활용한 이런 심리상담들은 많은 유용성이 있지만, 구도 과정에서 정화와 자아초월을 추구하는 불교와 견주어볼 때, 한참 못 미치는 면이 있는 것 같다. 같은 맥락에서 불교와 비슷한 지점 — 기독교의 자기부인과 회개 — 을 공유하는 기독교와도

배치된다.

예를 들면 게슈탈트치료의 알아차림 기법은 유기체의 욕구충족과 미해결과제의 해결이라는 목적에 방점이 있어 해탈과 무아를 향한 불교의 알아차림 명상과는 그 지향점이 상반된다. 또한, 불교의 '내관'*이나 관찰명상과 달리 자기를 대상화시켜 관찰하는 것이 아니라 자신에게서 일어나는 현상을 나타나는 그대로 알아차리는 체험적 통찰이다. 이는 자기와 거리를 두지 않음으로써 자기를 소외시키지 않고 더 일치된 자기와 만나는 장점이 있지만, 그렇기에 자기를 넘어서는 데까지 가기는 힘들다.

수용전념치료 등에서 활용하는 마음챙김 역시 존재적 구도의 차원이라기보다는 비판단적·현재적 수용과 자기자비를 통해 우울, 불안 등 치료목적의 기능적 수준에 머문다는 한계가 있다. 여기서 더 나아가 요가 명상이나 스트레스 관리 목적의 마음챙김 명상은 자아를 진정시키기보다 오히려 자아를 강화하고 자기고양감을 증진시킨다는 보고(Jochen E. Gebauer et al., 2018)도 있어 접근 방향에 따라 불교 명상과는 차이가 있음을 알 수 있다.

현대 과학의 발전에 힘입어 명상이나 기도가 뇌파와 신경전달물질 및 호르몬에 주는 영향 등이 논문으로 발표되고 있는데, 앞으로 더 많은 연구를 통해 기도나 명상뿐만 아니라 영적 체험이나 치유의 효과들도 밝혀질 여지가 있다고 본다.

▶ 불교와 기독교 비교

불교와 기독교는 일반적인 통념과 달리 그 구도 과정이 닮은 면이 많은데, 여기서는 이를 병렬적으로 대응시켜 비교해보고자 한다. 불교

---

* 내관(內觀): 관(觀), 관법(觀法), 정관(正觀)이라고도 한다. 내성(內省)에 의해 마음속에 진리를 관찰하는 불교 일반의 수행법으로, 자기 자체를 응시하는 수행이다.

- 불교: 무지(無知)와 무명(無明)이 고통의 원인. 깨달음과 수행을 통해 정화하며, 탐욕과 집착에서 해탈하여 본래의 자기 모습(참나, 참자아, 진아)으로 돌아가 열반에 도달함.
- 기독교: 죄(하나님과 멀어짐)가 고통의 원인. 묵상과 회개를 통해 은혜로 죄를 사함 받아서 자유함을 누리고, 육적 가치가 아닌 하늘의 의를 구하며 성화로 창조 시의 온전성을 회복하여 구원을 얻음.

가 알아차림과 명상을 통해 깨달음을 얻고 정화하여 무명과 욕망의 번뇌로부터 해탈하여 본래의 참모습을 찾고자 한다면, 기독교는 말씀과 묵상을 통해 진리를 깨닫고 회심과 죄 사함의 은혜로 깨끗함을 입어 성화로 창조 시의 온전성을 회복하고자 한다. 자기를 초월하여 '무명의 번뇌', '존재의 번뇌', '감각적 쾌락에 대한 욕망의 번뇌'로부터 벗어나 대자유로 가는 불교의 구도의 길은 성경적 진리 속에 육체적 · 정신적 · 영적 차원의 죄성을 깨달아 자기부인과 회개로 자유함을 얻고 세상적 욕망이 아닌 하늘의 의를 추구하는 기독교의 과정과 서로 대응을 이루듯 닮아있다. 고타마 붓다가 예수님 탄생 전(B.C. 6세기)에 말씀을 모르는 상태에서 하나님의 인간구원 원리를 독자적으로 터득한 것이라면, 참으로 위대한 인물이라고 아니할 수 없다.

〔요한복음 12:24~25〕 내가 진실로 진실로 너희에게 이르노니 한 알의 밀이 땅에 떨어져 죽지 아니하면 한 알 그대로 있고 죽으면 많은 열매를 맺느니라 자기 생명을 사랑하는 자는 잃어버릴 것이요 이 세상에서 자기 생명을 미워하는 자는 영생하도록 보존하리라

고타마 붓다의 생애에 따르면, 그는 스스로가 신이 아니며 우주 만물의 창조주가 따로 있다는 것을 알고 있었고, 수행과정에서 마(귀)의 유혹을 받았던 것으로 보아 영적 세계에 대한 이해도 있었던 것 같다.

하나님의 형상을 닮게 창조된 인간이라고는 하지만, 전도가 안 이뤄진 상태에서 붓다는 일반은혜 속에서 인간으로서 깨달을 수 있는 최고의 경지에 다다른 것만은 틀림없는 것 같다.

바울이 로마서에 기록한 대로 하나님을 모르는 이방인은 본성과 양심에 따라 심판을 받게 된다면, 고타마 붓다의 경우는 어떨까? '아마도 붓다는 천국에 있을 수도 있지 않을까?'라는 재미있는 상상을 해본다.

〔로마서 2:14~16〕 **율법 없는 이방인이 본성으로 율법의 일을 행할 때는 이 사람은 율법이 없어도 자기가 자기에게 율법이 되나니 이런 이들은 그 양심이 증거가 되어 그 생각들이 서로 혹은 송사하며 혹은 변명하여 그 마음에 새긴 율법의 행위를 나타내느니라 곧 내 복음에 이른 바와 같이 하나님이 예수 그리스도로 말미암아 사람들의 은밀한 것을 심판하시는 그 날이라**

그렇지만 위의 관점은 불교의 일반은혜적 요소를 언급한 것일 뿐 필자가 불교 등 타 종교와 기독교의 종교통합이나 다원주의를 용인한다는 뜻은 아니다. 불교의 수행이나 명상수련은 심리학적 유용성과 과학적 타당성, 그리고 심신의 건강에 긍정적인 효과가 검증되고 있지만, 실용적 측면과는 다른 차원에서 좀 더 근본적인 문제를 안고 있다. 가장 핵심적인 부분에서 약간의 다른 점이 있을지라도 거기서 많은 부수적 문제들이 따르기 마련이다.

불교는 욕망과 갈애(집착) 등 번뇌를 일으키는 것들을 깨닫고 해탈을 향해 가지만, 욕망을 일으키는 근원적인 죄에 대해서는 다루지 않는다. 기독교적 관점으로 볼 때, 불교가 인간 죄성의 현상인 번뇌와 그 원인을 깨닫고 정화하여 해탈함으로써 (-)에너지와의 끈을 끊어버리는 데까지는 다가갈 수 있지만, 죄를 해결 받은 것은 아니다. 다시 말해 명상과 수도를 통해 심리적인 자기성찰과 마음의 평화에 이르는 과정은 기독교의 성화에 비길 수도 있겠으나, 하나님이 함께하고 있지 않기에

'죄 사함'과 '영적 지키심'이 불가능하다는 문제가 있다. 즉, 인정욕·애정욕 등 욕구와 관련된 가짜 죄의식과 죄책감이 알아차림과 정화를 통해 해결되었을지 몰라도 근본적 '죄'가 해결된 것은 아니다. 그리고 죄의 대가로 주어진 '죽음'의 불안에 대한 잘못된 대응으로 음욕, 탐욕 등을 깨닫고 이를 순간순간 떨쳐버릴 수는 있을지라도 경험 유전된 원죄가 해결된 것은 아니다. 이는 오직 하나님을 통해서만 사해질 수 있기 때문이다.

한편 기독교는 개인이 자유의지로 하나님께 마음을 열고 회심하지만 칭의와 성화 등 구원의 모든 과정을 하나님과 함께하는 데 비해, 불교는 수행의 모든 과정을 스스로의 힘으로 한다. 유아독존적 깨달음이라고나 할까. 이런 점은 나의 힘과 자긍심에 도취하고 싶은 우리에게 불교가 무척 매력적으로 다가오는 이유이기도 하다. 하지만 이는 나를 벗어나기 위해 나의 힘에 매인 상태로, 기독교적 관점에서는 그 안에 자만에 찬 영적 죄성이 숨어있다고 본다.

당연히 하나님이 들어갈 자리가 없다. 나의 힘을 내려놓고 하나님의 힘에 의뢰할 수 없기 때문이다. 아니, 수련이 가져오는 긍정적 효과들이 어쩌면 오히려 하나님과의 만남을 방해하는 역할을 하는지도 모른다. 약간의 빈틈이 있는 곳도 사탄은 놓치지 않고 약점을 공략하기 때문에…. 또한 붓다가 악마의 유혹을 받았던 것처럼 — 예수님도 악마의 시험을 받았다 — 수도승들에게도 마찬가지로 악한 영이 파고들어갈 여지가 있다. 더구나 수도승이 아닌 일반인들이 영적 교만에 빠져서 자칫 명상 등으로 영적 신비주의나 초월 체험에 혹하다가는 사탄의 올무에 걸릴 위험이 크다.

기독교의 성화 과정과 불교의 구도 과정을 볼 때, 자기 자신과 세속적 욕심을 내려놓는 것(기독교)과 비우는 것(불교)은 서로 닮았으나, 불교는 인간 자신의 힘으로, 기독교는 자신의 힘을 부인하고 하나님의 말씀과 성령의 인도를 따라간다는 데 근본적인 차이가 있다. 하나님의 말씀은 진리의 길을 밝혀주고, 성령은 길의 목적지를 동행하며 이끄신다. 이에 "과연 죄인인 인간이 자신의 힘만으로 죄로 오염되기 전의 원래 모습을 회복할 수 있을까?"에 대한 의문이 남는 것은 '길을 깨닫는 것'과 '길의 목적지에 도달하는 것'은 다르기 때문이 아닐까. 인생은 유행가 가사처럼 어쩌면 '빈손으로 왔다가 빈손으로 가는 나그네 삶'인지도 모른다. 이를 성경적으로 각색해보면 인생은 '하나님이 만드신 것들을 잠깐 빌려 쓰면서 죄와 죄성을 씻고 돌아가는 순례자의 삶'인지도 모른다.

[마태복음 10:39] 자기 목숨을 얻는 자는 잃을 것이요 나를 위하여 자기 목숨을 잃는 자는 얻으리라

나태와 탐욕

약한 축: 나태(회피, 도피) ↔ 강한 축: 욕망추구[식탐(탐욕)=물질추구, 음욕=쾌락추구]

나태는 원죄의 대가로 내려진 벌인 수고(땀, 노동)를 감당하지 않으려고 거부하거나 피하는 것으로, 이 역시 에덴적 환상에 갇혀 실낙원에서의 고난(수고)을 받아들이지 않으려는 데서 싹튼다고 볼 수 있다. 일하기 싫으니 일이 부담되고 스트레스가 되어 가능하면 미루고 하지 않는 식으로 흘러간다. 수고하지 않으려다 보니 작은 부담이나 일에도 불안이 생긴다. 나태와 탐욕은 각각 불안 대응양상의 반대편에 위치하지만, 노동과 수고를 하지 않으려 하고 편함에 빠지는 것 역시 일종의 쾌락추구이며 탐욕이라고 볼 수 있다. 즉 나태는 벌(수고)의 거부요 회피지만,

일례로 '잠'과 같이 게으른 편함의 쾌락을 붙잡고 있다는 점에서 탐욕과 닮았다. 그러나 나태는 무기력과 사회적 무능을 가져오고 자신의 삶을 책임 있게 주도하지 못할 뿐 아니라 의존적인 생활 태도로 인해 주변에 폐를 끼친다. 나태 속에서 쾌락은 방탕으로, 회피는 중독으로, 도피는 망상으로 이어질 가능성이 있다.

〔마태복음 25:26〕 그 주인이 대답하여 가로되 악하고 게으른 종아 나는 심지 않은 데서 거두고 헤치지 않은 데서 모으는 줄로 네가 알았느냐

나태(게으름) – 탐욕(일중독)

- 나태+탐욕+인색: 죄의 대가인 땀(노동, 수고)을 회피하면서 자기 몫(노력)을 치르지 않고 얻어먹는 거지 심보+재물에 대한 집착+자신한테도 쓰지 못하는 극도의 인색함.
  예: 중동 거지 여인 – 구걸로 빌딩 등을 소유한 부자가 되었지만, "위기에 대비해서 계속 구걸해야 한다"라며 집이 있어도 거기에 살지 않고, 거리에서 계속 거지로 살다가 생을 마침.
- 나태+탐욕: 로또, 도박, 범죄(사기, 강도, 도둑)
- 나태+방탕: 향락, 무책임, 방만, 해이

탐욕과 착취

성경에서는 일을 통해 자기 손으로 수고하여 의식주를 영위하는 것을 '복'이라고 말한다. 다른 한편 사회적 한계 속에서 생존이 위협받는 상황의 취약 계층(예전에는 고아, 과부, 이방인/요즘은 고아, 장애인, 노약자, 취약 외국인)을 공동체적 관심 속에서 나누고 돌보라고 권고한다. 하물며 사람에게 일을 시켜놓고 탐욕으로 그 몫이나 대가를 제대로 지불하지 않고 착취하는 것은 반성경적이다.

비슷한 맥락에서 특정세력의 권력이나 경제적 이득을 위해 지구상에서 인명을 살상하는 전쟁을 일으키거나 내전을 조장하는 것 역시 탐욕을 채우기 위해 생명을 죽이고 기아와 난민을 양산하는 악이라고 볼 수 있다. 최근 생화학 무기, 바이러스 등 바이오와 관련된 과학적 무기 연구는 이보다 더욱 위험성이 크고 우려된다. 창조주 하나님은 모든 사람의 생명을 귀히 여겨 성자 예수님에게 십자가 죽음까지 감당하게 하셨기 때문이다. 이처럼 사탄은 심리적·정신적으로 '보이지 않게' 개인의 욕구 및 불안에 교묘히 개입하여 고통을 주기도 하지만, 경제적 삶의 조건과 질병, 죽음에 대한 위협 등 사회적·현실적으로도 '보이게' 압박하고 옥죄는 전략도 구사한다.

〔이사야 10:2〕 가난한 자를 불공평하게 판결하여 가난한 내 백성의 권리를 박탈하며 과부에게 토색하고 고아의 것을 약탈하는 자는 화 있을진저

맡김과 자족

불안은 죄의 대가인 '죽음'에 대한 공포 및 현실적(물질적, 육적) 욕구와 깊이 연관되어 있다. 더불어 '죄의식의 세상적 보상'인 인정욕·애정욕 추구는 불안과 상호영향을 주고받을 수밖에 없는데, 이는 일과 인간관계가 생존의 사회적 조건과 긴밀히 연결되기 때문이다.

우리가 아무리 수고하고 애쓸지라도 모든 것은 하나님의 손에 달려 있다. 자신이 짊어지고 있던 삶의 짐을 벗어 던지고 하나님께 맡기고 인도하심에 따라가며 노력하되, 주시는 결과에 자족하는 것이 불안과 삶의 집착적 고통에서 해방되는 길이다. 즉 성령의 인도 속에서 '지나치지 않고 옳은' 방법으로 할 수 있는 노력을 하되, 결과는 하나님께 맡기고 내려놓는 게 불안에서 벗어나 평안을 얻는 길이다. 이때 놓치지 말아야

할 것은 맡기고 내려놓는다는 것이 체념이나 포기와는 다르다는 점이다. 소망과 믿음으로 맡기고 내려놓는 것이기 때문이다.

그러나 인간의 죄성과 믿음 부족 때문에 내려놓는 것이 지극히 어려운 게 우리의 현주소다. 대표적인 예로 강박증 환자의 경우 자기 삶에 대한 스스로의 지나친 통제욕과 자기 힘으로 미래까지 컨트롤하고자 하는 무리한 시도들로 인해 통제하고자 하는 자신의 욕구를 통제하지 못하여 끝없는 고통이 반복된다. 기도 제목을 놓고 간구하며 게으르지 않고 노력하되, 주시는 결과가 어떻든 심지어 고난까지도 받아들이고 자족·감사할 수 있는 성숙한 믿음을 소망해본다.

노력과 결과(input = output?)

- 노력: 뜻에 어긋나지 않고, 옳은 방법으로, 지나치지 않아야!
  최선을 다하는 건 좋으나 자기역량 또는 인간의 능력을 넘어서는 노력은 과부하로 에너지 소진, 비효율, 비현실적이라는 문제를 낳으므로 주의한다. 만족할 줄 모르고 끝없이 이어지는 노력은 그 과정에서 긴장과 견디기 힘든 스트레스로 고통을 주고, 결과에 대한 자책감까지 덧붙여지면 자칫 자기비하와 함께 우울과 불안이 부가적으로 상승하게 된다.
- 결과는 사람의 노력에 따라 비례적으로 컨트롤할 수 있는 영역이 아니다. 결과를 100% 통제하려는 지나친 바람은 인간의 한계를 넘어선 교만과 무지의 소치이며, 염려만으로는 결과에 영향을 끼치지 못한다.

〔잠언 16:33〕 제비는 사람이 뽑으나 모든 일을 작정하기는 여호와께 있느니라

나눔과 돌봄

나눔은 방식에 따라 크게 시스템적 나눔과 비시스템적(자발적) 나눔으로 분류할 수 있으며, 시스템적 나눔은 복지제도나 조세제도를 통

한 국가·정부 차원의 나눔이 대표적이겠고, 자발적 나눔은 종교단체나 NGO 또는 개인의 기부와 나눔일 것이다. 여기서는 기독교단체나 기독교인들에 의해 이뤄지는 기독교적 나눔과 돌봄에 대해 살펴보고자 한다.

기독교적 나눔은 물질적 나눔(구제/기부), 정신적 나눔(상담/돌봄), 영적 나눔(복음 전도/양육)으로 구분되지만, 실제로는 정신적·영적 나눔인 상담 사역처럼 영역을 넘나들며 이뤄지는 경우가 많다. 직업 상담사의 경우도 마찬가지다. 직업은 생계유지라는 경제적 의미가 있지만, 분야별 은사를 공동체와 나누고 필요한 역할을 하는 수단이라고 볼 수 있기 때문이다. 어떤 것이 더 가치가 있다기보다는 하나님이 주신 은사에 따라 각기 합력하여 선을 이루는 것이 뜻에 부합한다고 본다.

성경에 따른 기독교적 나눔은 게으르지 않고 근면하게, 그러나 옳은 방법으로 스스로 노력해서 모은 재물을 검소와 절제 가운데 사랑으로 도움이 필요한 이웃들에게 나누는 것이다. 여기서 옳은 방법이란 부의 획득과정이 합법적이고 도덕적인 기준에 부합함을 뜻한다. 그뿐만 아니라 열심히 일해서 부를 이루는 것이 축복이 되려면, 물질 자체나 세상적 업적, 성공을 좇아 인간적 욕망으로 부를 쌓는 게 아니라 하나님이 주신 은사*(달란트, 재능) 안에서 충성되게, 그리고 공동체에 도움이 되는 방법으로 일하고, 그 결과로 주시는 복 누림이 되어야 한다.

법과 제도 등 사회적 시스템을 통한 사회주의적 나눔도 평등과 복지라는 가치로 부의 결과를 더 가진 쪽에서 덜 가진 쪽으로 나눈다는 점에서는 기독교 정신과 통한다. 북유럽의 경우처럼 사회 구성원들의

---

* 은사(은총의 선물): 믿음의 공동체 안에 주어진 하나님의 선물로 다른 이들의 행복과 성장에 기여하는 특별한 능력이며, 지혜, 지식, 믿음, 치유, 예언, 기적을 일으킴, 영을 분별함, 방언(신령한 언어), 신령한 언어를 해석함, 봉사, 권면, 가르침, 지도력, 자비 등이 대표적인 성령의 은사다.

합의에 따라 취지에 맞게 복지가 제대로 구현된다면 바람직하고 기독교적 가치에 부합할 수 있겠지만, 약자층(저소득층, 흑인, 여성, 성적소수자)의 피해의식을 자극하며 포퓰리즘으로 정권을 잡은 후 장기집권과 부정부패로 약자층이 더 궁핍에 내몰리는 경우는 다르다. 공산주의가 무산계급(노동자 · 농민)을 선동해서 혁명에 성공하면 유산계급의 자산을 국유화한 뒤 지배층인 공산당에 권력과 부가 집중되고 부패하듯이….

〔에베소서 5:28〕 빈궁한 자에게 구제할 것이 있기 위하여 제 손으로 수고하여 선한 일을 하라

▶ 나눔과 '부채감'의 해소

성경적 관점에서 우리가 애경사에 부조금을 내는 것과 같이 서로 주고받는 관계에서 오가는 것은 나눔으로 보지 않는 것 같다. 즉, 갚을 수 없는 대상에게 조건 없이 주는 것이 나눔이다. 나눔이나 기부행위가 양심의 가책이나 인간의 근원적인 죄의식을 해소하는 도구라는 주장도 있지만, 만일 기부자가 진정한 기독교인이라면 죄는 예수 그리스도를 통해 해결 받을 수 있다는 점에서 '죄의식의 해소'보다는 '부채감'의 해소라는 설명이 더 적절할 것으로 본다. 예수님의 제자로서 말씀을 실천하는 가운데 성숙과 성화를 향해 나아가며 "사회적 약자와 가진 것을 나누라"는 가르침에 대한 '부채감'이 있기 때문이다. 이때 각각의 지체는 예수 그리스도를 통해 한 몸을 이루고, 또한 그리스도는 한 영이므로 지체인 누군가에게 선행을 베풀 때는 조건 없는 나눔과 돌봄을 통해 자기 의(義)가 아닌 하나님의 이름으로 해야 함을 알 수 있다.

〔누가복음 14:13~14〕 잔치를 배설하거든 차라리 가난한 자들과 병신들과 저는 자들과 소경들을 청하라 그리하면 저희가 갚을 것이 없는 고로 네게 복이 되리니 이는 의인들의 부활시에 네가 갚음을 받겠음이니라 하시더라

원초적 불안의 극복

죽음에 대한 불안을 넘어서기 위해서는 사람의 삶과 죽음이 하나님께 달려있으므로 담대하고 두려워하지 않는 믿음이 필요하다. 크리스천에게 이 땅에서의 삶은 물질적·육체적 유한성 하에서 죄의 대가를 치르며 죄를 씻고 가는 과정이지만, 삶을 지키고 인도하시는 하나님을 바라보며 예수님이 약속하신 때가 이르면 영원한 생명을 얻는다는 믿음이 중요하다. 이는 부활을 통해 죽음을 넘어서서 구원에 이르는 소망으로, 죽음과 원초적 불안을 극복한다는 의미이기도 하다. 성경에 따르면 우리의 삶의 자취는 마지막 때 열릴 생명책에 기록되고 있겠지만, 마찬가지로 우리의 경험과 기억도 하나님의 인간 창조체계 구성요소인 세포 어딘가에 지금도 저장되어 기록되고 있으리라.

한편 과학의 발달과 함께 지식적 자만심에 빠진 인간은 유전자변형, 유전자조작, 유전자치료를 넘어서 유전자편집(CRISPR) 기술까지 개발하기에 이르렀다. 코로나19 mRNA 백신은 유전자치료 기술을 이용한 백신으로 유전자변형의 위험성이 있지만, 아직 임상시험이 끝나지 않았다. 항간에 의혹을 사고 있는 코로나 PCR검사를 통한 DNA 정보 수집은 개인유전정보라는 사적영역 침해를 넘어서서 유전자 염기서열 해독(Gene-Sequencing)을 통한 합성유전체, 장기복제 등 각종 실험으로 이용될 수 있기에 매우 심각한 문제를 안고 있다(대표적 DNA 분석기업: Illumina). 그런데도 '장기복제가 상용화되면 불법 장기매매가 멈출 수 있을까?'라는 생각이 스치면서 이런 질문을 던지는 현실이 안타까울 따름이다. 실제로 국립중앙인체자원은행의 2020년 6월 8일자 인체자원 관리지침에 따르면 코로나 PCR검사 후 남은 검체를 국립중앙인체자원은행에서 수집하여 분양할 수 있도록 개정되었는데, 이것이 의미하는 바는 무엇인가? 이미 질병관리청 국립보건연구원(원장 권준욱)은 국립중앙인체자원은행을 통해 코로나19 검사기관으로부터 수집한 코로나19

양성검체를 분양하기 위해 2022년 1월 14일부터 분양신청 접수를 시작했다.

2018년 11월 중국에서는 세계 최초로 유전자편집 기술을 이용하여 에이즈에 걸리지 않는 아기를 출산시켜서 전 세계에 충격을 준 바 있다. 이는 미래의 유전자차별 및 생명윤리 문제가 있으며, 무엇보다 하나님의 방식이 아닌 인간의 방식으로 무리하게 생명을 연장하려는 끝없는 욕망은 인류사에 불행한 결말을 예고하는 듯하다. 인간이 자신의 한계를 모르고 죽음에 도전하는 이런 행태는 "에덴동산 동편에 화염검을 두어 사람이 영생치 못하도록 생명나무의 길을 지키게 하신(창세기 3:24)" 하나님께 정면 도전하는 일이다. 부활과 영생으로 가는 구원의 비밀법칙("예수께서 가라사대 나는 부활이요 생명이니 나를 믿는 자는 죽어도 살겠고", 요한복음 11:25)을 자기네 방식으로 카피 뜨고 있는 걸까. 지나친 자신감과 잘못된 환상으로 우매한 대중을 피싱하여 아들 예수를 통해 생명을 다시 살리시는 하나님의 구원계획을 바라보지 못하도록 사람들의 눈을 흐리고 방해하면서…. 이는 신에 대한 반항이요, 인간 존재의 근간을 무너뜨릴 위험이 있다.

인간의 DNA는 A, T, G, C 4개의 염기로 유전정보를 저장하며, 모스부호나 컴퓨터처럼 이진법체계(2진법을 4진법으로 바꿔서 저장)에 의해 설계되었다고 한다. 설계도가 있으면 그걸 만든 설계자가 있는 법이다. 모스부호나 컴퓨터는 인간이 설계했다. 모스부호는 점과 선(짧은 발신 전류와 긴 발신 전류), 이 두 가지 부호의 조합으로 문장을 구성하여 멀리 떨어져 있는 사람과 소통할 수 있는 도구다. 컴퓨터는 이진수, 즉 0이나 1을 나타내는 하나의 숫자인 비트를 기반으로 수많은 정보를 인식하고 처리한다. 그런데 그보다 훨씬 정교하고 복잡한 인간 DNA가 저절로 설계되었을 리는 만무하지 않은가. 그 알 수 없는 빈 곳에 설계자이신 창조주 하나님의 자리가 있다. 그런데 걱정이 앞서는 것은 분자 컴퓨터 기술이 DNA의 네 가지 염기로 정보를 코딩(coding)하고, DNA를 조종해 인공지능을 획득하는 수준까지 이르렀다니, 이 또한 끝없는 인간의 탐욕에 악용될 소지가 있기 때문이다. 만일 인간의 DNA조차 컴퓨터 명령으로 조종하고 통제할 수 있다면?

하나님을 닮게 창조된 인간이 사탄의 유혹에 넘어가 죄로 인해 원래의 모습에서 멀어지는 과정은 하나님이 만드신 '심리와 신체의 유기적 시스템'에 의해 긴 역사 속에서 유전자 변이와 함께 일어났다. 사탄은 여기서 더 나아가 아예 하나님께서 설계하신 인간의 DNA 자체를 변형시키거나 통제하고 싶은 것일까. 이는 인간으로서의 정체성을 특징짓는 게놈 지도와 창조시스템을 망가뜨려 하나님과 인간을 갈라놓는 가장 효과적인 방법이 될 것이다.

〔요한복음 6:39〕 나를 보내신 이의 뜻을 행하려 함이니라 나를 보내신 이의 뜻은 내게 주신 자 중에 내가 하나도 잃어버리지 아니하고 마지막 날에 다시 살리는 이것이니라

기독교 내적 반성

한국의 기독교 문화 중 기복주의는 물질적 성공이나 건강 등 현실적 불안과 문제해결을 위해 마치 백일기도에 기독교를 입힌 듯한 모습을 보인다. 병 치유나 오병이어(五餠二魚)의 기적같이 눈에 보이는 표적에만 열광했던 예수님 시대 군중의 모습과도 닮아있다. 예수님은 제자들조차 '현실적 영웅으로서의 구세주' 예수를 기대하는 모습에 마음 아파하셨다. 눈에 보이는 것은 허상이요 눈에 보이지 않는 것이 실상일 수 있는데도 말이다. 기복주의는 죄성으로 인한 인간의 이기심과 자기중심성 때문에 자신의 탐욕을 채우기 위해 하나님을 도구화할 우려가 있다. 이로 인한 자본주의적 타락상은 "욕심과 세속적 욕망을 내려놓고

이 땅의 가치보다 하늘의 의를 먼저 구하라"고 하신 성경 말씀과도 어긋난다. 이는 물질적 존재론을 관계적 존재론으로 대체시키라는 가르침을 뒤집는 것이다. 봉사·헌금과 현실적 복을 연결하여 가르친다든지, 믿음의 부족과 현실적 고난·벌을 연결하여 가르치는 것도 그렇다. 성경의 역사는 의인이나 믿음의 사람들이 세상에서 핍박받고 희생되는 예를 적잖게 보여주기 때문이다. 예수님이 가장 대표적일 것이고 순교한 사도들도 그렇지 않은가?

물론 "구하여라 그리하면 하나님께서 너희에게 주실 것이다(마태복음 7:7)"라는 말씀처럼 현실적 문제해결을 위한 기도도 필요하지만, 그 후 기도의 응답은 우리보다 우리 형편을 더 잘 아시는 하나님께 맡겨야 한다. 그렇지 않다면 하나님이 주가 아니라 내가 주가 되는 것이며, 하나님을 자신의 욕구를 채우는 수단으로 삼는 것과 같기 때문이다. 이에 가장 본보기가 되는 기도는 예수님께서 십자가 죽음을 앞두고 하신 마가복음 14장 36절의 "가라사대 아바 아버지여 아버지께는 모든 것이 가능하오니 이 잔을 내게서 옮기시옵소서 그러나 나의 원대로 마옵시고 아버지의 원대로 하옵소서!"일 것이다. 그래서 성경에서는 뜻에 맞는 기도를 강조하신 게 아닌가? 기도를 들어주시는 게 필요하다면 때를 맞춰 주실 것이요 그렇지 않다면 기다리게 하실 수도 있고, 또 기도와는 다른 것들로 더 의미 있거나 오히려 더 좋은 길을 예비하실 수도 있다. 결국, 자신이 할 수 있는 노력을 하고 하나님께 기도하되 믿음으로 맡기고 그 결과에 감사하고 자족할 때 불안에서 평안으로의 누림이 가능할 것이다.

〔마태복음 12:39〕 예수께서 대답하여 가라사대 악하고 음란한 세대가 표적을 구하나 선지자 요나의 표적 밖에는 보일 표적이 없느니라

자가치유 핵심 팁

- 이 세상은 천국이 아니다.
- 적절한 좌절 경험 없이 어린 시절의 유쾌하고 밝았던 기억이 반드시 긍정적인 것만은 아니다.
- 타인에 대한 '에덴적 환상'은 높은 기대로 상처와 좌절에 대한 인내심을 약하게 만든다.
- 에덴적 환상(자신, 타인, 현실)은 약간의 흔들림에도 극단적이고 과장된 부정적 예견을 불러올 수 있다.
- 문제가 안 생기면 좋겠지만, 다가온 문제는 받아들인다.
- 의지할만한 다른 사람이 꼭 있어야 하는 것은 아니다.
- 다른 사람들도 문제 속에서 살아간다.
- 하나의 문제에 과도하게 매달리면 정작 중요한 걸 놓친다.
- 걱정한다고 해결되는 것은 아니다.
- 내일 일은 내일로 미룬다.
- 사소한 건 일일이 신경 쓰지 않는다.
- 너무 먼 미래까지 염려하지 않는다.
- 할 수 있는 노력은 사람이 하고, 결과는 하나님이 주신다.
- input과 output은 일치하지 않는 경우가 많다.
- 경우에 따라서는 그냥 참고 기다릴 필요도 있다.
- 해결하려는 노력이 오히려 일을 더 어렵게 만들 수 있다.
- 멈출 줄도 알아야 한다. 아무것도 하지 않기.
- 쉴 때는 쉰다.
- 인간은 완전히 비우기가 힘들다. 가진 걸 조금씩 빼고, 잡고 있던 걸 하나씩 놓고, 내가 아닌 하나님께 좀 더 맡기고 의뢰한다.

5. 중독에 대하여

스트레스와 중독

- 회피적 중독: 땀 거부(약한 축/의존) – 나태, 방탕 ☜ 피하기
- 일탈적 중독: 땀 흘림(중간축/수고함) – 상승 욕구 ☜ 덮어버리기
- 권태적(탐닉적) 중독: 땀 불필요(강한 축/이미 성공) – 끝없는 탐욕 ☜ (제왕적) 도취

중독(addiction)의 어원은 라틴어 Addictus(할당하다, 헌신하다, 바치다)로 자신의 삶을 내어주거나 바쳐서 영혼을 잃어버리고 무언가의 노예가 된 상태를 뜻한다. 만일 압도적이고 반복적이며 과도한 욕구가 어떤 물질이나 대상, 느낌, 행동, 환경이나 개인적인 상호작용을 향하여 존재한다면, 그 사람은 중독되었다고 할 수 있다.

중독은 과도한 스트레스와 밀접한 연관이 있으며, 같은 상황에서도 스트레스 지수는 사람에 따라 다를 수 있다. 이때 중독의 진행과정은 스트레스를 잠시 '피하기'와 '덮어버리기', 그리고 '도취'의 세 부류로 나눌 수 있다. 우선, 욕구를 충족하기 위한 노력의 과정에서 오는 스트레

스와 부담감, 불안 등을 견디지 못하고 회피하여 잊으려는 약한 축에는 나태적 중독이 있다. 다음으로, 욕망을 추구하는 과정에서 생기는 스트레스를 일탈적 쾌락으로 덮어버리는 중간축에 일탈적 중독이 있다. 마지막으로 이미 성공한 특권층이 제왕적 쾌락의 도취에 빠지는 강한 축에 권태적(탐닉적) 중독이 있다. 약·중·강의 세 부류에 따라 중독상담의 방법이나 접근법도 달라져야 할 것으로 본다.

권태적 중독은 소수의 상류층에 해당하지만, 가끔 재벌 2세가 마약이나 프로포폴 투약으로 법정에 서는 경우가 알려지는 정도라서 그 실태가 드러나기는 쉽지 않다. 보통 사람들의 중독은 대개 회피나 일탈적 중독이 많다. 이때 스트레스 지수에 영향을 주는 것으로는 지나친 기대수준(욕심), 과도한 통제욕(자기가 짊어짐), 부담감의 세 가지가 있다고 생각한다. 목표나 기대치를 높게 잡고서 자기 힘으로 원하는 바를 달성해야 한다고 믿으며, 그 과정에서 부담감을 가진다면 스트레스가 높을 수밖에 없을 것이다. 만일 우리가 욕심을 비우고, 자기 짐을 하나님과 함께하고, 수고하되 결과를 하나님께 맡길 수 있다면, 마음을 누르는 불안과 스트레스는 상당히 줄어들지 않을까.

역으로 '죄의식'을 보상받기 위해 하나님이 아닌 세상에서 인정받고 사랑받고자 지나치게 매달린다면, 심리적 불안이 커질 수밖에 없다. 기독교적 입장에서 중독은 이런 가짜 해결책 아래 '죄의 대가'인 죽음과 불안에 대처하는 과정에서 하나님 없이 인간실존의 유한성을 초월하고픈 영적 대체수단이라고 볼 수 있다. 다시 말해 예수 그리스도를 통해 죄를 해결하고 죽음에 대한 공포와 삶에 대한 불안 등을 믿음과 예수님의 인도 속에 맡기며 평안을 누려야 하는데, 이 길을 못 찾고 대체수단으로 다른 아류의 방식에 의존하여 회피적·도피적 위안과 쾌락을 찾는 것이라고 볼 수 있다. 물론 이 과정에는 생명의 길을 방해하고 사망의 길로 유혹하는 사탄이 관여하고 있다. 사탄의 전략전술은 대상이나 상황에 따라 교묘하고 치밀하게 파고든다. 회피는 '위안'처럼 심리적 부적강화*(고통을 피함)를 향해 있는 데 비해, 도피는 상대적으로 '망상적 행복'처럼 심리적 정적강화(쾌를 얻음)를 향한다. 외부 자극으로 불쾌(콤플렉스, 불안, 스트레스)를 일시적으로 회피하거나 쾌를 경험하게 되면, 우리는 또다시 위로나 쾌락을 찾게 되기 쉽고, 이게 반복되다 보면 도파민이 계속 관성적으로 분비되려는 경향성을 보이면서 갈수록 더 강한 자극이 요구된다. 뇌 속 신경전달물질이 지나치게 분비될 경우 몸은 항상성 유지를 위해 수용체를 파괴하게 되고, 보상회로가 고장 나서 동일한 효과를 얻기 위해 더 많은 약물이나 자극이 필요하게 되며, 이런 경험이 반복되면 내성과 금단현상으로 중독에서 벗어나기 힘들어진다.

하지만 하나님이 주신 우리의 몸과 마음은 자연치유 시스템이 있다. 중독 상태에서 일정 기간(1년 이상) 금욕하면 뇌가 독성으로 인한 구조적 손상을 회복하고 신경전달물질 수치도 정상화된다는 사실이 밝혀졌다. 통합적 중독상담(입원/약물치료/뇌과학적 검사/심리치료/지지그룹)을 통한 중독치료가 절실히 요구되는 이유다.

▶ 중독의 구체적인 진단 기준

- 의존: 하지 않으면 못 견딤.
- 내성: 똑같은 시간이나 동일한 양으로 만족되지 않음.
- 금단현상: 끊으면 심한 불안감
- 사회적 문제: 지각, 결근, 태만, 책임 회피
- 법적 문제: 음주운전, 폭력, 횡령, 사기, 간음 등
- 부정적 결과: 금전적으로나 건강에 피해가 있을 줄 알면서도 못 끊음.

* 강화: 행동의 결과(강화물)가 행동의 빈도를 증가시키는 현상으로, 정적강화가 긍정적 자극을 보상으로 주어 행동을 강화하는 것이라면, 부적강화는 부정적 자극을 제거해서 행동을 강화하는 것을 말한다.

- 기능의 감소: 집중력 감소, 산만함 등으로 예전에 비해 업무능력 저하
- 병식(病識) 없고 부정: 자신의 상태를 스스로 파악하지도 못하고, 인정하지도 않음.
- 인간관계 갈등: 가족이나 주변 사람이 말리거나 심한 잔소리를 해도 안 들음.
- 대인관계 파괴: 가족, 친구, 직장 동료 등 대인관계가 깨짐.

중독의 유형

중독의 유형은 크게 물질중독과 비물질중독으로 나뉠 수 있다. 물질 관련 중독은 다시 자극(흥분)시키는 중독과 진정시키는 중독으로 나뉜다. 자극중독은 흥분성의 화학물질을 분비하여 각성과 황홀감을 주는 것으로 니코틴, 대마초, 코카인, 암페타민, 환각제, 카페인이 그 예다. 진정중독은 신경의 긴장을 줄이고 불안을 줄여주는 것으로 아편, 헤로인, 알코올, 진정제, 최면제, 흡입제가 이에 속한다.

비물질(행위)중독은 사람을 홀리게 만들거나 사람이 의존하게 되는 일련의 활동이나 상호작용으로 물질 없이도 경험과 조건화 등을 통해 심리적 욕구를 반복적으로 만족시키는 숨겨진 중독이다. 게임중독, 도박중독, 주식중독, 쇼핑중독, 사이버중독, 성중독, 일중독, 음식중독, 운동중독 등의 행동중독과 관계중독, 동반의존, 배우자중독, 연애중독, 종교중독 등 과정중독으로 나뉜다.

그 외에 정서(분노, 불안·공포 회피반응, 우울, 강박), 생각(완벽주의, 자동적 사고), 의지(피지배, 지배·통제, 헬프 콤플렉스) 등도 지나친 집착과 절제할 수 없는 병적 의존상태라면, 숨겨진 중독으로 볼 수 있지 않을까.

이에 대해 논해보자면, 어떤 경험이 우리의 뇌와 세포에 기억으로 쌓이면 습관처럼 반복되려는 경향성을 보인다. 이는 아마도 학습과 훈련, 기술 습득에 도움이 되도록 하나님이 주신 시스템일 것이다. 특히

정서기억은 비슷한 상황(심지어 상상에 의해서도)에 맞닥뜨렸을 때, 무의식적 · 자동적으로 반복되려는 경향성이 강하다. 그런데 이게 부정적으로 흐를 경우, 중독으로 이어질 수 있다. '부정적'이라는 단서를 단 이유는 경험 자체가 아니라 경험과 기억에 대한 반응과 후속 대응에 따라 중독성이 나타나기 때문이다.

예를 들어 쾌감을 절제하지 못하고 계속 추구하다 보면, 반복되는 쾌의 경험으로 임계치에서 감수 레벨이 떨어지게 되고, 더 큰 쾌락을 찾다 보니 균형(항상성 유지시스템)이 깨져 중독으로 진행될 수 있다. 반면 불쾌의 경험(예: 불안)에 대해 적절히 대응하지 못하고 걱정행동, 강박행동 등 과민반응을 하게 되면, 일시적 불쾌 해소의 경험이 강화되어 이를 반복함으로써 정서와 행동이 묶인 채 중독적 상태로 갈 가능성이 있다.

▶ 중독의 종류

① 물질(약물)중독
커피(카페인), 술(알코올), 담배(니코틴)/아편, 모르핀/대마, 마리화나, 코카인/헤로인, 필로폰/LSD

② 비물질(행위)중독
- 유형의 행위중독(행동중독): 재정적(도박 · 주식 · 쇼핑), 매체적(컴퓨터 · 휴대전화 · 인터넷 · 텔레비전 · 비디오게임), 성적(사이버 섹스 · 성행위 · 포르노) 중독, 일중독, 음식중독, 운동중독
- 무형의 행위중독(과정중독): 관계중독, 배우자중독, 연애중독, 종교중독

종교중독

- 바람직한 중독: 하나님의 선하심에 중독 ☜ 평안과 기쁨 누림=생명 살림
- 병적 중독: 평안을 누리지 못하고 불안 → 약물이나 행동, 과정에 숨어있는 다른 중독에 빠짐 ☜ 생명 죽임

〔에베소서 5:18〕 술 취하지 말라 이는 방탕한 것이니 오직 성령의 충만을 받으라

사람의 심리와 뇌 시스템은 행동기억(습관화로 비슷한 상황에서 자동적으로 행동하게 하는 몸의 기억)뿐만 아니라 감정기억과 사고패턴들도 길이 만들어지면 그 길대로 가려는 경향성이 있다. 이는 학습, 숙련성, 효율성을 위한 하나님의 창조시스템으로 행동치료, 행동수정의 기반이라고 볼 수 있지만, 다른 측면으로 일상생활 속에서도 숨겨진 중독적 요소의 위험이 많다는 것을 뜻한다. 즉, 감각적 쾌의 경험은 물론이고 부정적인 경험(정서, 사고, 행동)과 기억도 심리 내에 길이 만들어지면 무의식적으로 반복되려는 경향성이 있어 본인이 원치 않아도 그쪽으로 끌려가거나 의존하게 될 수 있다는 것이다. 중독(addiction)의 어원인 Addictus가 무언가의 노예가 된 상태를 뜻한다는 점에서 무언가에 사로잡혀 벗어나지 못하는 상태라면 광의의 중독으로 볼 수 있지 않을까.

그런 관점에서 볼 때 중독 진단체계에는 들어가지 않지만, 하나님을 벗어나 자신이 주인이 되는 자기중심적 삶의 방식 자체에 이미 중독적 요소가 있다고 볼 수 있다. 복음의 진리에 기반한 진정한 해결책을 회피하고 세상 속에서 보상적 욕구를 추구한다는 점에서, 그리고 거기서 인정욕구와 애정욕구를 채우고 물질적 욕구와 쾌락을 채워도 만족하지 못하고 끝없이 더 채우고자 눈을 번뜩이다가 어느 순간 과부하로 무너져 내릴 수 있다는 점에서다. 현대인은 항상 무엇인가에 눈이 팔리

고 바쁨에 중독된 듯하다. 어쩌다 여유 시간이라도 생기면 자기를 만날 수 있는 황금 같은 그 시간을 다시 무엇인가로 채우고야 만다. 우리 주변에는 휴대폰, PC, TV, 태블릿 등 손쉽게 시간을 죽일 수 있는 매체들이 널려있고, 인터넷, 유튜브, 연예방송 등 잠깐 시름을 잊을 수 있는 프로그램들이 날마다 업데이트된다. 우리는 어쩌면 세상적 삶에 상당 부분 중독된 상태로 살아가는지도 모르겠다.

중독의 위험에서 벗어나는 진정한 해결책은 예수님과 연합하여 속사람이 바로 세워진 온전한 자기가 되는 길이다. 그렇게 되면, 완전하지는 않지만 예수님께서 의롭다 하시기에 '지금 이대로 괜찮은(OK)' 자기를 사랑함으로써 외부의 인정에 목매지 않고 사람들과의 관계에 지나치게 얽매이지 않을 수 있게 된다. 예수님이 있는 그대로의 나를 사랑하시기에 비록 부족하고 불완전해도 나를 받아들일 수 있다. 그리고 예전의 자기중심적이고 교만했던 나를 내려놓고, 예수 그리스도께 맡기며 인도하심에 따라가면 세상의 짐에서 자유함을 얻고 평안과 충만을 누리게 된다. 이처럼 하나님에게서 받은 (+)에너지를 공동체와 나누며 천국을 예비하는 것이다. 혹시 원하는 바가 좌설되거나 고난이 오너라도 하나님의 뜻 안에서 받아들이며, 소망으로 일어설 수 있게 된다.

극단적으로 말한다면, 이런 게 안 돼서 사람들이 다른 중독에 빠지게 되는지도 모른다. 다른 중독은 우리의 삶을 망가뜨리지만, '하나님의 선하심'에 중독되면 눌림에서 회복되고 살아날 수 있다. 그러나 종교조직이나 종교지도자에게 의존하는 건 특히 경계해야 한다. 광신이나 잘못된 종교중독의 위험이 도사리고 있기 때문이다. 예수님을 죽인 장본인이 유대의 종교지도자들이며, 천국행 티켓을 팔아 종교개혁을 촉발한 장본인도 중세 종교지도자들이었다.

▶ 잘못된 종교중독

광신적 종교중독자들은 혹시 조직이나 지도자의 잘못을 알게 되어도 새로운 정보와 기존 신념의 모순으로 생기는 인지부조화를 자기정당화를 통해 덮고 신념을 더 강화함으로써 이단에서 벗어나지 못하는 경우가 많다.

- 스트레스와 실망을 경험하면 위안의 도피처로서 종교 집단으로 도피하여 삶의 고통을 피하고 내면의 갈등을 견딜 수 있는 수단으로 종교에 의존함.
- 죄(욕망)의 해결과 놓음이 아니라 욕구충족의 대안적·기복적 수단으로서 물욕(성공)·건강(치유) 등 자기집착적 욕망을 채우기 위한 도구적 종교추구
- 사람이나 교회에서 인정·사랑받는 것이 하나님께 인정·사랑받는 것으로 착각하여 열광적이고 광신적인 신앙, 지나친 봉사, 지나친 금식과 철야, 지나친 헌금
- 신비주의, 기적, 영적 능력 등에만 지나치게 몰두하여 종교망상에 빠짐.

음욕과 성욕

음욕
남녀 간의 사랑이 왜곡되거나 비사회적·회피적·향락적 형태 – 서로를 향해 마음(에너지)을 주는 게 아니라 도구화된 타락 상태. **하나님이 창조하신 남녀 관계의 질서 위배**

성욕
육체·정신·영혼의 완전성을 향한 결합 욕구 – 남녀의 하나 됨은 지체로서의 인간 상호 간 하나 됨의 전형으로, '몸과 영'이 하나가 되는 합을 의미(**죽음을 넘어선 삶의 연장=생명의 탄생**)

남녀 간 사랑의 감정과 성적 끌림은 무의식적이든 의식적이든 유전자 보완을 통한 자손 번식과 연관되어 있다. 유전자는 생물학적 요인뿐

아니라 기질적·성격적 요인에도 관여한다. 키가 작은 사람이 키가 큰 이성을 선호한다든지, 성질이 급한 사람이 좀 더 여유 있는 성격의 이성에게 끌리는 식이다. 사랑은 남녀가 유전자의 상호보완을 통해 자녀에게 좀 더 좋은 유전자를 전달하고자 하는 본능적 끌림이 아닐까? 그런데 기질적·성격적 요인은 2세에게 전달되는 유전자로서의 의미뿐 아니라 실제 생활을 함께하는 부부관계에 아주 중요한 영향력을 가진다. 즉 기질적·성격적 요인은 일상적인 부부생활에서 상호 간에 큰 영향을 끼치며, 그 결과 부부관계 패턴이나 부부간에 흐르는 분위기와 에너지가 당연히 자녀를 양육할 때도 영향을 미칠 것이다.

이처럼 남녀 간의 성적 결합은 육체적·정신적·영적 결합의 의미를 지니는 총체적 성격을 가진다. 그런데 이러한 총체성이 깨지고 왜곡되어 성욕이 육체적·쾌락적·도착적·중독적으로 지나친 탐닉에 빠지게 되면, 물질에 대한 탐욕 못지않게 음욕 또한 죄가 파고드는 온상이 된다. 성경적으로 볼 때 성적 쾌락 자체는 죄가 아니며, 남녀의 하나 됨과 생명 탄생의 결실로 이어지는 하나님의 축복이다. 남녀는 성적 결합을 통해 한 몸을 이루고, 사람은 예수님이라는 한 몸의 지체로서 성령이 거하시는 성전(聖殿)이다. 또한, 각 지체는 영적으로 예수님과 연합되는 한 영이다. 따라서 성적 결합은 육체뿐 아니라 영적으로도 하나가 되는, 가장 아름다운 관계성을 가진다.

하지만 이러한 쾌락이 그 본래의 자리를 떠나 쾌락을 위한 쾌락으로 변질되거나 외도, 성매매, 원조교제, 하룻밤 사랑 등 잘못된 대상과 새로운 대상에게서 끝없는 자극적 쾌락을 탐닉하게 되면, 이는 성을 통한 사랑이나 진정한 만남과는 거리가 멀어지고 정욕을 채우는 수단으로 전락하게 된다. 결과적으로 욕망을 위해 상대방을 도구화함으로써 인간을 물화하고 성적으로 착취하는 비인간적 죄를 저지르게 된다. 그뿐 아니라 마음과 분리되어 육체적·감각적 쾌락만 탐하는 가운데 자신도 소외되고 타락하게 된다. 이는 성전인 몸을 더럽히는 것으로, 성경에서 자기 몸에 죄를 범한다는 표현은 바로 이 때문일 것이다. 그러다가 끝없이 더 짜릿한 성적 즐거움을 따라다니면서 성중독에서 헤어 나오지 못하기도 한다. 흥미로운 것은 불신자들도 이런 경우 본능적인 죄책감과 죄의식을 느낀다는 점이다.

▶ 성중독

성중독은 죄(콤플렉스)를 해결하기 위한 노력을 회피하고 잊기 위한 영적 대체수단으로, "적당한 고통(legitimate pain)을 회피하려는 노력의 결과로 나타나는 신경증적 고통(neorotic suffering)의 한 형태"(Gary Strauss, 2001)로 볼 수 있다.

- 성중독의 원인: 부담(과업이나 인간관계)의 회피, 상처 위로나 보상심리(환상, 도피), 죄의식(열등감)과 공허감 잊기, 더 강렬한 쾌락추구
- 종류별 단계(레벨): 포르노중독, 외도, 매매춘, 그룹섹스, 스와핑, 성도착(페티시즘, 관음증, 노출증, 접촉도착증, 사디즘/마조히즘, 소아애호증)

소아애호증(소아성애, 소아기호증)은 사춘기 이전의 어린이에게만 성적 충동을 느끼는 성도착증이다. 백만장자 제프리 엡스타인(이른바 '소아성애 자클럽' – 로리타섬 소유자)은 소아성애와 미성년 성착취 혐의로 체포되었다가 2019년 감옥에서 의문사했는데, 빌 클린턴, 빌 게이츠 등 영향력 있는 정·재계 인사들과 수많은 영화배우, 연예인 등이 연루되었다는 의혹이 있다.

〔고린도전서 6:17~19〕 주와 합하는 자는 한 영이니라 음행을 피하라 사람이 범하는 죄마다 몸 밖에 있거니와 음행하는 자는 자기 몸에게 죄를 범하느니라 너희 몸은 너희가 하나님께로부터 받은 바 너희 가운데 계신 성령의 전인 줄을 알지 못하느냐 너희는 너희의 것이 아니라

외도

외도는 자신의 배우자가 아닌 다른 이성과 정서적·성적 관계를 맺는 것으로, 간통죄 폐지 이후에 형사처벌은 안 되지만 여전히 민사처벌이 가능한 불법행위다. 그래서 대개 법정까지는 안 가더라도 외도를 최소한 도덕적·윤리적 잘못으로 바라보는 경우가 많은 것 같다. 외도가 부부 두 사람의 관계뿐만 아니라 자녀와 가족 모두에게 끼치는 악영향을 고려한다면, 이런 현상이 어쩌면 당연한지도 모르겠다. 하지만 외도 문제를 그렇게 접근하는 것은 실제 외도가 일어난 부부가 난관을 극복하고 관계를 회복하는 데 도움이 되기 어렵기에 외도에 대한 면밀한 분석과 함께 심리적·영적 이해와 용서의 과정이 필요하다고 본다.

남녀관계의 처음 시작은 유전자적 보완을 향한 무의식적인 정서적·성적 끌림에서 시작될 수 있지만, 결혼 이후 각자가 서로에게 계속 부족한 부분을 채워주기만 기다리고 바라면 불만과 갈등이 생기게 마련이다. 그러다 보면 유혹에 이끌려 자칫 외도로 이어질 수도 있다. 모든 게 그렇듯 사람에게도 양면성이 있어서 상대에게 매혹되었던 장점의 이면에는 단점이 도사리고 있다. 남녀가 부부가 되었다고 해서 죄성을 가진 불완전한 인간이 하루아침에 완전하게 변할 수는 없지 않은가.

상대가 부족한 건 감싸주고 자신은 성숙을 향해 노력해야 할 텐데, 이게 뒤바뀌면 문제다. 위에서 '채워주고'라고 하지 않고 '감싸주고'라고 말한 건 한쪽이 다른 쪽을 채워주는 게 지속되는 경우에는 공의존의 부작용이 생길 수 있기 때문이다. 외도문제의 해결이나 예방을 위해서는 부부가 각자의 모자라는 면을 서로 이해하고 보듬어주되, 정신적·영적 성숙과정을 통해 자신의 단점을 극복하는 노력이 필요하다고 본다. 각자 부족한 부분을 죄성의 통찰과 회개를 통해 알아차리고, 하나님을 바라보며 둘이 손을 마주 잡고 걸어가는 모습이 참으로 아름답게 다가온다.

외도는 정서적 외도와 성적 외도로 나눌 수 있는데, 정서적 외도는 부부상담, 개별상담과 통합상담 중심으로, 성적 외도는 부부상담, 성치료, 권면상담 중심으로 접근해볼 수 있다. 정서적 외도는 혼외 남녀가 성관계 없이 정서적 관계만 유지하는 것으로 부부의 소통방식, 원가족 역동과 정서적 문제에서 비롯되는 경우가 많다. 배우자로서는 정서적 외도도 큰 고통을 받을 수 있지만, 여기서 자세히 다루지는 않기로 한다.

성적 외도는 성에 기반을 둔 외도와 정서에 기반을 둔 외도로 나눌 수 있다. 호르몬이나 신경전달물질 분비(옥시토신, 아드레날린, 바소프레신, 페닐알라닌, 도파민) 등 부부간 성적 끌림이나 성적 쾌감의 정도에 영향을 주는 기능이 혼인 기간이 길어질수록 줄어들고, 유전자를 물려받은 2세의 탄생(목적달성)과 함께 더 떨어지는 것은 생리적으로 자연스러운 현상이다. 이때 나르시시스트나 쾌락추구형, 모험추구형, 강한 성충동형인 사람이 성에 기반을 둔 외도를 할 가능성이 크다. 구속을 싫어하는 자유추구자, 불안심리가 큰 사람, 아동기에 상처나 문제가 있는 사람, 정서적으로 무디거나 친밀감을 두려워하는 사람, 윤리의식이 부족한 사람은 정서에 기반을 둔 외도를 할 가능성이 크다.

성에 기반을 둔 외도의 경우 새로운 대상을 통해 권태에서의 탈출이나 일탈의 경험과 함께 성적 쾌락을 맛보게 되면, 인간의 죄성은 한 번의 외도로 만족하기보다 끝없이 더 강한 쾌락을 추구하기 쉽다. 죄성과 관련해 이를 더 세분해 살펴보면, 첫째, 일탈과 벗어남의 쾌감은 사탄의 유혹에 넘어가 하나님의 명령인 금기를 깨고 선악과를 따먹을 때 느꼈던 스릴의 달콤함 같은 것이다. 하나님을 거역하고 원죄를 저지를 때 느꼈던 악마적 쾌감과 해방감이 성적 금기를 깨고 외도할 때 죄성을 타고 되살아나는 걸까? 둘째, 새로운 대상을 통한 새로운 세계의 경험이 주는 즐거움과 확장감은 '하나님같이 지혜로워지고자' 하는 지적 호기심과 자기중심적 교만을 닮아있다. '새로움'이라는 것이 의미 있는 한 영역(배우자)에서 장성하고 자라나고 성숙하다 보니 정체되지 않고 새로워짐을 뜻한다면 긍정적이겠지만, 단순히 대상을 바꾼다든지 관심이 옮겨감을 뜻한다면 이는 발전이 없는 새로움으로 오히려 그 과정에서 부작용을 양산하게 된다. 마지막으로, 성적 쾌락은 죄와 연결되었을 때 사탄이 주는 당근 같은 것으로 육체적·감각적 향락에 빠져 당장은 환희와 희열에 허우적대겠지만, 결국에는 몸과 마음이 지치고 망가지게 되며 성중독처럼 스스로 통제 불가능한 지경에 처할 위험이 있다.

▶ 연애중독

쾌락(모험적·성적 즐거움과 새로움) 추구성향 또는 불안정 애착(불안형, 회피형, 혼란형) 등 심리문제로 인해 반복적이며 연속적으로, 때로는 양다리/몇 다리 걸쳐 일정 기간 안에 복수의 대상과 연애하기도 한다. 이는 외도의 원인(성 기반/정서 기반), 중독의 원인(쾌락추구/회피)과도 공유되는 바, 외도도 연애중독으로 빠질 수 있다.

이를 부추기는 것으로 대중에게 광범위하게 퍼져나가는 문화의 영향에 대해 깊이 고민할 필요가 있다. 예를 들어 “평생 한 사람과 섹스하는 건 불가능하다”, “성적으로 배우자 한 사람만 안다는 것은 지루하고 아쉽다”, “섹스와 사랑은 꼭 일치할 필요 없다”, “정신적 순결만 지키면 된다”, “성적 파트너가 계속 바뀌어도 그 순간 사랑한다면 순결한 것이다”, “짝에게 사랑과 섹스의 자유를 억압하면 안 된다”, “인생의 즐거움인 성을 최대한 즐겨야 한다”, “이성애나 동성애, 양성애 등 모든 성적 지향은 개인의 자유다”, “생물학적 성과 관계없이 자신의 성(성별 정체성)은 선택할 수 있는 것이다” 등 영화, 도서, 방송, 언론, SNS 등에 전방위적으로 성 가치관의 혼란이 확산하고 있다. 더 심각한 것은 세계적으로 이러한 추세가 다부다처제, 차별금지법 등의 형태로 법제화되고 있다는 사실이다.

▶ **외도의 원인**

① 유전자보완 욕구: 자신의 불완전성을 보완하기 위한 잠재욕구를 혼인 이후에도 계속 추구

- 결혼 이후 상대방에 대한 이상적 환상이 깨지면서 실망하고 다른 짝을 찾음.
- 상대방에게 권태를 느끼고, 다른 면에서 보완할 짝을 찾음.
- 다양한 짝을 통해 자신의 불완전성을 채움.

② 정서적 불일치: 성격이나 소통방식, 원가족 문화의 차이를 극복하지 못함

- 가치관, 생활방식, 종교 등 서로 다른 정서: 비슷한 정서(통하는 사람) 찾음.
- 정서적 위로, 따뜻함, 돕는 관계가 불가능(의사소통, 성격적 결함): 가능한 상대 찾음.
- 배우자의 무관심, 외도 등 어떤 문제로 인해 정서적으로 멀어짐: 외로움을 해결하기 위해 다른 사람 찾음.

③ 본능적 쾌락추구(도파민 수용체의 길이, 도파민 분비량과의 관련성 연구)

- 부부의 익숙함을 버리고 새로움, 육체적 쾌락추구: 매춘, 에피소드적 사랑
- 책임감이 따르지 않는 일탈적 쾌락추구: 매춘, 에피소드적 사랑
- 성중독(심리적 문제, 탐닉적 쾌락)

④ 성적 불만족

- 성관계 횟수, 성행위 시간, 성기구조, 성적 테크닉, 기타 성적 능력 불균형
- 특별히 성적 에너지가 많은 사람은 여러 상대를 대상으로 외도할 가능성이 상대적으로 크다.

⑤ 성적 취향: 동성애, 양성애, 범성애

⑥ 문화적 원인: 한국의 술 문화, 이중문화, 쾌락적 · 향락적 가치팽배

스트레스 관리 핵심 팁

- 지나친 기대와 욕심을 비워라.
- 내가 다 해야 한다는 짐을 내려놔라.
- 도움을 요청하라.
- 어느 정도의 부담은 받아들이라.
- 노력은 하되 결과는 하나님께 맡겨라.
- 기도하라.
- 묵상(명상)하라.
- 혼자만의 시간을 가져라.
- 잊어버리고 털어내라.
- 쉬어라.
- '지금, 여기'에 집중하고, 한꺼번에 여러 가지를 생각하지 않는다.
- 틈틈이 심호흡(복식호흡)으로 긴장을 푼다.
- 자신에게 조금만 더 잘 대해주라.
- 긍정적으로 생각하라.
- 사람들과 만나고 교감을 나누라.
- 스킨십은 스트레스와 불안을 완화하는 데 강력한 효과가 있다.
- 선행하라.
- 규칙적으로 생활하라.
- 질 좋은 수면을 하라(너무 늦지 않은 일정 시간에 잠자리에 들기).
- 취미를 가져라.
- 운동하라.
- 여행하라.

6. 우울에 대하여

우울은 현대인에게 감기같이 자주 찾아오는 마음 상태인지도 모른다. 삶이 너무 바쁘고, 일이 너무 많고, 너무 복잡해서 그런 걸까. 실제로 일중독, 완벽주의 등 지나친 열심과 애씀은 우울증이나 강박을 일으키기 쉬운 심리적 조건이라고 볼 수 있다. 목사님이 주일설교와 목회에 헌신한 뒤 월요일에 무기력증(무기력감, 회의감, 피로감, 의욕 저하 등 일련의 증세)에 빠진다든지, 예술가가 창조 작업에 몰두한 뒤 육체적 · 정신적으로 에너지가 소진되어 다운되는 경우가 많은 것도 그렇다.

하지만 우울과 우울증은 다르다. 우울은 기분이 가라앉거나 침울하지만 심하지 않고 생활에 큰 지장을 주지 않는 상태라면, 우울증은 다운 정도가 지나치게 심하여 고통스럽고 현실 생활의 부적응과 불면증 등 심각한 어려움을 겪게 되는 기분장애다.

우울증은 정도와 지속기간에 따라 주요우울장애와 이보다 경미한 기분부전장애, 미분류형 우울장애 등으로 구분되며, 하위유형으로 단극성(우울)과 양극성(조울), 외인성(환경적 스트레스 요인)과 내인성(유전적 · 생리적 요인), 신경증적 우울증(현실판단력 유지)과 정신증적 우울증(환각과 망상) 등으로 구분된다.

우울증의 증상
우울하고 슬픈 감정, 좌절감, 상실감, 고독감, 무력감, 에너지 저하, 의욕 상실, 허무감, 절망감, 죄책감 등 고통스러운 정서 상태가 지속됨

인정욕·애정욕의 좌절과 우울

인정욕 또는 애정욕의 좌절이 우울을 일으키는 경우는 두 갈래로 나뉠 수 있다. 자율적이고 독립적인 사람일수록 인정욕(성취, 수행 결과, 완벽주의, 우월성)에 집착하는 경향을 보이면서 성취지향적 행동이 위협받는 생활 사건에 의해 우울증이 유발되는 경우가 많다. 반면 사회적 의존성이 높은 사람은 타인의 관심과 애정에 과도하게 집착하는 경향(예: "모든 사람으로부터 사랑받아야 한다!")을 보이면서 대인관계와 관련된 부정적 사건에 의해 우울증이 유발되기 쉽다.

정신분석·인지치료와의 통합적 입장으로 볼 때, 인정욕·애정욕의 좌절 또는 중요한 상실에 따른 분노감을 상대에게 표출하지 못하고 (-) 에너지가 되어 자신을 공격하게 되면, 자기비하와 역기능적 사고가 결합하면서 무력감과 우울증을 유발할 수 있다.

우울과 불안

우울이 삶에 대한 공포라면, 불안은 죽음에 대한 공포가 아닐까. 즉 우울이 "어떻게 살아갈 수 있을까?"라는 질문이라면, 불안은 "어떻게 죽음(의 위험)을 피해야 하나?"라는 질문이 심리 기저에 깔려 있다고 본다. 우울증은 죽음(삶을 놓음)의 나락으로 빠져들어가는 병으로, 자기파괴 등 사망으로 이끄는 사탄의 힘에 이끌려 자살로까지 이어질 수 있다. 불안은 죽음에 대한 공포를 해소하고자, 즉 잘살고 싶어 발버둥 치

며 노력하는 과정에서 욕심과 집착이라는 사탄의 올무에 갇혀 긴장과 염려로 영혼을 소진하고 정신적 고통과 생활의 장애를 겪게 만든다.

우울과 불안의 관계를 살펴보면, 우선 불안의 정서 상태는 인정욕·애정욕을 추구하는 과정에서 '실패(인정욕 좌절)'나 '상실(애정욕 좌절)'이라는 주제에 편향되어 자신이나 환경, 미래에 대한 부정적·절망적 견해로 치우치게 되기 쉽다. 이는 우울을 촉진할 수 있고, 지나친 불안에 에너지가 소진되면 우울증에 더 큰 영향을 준다. 반면 우울을 경험하게 만든 생활 사건으로 인해 위험 가능성을 과도하게 평가하여 위험에 대한 예민도가 심해져 불안이 커질 수도 있다.

우울과 합리화

합리화는 정당하지 못한 자기 행동에 그럴듯한 이유를 붙여 그 행동을 정당화하는 방어기제다. 페스팅거(Leon Festinger, 1957)에 따르면 인간은 인지부조화(자신의 마음속에 양립 불가능한 사고, 태도, 신념, 의견 등이 심리적 모순을 일으킴) 시 인지하는 것들 사이의 내적 조화나 일관성을 유지하기 위해 노력하게 되는데, 대개 사람들은 새로운 정보나 의견에 맞춰 행동을 조절하기보다 합리화(자기정당화)를 통해 행동에 맞춰 신념을 조절하게 된다. 이는 '합리화하는 인간'의 비합리성을 보여주는 이론이기도 하다. 이단에 빠진 광신적 종교중독자나 이념 논리에 빠진 극단적 지지자들이 자신이 추종하는 지도자들의 잘못을 알게 되어도 빠져나오지 못하고 스스로 기존의 태도를 더 확고하게 만들어버리는 기제도 마찬가지다.

그런데 연구에 의하면 우울 환자들은 정상인들보다 인지부조화 시 합리화를 덜 하는 경향이 있으며, 오히려 자책하는 경향이 있다고 한다. 보통 사람들이 합리화를 통해 죄책감을 해소하고 있다면, 소시오패스나 사이코패스는 합리화하지 않고도 죄책감이 없고, 우울증 환자는 합리화하지 않으면서 오히려 죄책감을 심화시키는 특징을 보인다. 그렇다면 '합리화'가 오히려 일정 부분 우울을 막아주는 역할을 한다고도 볼 수 있을까?

자기가 원하는 자기 상과 실제 자기 상의 괴리로 인지부조화가 생겼을 때, 이로 인한 불편감을 해소하기 위해 대개는 이를 줄이기 위한 장치(자기합리화, 외부 귀인, 자기충족 편향, 심리적 면역기제)를 발동시키지만, 우울 환자는 그런 장치를 작동시키지 않을뿐더러 욕구 좌절과 정서 결핍으로 인해 생긴 상처 및 인지 왜곡으로 오히려 반대로 작동하는 경향이 있다. 예를 들면 우울증이나 강박증 환자들은 자기고양 편향을 보이지 않고, 긍정적 상황을 오히려 깎아내리거나 자신에 대해 공격적 심리기제를 작동시킨다. 합리화나 살짝 자기속임을 통한 긍정화를 거부하고 과거에 대한 반추와 집착, 자기비난 속에 현실을 수용하지 못하고 부정하며, 나아가 미래까지도 절망적으로 해석한다. 인지부조화 상태에서 심리적으로 적절하게 현실을 수용하거나 받아들여 긴장을 해소하지 못하면, 내적 불일치로 인한 무의식적 갈등과 에너지 소진으로 고통을 겪게 된다.

▶ 합리화의 문제

- 자기를 속이는 인지 왜곡의 문제: 오류나 잘못을 수정하고 변화할 기회를 얻지 못하게 된다.
- 의미부여를 통한 합리화는 당면한 어려운 현실수용에 도움이 됨: 상실과 실패로 인해 얻게 된 것, 깨달은 것, 전화위복이 되는 긍정적인 것들에 의미부여
- 가장 바람직한 대안은 오류나 잘못을 인정하고 회개한 후 바꾸고자 노력하되, 부족한 자기를 용서하고 현실을 수용하고 받아들이는 것이다.

우울증의 인지구조 특징

- 자아 구조(self-schema): 우울한 사람들은 긍정적 정보보다 우울증과 관련된 부정적 정보를 더 효과적으로 처리하며, 자기가치감(자아존중감, 자존감) 저하를 보인다. ☜ 내부 귀인
  비교) 정상인: 자기고양 편향
- 세계와 미래 구조: 우울한 사람들은 세계(주변상황)와 미래에 대해서도 부적응적 도식구조(maladaptive schema)를 가진다. ☜ 절망가설
- 역기능적 신념과 자동적 사고: 선천적으로 부정적인 환경의 사건들을 더 잘 지각하고 처리하는 사람들, 즉 부정적 견해를 갖는 우울한 사람들은 자신을 우울하게 만드는 기본 신념과 개인적 규칙을 가진다. ☜ 인지적 오류

우울증 치료

우울증에 대한 가장 효과적인 치료방법은 인지치료와 약물치료로 알려져 있다. 인지치료는 우울한 내담자의 사고내용을 정밀하게 탐색하여 인지적 왜곡을 교정하고, 부정적인 자동사고와 비합리적·역기능적 신념을 합리적·긍정적으로 변화되도록 돕는다. 이때 부정적 사고와 관련하여 우울증 내담자의 자책 습관을 '완벽주의' 논박이나 '긍정적 자아개념' 형성 등 인지 재구조화를 통해 바꾸는 것은 유효하지만, 이를 뒷받침하는 가치나 합리성의 기준이 모호하다는 한계점이 있다. 이는 내담자를 긍정으로 유도하는 논리적 동력의 힘이 약하고 작위적이라는(그냥 긍정? 왜 긍정?) 한계로 이어진다. 이 한계는 기독교적 접근을 통해 부족함과 불완전성은 죄에서 기인하므로 자연스러운 것임을 인정하고, 회개를 통해 있는 그대로의 자신이 하나님께 받아들여짐으로써 부족한 자신을 자책하지 않고 수용할 수 있게 되면, 보완적 통합이 가능하다. 회개를 통해 하나님께 용서받은 자신을 자기 스스로도 받아들이고 사랑한다면, 부족하더라도 'OK'하는 자기긍정이 자연스레 이뤄질

것이기 때문이다.

뇌과학적 측면에서 우울증 환자의 뇌는 해마의 축소, 작업기억과 수행능력 등 전두엽 핵심영역에서의 활동 감소, 그리고 반추와 의심회로를 반복하면서 ACC(전대상피질)의 문측(rostral, 정서경험연관) 영역에 고조된 활동성을 보인다. 우울증은 노르에피네프린, 세로토닌, 도파민의 방해와 연관이 있으며, '세로토닌-노르에피네프린 재흡수억제제' 같은 약물치료가 효과가 있는 것으로 밝혀졌다.

완벽주의의 함정

완벽주의(完璧主義)는 이루기를 원하여 끊임없이 노력해야 하는 더 완벽한 상태가 존재한다고 믿는 신념이다(박진숙, 2008). 이때 자신을 향해 높은 기준을 설정해서 더 높은 성취감을 얻고자 하는 완벽추구 자체가 문제가 되는 것은 아니다. 오히려 완벽주의가 기능적으로 작용할 경우, 열심히 노력하고 애쓴 결과 성취감과 자기효능감, 자존감 향상에 긍정적인 효과를 발휘한다.

완벽주의가 '기능적이냐 역기능적이냐'의 여부는 완벽을 향해 노력하더라도 "과업이 성공적일 때 자기를 인정하고, 실패나 실수했을 때도 자기를 용서하며 수용하느냐"에 달린 것 같다. 그런데 과업에 실패했을 때뿐만 아니라 심지어 과업이 성공적이고 외부로부터 긍정적인 평가를 받을 때조차 스스로 자신을 인정하지 못하는 경우라면, 완벽주의가 가장 역기능적으로 작용하는 예일 것이다. 100%가 아니라면 0%라는 식의 인지적 신념은 자기만의 완벽한 기준을 설정하여 완벽주의가 부정적·병적 측면으로 발휘할 가능성이 크다.

불완전한 죄인인 인간은 실제로는 완벽할 수 없기에 자기가 완벽할 수 있다거나 완벽해야 한다는 믿음은 착각과 환상일 뿐이다. 이러한 에덴적 환상은 열심히 애쓰고 인정욕을 추구하며 전투적으로 수행하다가 자신이 기대하거나 계획했던 것과 다른 결과나 상황에 맞닥뜨렸을 때 반응하는 방식에서 문제를 일으킨다. 즉, 원하던 기준에 맞지 않는 결과나 상황이 닥쳤더라도 "세상은 그럴 수 있지"라며 받아들이고 "인간(나)은 불완전하니까"라며 수용한다면 문제가 안 된다. 하지만 실패나 그로 인해 잃은 것들에 반추하고 마음을 쓰면서 심하게 얽매이고 집착한다면, 심리적 불균형과 갈등 등 부정적 정서로 고통 받게 될 수밖에 없다.

그런데 역기능적 문제는 수행 결과가 객관적으로는 긍정적이더라도 자기 기준에서 결핍을 느끼고 끝없이 스스로를 채찍질하며 부정하는 데서 생길 수도 있다. 그리고 그런 고통을 가져온 장본인이 바로 자신이라는 생각으로 자기를 탓하며 자책하고 공격하다 보니 자기비하, 자존감 저하, 부정적 정서로 자기파괴와 소진을 겪게 되고, 우울증으로 진행된다.

완벽주의자가 역기능적인 문제를 낳는 개인 심리적 원인을 살펴보면, 첫째, 실패나 상실감 등 삶에서 부닥치는 고통을 조금도 받아들이려고 하지 않는 비현실적 태도다. 자신이나 세상이 그리 완벽할 수 없는데도 교만과 환상 속에서 달음질치다 자기 마음대로 돌아가지 않으면 심리적 어려움에 빠진다. 둘째, 인내심이 부족하여 좋지 않은 결과에 견디는 힘이 부족하다. 셋째, 조바심과 걱정이 많고 예민하여 공포와 불안을 더 크게 느낀다. 넷째, 부정적 결과나 요인을 내부 귀인하여 자기를 스스로 평가하고, 비난하여 괴롭히는 것이다.

흥미로운 결과는 완벽주의가 실제로는 그렇게 완벽하지 못하고 오히려 비효율적인 경우가 많다는 것이다. 그 예로 수행과정에서 스트레스와 불안이 많아 오히려 집중력이 떨어지고 지연행동이 만성화할 수 있다. 이런 불안 회피를 위해 어느 한 곳에 마음이 꽂히면, 거기에 정신이 팔려서 전체 수행과정에 에너지와 시간이 적절히 배분되지 못하고 어느 곳에선가 빠지고 놓치는 게 생기는 등 수행 결과가 안 좋을 수 있다. 또 예기불안이나 수행 실패에 대한 염려로 할 일을 회피하게 되면, 나태와는 다른 동인이지만 그와 비슷한 결과로서 불안감이 더욱 상승하게 된다.

완벽주의적 스트레스는 '완벽'이라는 높은 기준과 반드시 잘 해내야 한다는 부담감, 그리고 잘하고 있는지에 대한 자기검열과 관련된다. 마찬가지로 불안감은 실패에 대한 불안도 있겠지만, 결과적 실패에 대한 불안감보다는 실패했을 때 겪게 될 자신의 심리적 고통에 대한 공포감이 더 크게 작용하는 것 같다. 실패했을 때 자기비하와 자기비난이 자기부정과 공격으로 이어질 수 있기 때문이다. 이처럼 완벽주의가 불안감과 결합하게 되면 불안장애, 특히 강박증세로 이어지기도 한다.

▶ 완벽주의 양상과 병리 가능성

① 자기지향적 완벽주의: 타인(외부)에게 인정받아도 자기 기준이 높아 불만족/역기능

→ 지나친 자기비판, 개인적 결함의 수용 거부, 일중독

② 타인(사회) 지향적 완벽주의: 타인(외부)으로부터 높은 수준의 인정받기와 평가 염려

→ 의존성 인격장애, 피해망상, 스토킹

③ 신경증적 완벽주의: 자기비하, 패배감과 학습된 무기력으로 정신장애로까지 진행

→ 우울, 섭식장애, 자살

▶ 에덴적 환상-완벽주의-우울

① 대상별 에덴적 환상(잃어버린 낙원에 대한 환상)

- 세상: 외부 환경에 대한 실현 불가능한 에덴적 환상(세상에 대한 이해 부족) — 비현실적

• 자신: 내부 자기검열과 교만한 에덴적 환상(자신에 대한 이해 부족) — 비효율적
• 타인: 외부관계에 의존적인 에덴적 환상(타인에 대한 이해 부족) — 유아적

② 에덴적 환상과 우울 관련 요소
• 완벽주의
• 비합리적 사고요소(당위성, 가치평가, 과장, 낮은 인내심)
• 세상(환경) 적대적
• 자기비하
• 타인 의존(실망)
• 미래에 대해 비관적

〔시편 34:18〕 여호와는 마음이 상한 자를 가까이 하시고 충심으로 통회하는 자를 구원하시는도다

기독교 내적 반성

사람은 누구나 죄성과 불완전성을 가진 죄인이기 때문에 현실적으로나 정신적으로 문제에 봉착할 수 있다. 일반 신도들의 경우에는 물론이고 목사님이나 사모 및 그 가족에게도 어려움이 닥칠 수 있다. 그런데 교회 공동체의 성도들이 자신의 문제나 우울감을 교회 소모임에서조차 내놓지 못하는 경우가 많다는 것은 참으로 가슴 아픈 일이다. 하나님의 자녀이자 믿음의 지체로서 힘들고 어려운 일에 서로 위로하고 도와주고 함께 짐을 나누는 게 성경적이라고 본다면, 누군가 정신문제로 힘든 상태에 처했을 때는 어쭙잖게 조언하거나 정죄하기보다 관심과 이해가 우선일 것이다.

교회에서 괴로움을 겪는 당사자가 대개 문제를 감추고 행복한 얼

굴로 포장하는 이유는 고난이나 불행이 믿음 부족 때문이고, 죄에 대한 하나님의 벌이라는 잘못된 인식이 팽배해 있기 때문이다. 따라서 구역장이나 셀 모임 리더들이 구성원들과 마음을 나누고 고통받는 영혼을 돌보는 일이 결실을 보려면, 고난의 의미와 복(福)의 개념에 대한 성경적인 바른 이해가 필요하다. 기독교가 오히려 사람들의 심리문제를 가중시킨다거나 기독교상담으로 문제가 더 악화된다는 비판이 있는데, 이는 부분적으로 맞는 말이다. 종교지도자들이 율법주의나 하나님에 대한 왜곡된 이미지를 강조하여 믿음의 지체들에게 죄의식에서 못 벗어나게 하고, 오히려 죄의식을 조장하거나 심화시키는 경우에 대한 반성과 변화가 필요한 이유이기도 하다.

자가치유 핵심 팁

- 의욕 상실과 생명을 다운시키는 힘은 (−)에너지다.
- 사탄은 한 영혼을 사망으로 내몰기 위해 사람을 통해 간사하게 조종·공격한다.
- 사탄의 실체와 영향력을 아는 것만으로도 사탄의 힘이 약화된다.
- 나에게 가하는 타인의 비판이나 정죄는 죄(사탄)와 연결되어 있다.
- 타인의 비판과 공격의 에너지에 눌려 나 자신을 스스로 비난·파괴할 수 있다.
- 분노를 적절히 배출(표현)하지 못하면 독이 되어 자신을 공격하게 된다.
- 자기를 너무 몰아세우거나 비난하지 않기
- 부정적인 생각 그만하기
- 자기연민에 빠지지 않기
- 하나님과의 1:1 다채널 통로, 기도하기
- 나의 힘듦과 고통을 하나님께 아뢰며 위로와 힘 구하기
- 손 내미는 예수님께 의탁하기
- 회개할 게 있으면 회개하고 예수님께 용서받기
- 지나간 일에 매달리지 않기
- 자기용서 하기
- 자기에게 상처 준 사람도 언젠가 예수님을 통해 죄를 용서받을 수 있다.

7. 자유에 대하여

자유론

자유는 남에게 구속받지 않고 자기 마음대로 생각하고 행동할 수 있는 상태를 뜻한다. 존 스튜어트 밀(John Stuart Mill)은 『자유론』 서문에서 자신이 책을 쓴 목적을 “사회가 개인에게 강제나 통제, 법에 따른 물리적 제재 또는 여론의 힘을 통한 도덕적 강권을 가할 수 있는 경우를 최대한 엄격하게 규정하는 것”이라고 밝혔다. 그는 인간 본성에 대한 진지한 고찰과 공리주의적 사고를 기반으로 자유의 중요성과 한계를 설득력 있게 제시했다.

> “첫째, 각 개인은 자신의 행동이 다른 사람의 이해관계에 해를 주지 않고 자기 자신에게만 영향을 끼칠 때 사회에 대해 책임지지 않는다. … 둘째, 다른 사람의 이익을 침해하는 행동에 대해서는 당사자가 당연히 책임을 져야 한다. 또 사회가 사회 전체의 이익 보호를 위해 필요하다고 판단하면, 그런 행동에 대해 사회적 또는 법적 처벌을 가할 수 있다.”

그런데 자유론에는 개인에 대한 사회의 통제가 점차 심해져 자유와 사생활이 침해되고 개인의 성격과 개성이 사회의 표준에 맞게 획일화되는 현상이 나타난 결과, 가까운 미래에 시민이 활력을 잃고 다수의 횡포 앞에서 왜소한 존재로 전락하리라는 예언적 우려와 고민이 담겨 있다. 밀은 정부가 행하는 교육이 시민의 개성과 사고를 획일화시키고 소수에 의해 통제 가능한 기반을 만들 수 있다는 점에서 자유에 역행한다고 평가했다.

이를 고려할 때, 공교육을 통해 자유의 기본원칙을 정립하려는 시도는 미래에 둘 중 하나의 결과를 낳을 것이다. 만일 자유의 범위에 대해 비판적 사고와 판단력에 입각한 정치·사회적 노력과 각성이 이뤄진다면, 사회 구성원의 행복을 균형 있게 보장하고 극대화하는 진정한 자유주의가 가능할 수도 있다. 하지만 그렇지 않을 경우는 비민주적 장기집권을 노리는 정치세력이 시민의 생활양식에 효과적으로 간섭할 수 있는 규제 지향적 자유의 원칙을 교육과정에서 주입하고, 시민을 서서히 국가에 종속시켜나가게 될 것이다.

적극적 자유와 소극적 자유

남에게 구속받거나 무엇에 얽매이지 않고 자기 뜻에 따라 행동하는 것이 자유의 사전적 의미라면, 자유는 어떤 것을 자기 뜻대로 하는 적극적 자유와 어떤 것에 매이지 않고 벗어나는 소극적 자유로 나눌 수 있겠다.

적극적 자유에는 정치적 자유[언론·출판·집회·결사(정당)·단체행동의 자유와 참정권(선거권)의 자유로운 행사], 신체적 자유, 경제활동의 자유, 사회적 이동의 자유, 양심과 종교의 자유, 표현의 자유, 창작과 사상·사고의 자유를 비롯하여 실존주의가 중요시하는 선택의 자유와 기독교의 자유의

지도 이에 해당할 것이다.

소극적 자유에는 우선 사회심리학적 관점에서 프롬이 지적했듯이 근대화를 통해 전근대적 정치·경제체제의 속박에서 벗어나 획득한 개인적 자유를 들 수 있으며, 그 외 종교심리적 관점에서는 다음과 같은 것들을 들 수 있다. 자기로부터의 자유는 자기중심적이고 자아도취적인 자기를 비우는 것과 내려놓는 것이고, 관계로부터의 자유는 자기다움과 통합을 억압하는 (타인과의) 관계로부터 독립하는 것이며, 소유로부터의 자유는 지나치게 물질 또는 사람(소유적 사랑)을 움켜쥐려는 욕망에서 벗어나는 것이다. 불교의 해탈은 집착과 욕망으로부터의 자유를, 기독교의 '세상으로부터의 자유'는 죄적 종살이로부터 자유함을 뜻한다. 그리고 모든 것으로부터의 자유를 갈망하는 듯 모든 가치를 부정하는 동시에 모든 가치를 인정하는 포스트모더니즘의 다원주의와 극단적 상대주의도 — 필자는 이를 긍정하지는 않지만 — 부분적으로 소극적 자유 추구에 해당하지 않을까 싶다.

자유로부터의 도피

프롬은 저서 『자유로부터의 도피』에서 근대 서구가 전(前) 개인주의적 사회의 구속에서 벗어나 획득한 자유는 소극적 자유이며, 이는 자아실현을 위한 적극적 자유로 이어져야 한다고 보았다. 적극적 자유의 실현 가능성이 결여되면 회의감, 무력감, 고립감, 고독감, 불안 등에 처하게 되어 대중은 또다시 파시즘 같은 외적 권위에 의존하여 종속을 택함으로써 — 자유로부터의 도피 — 안정을 얻으려 한다고 주장했다. 또한, 자유민주주의 국가에서 만연하는 기계적 획일성으로의 도피를 통해 현대인은 사회문화적 양식에 의해 강제적으로 획일화된 인격을 자신의 자아로 받아들여 다른 사람들과 동일한 모습으로 순응함으로써 획일화·평균화 속에 소외와 자아상실을 겪게 된다고 했다.

프롬의 예리한 분석은 당대뿐 아니라 국경 없는 무한경쟁 속에 초고속으로 변화 중인 현대 사회에도 시사하는 바 크다. 정보화, 글로벌화, 개방화, 고도산업화를 겪고 있는 21세기에 사람들은 휴대폰, SNS 등을 이용한 새로운 미디어 대중문화와 인터넷을 통한 네트워크적 소통에 따라가기 바쁘고, 매체의 영향력은 개인의 삶에 깊이 침투해 정규교육의 영향을 넘어설 정도다.

그러나 과연 프롬이 치유방법으로 제시한 바와 같이 "개인적 자아의 적극적·자발적 실현으로서 자유에 대한 신념 고취와 함께 자본주의적 사회를 민주주의적 사회주의로 대체하는 구조적 개혁으로 적극적 자유를 획득하는 것"이 지금의 정치사회 현실에서 실현 가능한 것일까?

자본주의의 한계를 보완하는 프롬식의 해법이 실현될 수 있다면 좋았겠지만, 작금의 각국 실태와 현상을 볼 때 프롬의 분석은 맞았더라도 그 해법은 그리 유효하지 않다고 본다. 민주적 사회주의(민주사회주의)나 사회민주주의는 몇몇 나라에서만 성공을 거두었을 뿐이다. 대부분의 나라에서는 '민주적 사회주의'라는 이상만 걸어놓고 포퓰리즘을 통한 권력 쟁취로 이용되거나 인종, 민족, 계층, 성평등을 이슈화해서 피해의식을 자극·선동하여 분열과 분쟁을 통해 정치적 이득을 취하는 경우가 많다.

반면 자본주의는 신자유주의와 세계화 흐름 속에서 빈부격차를 심화시키는 쪽으로 그 한계를 드러내고 있다. 아무리 개인이 연대하여 프롬이 제시한 적극적 자유를 추구한다 해도 글로벌 자본과 권력이 손을 잡고 특정세력의 이익을 위해 거짓말과 속임수까지 써가며 전략적 여론조작으로 대중을 길들이기 때문에 마치 이상적인 미래사회로 가고 있는 것 같은 착각에 빠져 자유를 누리고 있다고 속게 된다.

〔로마서 16:17~18〕 형제들아 내가 너희를 권하노니 너희 교훈을 거스려 분쟁을 일으키고 거치게 하는 자들을 살피고 저희에게서 떠나라 이같은 자들은 우리 주 그리스도를 섬기지 아니하고 다만 자기의 배만 섬기나니 공교하고 아첨하는 말로 순진한 자들의 마음을 미혹하느니라

그리고 사이버를 통한 감시와 통제의 기술이 사악한 수준에까지 이르러 자기도 모르는 사이에 대중은 지배 엘리트의 전략적 프레임에 세뇌되고, 마치 자발적인 양 복종하게 된다. 이런 현상은 프롬이 비판했던 내용과 상당히 닮아있는데, 기득권층의 욕망은 이를 넘어서서 더욱 치밀하고 공격적으로 법과 제도, 공권력을 주무르면서 자신들의 입맛대로 세계질서를 재편하기 위해 불법도 마다하지 않는 지경에 이르렀다. 정보화 사회의 폐해로 부각된 해킹이나 개인정보 유출(2018년 페이스북의 예)도 문제지만, 그보다 더 심각한 것은 언론과 대중매체의 자체 검열을 통한 통제와 감시체계다. 예를 들어 2020년 2월 페이스북 정책인 "COVID-19 백신이 DNA를 변형시킨다고 주장하는 모든 콘텐츠를 삭제할 것"은 이를 적나라하게 보여준다. 특히 '인터넷 윤리'라는 명분으로 유튜브 등 매체와 SNS 회사들은 특정 집단의 이익에 반하는 글이나 계정을 삭제하고 심지어 폭파하는 등 강제적 수단에 맛들이고, 특히 민주사회에서 당연히 보장되어야 할 언론과 표현의 자유가 억압되고 있다(예: 2022년 1월 14일 백신 부작용으로 사망한 7세 아들 소식을 올린 호주의 아버지 글을 페북, 트위터 등 모든 SNS가 차단하고, 구글은 이를 가짜뉴스로 지정함).

더욱 우려되는 것은 개인의 표현의 자유를 침해하는 데서 그치지 않고, 주류언론이 오히려 특정 이익을 지키는 가짜뉴스와 역정보를 흘리며 정보를 조작하고, 팩트를 알리려는 힘없는 개인이나 유튜버들을 음모론으로 몰면서 진실을 은폐하고 있다는 점이다. 이는 대중에게 혼란을 주고 판단력을 약화시켜 '권위에 대한 오류'를 유발하게 만든다. 프롬은 거대한 국민 대중을 조작하는 소련의 국가사회주의를 비판하

고 거리를 두었지만, 세상은 지금 또 다른 형태의 디지털 독재와 기술 관료주의가 은밀하고도 교묘하게 정치·경제·사회적 시스템 대변환을 진행하고 있다.

그동안 우리 사회는 이러한 일들이 가능한 조건을 키워온 게 사실이다. 너 나 할 것 없이 핸드폰과 인터넷에 중독되다시피 서로 고립되어 소셜 미디어를 통하지 않고는 사회적으로 연결되어 있지 않았다. 더욱 걱정스러운 것은 상대주의와 다원주의라는 미명 아래 선과 악의 구분이 모호해지고, 진실은 간데없이 입장에 따라 상반된 주장을 하면서 법정에서조차 이기기만 하면 된다는 식으로 공의와 공정, 법치가 무너지고 있다는 것이다. 성경 말씀처럼 인간의 지혜는 탐욕과 죄악으로 왜곡될 수밖에 없는 것일까.

〔가톨릭성경, 탈출기 23:1~2〕 너희는 헛소문을 퍼뜨려서는 안 된다. 악인과 손잡고 거짓 증인이 되어서는 안 된다. 너희는 다수를 따라 악을 저질러서는 안 되며, 재판할 때 다수를 따라 정의를 왜곡하는 증언을 해서는 안 된다.

자유의지

하나님은 인간에게 자유의지를 주셨다. 자유의지를 주셨다는 것은 하나님과의 관계가 인격적 관계임을 뜻한다. 하나님이 인간을 로봇처럼 만들지 않았다는 것이다. 하나님이 커다란 계획 속에 우주를 운행하시되 때를 따라 사람을 통해, 뜻에 맞게 준비된 자들을 통해 역사를 이루어가시는 것을 성경은 말해주고 있다. 물론 인간의 자유의지는 '자신이 할 수 있는 범위 내에서'라는 한계를 가지고 있고, 또 "자유의지가 반드시 행동으로 이어지는가?"는 별개의 문제일 것이다. 여하튼 인간은 자유의지로 하나님의 명령을 어기고 하나님처럼 지혜롭고 싶은 욕망으로 선악과 원죄를 지었다. 자유의지로 하나님(선)의 손을 잡을 수도 있고, 사탄(악)의 손을 잡을 수도 있다. 좀 더 정확히 말하면, 하나님의 손을 잡고 있지 않다면 그의 자유의지는 사탄의 손을 잡게 될 것이다. 성경은 자유의지를 가진 인간은 선택의 자유와 함께 마지막 심판을 통해 그에 따른 책임도 지게 된다고 밝히고 있다.

> 〔고린도전서 8:9〕 그런즉 너희 자유함이 약한 자들에게 거치는 것이 되지 않도록 조심하라

자유의지를 자연계시와 연관 지어 성경 속에서 풀어보면, 인간의 개인적 자유 상태는 하나님이 주신 근원적인 것으로, 인간이 죄를 지었을 때도 하나님은 한탄하시거나 참으시는 모습을 보이셨다. 이는 인간의 자유가 타인이나 사회집단, 국가 등에 의해 침해될 수 없는 자연권이자 존엄, 평등 등 여러 함의를 지닌다는 주장을 뒷받침한다. 창조주 하나님도 존중한 인간의 자유이기에 법질서 유지 등 공동의 이익에 반하는 경우를 제외하고 개인의 자유는 존중되어야 한다. 단, 자유는 인간의 욕구에 따르는 행동 속에서 서로 간 이익의 충돌을 유발할 수 있으므로 자유라는 이름으로 타인의 자유를 억압하거나 침해하면 안 될 것이다.

그러나 전체를 위한다는 명분으로 소수의 자유를 침해하는 전체주의적 발상 또한 주의해야 한다. 자유를 제한할 때는 엄격한 법적 근거에 의해 해야 할 것이다. 그런데 여기에도 함정이 있다. SNS 자체검열처럼 관련 법망을 피하거나 법의 사각지대에서 이루어지는 은밀한 억압적 침해가 늘고 있으며, 입법부를 장악하면 법의 테두리 내에서 얼마든지 자유를 침해하고 국민을 통제할 악법들을 통과시킬 수 있기 때문이다. 이른바 입법독재다. 2021년 각국에서 행정명령을 통한 백신패스 및 코로나 백신 의무접종 분위기가 확산하는 것은 그런 점에서 심각한 우려를 낳고 있다. 백신패스도 사실상의 강제접종으로 생명윤리와 자기결정

권, 신체의 자유 등 기본권침해의 소지가 있다. 서울행정법원은 2022년 1월 14일 서울지역 면적 3,000m^2 이상의 상점·마트·백화점 방역패스와 12세 이상 18세 이하 청소년 방역패스 효력을 일시 중단했다. 미국 연방대법원은 2022년 1월 13일 바이든 행정부가 연방공무원에게 적용한 백신 의무화 조치를 민간으로 확대한 것은 과도한 권한 행사라고 판단하여 무효로 만든 데 이어 21일 연방직원 단체와 노조 등이 제기한 코로나19 백신 의무화 집행정지 신청을 받아들였다. 2022년 2월에는 덴마크와 영국을 비롯하여 유럽의 많은 나라에서 백신패스가 폐지되었고, 대구지방법원이 60세 미만 방역패스 효력 일시 정지를 결정하자, 한국 정부도 3월부터 전국에 방역패스를 잠정 중단하겠다고 발표했다. 윤석열 제20대 대통령 당선인이 방역패스 전면폐지를 공약했지만, 글로벌 어젠다를 감안할 때 과연 전 정부의 백신정책에서 완전히 선회할 수 있을지는 미지수다. 인수위가 전 국민 IgG 항체양성률(선천면역, 분비형 IgA, 세포성 면역은 제외됨)에 따라 백신선택권을 판단하겠다는 계획은 비현실적이고 비과학적이라는 의학계 비판이 있다. 참고로 2022년 4월 7일 미국 항소법원은 바이든 행정부의 연방공무원 코로나 백신접종 의무화 명령을 복원시켰다.

〔에베소서 5:6〕 누구든지 헛된 말로 너희를 속이지 못하게 하라 이를 인하여 하나님의 진노가 불순종의 아들들에게 임하나니

사회적·정치적 체계 속에서 개인의 자유가 존중되어야 하는 것과 별개로, 이 책의 주제가 '기독교 통합상담'인 만큼 인간의 심리적·정신적·영적 측면에서도 자유를 살펴보고자 한다. 하나님은 자유의지를 가진 인간을 죄와 사망으로부터 구원하기 위해 선지자들과 십자가 예수님을 희생하면서까지 말씀을 통해 진리와 생명의 길을 가르치고 인도하신다. 이는 그만큼 자유의지를 가진 인간이 죄와 가까이 있는 사실을

반증하는 것이기도 하다. 즉, 하나님과 연결되지 않고는 인간의 의지만으로는 자유가 옳은 길을 선택하기 힘들다. 그래서 소극적 자유이든 적극적 자유이든 인간의 자유의지가 자신을 포함하여 공동체에 도움이 되는 선택을 하려면 영적 분별이 필요한데, 이때 성령의 도우심과 인도하심으로 능력과 지혜를 얻을 수 있다.

〔베드로전서 2:16〕 자유하나 그 자유로 악을 가리우는 데 쓰지 말고 오직 하나님의 종과 같이 하라

진정한 자유

기독교적 관점에서 말한다면, 자유의 본질은 '죄의 매임으로부터의 자유'라고 할 수 있지 않을까. 하나님과 분리된 '자기'는 원초적 죄의식과 불안에 노출되기 때문에 이를 해결하기 위해 하나님이 아닌 세상에 대한 인정욕과 애정욕, 그리고 탐욕과 쾌락에 매달리게 된다. 완벽주의, 외부(타인) 눈치 보기와 의존, 물질추구와 애욕 등 모든 정욕은 죄와 뿌리 깊게 연관되어 있다. 이런 세상 짐을 내려놓을 수 있다면, 죄의 종노릇에서 풀려나 진정한 자유에 다다를 수 있을 텐데, 그 길이 죄인인 우리의 힘만으로 가기에는 참으로 요원하기에 예수 그리스도의 도움이 필요한 것이다. 그런 면에서 볼 때, 죄성을 가진 인간이 자기중심적 자유 추구로 자기가 하고 싶은 대로 한다면, 이를 통해 진정한 자유를 얻는 것이 아니라 오히려 죄적 욕망에 속박당하기 쉬울 것이다.

사람들은 마치 영원히 살 것인 양 자신의 욕망에 매여서 살지만, 우리의 인생은 육체적 죽음이 잠시 유보된 시한부 인생이라고 볼 수 있다. 어쩌면 진정한 자유는 죽음으로부터의 자유가 아닐까? 소크라테스처럼, 바울처럼. 만일 실제로 시한부 진단을 받아 죽음을 눈앞에 두고 있더라도 죽음을 컨트롤할 수는 없지만, 하나님 안에서 주어진 삶을 아

름답게 마무리하며 죽음을 받아들일 수 있는 그런 믿음을 소망해본다.

〔마태복음 11:28~30〕 수고하고 무거운 짐진 자들아 다 내게로 오라 내가 너희를 쉬게 하리라 나는 마음이 온유하고 겸손하니 나의 멍에를 메고 내게 배우라 그러면 너희 마음이 쉼을 얻으리니 이는 내 멍에는 쉽고 내 짐은 가벼움이라 하시니라

▶ 죄의 매임으로부터의 자유

① 죄의식으로부터의 자유: 회개 — 죄 사함
- 지나친 '인정욕·애정욕'으로부터의 자유
- 자기정죄(판단)로부터의 자유
- 관계로부터의 자유

② 죄의 대가(불안/탐욕)로부터의 자유: 맡김 — 자족
- '물질욕'과 시기·질투로부터의 자유 → 나눔과 돌봄
- 세속적 쾌락으로부터의 자유 → 평안과 감사
- 타인 정죄, 미움과 분노로부터의 자유 → 용서와 사랑

〔요한복음 8:32~36〕 진리를 알찌니 진리가 너희를 자유케 하리라 저희가 대답하되 우리가 아브라함의 자손이라 남의 종이 된 적이 없거늘 어찌하여 우리가 자유케 되리라 하느냐 예수께서 대답하시되 진실로 진실로 너희에게 이르노니 죄를 범하는 자마다 죄의 종이라

나로부터의 자유

"자기부인+(세상, 타인) 관계의존 끊기+하나님과 대면"
- 자기중심성과 자아(ego) 넘어서기
- 관계의존 → 독립. 고독을 받아들이고 홀로서기(외부와의 관계방식 통찰과 자립)
- 하나님과 마주 보며 직면과 묵상

▷ 고독과 마주하기

- 하나님과의 분리로 인한 고독: 죄적 고독 상태
- 죄인들 사이의 고독: 죄적 세상 속에 내던져진 고독감
- 세상과 떨어져 하나님과 대면하는 고독: 기도, 수도(수련, 수행), 피정
- 그리스도인의 고독: 예수님을 따라서 세상과 구별되는 좁은 길

〔요한복음 12:36〕 너희에게 아직 빛이 있을 동안에 빛을 믿으라 그리하면 빛의 아들이 되리라 예수께서 이 말씀을 하시고 저희를 떠나가서 숨으시니라

자유와 맡김

- 도우심에 의뢰
- 인도하심에 따름.
- 주시는 결과에 감사함.

▷ 특징

- 나를 버리고 하나님께 맡김으로써 세상 짐과 탐욕·쾌락으로부터 자유와 평안
- 기대를 비우되 자포자기하지 않음.
- 노력하되 결과를 받아들임.
- 의뢰함, 인도에 따름, 동행함, 순종함.

〔누가복음 4:18〕 주의 성령이 내게 임하셨으니 이는 가난한 자에게 복음을 전하게 하시려고 내게 기름을 부으시고 나를 보내사 포로된 자에게 자유를, 눈먼 자에게 다시 보게 함을 전파하며 눌린 자를 자유케 하고

소유로부터의 자유

- 은사를 비교하지 말라: "큰 집에는 금과 은의 그릇이 있을 뿐 아니요 나무와 질그릇도 있어 귀히 쓰는 것도 있고 천히 쓰는 것도 있나니 그러므로 누구든지 이런 것에서 자기를 깨끗하게 하면 귀히 쓰는 그릇이 되어 거룩하고 주인의 쓰심에 합당하며 모든 선한 일에 예비함이 되리라"(디모데후서 2:20~21).
- 세상적 복을 시기·질투하지 말라: "마음의 화평은 육신의 생명이나 시기는 뼈의 썩음이니라"(잠언 14:30).

〔누가복음 12:15〕 저희에게 이르시되 삼가 모든 탐심을 물리치라 사람의 생명이 그 소유의 넉넉한 데 있지 아니하니라 하시고

용서와 자유

- 미움과 분노라는 독으로부터 자유
- 정죄로부터의 자유: 타인용서/자기용서

〔누가복음 6:37〕 비판치 말라 그리하면 너희가 비판을 받지 않을 것이요 정죄하지 말라 그리하면 너희가 정죄를 받지 않을 것이요 용서하라 그리하면 너희가 용서를 받을 것이요

8. 회복에 대하여

▶ 원죄로 인해 깨어진 관계들

[인간과 하나님의 관계 깨어짐] – [자신과의 관계 깨어짐] – [인간 간의 관계 깨어짐] – [콤플렉스(죄의식), 분리감, 수치심(벗음), 죄책감(숨음), 두려움] – [죄의식을 보상받으려는 욕구] – [인정욕(권력/명예)+애정욕(관계욕구)] – 좌절 시 심리문제(불안/우울)

〔창세기 3:10~13〕 가로되 내가 동산에서 하나님의 소리를 듣고 내가 벗었으므로 두려워하여 숨었나이다 가라사대 누가 너의 벗었음을 네게 고하였느냐 내가 너더러 먹지 말라 명한 그 나무 실과를 네가 먹었느냐 아담이 가로되 하나님이 주셔서 나와 함께 하게 하신 여자 그가 그 나무 실과를 내게 주므로 내가 먹었나이다

▶ 온전성의 회복

기독교적으로 진정한 회복은 인간이 예수 그리스도의 죄 사함을 통해 창조 시의 온전성을 회복함을 뜻하며, 동시에 관계의 회복을 의미한다.

- 태초의 온전성(하나님 형상을 닮음): 영적 · 정신적 · 육적 온전성 회복
- 관계회복: 죄로 인한 변이와 오염, 타락으로 인한 하나님과의 관계, 자신과의 관계, 자연과의 관계, 사람과의 관계 훼손으로부터 회복
- 우주적 회복: 구원의 소망 가운데 마지막 때에 영화(glorification)된 자연, 지체의 부활과 천국 누림, 하나님 나라에서 그리스도의 영원한 다스림이라는 완전한 회복

〔마가복음 12:33~34〕 또 마음을 다하고 지혜를 다하고 힘을 다하여 하나님을 사랑하는 것과 또 이웃을 제 몸과 같이 사랑하는 것이 전체로 드리는 모든 번제물과 기타 제물보다 나으니이다 예수께서 그 지혜 있게 대답함을 보시고 이르시되 네가 하나님의 나라에 멀지 않도다 하시니 그 후에 감히 묻는 자가 없더라

하나님과의 관계회복

원죄로 인해 [인간과 하나님과의 관계 깨어짐] – 하나님 낯을 피해 숨음(회피/도피)

인간은 죄로 인해 하나님과 멀어졌으므로 '하나님과 분리됨' 자체가 죄적 상태라고 볼 수 있다. 하나님 없이도 나 자신의 지혜로 살고자 했던 죄를 회개하고 예수를 구주로 고백하여 죄 사함을 받음으로써 하나님과 다시 연결되어야 나와 하나님의 관계가 회복된다. 하나님과 깨졌던 관계가 예수 그리스도와의 연합으로 다시 회복되는 것이다.

이런 점에서 자기가 주체가 되어 자유롭게(?) 욕구를 충족할 수 있어야 한다는 인본주의적 심리이론은 한계가 있으며, 불완전한 죄인인 인간이 하나님을 멀리한 채 자기 힘으로 모든 문제를 해결하고 회복하

여 일어설 수 있다는 생각은 환상이고 교만이다. 잠시 문제가 완화되었다 하더라도 재발하는 경우가 많은 이유는 사람(상담자)에 의해 심리적 치료를 받았지만, 향후 하나님이 함께하시지 않는다면 근본적으로 죄의 문제가 해결되지 않기 때문이다. 사탄은 우리의 육체적·정신적·영적 죄성을 약점 삼아 몸과 마음과 영혼의 영역에서 (-)에너지를 전달하여 역기능적 패턴으로 반복되는 문제를 일으키는 전략을 구사할 것이다.

〔고린도후서 5:18〕 모든 것이 하나님께로 났나니 저가 그리스도로 말미암아 우리를 자기와 화목하게 하시고 또 우리에게 화목하게 하는 직책을 주셨으니

자기 자신과의 관계회복

[자신과의 관계 깨어짐] – 벗은 몸 가리고 나뭇잎 치마

사탄의 유혹에 속아서 지은 죄로 인해 단절되었던 하나님과의 관계가 회복되어야 죄의식이 해결되고 자기와의 관계가 회복되어 자신을 온전히 받아들이게 된다.

▶ 있는 그대로의 자기수용

회개와 죄 사함으로 나를 온전하게 세움으로써 속사람이 강건해지면, 자신을 있는 그대로 온전히 사랑하는 단계가 가능하다.

- 자기용서: 회개 후에도 자기용서가 안 되는 건 사탄의 책략 — 예수님이 죄를 기억하지 않는데, 예수님이 용서하신 자신을 자기가 용서하지 못한다?

- 타인용서: 예수 그리스도께 용서받고 죄 사함 받은 자기를 스스로도 용서해야 남을 용서하는 게 좀 더 가능해진다.
- 자기사랑: 먼저 자기를 사랑해야 내 이웃을 내 몸과 같이 사랑할 수 있다 – 자기보다 이웃을 더 사랑하라고 하지 않으심("네 이웃을 네 자신과 같이 사랑하라", 로마서 13:9).
- 자기와의 완전한 회복: 영적 회복(영화)과 육적 회복(부활, 몸이 다시 사는 것)이 이뤄지는 마지막 때에 가능하다.

〔고린도후서 2:10~11〕 너희가 무슨 일이든지 뉘게 용서하면 나도 그리하고 내가 만일 용서한 일이 있으면 용서한 그것은 너희를 위하여 그리스도 앞에서 한 것이니 이는 우리로 사단에게 속지 않게 하려 함이라 우리가 그 궤계를 알지 못하는 바가 아니로라

사람 간의 관계회복

[인간 사이의 관계 깨어짐] – 책임 전가(아담과 하와의 상대 탓)

하나님과의 관계가 회복되면 나와의 관계도 회복되지만, 예수님과 한 몸인 지체로서 예수님에게서 공급받는 사랑과 (+)에너지로 다른 지체와의 관계도 회복될 수 있다. 성경에서는 우리가 여럿이 그리스도 안에 한 몸을 이루며 저마다 서로의 지체라고 말씀하신다. 따라서 사람 간의 진정한 관계회복은 지속적 회개와 성화를 통해 예수님을 따라가는 지체들이 서로 간에 같은 마음과 소망을 품고 사랑하고 나누고 용서하여 공동체를 회복하며, 이 땅에서 천국을 예비하는 과정에서 가능하다. 이는 예수 그리스도께서 각 지체 안에 사시고, 각 지체와 그리스도의 연합 속에서 지체와 지체도 한 몸으로 연결되는 회복 시스템 속에서 구

원의 역사가 이뤄지기 때문이다. 그 길은 성령의 인도를 따라 믿는 자들이 온전함을 향해 성화되어가면서 공동체가 하나 되는 소망을 향해 있다. 여기에는 인류 공동체의 생명을 살리는 하나님의 섭리가 함께한다.

〔갈라디아서 3:27~28〕 누구든지 그리스도와 합하여 세례를 받은 자는 그리스도로 옷 입었느니라 너희는 유대인이나 헬라인이나 종이나 자주자나 남자나 여자 없이 다 그리스도 예수 안에서 하나이니라

자연과의 관계회복

[인간의 죄로 인해 저주받은 땅(자연/환경)] – 함께 탄식하고 함께 아파하는 피조물(만물)

자연은 공포의 대상인가, 은혜의 선물인가?

하나님은 태초에 자연을 지으시고, 인간에게 주셔서 다스리게 하셨다. 우리는 자연으로부터 천재지변 같은 할퀌도 받지만, 자연과 어울리고 조화를 느낄 때 큰 위안을 누리기도 한다.

인간이 죄로 인해 타락하기 전에는 땅과 인간이 서로 화목했다. 하지만 아담의 죄로 인해 땅이 하나님의 저주를 받아 가시와 엉겅퀴를 내고(창세기 3:18), 인간은 수고하고 땀을 흘려야 겨우 소산을 먹을 수 있는 그런 고통 속에 던져지게 되었다. 물질적 한계(죽음에 대한 불안) 속에서 인간의 죄성을 약점 삼아 사탄이 유혹하는 탐욕과 끝없는 욕망추구로 자연과 생태계가 몸살을 앓으며, 각종 신종전염병이 창궐하고, 공동체적 삶의 불안은 악순환으로 더욱 심화되기에 이르렀다.

미국의 거짓말탐지기 전문가인 클리브 백스터(Cleve Backster)는

1966년 실험에서 식물에 물을 주거나 반대로 해를 끼치는 행동을 할 때 식물이 미리 알고 있다는 듯 상반된 반응을 보이고, 자기에게 물을 주는 사람이나 해를 준 사람이 가까이 오면 반응을 보인다는 것을 발견했다. 이는 동물뿐만 아니라 식물도 인간과 교감한다는 것을 보여주는 실험이라고 볼 수 있다. 식물에 뇌가 없는데도 우리가 다 밝혀내지 못한 교감시스템이 있다는 얘기다. 이로써 인간의 죄가 땅을 탄식하게 했다는 성경 말씀이 가능한 현실이었다는 것을 알 수 있다. 자연과 인간은 하나님의 창조시스템 속에서 교감하며 서로 영향을 주고받는 관계이며, 죄로 인해 훼손된 이러한 관계도 회복되어야 한다.

(+)에너지와 미국 국방부 실험내용을 통해 이미 소개한 바와 같이 인간 역시 아직 전부 밝혀지지는 않았지만, 물질적 차원의 눈에 보이는 신체 기관과 연결망을 넘어서는 무선적인 교류와 교감시스템이 있다고 볼 수 있다. 인간과 자연의 관계가 그러한데, 하물며 하나님과 인간의 교류는 어떠하겠는가? 또 비슷한 맥락에서 인간 상호 간의 교감과 영향관계, 인간의 마음이 자기 자신의 신체나 행동에 끼치는 영향은 이미 여러 실험을 통해 밝혀진 사실이다. 하지만 이러한 것들은 과학으로 이미 규명된 뇌와 신경계, DNA 등으로만 전부 설명될 수는 없을 것이다.

최근 코로나19 팬데믹을 겪으면서 미국을 비롯한 전 세계적으로 반려견, 반려묘 등을 키우는 인구가 크게 늘고 있다. 이는 반려동물을 사랑하며 생명으로서 공존하는 아름다운 마음으로 의미가 있다. 하지만 잊지 말아야 할 것은 하나님이 우리에게 주신 자연 관리자로서의 정체성과 역할이다. 어디까지나 사람은 동물을 키우고 보호하고 보살피며 교육하는 것이지, 자기의 심리적 필요에 따라 예뻐하며 키우다가 마음이 바뀌면 무책임하게 버려도 되는 것은 아니다. 반려동물을 키울 때, 정서적 교감이나 소통이 여러 가지 의미와 정서안정 등 긍정적 효과를 주지만, 자칫 인간과의 관계 대신 동물에게서 정서적 위로를 받는 것으로 대체된다면 이 또한 문제다. 그 결과 '하나님-나-타인'으로 이어지는 연결고리 중 하나가 끊어지면, '사랑'이신 하나님과의 관계도 풍성해지기 힘들기 때문이다. 비슷한 관점으로 십자가의 성 요한은 "이웃을 진정으로 사랑하지 않는 사람은 하느님까지 미워하는 셈이며 멸시하는 사람입니다"라고 말한 바 있다.

성경에 따르면, 인간의 죄는 땅이 저주를 받아 피조물이 탄식하게 만들고 고통을 주며, 십자가 보혈을 통한 죄 사함과 화평은 만물을 화목하게 한다. 이로써 인간 공동체가 회복(하나님과의 관계, 자신과의 관계, 인간 상호 간의 관계)되어야 자연과의 관계도 회복됨을 알 수 있다.

> 〔로마서 8:22〕 피조물이 다 이제까지 함께 탄식하며 함께 고통하는 것을 우리가 아나니

삼위* 하나님을 통한 우주적 회복

죄의 회개와 예수님을 통한 죄 사함은 우리의 육체적·정신적·영적 치유와 우주적 회복이 동시적으로 일어나는 성령의 권능 역사다. 따라서 예수님을 시인하고 회개를 통해 용서와 죄 사함을 받는 것은 회복의 시작이며, 은혜로 거저 받는 구원을 의미한다. 다만 이 세상에서는 하나님과의 관계회복, 자기와의 관계회복, 사람과의 관계회복, 자연과의 관계회복이 지속적인 성화의 과정으로 가능하다. 이는 쉽지 않은 과정이다. 또 각 영역이 연결된 회복은 일시가 아니라 단계적으로 이뤄질 수 있다.

이때 회복의 열쇠를 찾는 코드는 성경 말씀, 즉 복음의 비밀에 숨겨

---

* 삼위일체: 성부(聖父), 성자(聖子), 성령(聖靈)은 삼위(三位)로 존재하지만, 본질은 한 분 하나님이라는 교리다.

져 있으며, '하나님과의 관계회복'에는 회개가, '자기와의 관계회복'에는 죄 사함이, '사람과의 관계회복'에는 용서가, '자연과의 관계회복'에는 맡김과 자족이 코드를 푸는 데 중요한 역할을 할 것이다. 그러나 (-) 에너지에 오염된 사람·자연·우주 공동체가 완전히 새롭게 되는 것은 마지막 때에나 가능하리라. 그리스도를 통한 구원의 약속, 즉 땅의 회복과 지체들의 부활, 우주적 회복이라는 천국 소망 속에서….

〔한글킹제임스, 에베소서 1:10〕 이는 때가 찬 경륜 안에서 하늘에 있는 것들이나 땅에 있는 것들이나 자신 안에 있는 것들까지도, 만물을 그리스도 안에서 하나로 함께 모으려는 것이니라.

기독교 내적 반성

신체적·정신적 질병의 회복에 믿음이 큰 힘을 준다는 것은 '마음과 치료효과의 연관성'에 대해 증명한 많은 실험 결과(1부 10. 행복에 대하여 본문 참조)로도 유추할 수 있다. 이는 부분적으로 일반은혜적 치료효과로 볼 수도 있을 것이다. 하지만 더 나아가서 믿음 가운데 특별은혜로, 예수님이 남기고 간 보혜사 성령의 도우심으로 기적이나 극적 치유가 현재진행형으로 일어나고 있고, 초대교회 사도들과 동행했던 성령이 지금도 믿음의 지체들과 동행하시고 역사한다. 이에 연약하고 유한한 존재인 우리로서는 육체적 질병과 정신적 병의 치유에 성령의 도우심을 간구하며, 필자 또한 상담 과정에서 성령께 의뢰하여 기도 속에서 해결의 실마리를 얻는 경우가 많다.

그러나 기독교는 말씀(지식)과 회개(통찰), 평안 누림(정서), 사랑(실천)과 기도, 영성 등이 총체적인 조화를 이뤄야 한다. 균형을 잃은 채 성령 체험이나 신비의 능력 등 한쪽으로 치우치게 되면, 자칫 부분이 전체를 가려 무당들이 하는 것과 비슷한 수준으로 떨어질 우려가 있다. 회복과 치유에 대한 바람으로 병 치유나 은사, 기적 등 지나치게 신비주의로 흐르는 것을 경계해야 하는 이유다. 더구나 목회자들이 성령의 능력으로 일어난 기적을 마치 자신에게 신적 능력이 있는 것인 양 착각하고 교만하다 보면, 미혹하는 영에 끌려 이단으로 빠져 성도들마저 멸망으로 이끄는 일이 허다하다. 그들은 대개 독특한 성경해석으로 기성 교단을 공격하고, 메시아를 자처하면서 기성 교회에서 상처받은 성도들을 끌어들여 교권을 확장한다. 이는 성경에다 아무것도 보태지 말라는 성경 말씀에 심히 어긋난다. 거기에는 그리스도에 대적하는 악한 영이 도사리고 있다. (엄밀한 의미에서 공인된 한글 번역 성경도 이런 문제점이 전혀 없는 것은 아니다.)

〔데살로니가전서 2:4〕 저는 대적하는 자라 범사에 일컫는 하나님이나 숭배함을 받는 자 위에 뛰어나 자존하여 하나님 성전에 앉아 자기를 보여 하나님이라 하느니라

회복을 위한 핵심 팁

관계회복을 위한 매개

- 하나님과 나(회개/죄 사함) → 하나님 중심적 관계회복
- 나와 나(칭의/자기용서) → 자기수용
- 나와 타인(용서/화평)→ 인간 공동체 회복
- 나와 자연·환경(비움/맡김) → 자족과 평안
- 우주 공동체(성화/영화) → 에덴의 회복, 천국의 완성

회복과 치유시스템

- 뇌과학의 기억시스템(재경험 → 재기억) // 하나님의 창조시스템
- 인간 중심(존중, 수용 → 자존감) // 하나님의 사랑
- 게슈탈트(알아차림 → 자립) // 하나님의 성전
- 인지행동(합리적 신념+기독교 통합) // 성경적 세계관
- 정신 역동(통찰/분석+기독교 통합) // 죄의 통찰
- 영적 치유(말씀, 회개, 용서, 기도) // 성화, 성령의 역사

9. 용서에 대하여

화평과 용서

용서가 중요한 이유는 화평을 통한 공동체의 회복에 있다. 좁은 의미의 공동체는 인류 공동체를 뜻하지만, 넓은 의미에서의 공동체 회복은 하나님, 사람, 자연과 우주 만물 전체를 포함하는 회복 개념이다. 인간이 회개를 통해 죄 사함과 용서를 받음으로써 인간과 하나님의 관계가 회복되고, 하나님께 용서받은 자신을 스스로 용서함으로써 자기 자신과의 관계가 회복되고, 자신이 하나님께 용서받은 것처럼 다른 사람이 자기에게 한 잘못을 용서하여 타인과의 관계가 회복되고, 이렇게 나와 너와 우리라는 공동체가 회복되고, 궁극적으로는 자연과 우주를 포함하는 창조세계 전체가 회복되는 것이다. 용서를 매개로 하여…. 그런 점에서 화평과 평화는 하나님 안에서 오는 것이라고 볼 수 있겠다.

하나님과 사람의 관계회복 – 자기 자신과의 관계회복 – 사람과 사람 간의 관계회복 – 공동체 회복 – 우주적 회복

〔에베소서 2:13~16〕 이제는 전에 멀리 있던 너희가 그리스도 예수 안에서 그리스도의 피로 가까와졌느니라 그는 우리의 화평이신지라 둘로 하나를 만드사 중간에 막힌 담을 허시고 원수 된 것 곧 의문에 속한 계명의 율법을 자기 육체로 폐하셨으니 이는 이 둘로 자기의 안에서 한 새 사람을 지어 화평하게 하시고 또 십자가로 이 둘을 한 몸으로 하나님과 화목하게 하려 하심이라 원수 된 것을 십자가로 소멸하시고

용서하라

인간은 자신에게 심한 상처나 피해를 준 사람을 용서하기 힘들다. 하지만 성경에서는 자기 죄를 용서받으려면 다른 사람을 용서하라고 가르친다. 인간에게 용서의 능력이나 자격이 있어서라기보다는 가해자도 언젠가 예수님께 죄를 용서받을 가능성이 있는 사람이기에, 나처럼 부족한 죄인이기에 하나님이 나를 용서하신 것처럼 그를 용서하라는 말씀일 것이다. 한 몸인 예수님의 지체로서 다른 형제들을 용서하고 화목을 이룸으로써 하나의 공동체를 향해 가는 것은 잃어버린 에덴에 대한 기독교적 회복을 의미한다고 볼 수 있다. 이는 창조 시의 온전성 회복을 뜻하는 것이기도 하다.

인본주의나 실존주의 기반의 상담에서는 용서가 그다지 강조되지 않는다. 오히려 상담자에 따라서는 내담자가 그동안 담아두었던 화를 상대방(부모님 등)에게 쏟아내도록 유도하기도 한다. 일반상담에서 용서의 개념이 부족한 이유는 아마도 개인주의적인 철학적 토대 때문이 아닐까 싶다. 이는 화해와 공존적 평화를 지향하는 공동체적 가치 확장성에 장애 요소가 될 수 있으며, 기독교적으로 보완해야 할 한계점이라고 생각한다.

사회적 측면이 아닌 개인 간의 관계적 측면에서 보더라도 용서는

치료과정에서 중요한 역할을 할 수 있다. 개인의 심리문제에는 대개 관계문제가 개입되어 있기 마련인데, 용서의 과정 없이 과연 관계로부터의 진정한 자립이 가능할까? 마음속에 분노나 미움이 자리 잡고 있다면, 내담자가 관계로부터 심리적으로 자유로워지기는 어렵기 때문이다. 아마도 진정한 자립은 무엇엔가 얽매이지 않고 자유로운 상태와 연결되어 있지 않을까. 게다가 분노나 미움은 상대방에게 전달되게 마련이다. 자신의 마음이 편해져야 관계가 편해질 것이고, 또 다른 갈등상황으로 비슷한 문제가 반복되지 않을 수 있다. 관계의 상호영향성과 역동성이라는 특성 때문에….

그런데 용서를 내담자 개인의 심리에 초점을 두면서 개인주의적으로 접근할지라도 그 의미는 축소되지 않고 오히려 증가한다. 마음속에 응어리진 미움이나 분노, 적대감, 서운함 등은 (−)에너지에 싸여 있는데, 용서하면 그런 에너지가 어느새 사그라지고 마음을 누르고 있던 부정적인 것들에서 풀려나 가벼워진다. 상대방을 용서했는데, 내가 자유를 얻는다. 용서의 신묘한 힘이랄까. 이렇게 하여 마음의 치유가 일어나고, 몸도 건강한 에너지가 흐르게 된다. 그리하여 내담자는 과거를 털어내고 다음 단계로, 성숙을 향해 나아갈 수 있을 것이다.

〔디모데후서 2:24~26〕 마땅히 주의 종은 다투지 아니하고 모든 사람을 대하여 온유하며 가르치기를 잘하며 참으며 거역하는 자를 온유함으로 징계할찌니 혹 하나님이 저희에게 회개함을 주사 진리를 알게 하실까 하며 저희로 깨어 마귀의 올무에서 벗어나 하나님께 사로잡힌 바 되어 그 뜻을 좇게 하실까 함이라

▶ 용서가 힘든 이유

① 미움이라는 감정을 녹이기 어렵다.
∴ 죄(미움)의 회개를 통해 주기도문 실천: 욕구 통찰 → 회개 → '자기용서+타인용서'
∴ 죄 사함은 예수님의 몫이지만, 관계를 열어놓는 건 사람의 몫: 용서의 영역 다름.
② 억울함과 분노를 털어내기 어렵다.
• 가해자에게 벌이 주어져야 한다는 당위적 판단
• 피해로 깨진 자신에 대한 상처
∴ 인간의 죄성 인식: 나와 상대방의 죄성과 사탄 관여 통찰
∴ 심판은 하나님의 몫, 용서는 사람의 몫: 복수는 안 되나, 적절한 대응은 필요
∴ 가해자가 사과나 사죄(회개)하지 않으면?: 사람은 용서하고, 징벌은 하나님께 맡김.
③ 사랑이나 나눔보다 어려운 용서!
• (+)에너지를 주는 것보다 (−)에너지를 이기는 게 더 힘들다.

〔잠언 18:19〕 **노엽게 한 형제와 화목하기가 견고한 성을 취하기 보다 어려운즉 이러한 다툼은 산성 문빗장 같으니라**

자기용서

하나님께 용서받음 → 자신을 용서함 → 타인을 용서함
자신을 용서해야 남을 용서할 수 있다 = 자신을 사랑해야 남을 사랑할 수 있다

자기용서(자기자비)란 불충분하고 완벽하지 않은 자신을 수용하고 용서하는 것이다. 기독교적 관점으로 봤을 때, 수용전념치료를 비롯한 여타의 마음챙김과 자기자비 개념은 회개 없이도 의도적으로 그냥 자신을 용서한다는 데 문제가 있다. 왜냐하면, 하나님이 설계하신 우리의

마음은 회개 없는 용서를 스스로 받아들이기 힘들게 되어있기 때문이다. 회개를 통해 예수님의 은혜로 죄 사함을 받아야 스스로도 자신을 용서할 수 있게 되며, 죄 없이도 우리 죄를 대신하여 십자가 죽음을 받아들이신 예수가 소용이 있는 것이다. 그리고 하나님께 용서받은 자기를 떳떳하게 용서해야 그 은혜의 힘으로 다른 사람을 용서할 수 있다. 나아가 인간의 불완전성과 죄(자기 죄와 타인의 죄)로 인한 고난을 수용하고 인내하면서 맡김과 자족, 감사로 나아갈 수 있게 된다.

〔에베소서 4:32〕 서로 인자하게 하며 불쌍히 여기며 서로 용서하기를 하나님이 그리스도 안에서 너희를 용서하심과 같이 하라

▶ 자기용서(자기자비)와 자기존중

일반적 심리개념인 '자기존중감' 또는 '자아존중감'은 자신이 사랑받을 만한 가치가 있는 소중한 존재이고, 어떤 성과를 이루어낼 만한 유능한 사람이라고 믿는 마음이다. 한편 '자기자비'와 '자기존중'은 긍정적인 자기정서와 강한 자기수용감을 지닌다는 점에서 공통적이지만, '자기자비'는 스트레스 사건에서 자기 자신을 판단하기보다는 보호하는 것인 데 비해, '자기존중'은 자신이 타인들로부터 존중받는다는 점에서 상이하다(Leary & McDonald, 2003). 자기자비가 자기를 비하하거나 판단하지 않는 소극적 성격을 가진다면, 자기존중은 자기를 높이고 존중하는 적극적 성격을 가진다고 볼 수 있다.

또한, 자존감과 자존심은 자신에 대한 긍정이라는 공통점이 있지만, 자존감은 '있는 그대로의 모습에 대한 긍정'을 뜻하고 자존심은 '경쟁 속에서의 긍정'을 뜻하는 등의 차이가 있다. 그런데도 자기존중은 두 가지 한계를 가지고 있는데, '인정과 조건'이라는 두 가지 요소를 특징으로 한다는 점이다. 즉 '외부의 인정'을 통해 자존감(자기존중감)이 키워

지며, 그러한 인정이 '어떤 조건을 충족'시켰을 때 이뤄진다는 것이다. 이는 기독교적으로 봤을 때 외부(타인)의 개입이라는 의존상태를 기반으로 한다는 문제점과 함께 존재 자체가 존중되기보다는 조건을 충족했을 때 존중된다는 한계를 가지고 있다.

진정으로 속사람이 바로 서고 긍정적 자기상을 갖기 위해서는 사람과 세상에 대한 자유함 속에 존재 자체에 대한 조건 없는 사랑이 뒷받침되어야 하지 않을까. 우리가 실상은 비록 나약하고 부족한 모습이지만, 그 모습 그대로 조건 없이 받아들여지고 인정되어야 하기 때문이다. 마치 예수님이 우리를 대하시는 것처럼. 다만 이런 놀라운 일은 우리에게서 죄가 녹아내리는 회개가 일어날 때 함께 일어난다. 이때 예수님은 우리를 값없이 용서하시고, 있는 그대로 사랑하시고, 잘못을 기억하지 않으시며, 위로로 감싸 안으시기에 우리 심령에서도 저절로 자기용서가 일어나게 된다. 그리고 그럴 때라야 진정한 자기존중이 가능할 것이다.

〔디모데전서 1:15〕 미쁘다 모든 사람이 받을 만한 이 말이여 그리스도 예수께서 죄인을 구원하시려고 세상에 임하셨다 하였도다 나 죄인 중에 내가 괴수니라

▶ 자기연민과 자기용서

자기연민은 자기를 불쌍히 여기지만 수용하지 못하는 상태이며, 자신의 욕구나 기대에 매여 좌절과 갈증에 시달리고 자신의 문제에 몰입하여 피해의식과 원망, 부정적 자기암시와 규정 짓기를 특징으로 한다. 기독교적 관점으로 봤을 때, 자신의 처지를 비관하고 타인에 대한 피해의식에 빠져 하나님을 원망하는 영적 상태다.

자기용서가 제대로 되면, 속사람이 강건해지고 자기가 바로 설 수 있게 되므로 자기를 받아들이고 현실을 받아들이고 타인을 용서할 수

있게 되어 자기연민에서 벗어나게 된다.

불안과 용서

하나님께 맡김으로써 불안의 해소와 평안 누림 → 분노/상실감의 약화, 용서할 여력이 생김

▶ 하나님의 용서와 인간의 용서

① 죄 사함의 용서는 하나님만이 가능하다.

② 인간의 용서

- 인간의 용서는 자기에게 잘못했거나 피해를 준 타인을 용서하는 것으로, 주관적으로 보면 타인이 잘못한 것 같지만 객관적으로 (하나님이 보시기에) 경중의 차이가 있을지언정 상호 간에 잘못(욕심, 죄)이 관여된 경우가 많다.
- 하나님께서는 인간의 죄를 기억하지 않으시고 용서하신다. 내 담자의 죄를 용서하시듯 상대방도 회개를 통해 예수님께 용서받을 수 있는 존재이기에 이런 상호성을 들어 상대방을 용서해야 한다고 가르치신다.
- 인간의 용서는 죄를 사하는 게 아니라 미워하지 않고, 저주하지 않고, 복수하지 않고 공동체적 관계를 (끊지 않고) 유지한다는 것을 의미한다. 미움은 사탄과 연결되기에 미워하는 자신도 (−)에너지로 인해 힘들고, 상대방도 그 영향을 받으면서 서로의 관계를 악화시키며 파괴한다.
- 인간은 죄를 사할 권한이 없을뿐더러 정죄하거나 판단할 권한도 없다. 그것은 오직 하나님의 영역이다.

- 인간이 서로 간에 정죄하고 판단하는 것을 금하신 이유는 정죄나 판단이 죄의식을 자극하여 인간의 영혼을 죽이는 사탄의 전략으로 사용될 수 있기 때문이다.

〔로마서 12:14〕 너희를 핍박하는 자를 축복하라 축복하고 저주하지 말라

▶ 용서가 일어날 때의 뒷수습

- 내담자가 통찰을 통해 자신의 문제에 대해 자각하면서 회개와 용서가 일어나 부모나 타인의 잘못으로 귀인했던 이전의 태도를 바꾸는 과정에서 '정체성 혼란'이나 '부모에 대한 의존' 문제가 생길 수 있어 세심한 관심이 필요하다.
- 자녀에게 용서의 마음이 일어나기 전에 부모가 먼저 변화를 보이는 경우, 잘못을 용서할 이유와 대상이 없어져 붕 뜨게 되어 내담자의 심리적 변화과정이 흔들릴 수 있다. 이때는 예전 기억 속 부모를 용서하고(예: 빈 의자 기법), 현재의 부모와 새로운 관계를 이어가도록 유도할 필요가 있다.

용서의 기술

▶ 준비될 때까지 서두르지 말 것, 단계별 심도

미워하지 않기(자신에게 독) – 자기를 지키고 대응하되 저주, 복수하지 않기(관계의 독이 다시 자신에게) – 자신의 부족함(죄) 바라보기 – 상대의 부족함(죄) 바라보기 – 인정하기 – 수용하기 – 용서하기

〈화해〉

갈등과 싸움은 쌍방과실인 경우가 많다. 그래서 타인의 죄와 나의 죄가 공존함을 인식하는 것이 중요하다. 그리고 용서는 일방적일 수 있지만, 화해는 쌍방적 개념이다. 성경적으로, 나의 죄를 용서받는 은혜는 타인의 죄를 용서한다는 전제를 깔고 있다.

〈용서하고 조금씩 잊기〉

타인의 잘못에 대한 미움이나 분노, 억울함 등을 품고 있으면 내가 괴롭다. 우선 나를 위해 용서하고, 다음으로 서로의 관계를 위해 용서하고 — 대개 상처는 가까운 사이에서 더 많이 생긴다는 점에서 어차피 끊을 수 없는 관계들이므로 — 한 번에 용서가 안 되더라도 시간을 두고 용서의 문을 열어둔다.

- 용서하지 못하는 게 나의 욕구나 욕심 때문이 아닌지 돌아본다.
- 사과하면 용서하고 사과 안 해도 용서한다. 죄의 심판은 내 몫이 아니다.
- 과거는 용서하되, 현재의 관계에서 적절히 대응한다(의사표현, 거절).
- 용서했더라도 현실적으로 적당한 보상이나 대가는 요구할 수 있다.
- 자신의 그릇만큼, 준비된 만큼 단계적으로 용서한다.
  인정 → 이해(죄+불완전성) → 수용 → 용서 → 관계회복(화해)
- 상대의 회개와 구원을 위해 기도한다. 상대와 하나님의 관계회복을 위한 중보기도
- 기회를 줘도 변하지 않으면, 내버려둘 수도 있다(바울: "파선자가 훼방 못 하게", 디모데전서 1:19~20).

〔마태복음 5:44〕 나는 너희에게 이르노니 너희 원수를 사랑하며 너희를 핍박하는 자를 위하여 기도하라

▶ 용서의 예외

기술적 측면에서 용서의 단서로 한 가지 언급하자면, 기독교적 기준에서 볼 때 인간 상호 간에 저지르는 죄는 용서받을 수 있으나 사망에 이르는 죄는 예외라는 것이다. 즉 예수 그리스도께서 행하신 일과 능력을 알면서도 그것을 믿기 거부하고 거슬러 대적하거나, 성령을 훼방하고 구원 사역을 방해하며, 양들을 사망의 구렁텅이로 빠뜨리는 적그리스도의 활동은 용서받지 못함을 성경을 통해 알 수 있다(마가복음 3:28~29, 예: 성령 훼방, 사탄숭배, 사탄의 부역자, 적그리스도, 이단, 악령에 영혼을 판 자).

〔요한일서 5:16~17〕 누구든지 형제가 사망에 이르지 아니하는 죄 범하는 것을 보거든 구하라 그리하면 사망에 이르지 아니하는 범죄자들을 위하여 그에게 생명을 주시리라 사망에 이르는 죄가 있으니 이에 관하여 나는 구하라 하지 않노라

〈성경에서 보여주는 용서 관련 적절한 대응(교회 공동체 보호)〉

〔데살로니가후서 3:14~15〕 누가 이 편지에 한 우리 말을 순종치 아니하거든 그 사람을 지목하여 사귀지 말고 저로 하여금 부끄럽게 하라 그러나 원수와 같이 생각지 말고 형제같이 권하라

〔마태복음 18:15~17〕 네 형제가 죄를 범하거든 가서 너와 그 사람과만 상대하여 권고하라 만일 들으면 네가 네 형제를 얻은 것이요 만일 듣지 않거든 한 두 사람을 데리고 가서 두 세 증인의 입으로 말마다 증참케 하라 만일 그들의 말도 듣지 않거든 교회에 말하고 교회의 말도 듣지 않거든 이방인과 세리와 같이 여기라

▶ 용서는 타협이 아니다

용서는 진리나 공의의 가치를 포기하거나 타협을 의미하는 것이 아니다. 사적 분노와 공적 분노를 구별해야 하듯이, 공적 가치가 훼손되는데도 용서라는 이름으로 분노하지 않고 대응하지 않는 것은 선한 싸움으로 악을 이기라는 성경의 가르침(로마서 12:21)과 어긋난다. 잘못을 용서하는 것과 잘못에 무릎 꿇는 것은 다르기 때문이다.

사탄은 거짓과 속임수로 기독교의 가치를 물타기하고, 문화적으로 상대화시키는 전략을 구사한다. 예를 들어 모든 사람이 죄인이기에 죄를 짓지만 용서받듯이, 세상의 불의나 악에 대해서도 공존과 평화를 위해 입을 다물라고 말한다든지, 회개도 없이 자신의 잘못을 용서하고 긍정하여 행복하기만 하면 된다고 현혹하는 주장들은 기독교 가치를 카피 뜬 짝퉁일 뿐이다. 또 악에 저항하는 옳은 주장들을 흐리기 위해 기독교를 극단주의로 내몬다든지, 진짜뉴스를 음모론이나 가짜뉴스로 폄훼하면서 주류언론을 통해 조작된 정보를 제공함으로써 기득권의 이익에 맞게 대중을 컨트롤하는 식이다. 사람들은 상반된 정보의 홍수 속에서 판단력이 마비되어 권력기관이나 대형언론이 주는 대로 정보를 받아먹다 보니, 정작 진짜뉴스가 나와도 기존의 주입된 생각을 무너뜨리는 쇼킹한 내용에 대해서는 스스로 눈을 감고 믿지 않게 된다. 악에 길든 양들은 악을 분별하지 못하므로 악에 대항할 힘도 없거니와, 악을 용서할 기회조차 주어지지 않는 것이다.

〔이사야 5:20〕 악을 선하다 하며 선을 악하다 하며 흑암으로 광명을 삼으며 광명으로 흑암을 삼으며 쓴 것으로 단 것을 삼으며 단 것으로 쓴 것을 삼는 그들은 화 있을찐저

용서의 핵심 팁

- 너무 오래 미워하지 않는다.
- 나도 부족하고 불완전한 죄인이다.
- 상대방도 죄인이며 불완전한 인간임을 인정하기
- 그 사람도 언젠가 예수님께 죄 사함 받을 수 있는 영혼이다.
- 나의 죄도 예수님께 용서받고, 사함 받았다.
- 예수님 안에서 각각의 지체가 한 몸이다.
- 용서 전 단계: 미워하지 않고, 정죄·단죄하지 않고, 판단하지 않고, 비난하지 않기
- 아직 용서가 안 되면, (상대방을) 인정이라도 하라.
- 용서는 상대방을 위한 것이라기보다 오히려 나를 위한 거다.
- 관계 끊지 않기, 그러나 대응하기: 의사표현/거절하기/적절히 표현하기/(보상)요구하기/필요에 따라 법적 대응도 가능

10. 행복에 대하여

물질이 어느 정도나 있으면 행복해질 수 있을까? 우리는 대부분 부(富)가 늘어나면 더 행복해질 거라고 믿는다. 나라가 부유할수록 국민이 더 행복하게 느낄 것 같지만, 꼭 그렇지는 않다. 필리핀이나 브라질 국민은 그보다 훨씬 잘사는 포르투갈 사람보다 더 행복하다고 생각한다. 스웨덴, 덴마크, 노르웨이 사람들도 미국보다는 '못살지만' 더 행복하다고 느낀다. 미국과 유럽은 물론 일본도 제2차 세계대전 후 70여 년 동안 획기적으로 잘살게 되었지만, 행복지수는 변치 않고 있다.

이런 결과는 눈부신 발전 속에 따라오는 '비교'와 '상대적 박탈감'이 한몫하고 있을 것이다. 그렇다면 사회 공동체가 나아갈 방향과 지향점에 변화가 필요하지 않을까. 하지만 현실적으로 경쟁적 물질주의 문화와 눈에 보이는 가치추구를 줄이는 것은 인간의 죄성과 탐욕 때문에 거의 불가능에 가까운 일이다. 답을 알고 있어도 제어하지 못하는 게 인간의 욕망이기에…. 세상 모든 것이 본래 하나님의 것이요, 그걸 우리가 잠시 빌려 쓰다 가는 것인데도 말이다. 세계의 오지에서 전통적 방식으로 살아가는 사람들이 불편하고 문명의 이기를 못 누리는데도 대개 행복하다고 느끼는 이유는 삶 속에서 욕구가 향할 목표나 비교 대상도 한

정적이지만, 그래봤자 잉여적 탐욕을 채울 가능성도 없기에 자연과 조화를 이루며 자족하기 때문일 것이다.

> **소유적 행복**
> 원하는 무언가를 가지는 데서 오는 행복뿐만 아니라 소유적 사랑을 기반으로 한 행복, 나아가 욕망하는 어떤 것을 충족함으로써 얻는 행복이다. 눈에 보이는 것을 추구하고 조건적인 뜨거운 행복이다.
>
> **존재적 행복**
> 무엇을 얻어서가 아니라 있는 그대로의 평안에서 오는 행복이며, 존재적 사랑을 기반으로 한 행복, '지금, 여기'에 머물 때 느끼는 자기 존재와의 일치된 만남에서 오는 행복이다. 보이지 않는 것들을 중시하는 자족적인 쿨한 행복이다.

뜨거운 행복은 무언가를 가지거나 이루어서 오는 잠깐의 흥분된 행복을 말하며, 쿨한 행복은 조건과 관계없는, 또는 무언가를 추구하지 않아도 되는 상태의 고요한 행복을 말한다. 소유적 사랑은 상대방을 자신이 소유하고 구속·집착하고 통제·조종하고자 하는 사랑이며, 존재적 사랑은 상대방을 독립된 하나의 인격체로 인정하면서 있는 그대로의 존재 자체를 사랑하는 것이다.

그렇다면 우리가 무엇인가를 얻는다든지 성취해서 얻는 조건적 행복을 진정한 행복이라고 할 수 있을까. 잠깐의 만족을 줄지는 몰라도 대개 더 많은 것, 더 큰 것을 추구하기 마련이기 때문에 금방 또 갈증을 느끼게 된다면? 더구나 얻어진 것들은 언제든 잃을 수 있는 게 인생이다. 살다 보면 예기치 않은 고난이 찾아오기도 하며, 평생 이런 어려운 일이 한 번도 발생하지 않는 경우는 오히려 드물 것이다. 이때는 고난의 의미에 대한 이해를 통해 다가온 고난을 수용하는 것이 더 큰 불행으로 치닫게 되는 걸 막는 해법이 되리라. 어쩌면 행복은 무언가를 추구하지 않아도 족한 상태, 즉 자족과 감사의 마음에 깃드는 것이 아닐까. 더 나아가 추구하던 것을 잃었어도 훌훌 털어버리고 이를 받아들일 수 있는 수용적 상태가 아닐까?

〔야고보서 4:1~3〕 너희 중에 싸움이 어디로, 다툼이 어디로 좇아 나느뇨 너희 지체 중에서 싸우는 정욕으로 좇아 난 것이 아니냐 너희가 욕심을 내어도 얻지 못하고 살인하며 시기하여도 능히 취하지 못하나니 너희가 다투고 싸우는도다 너희가 얻지 못함은 구하지 아니함이요 구하여도 받지 못함은 정욕으로 쓰려고 잘못 구함이니라

기독교적 복의 의미

▶ 기독교적 복과 세상적 복

- 에덴: 하나님 나라와 세상이 일치. 기독교적 복 = 세상적 복
- 실낙원(낙원 추방): 하나님 나라와 세상의 분리. 기독교적 복 ≠ 세상적 복

창조 시 인간이 원죄로 인해 오염되기 전의 온전한 상태는 육과 영, 세상적 복과 기독교적 복이 일치했을 것이다. 또한, 사람이 하나님과 직접 소통하고, 인간 상호 간이나 자연과도 조화로운 상태였으리라. 그런데 에덴에서 추방된 이 땅은 죽음과 물질적 한계상황 속에서 살기 위해 땀 흘리며 수고하고 고통이 따르는 곳이다. 죄로 인해 하나님과 멀어진 상태에서 생존을 위한 인간의 욕망은 육적·물질적 관심에 지나치게 집중되었고, 바로 거기가 영적 복과 세상적 복이 갈라지는 지점이지 않았을까. 즉, 인간이 영적 복을 넘어서 세상적 복을 더 추구하기 시작했다는 의미다.

성경 곳곳에서 영과 육, 그리고 성령과 육체를 대비시키면서 우리

에게 가치의 우선순위에 대해 강조하는 이유도 이와 무관하지 않다. 이는 세속적이고 물질적인 가치가 인간의 죄성 틈새를 파고들어 지배하기 시작하면, 영적으로 둔감해져 하나님을 잊어버릴 우려가 크기 때문일 것이다. 우선순위는 세상의 의와 육적 가치가 아니라 궁극적인 하나님의 의와 영적 가치이며, '먹고 마시고 사랑하고'의 경우처럼 현실 속에서는 똑같은 행위라도 '하나님 안에서인지, 아닌지'에 따라 복의 의미가 달라진다. 성경적 관점에서는 일용할 양식만 있다면, 복의 개념은 현실적 측면보다 영적 측면에서의 의미가 더 크다고 볼 수 있다. '깨어 있다'라는 것은 하나님의 은총을 감지하는 영적인 감각이 살아있다는 것이며, 따라서 "그런 사람들은 복이 있다"라고 할 때의 복은 영적 복을 뜻하는 것이다.

〔요한3서 1:2〕 사랑하는 자여 네 영혼이 잘 됨같이 네가 범사에 잘 되고 강건하기를 내가 간구하노라

▶ 먹고 마시고 사랑하고

성경에 따르면 — 비기독교인들이 일반적으로 짐작하는 것과 달리 — 현실적 복이나 누림도 하나님이 주신 축복이요, 은혜임을 알 수 있다. 물론 하늘의 의와 영적 누림이라는 우선순위가 지켜진다는 전제하에서겠지만…. 그런 면에서 노아와 롯 시대의 방탕(먹고 마시고 장가들고 시집가더니)에 대한 징벌은 식욕, 성욕 등 육적인 욕구와 즐거움 자체에 대한 부정을 의미하지 않는다. 오히려 성경 곳곳에서는 하나님이 창조하시고 허락하신 물질적·육체적 즐거움을 감사함으로 누리고 기뻐하라고 말씀하신다. 이는 세속을 떠나 세속적 즐거움과 쾌락을 끊고 금욕 속에 정진하는 불교, 그리고 심지어 고행을 통한 수행까지 하는 여타의 인도 종교수련들과도 다른 점이다. 소돔과 고모라처럼 하나님을 멀리한 채 죄악과 세속적 쾌락에 빠지지 않는다면, 하나님 안에서 '먹고 마

시고 사랑하는' 누림은 하나님이 허락하신 복이다.

하지만 성경과 인류 역사를 돌아보면, 노아 홍수나 바벨탑 사건처럼 탐욕과 교만에 빠진 악한 세대를 하나님이 한 번씩 갈아엎고 새롭게 하신다는 걸 알 수 있다. 기존의 가치체계와 윤리가 구석까지 흔들리고, 돈과 권력에 취해 점점 혼탁해져가는 작금의 세계 상황 속에서 우리가 깨어 있어야 하는 이유다. 한 마리의 잃어버린 양도 아파하시며 찾으시는 하나님은 열 명의 깨어 있는 의인만 있어도 멸하지 않고 기다리는 분이시기 때문이다.

〔전도서 8:15〕 이에 내가 희락을 칭찬하노니 이는 사람이 먹고 마시고 즐거워하는 것보다 해 아래서 나은 것이 없음이라 하나님이 사람으로 해 아래서 살게 하신 날 동안 수고하는 중에 이것이 항상 함께 있을 것이니라

고난의 땅

이 세상은 천국이 아니다. 자기 맘대로 돌아가지 않는다. 실낙원에서 죄의 대가(죽음과 육체적·물질적 한계)에 처한 연약한 인간이 '사탄=공중권세'의 간교한 유혹과 자신의 죄성에 고꾸라지기 쉬운 세상이다. 질병·사고 등 육체적 고난, 물질적·경제적 고난, 심리적·관계적 고난, 영적 고난이 지뢰처럼 삶 속에 묻혀있다. 그런데 잃어버린 낙원에 대한 (에덴적) 환상은 성경적 무지와 '세상=죄의 땅'에 대한 이해 부족으로 적절하게 좌절을 받아들이는 것을 방해한다. 그리고 자신과 타인, 세상을 제대로 알지 못하면서 의탁하게 된다. 그렇기 때문에 에덴적 환상은 자신과 타인, 현실에 대한 비현실적 기대로 인해 대인관계나 현실의 어려움에 부딪힐 때마다 지속적인 실망과 상처로 심리적 어려움과 고통을 주기 쉽다. 자기 자신의 한계에 대한 이해, 인간의 죄성에 대한 이해, 고난의 땅에 대한 이해가 부족하기 때문이다. 이처럼 성경적 이해의 부

족과 환상은 고난의 수용을 쉽지 않게 만든다. 따라서 성경적 세계관 하에서 고난의 원인과 의미를 이해하고 에덴적 환상을 깨는 작업이 심리치료와 회복에 중요하다.

〔로마서 3:10~13〕 기록된 바 의인은 없나니 하나도 없으며 깨닫는 자도 없고 하나님을 찾는 자도 없고 다 치우쳐 함께 무익하게 되고 선을 행하는 자는 없나니 하나도 없도다

고난의 원인

▶ 전체적 원인: 원죄(아담)

최근에 어머니를 여읜 지인이 "하나님은 왜 어머니를 그렇게 힘들게 고생하게 하시고 데려가셨을까?", "사람은 왜 태어날 때보다 돌아갈 때가 더 고통스러운 건가?"라며 아픈 마음을 호소했다. "생로병사는 원죄로 인해 죄의 대가를 치러야 하는 우리네 삶의 통과의례가 아닐까?"라며 위로했던 기억이 난다. 전체적인 면으로 볼 때, 하나님의 명령을 어기고 사탄과 손잡은 원죄로 인해 하나님과 인간, 인간과 인간 사이, 자연과의 관계 등이 훼손되고, 유전자 변이와 함께 창조 시의 온전성이 깨지게 된 게 우리가 겪는 고난의 가장 근본적인 원인이라고 할 수 있겠다. 아담의 원죄가 세포기억과 경험유전으로 온 인류에게 전달되고, 그 후손인 인간은 무의식적인 원초적 죄의식에 눌리며 죄성에 시달리게 되었다고나 할까.

2010년 「타임」지의 커버스토리 "왜 당신의 DNA는 당신의 운명이 아닌가"에는 환경이나 행동이 세포 안의 유전정보에 영향을 끼치고 더 나아가 자손의 유전정보에도 영향을 끼칠 수 있다는 내용이 소개되었다. 실제로 동물과 사람을 이용한 많은 연구는 기억 및 학습에 관한 능력이나 정신질환이 당대뿐만 아니라 자식에게까지 대물림될 가능성을

제시하고 있는데, 여기서 중요한 것은 DNA 등 유전자의 변화 없이 경험을 통해 획득한 능력이나 형질이 자식에게 전달된다는 것이다. 이러한 경험유전(후성유전)은 라마르크의 용불용설에 근거를 제공했는데, 진화의 원리(같은 종 내에서의 진화)도 결국 하나님의 창조체계 내에 있는 것으로 볼 때 진화론도 창조론 속에 흡수되어야 하지 않을까 싶다.

〔로마서 5:12〕 **이러므로 한 사람으로 말미암아 죄가 세상에 들어오고 죄로 말미암아 사망이 왔나니 이와 같이 모든 사람이 죄를 지었으므로 사망이 모든 사람에게 이르렀느니라**

지난한 구원의 과정 = 좁은 길

- 사탄의 유혹에 넘어가 저지른 원죄 이후 사탄은 지속적이고 교묘한 방법으로 인간의 주인의식을 자극하며 하나님과 인간과의 관계회복을 방해함.
- 하나님께서 죄의 대가로 '낙원 추방 = 죽음(육체적 한계)' + '땅의 저주(물질적 한계)'라는 벌을 내리시고 연단하심.
- 사탄이 '죄의식'의 보상욕구인 인정욕·애정욕과 '죄의 대가'인 죽음에 대한 불안을 교묘하게 파고들어 세상적 욕망과 사망의 길로 미혹함.
- 세상과 다른 길 — 세상적 복이 아닌 하늘의 의를 따르는 — 을 걷고자 하는 그리스도인들이 세상 속에서 고난과 핍박을 당함.

〔마가복음 13:13〕 **또 너희가 내 이름을 인하여 모든 사람에게 미움을 받을 것이나 나중까지 견디는 자는 구원을 얻으리라**

우리에게 오는 고난은 죄의 대가이든 연단의 과정이든 인간구원을 향한 하나님의 커다란 계획과 다스림 속에 있다는 점에서 고난의 원인 중 하나로 하나님을 넣을 수도 있겠지만, 여기서는 역사를 주관하시는 분이 하나님이라는 기본 전제하에 따로 언급하지 않았다. 사탄은 시험을 통해 인간을 사망으로 떨어뜨리는 유혹을 하지만, 하나님은 연단을 통해 우리를 장성시켜서 영적 싸움에서 승리하고 생명을 얻도록 이끄신다.

에덴에서 추방된 이 땅은 고난의 땅이다. 성경 말씀에 따라 자신의 죄를 회개하고 이러한 고난의 의미를 이해하는 게 어두움에서 빛으로 가는 첫걸음일 것이다. 아담의 죄 때문에 죽음과 고난이 시작되었지만, 예수 그리스도의 십자가 보혈을 통해 죄를 씻고 생명을 얻는 은혜가 마련되었다는 것이 핵심이다(고린도전서 15:22). 그리고 아담과 후손에게 내려진 죄의 대가(고난)와 관련하여 성경 말씀은 하나님 안에서 고난과 수고가 반드시 부정적인 의미만을 가지지 않는다는 것을 보여준다.

〔전도서 2:24〕 사람이 먹고 마시며 수고하는 가운데서 심령으로 낙을 누리게 하는 것보다 나은 것이 없나니 내가 이것도 본즉 하나님의 손에서 나는 것이로다

▶ 개별적 원인

① 자신의 죄(자범죄)

자범죄가 고난을 불러오는 원인이 될 수는 있지만, 모든 고난이 자범죄 때문은 아니다. 혹시 회개거리가 있더라도 하나님과 당사자 간의 관계에서 해결 받아야 하며, 타인이 개입하여 판단하거나 정죄하면 안 된다. 왜냐하면, 여기서 유발되는 죄의식과 부정적 감정은 예수님을 통해 죄 사함과 용서를 받아 하나님과의 관계를 회복할 기회를 방해하기 때문이다.

〔디모데전서 5:22〕 아무에게나 경솔히 안수하지 말고 다른 사람의 죄에 간섭지 말고 네 자신을 지켜 정결케 하라

② 종족의 죄(집단무의식)

원가족과 어린 시절 경험기억이 평생 개인의 무의식을 지배한다면, 아담을 시초로 하여 인류 조상의 경험기억(경험유전)은 장구한 역사와 집단무의식을 지배한다고 본다. 특히 정신문제의 원인 중 유전적 · 생리적 요인은 부분적으로 조상으로부터 세대로 내려오는 종족의 죄에서 비롯된 결과라고 볼 수 있다. 이와 연관되는 것으로, 하나님은 부모의 죄악을 자식 3~4대까지 이르게 한다고 말씀하셨다. 그러나 성경을 살펴보면, 혈연과 지연을 매개로 한 종족 특유의 죄와 벌은 최후의 심판이라기보다는 연단하시고 기다리시며 양육하시는 데 그 의미가 있다는 걸 알 수 있다.

〈진리와 은혜〉

• 구약의 율법주의

〔민수기 14:18〕 여호와는 노하기를 더디하고 인자가 많아 죄악과 과실을 사하나 형벌 받을 자는 결단코 사하지 아니하고 아비의 죄악을 자식에게 갚아 삼사대까지 이르게 하리라 하셨나이다

〔출애굽기 34:7〕 인자를 천 대까지 베풀며 악과 과실과 죄를 용서하나 형벌받을 자는 결단코 면죄하지 않고 아비의 악을 자여손 삼 사대까지 보응하리라

• 신약의 은총

〔요한복음 12:47〕 사람이 내 말을 듣고 지키지 아니할찌라도 내가 저를 심판하지 아니하노라 내가 온 것은 세상을 심판하려 함이 아니요 세상을 구원하려 함이로라

〔로마서 3:31〕 그런즉 우리가 믿음으로 말미암아 율법을 폐하느뇨 그럴 수 없느니라 도리어 율법을 굳게 세우느니라

③ 타인의 죄

타인의 죄와 잘못으로 인해 억울하게 피해와 고통을 받을 수 있다.

〔베드로후서 2:14〕 음심이 가득한 눈을 가지고 범죄하기를 쉬지 아니하고 굳세지 못한 영혼들을 유혹하며 탐욕에 연단된 마음을 가진 자들이니 저주의 자식이라

④ 사탄(공중의 권세=악의 영)

모든 죄에는 사탄이 관여하고 있다는 점에서 고난과 시험의 가장 큰 원인은 사탄이라고 봐야 할 것이다. 즉 유혹과 시험, 종교박해, 종교탄압, 의인 핍박, 권력의 착취와 불의, 내전, 전쟁, 살상무기 개발(생화학무기-바이러스전, 전자무기), 살인, 자살, 그리고 각종 정신문제에는 사탄이 관여하고 있다. 사탄은 악한 영의 유혹에 넘어가는 사람들을 영적·육적으로 지배하여 파괴하고 사망으로 이끈다.

예를 들어 권력을 가진 강한 자들에게는 지배욕과 통제욕, 그리고 탐욕으로 관여하여 치열한 파워게임 가운데 부역하게 하고, 인정욕의 좌절을 겪는 약한 자들에게는 피해의식, 분노, 우울, 불안에 관여하여 자학과 자살 등으로 이끈다. 한편 사탄과 손을 잡지 않는 의인과 하나님의 사람들을 대상으로 해서는 유혹으로 실족하게 하여 약점을 잡고 이용하거나, 힘과 권력을 동원하여 핍박하고 탄압하여 스스로 무너지게 만든다. 심지어 예수님과 순교자들처럼 법과 제도를 통한 공적인 방법으로 희생시키거나 은밀하게 의문사(자살?)시키기도 한다. 사탄이 우리를 파괴하는 전략과 전술은 대상에 따라 치밀하고도 교활하다는 것을 알 수 있다.

〔데살로니가후서 2:9~10〕 악한 자의 임함은 사단의 역사를 따라 모든 능력과 표적과 거짓 기적과 불의의 모든 속임으로 멸망하는 자들에게 임하리니 이는 저희가 진리의 사랑을 받지 아니하여 구원함을 얻지 못함이니라

⑤ 공동체의 죄

인류 공동체는 지나친 물질추구 및 이기주의적 욕망과 부합하여 경제성장 일변도의 문화·제도를 형성함으로써 방향성을 잃은 성과주의, 경쟁과 분열, 소외와 스트레스, 기술·과학 만능, 자연훼손과 기후변화, 대기오염, 신종전염병 등의 고통에 처해있다. 그런데 경각심을 가져야 할 것은 자연적인 환경오염도 있지만, 기후 조작〔HAARP, 인공강우, 태양복사관리, 지구 대기의 전략적 에어로졸(황산염) 주입〕, 토양 산성화와 GMO 농산물, 지구공학(Geoengineering) 프로그램 등이 인위적 기후변화와 전자 교란, 환경오염(공기, 토양, 물)을 더욱 가속화할 우려가 있다는 사실이다. 이어서 작금의 가장 큰 공동체적 고난이라고 볼 수 있는 신종전염병에 대해 살펴보고자 한다.

예일대 공중보건학·의학 교수인 하비 리쉬(Harvey Risch) 박사는 미국 국립알레르기·전염병연구소(NIAID) 소장 앤서니 파우치(Anthony Fauci)와 CDC가 코로나19에 효과적인 하이드록시클로로퀸과 이버멕틴의 치료제 사용을 금지해서 환자의 초기 대응 시기를 놓치게 했다고 비판한 바 있다. 이러한 조치는 치료의 측면을 넘어서는 더 큰 의미를 지닌다. 치료법이 없다고 하면 사람들은 엄청나게 겁을 먹기 때문에 백신이나 치료제의 긴급승인을 쉽게 받아들이게 되는 것이다. 게다가 2021년 6월 1일자 워싱턴포스트(WP)가 파우치의 이메일을 공개함으로써 중국 우한연구소의 코로나바이러스 유출 의혹 반박 논문을 지원하고, 우한연구소에 자금지원까지 한 정황이 드러났다. 2020년 4월 미국으로 망명한 홍콩의대 공중보건대학원의 옌리멍 박사는 "우한 코로나바이러스는 중국공산당 정부의 생물학무기 실험으로 만들어진 것"이며 "공산당 소속 과학자들뿐만 아니라 다른 나라의 과학자들과 단체들도 연관되어 있다"고 밝힌 바 있다. 그는 중국뿐 아니라 파우치를 비롯한 미국 보건당국도 이를 알고도 은폐했다고 폭로했다(2021.06.05, 매일경제). 더욱이 파우치와 CDC가 이전에는 "자연면역이 백신접종 면역보다 우수하다"는 사실을 인정했음에도 불구하고 강력한 백신 위주의 코로나 정책을 편 것은 이해하기 힘들다.

2018년 전염병 유행이 임박했다며 준비를 촉구했던 빌 게이츠는 COVID-19를 예언이라도 하듯 2019년 10월 18일 뉴욕에서 글로벌 팬데믹 모의훈련(Event 201)을 주최했다. 이러한 사실은 그가 코로나 팬데믹 이후 또 다른 팬데믹이 올 거라고 전망하면서 "새로운 팬데믹은 코로나19와 다른 병원체에서 발견될 가능성이 높다"(2022.02.18, 미국 CNBC)라고 또다시 경고한 것을 그냥 지나칠 수 없게 만든다. 의료인도 과학전문가도 아닌 그는 2021년 11월 3일에도 "각국 정부는 미래에 다가올 팬데믹과 천연두 테러를 준비해야 한다"라고 주장한 바 있다.

2022년 2월 24일 우크라이나를 공격한 러시아가 "우크라이나에 미 국방부 배후의 생화학실험실이 있다"라고 주장한 것에 대해 국무부 차관보 눌랜드(Victoria Nuland)는 3월 8일 청문회에서 이를 일부 인정했다. 2010년 미 국방부 발표와 주우크라이나 미 대사관 홈페이지 내용(나중에 삭제됨)은 오데사 등의 연구소에서 탄저균, 돼지열병, 출혈열병, 호흡기 바이러스 등 치명적인 생물학 무기를 연구했다는 증거가 되고 있다(2022.03.11, 폭스뉴스). 그런데도 2022년 3월 10일 백악관은 브리핑을 통해 이를 가짜뉴스라고 부인했고, 한국 주류언론도 이같이 보도했다. 바이든 대통령은 2022년 3월 24일 브뤼셀에서, 러시아의 우크라이나 침공 결과로 전 세계가 식량 부족을 겪게 될 것이라고 말했다. 또한 2022년 3월 세계정부정상회의(World Government Summit)에서 세계경제포럼의 클라우스 슈밥(Klaus Schwab) 의장도 '글로벌 에너지 시스템, 식품 시스템 및 공급망'이 곧 심각한 영향을 받을 것이라고 말했다. 이미 식량 위기와 에너지 부족, 인플레이션이 우리 앞에 공포로 다가왔다.

참고로 페루의 공식 법률 뉴스 서비스 lpderecho의 보도에 따르면, 2020년 12월 21일 페루 법원의 판사 3인은 성명서에서 코로나19 전염병이 억만장자 빌 게이츠와 조지 소로스 그리고 록펠러에 의해 야기되었다고 주장했다. 그리고 전 세계 거의 모든 국가의 사법사건 형사 절차가 세계를 지배하는 범죄 엘리트에 의해 만들어진 COVID-19로 인해 마비되었으며, 이는 극도의 비밀 속 2030 프로젝트에 따라 글로벌 환경기업에 계속 지시를 내리는 주범을 제외하게 된다고 선언했는데, 법원장은 이 성명에 대한 검토를 할 것이라고 발표했다(2021.01.11, lpderecho).

영국의 백신 권위자 앵거스 달글리시(Angus Dalgleish) 박사(외 1명)는 유전체 조작 흔적과 독특한 지문 등을 근거로 코로나19 바이러스가 자연계에서 일어날 수 없는, 인위적으로 만들어진 바이러스라고 밝혔다(2021.05.29, Daily Mail). 만약 이게 사실이라면, 이는 권력과 과학자의 합작 속에서 이뤄진 인류에게 위협적이고 위험한 생화학연구로, 그 교만과 지나친 지식욕이 선악과 원죄와 닮아있다. 창조질서 앞에 겸허하지 못했던 대가로 전 세계는 전염병과 경제봉쇄 속에서 시름하며 고통받고 있는지도 모른다.

〔요한복음 10:10〕 도적이 오는 것은 도적질하고 죽이고 멸망시키려는 것뿐이요 내가 온 것은 양으로 생명을 얻게 하고 더 풍성히 얻게 하려는 것이라

⑥ 인간의 불완전성과 세상의 불확실성: 실수, 사고, 무지, 오류(비합리성)

〔잠언 1:32〕 어리석은 자의 퇴보는 자기를 죽이며 미련한 자의 안일은 자기를 멸망시키려니와

⑦ 자연재해: 지진, 홍수, 태풍, 화산폭발

〔누가복음 21:11〕 처처에 큰 지진과 기근과 온역이 있겠고 또 무서운 일과 하늘로서 큰 징조들이 있으리라

위에서 살펴본 바와 같이 고난의 원인과 관련하여 '아담(원죄) - 유전자(DNA) - 개인적 생애 경험 - 경험유전(부모/조상) - 종족(혈연) 집단무의식 - 역사지리·환경적 집단무의식'으로, 시공을 따라 흐르는 큰 줄기를 확인할 수 있다. 이는 삶의 지식과 경험의 축적이라는 긍정적 의미도 가지지만, 정신문제와 연관해서는 죄성과 취약성이라는 부정적 의미도 함께 지닌다. 그리고 거기서 비롯되어 패턴화·반복되는 정서·사고·행동의 경향성에 매여 정도의 차이는 있을지언정 누구나 부자유 상태에 처해있다. 이는 끈질기게 따라다니며 자신의 힘만으로는 도저히 벗어날 수 없는 굴레들이기도 하다. 내가 부인되고 없어진 자리에 우리 안에 계신 예수님이 전적으로 역사하실 때만 그 족쇄가 풀릴 수 있으리라.

고난의 의미

죄의 대가로 인해 "삶 자체가 고난이라는 **인식**" + "고난 **수용**" + "낙심치 않고 **소망**"

여기서 언급하는 '고난'의 의미는 기독교적 관점에서 일반적으로 모든 사람에게 해당할 수 있다. 덧붙여서 개인상담을 진행할 때는 내담자별로 죄성의 통찰 및 회개와 함께 개별적인 '고난의 의미 찾기'가 병행되어야 할 것이다.

우리의 삶은 실낙원이라는 죄의 땅에서 죄의 대가(물질적 한계=수고, 죽음, 산고)를 치러야 하는 숙명을 안고 있다. 그러나 말씀과 성령의 인도와 도우심으로 세속적 욕망이나 걱정·불안으로 유혹하는 사탄을 이기고 고난 속에서 단련·성화해가는 과정은 천국을 예비하는 과정이며, 연단은 사람의 성품과 가치관, 행동, 나아가 모든 삶을 변화시키는 실제적인 훈련이다. 성경적으로 현세에서의 고난은 큰 틀에서 볼 때 하나님의 심판이라기보다는 연단을 통한 구원의 과정이라고 봐야 한다. 예수님은 사람의 연약함을 아시기에 심판이 아니라 구원하러 오셨으며, 심판은 세상 마지막 날에 있을 거라고 말씀하셨기 때문이다. 원죄에 대한 벌이나 종족의 죄에 대한 벌, 그리고 자범죄로 인한 고난도 같은 맥락에서 이해할 수 있다.

위에서 밝힌 것처럼 고난의 원인이 되는 자범죄, 종족에 의한 죄, 타인의 죄 등 대개의 죄는 원죄처럼 사탄의 유혹 및 인간의 죄성과 관련이 있다. 그리고 이는 편의상 나눈 것이지만, '자범죄+타인의 죄'처럼 겹쳐있는 경우가 많다. 사탄이나 타인으로 인한 고난의 경우, 하나님은 이를 이겨내거나 피할 수 있게 긍휼로 돕고 함께하신다. 그리고 자기 자신으로 인한 고난이 닥친 경우에도 회개하는 자녀에게 용서와 영적 성숙으로 이끄신다.

하나님이 말씀으로 천지와 사람을 창조하셨을 때 그 콘셉트와 시스템 속에 하나님의 창조원리와 운행 법칙이 담겨있고, 이는 선지자의 예언과 예수님의 가르침 등을 통해 성경에 기록되어 있다. 성경 속의 말씀은 하나님의 법칙과 원리가 일관되게 선포된 것이며, 우리가 다 알 수는 없지만 고난은 이러한 일반법칙 아래 찾아오는 것이리라. 하지만 우리는 하나님의 자녀로서 누리는 특별법칙 아래서 고난과 어려움을 인내하고 이겨내 승리하도록 하나님의 도우심과 생명 살림의 은혜를 입을 수 있다. 이 땅은 인간이 사탄의 유혹에 넘어간 원죄로 인해 에덴에서 쫓겨난 고난의 땅이라서 죽음과 물질적 유한성 속에 수고와 고통이 따르지만, (믿는 자녀는) 하나님이 지키시고 인도하시니 천국의 소망을 품고 담대히 걸어가라고 말씀하고 계신다.

〔히브리서 12:10~11〕 저희는 잠시 자기의 뜻대로 우리를 징계하였거니와 오직 하나님은 우리의 유익을 위하여 그의 거룩하심에 참예케 하시느니라 무릇 징계가 당시에는 즐거워 보이지 않고 슬퍼 보이나 후에 그로 말미암아 연달한 자에게는 의의 평강한 열매를 맺나니

▶ 고난의 수용

고난의 의미 이해 – 회개 – 의뢰 – 고난의 수용

우리가 설사 기독교적으로 고난의 의미를 이해했다고 해도 갑자기 찾아온 불행이나 고난을 받아들이기란 그리 쉽지 않다. 이는 믿음이 좋은 신자조차 마찬가지일 것이다. 그런데 힘들고 어려운 상황이 오지 않도록 조심하고 노력했어도 이미 우리에게 고난이 찾아왔다면? 그리고 그것이 피할 수 없는 고난이라면 어떻게 할 것인가?

불치병을 앓거나 시한부 선고를 받은 환자 중 이를 부정하거나 분노하며 절망하는 사람보다 인정하고 수용하는 사람이 심리적으로뿐만 아니라 신체적으로도 더 양호한 진행을 보인다는 보고가 있다. 비슷한 현상으로 자신에게 주어진 고통과 고난을 받아들이지 않고 "나에게 왜 이런 어려움이 닥쳐야 하나?", "하나님은 나에게 왜 이런 아픔을 주시는 걸까?"라며 불평·불만에 빠지게 되면, 심리적 고통이 더 심해지게 된다. 이는 원망으로 하나님과 멀어진 틈을 타서 사탄이 이러한 약점을 파고들어 낙심과 우울을 일으키는 (–)에너지가 전달되기 때문이다. 고난의 수용에 회개가 필요한 지점이다.

성경에서 확인할 수 있는 고난을 수용하는 좋은 예로 2차 빌립보 전도여행을 하던 바울의 옥중 행동을 들 수 있다. 바울은 드로아에서 마게도냐인의 환상을 보고 성령의 인도하심을 깨달아 빌립보에 왔지만,

그에게 닥친 건 예상 밖의 고난이었다. 바울과 실라가 매를 맞고 발에 차꼬까지 채워진 채 감옥에 갇히게 된 것이다. 바울 일행이 자색 옷감 장수 루디아를 전도한 후에 점치는 귀신 들린 여종을 고쳐주자, 금전적 소득원을 잃은 그 여종의 주인이 고발했기 때문이다. 억울해서 하나님께 따질 만도 할 텐데, 바울과 실라는 오히려 옥중에서 기도와 찬송을 했다. 피할 수 없는 고난을 수용한 것이다. 물론 이를 받아들일 수 있었던 것은 하나님을 굳게 신뢰하고, 의탁할 수 있었기 때문일 것이다. 그 결과 기적적으로 지진이 나서 옥문이 열리고 간수와 그의 집이 구원을 얻게 되니, 마케도니아(Macedonia) 최초의 빌립보 교회가 이렇게 시작된 것이다.

바울의 예를 통해 알 수 있는 것은 우리가 삶의 고난을 받아들이는 데 하나님에 대한 믿음이 강력한 힘을 발휘한다는 것이다. 그리고 하나님의 뜻 안에서 자신에게 허락하신 고난의 의미를 찾는 작업이 도움이 되리라고 본다.

〔사도행전 16:24~26〕 그가 이러한 영을 받아 저희를 깊은 옥에 가두고 그 발을 착고에 든든히 채웠더니 밤중쯤 되어 바울과 실라가 기도하고 하나님을 찬미하매 죄수들이 들더라 이에 홀연히 큰 지진이 나서 옥터가 움직이고 문이 곧 다 열리며 모든 사람의 매인 것이 다 벗어진지라

고난의 땅에서 승리

고난의 의미 이해 – 회개 – 십자가 보혈의 은혜로 깨끗하고 의로워짐(죄 사함) – 속사람 바로 세우기 – 인도 속에 평안 – 노력+맡김+자족(고난의 수용, 인내와 소망) – 담대히 나아감 – 성화(용서, 나눔, 사랑, 전도)

〈하나님의 도우심〉

① 외부의 공격이나 불행을 막아주심.

② 외부의 공격이나 불행을 막을 수 있는 지혜를 주심.

③ 외부의 공격이나 불행에 잘 대응하고, 자기로 인해 악화하지 않게 함.

④ 불행을 자신이 자극하거나 유발하지 않게 함.

⑤ 고난을 받아들이고 이겨내게 함.

〔고린도전서 10:13〕 사람이 감당할 시험밖에는 너희에게 당한 것이 없나니 오직 하나님은 미쁘사 너희가 감당치 못할 시험당함을 허락지 아니하시고 시험당할 즈음에 또한 피할 길을 내사 너희로 능히 감당하게 하시느니라

〈하나님의 긍휼과 위로〉

〔고린도후서 1:4~6〕 우리의 모든 환난 중에서 우리를 위로하사 우리로 하여금 하나님께 받는 위로로써 모든 환난 중에 있는 자들을 능히 위로하게 하시는 이시로다 그리스도의 고난이 우리에게 넘친 것같이 우리의 위로도 그리스도로 말미암아 넘치는도다

〔이사야 49:15〕 여인이 어찌 그 젖 먹는 자식을 잊겠으며 자기 태에서 난 아들을 긍휼히 여기지 않겠느냐 그들은 혹시 잊을지라도 나는 너를 잊지 아니할 것이라

〈낙심하지 않고 인내, 소망〉

〔시편 42:5〕 내 영혼아 네가 어찌하여 낙심하며 어찌하여 내 속에서 불안해 하는가 너는 하나님께 소망을 두라 그가 나타나 도우심으로 말미암아 내가 여전히 찬송하리로다

〔야고보서 1:2~4〕 내 형제들아 너희가 여러 가지 시험을 만나거든 온전히 기쁘게 여기라 이는 너희 믿음의 시련이 인내를 만들어 내는 줄 너희가 앎이라 인내를 온전히 이루라 이는 너희로 온전하고 구비하여 조금도 부족함이 없게 하려 함이라

행복은 마음에 달려있다

'우물 안 개구리'라는 말은 "사회의 형편을 모르는 견문이 좁은 사람"을 의미한다. 이는 우물로 인해 좁은 세계를 볼 수밖에 없는 인간의 인식적 한계를 전제로 깔고 있다. 프랜시스 베이컨이 명석한 사고를 가로막는 그릇된 정신 경향, 즉 편견을 네 가지 우상(종족, 동굴, 시장, 극장)으로 설명하는 것도 비슷한 맥락이다. 인식의 한계는 선택적 주의나 선택적 정보 인식오류, 선입견이 인간의 인지에 끼치는 영향이나 착시현상, 그리고 보고 싶은 것만 보고 듣고 싶은 것만 듣는 확증편향 등으로도 설명된다.

그런데 인간의 생각과 믿음은 (심지어 상상만으로도) 인지기능뿐만 아니라 몸의 반응과 정서, 행동에까지 영향을 미치는 신비한 세계다. 사고와 신념의 변화가 감정과 행동의 변화를 가져온다는 '인지치료'의 패러다임도 그렇고, 플라시보 효과*나 신체화 증상** 등도 그 대표적인 예일 것이다. 또 스트레스가 심신 건강에 부정적이라는 비디오를 시청한 사람과 긍정적이라는 비디오를 시청한 사람 간에 능률의 차이(생식호르몬 DHEA, 성장지수)를 보이는 실험이나, 호텔에서 일하는 것이 신체 운동에 충분한 효과가 있다는 설명을 들은 여성 노동자가 설명을 안 들은 노동자보다 4주 후 체중, 혈압, 체지방, 체질량지수 등이 감소했다는 실험(Alia J. Crum & Ellen J. Langer, 2007) 등이 시사하는 바도 마찬가지다. 외적인 조건이 같아도 내적인 마음 자세에 따라 건강 및 정서, 작업능률까지 영향을 받는다는 연구는 인간의 사고방식이 각자의 행복감에도 커다란 영향을 줄 수 있음을 말해준다.

---

* 플라시보 효과(placebo effect): 가짜 약을 진짜 약처럼 속여 환자에게 투여했을 때, 환자가 긍정적인 마음으로 복용함으로써 실제로 병세가 호전되는 현상

** 신체화 증상: 마음의 병이 몸으로 나타나는 경우로, 누적된 심리적 스트레스나 문제가 심각한 육체적 고통으로 나타나지만, 진단적 검사로는 질환이 발견되지 않는다.

하지만 앨리아 크럼의 연구를 근거로 해서 "의미 있는 삶은 스트레스가 많은 삶"이라는 등 본말이 전도된 주장에 대해서는 고개를 갸우뚱할 수밖에 없다. 다만 피할 수 없는 스트레스나 고난은 받아들이고 수용하는 것이 우리의 정신건강이나 행복감에 도움이 될 것이다. 이렇게 사람의 마음가짐에 따른 신비한 힘은 '하나님의 형상과 닮게 창조된 사람'에게 주어진 창조원리 속 일반은혜라고 볼 수 있다. 하지만 이는 궁극적으로 하나님을 향한 믿음의 통로로 연결되었을 때 온전한 생명력을 갖게 되며, 그렇게 공급받은 (+)에너지는 다른 사람들과 자연 및 우주 공동체에 전달되어 치유와 회복이 일어나게 된다. 고난이 가득한 이 땅에서도 소망 속에 천국을 누리는 것이 진정한 행복이라고 볼 때, 천국도 우리의 마음속에 있는지 모른다("또 여기 있다 저기 있다고도 못하리니 하나님의 나라는 너희 안에 있느니라", 누가복음 17:21).

마음속 천국

이 땅에서의 기쁨은 하나님이 주신 은사 안에서 근면하여 스스로 의식주를 영위하되 도움이 필요한 형제에게 나누며, 감사 속에 "먹고 마시고 사랑하는" 즐거움에 있을 것이다. 단, 이런 즐거움과 기쁨은 하나님이 주신 축복이지만 우선순위, 즉 하나님 안에서의 누림이어야 한다. 이를 넘어서서 즐거움과 쾌락에 빠지게 되면, 사탄이 틈타기 마련이고 거기서부터 중독의 위험이 도사린다. 오감을 통해 들어오는 쾌락을 적절히 절제하지 않으면 도파민을 과소비(과잉 분비)하여 평상시에는 중독 현상처럼 갈증 상태가 오고 무기력에 빠진다. 이는 '종교중독'의 경우에도 마찬가지다. 종교를 통해 정서적 위로나 만족감 등 개인적 즐거움이나 황홀감에 치우칠 경우, 하나님 뜻과 인도하심에 따라가기보다 내 기분이나 욕구에 매달릴 수 있기 때문이다.

〔갈라디아서 5:16〕 내가 이르노니 너희는 성령을 좇아 행하라 그리하면 육체의 욕심을 이루지 아니하리라

우리는 어쩌면 기뻐할 만한 특별한 일이 없더라도, 그냥 숨 쉬며 살아있는 것만으로도, 그냥 존재하는 것만으로도 하나님 안에서 기쁨을 누려야 하는지 모른다. 아니, 기쁨을 누리도록 창조되었다고 해야 맞을 것이다. 쾌락을 절제하고 평안을 유지해서 몸속에 도파민이 충만하면 — 이는 감수의 수준이 임계점에 도달하면 부정적으로 흘러가는 마약과 달리, 꾸준한 유지가 가능하다 — 숨만 쉬고 있어도 기분이 좋아지고, 균형 잡힌 신경전달물질과 호르몬이 마음과 몸을 유익하게 만든다. 이는 하나님의 창조원리에 과학이 들어있기 때문이다. (+)에너지로 공급되는 기쁨은 (−)에너지의 자극적 쾌락과는 질적으로 다르며, 결과적으로도 다르다(생명 살림 ↔ 파괴/죽임). 하나님과 연결된 생각과 행동은 창조하신 네트워크를 통해 그 순간 (+)에너지를 공급받으며, 이는 뇌파와 호르몬을 변화시켜 우리의 몸을 건강하게 하고 우리의 마음을 기쁨에 넘치게 한다. 이 기쁨은 외부 자극과 관계없이 조용하고 고요하게 느끼는 희열과 행복감이다. 그리고 (+)에너지는 운동력이 있어 타인에게도 전달되어 궁극적으로는 공동체를 살릴 힘이 될 수 있다.

〔사도행전 2:28〕 주께서 생명의 길로 내게 보이셨으니 주의 앞에서 나로 기쁨이 충만하게 하시리로다 하였으니

만일 우리가 원죄로 오염되어 깨지지 않았다면, 삶은 항상 기쁜 상태이리라. 낙원을 잃은 이 땅에서 고난이나 역경이 닥쳐 이를 견디고 이겨내야 할 때도 마찬가지다. 지나치지 않은 적절한 불안은 위험 대응에 유효하고, 적당한 스트레스는 적절한 긴장감으로 일 처리나 건강에 오히려 도움이 된다고 한다. 스트레스를 무조건 피하려 하면 더 스트레스

를 받게 될 테니, 적당한 스트레스와 수고는 즐거이 받아들이는 게 낫다는 얘기다. 만일 기대와 욕심을 좀 더 비우고, 결과에 너무 집착하지 않고, 자기가 다 하려고 하기보다 하나님의 인도하심과 역사하심에 맡길 수 있다면 그런 수고에 대한 부담이 줄어들 것이다. 현실의 삶은 힘들고 어렵지만, 영적으로 하나님과 연결되어 있다면 뜻 안에서 지키시고 위안과 능력의 은혜를 주시기 때문이다. 감사하게도 예수 그리스도의 십자가 희생으로 죄와 사망의 나락에 떨어질 우리에게 죄 사함을 통한 관계회복과 생명의 길이 마련되어 있지 않은가. 우리에게는 창조 시 하나님의 형상을 닮게 창조되어 선과 (+)에너지의 충전기가 뿌려져 있으니, 악과 (−)에너지의 흔적을 지워나갈 수 있다.

복음의 비밀에는 '나 중심'의 교만과 욕심을 '하나님 중심'의 의뢰와 자족으로 바꿀 때, 우리에게 허락하신 평안과 기쁨을 누릴 수 있다는 법칙(코드)이 숨겨져 있다. 믿음과 소망은 미래에 대한 불안으로 인해 현재라는 삶의 순간순간에 지나친 탐욕이나 쾌락에 빠지는 걸 매력적이지 않게 만든다. 성경은 말하고 있다. 구원의 문으로 들어가는 주 예수라는 '회복의 열쇠'를 가지고, 우리가 마지막 구원의 소망 속에 이 땅에서도 마음속 천국을 누릴 수 있다고….

〔요한복음 10:9〕 내가 문이니 누구든지 나로 말미암아 들어가면 구원을 얻고 또는 들어가며 나오며 꼴을 얻으리라

쾌락과 행복

쾌락과 행복은 근본적으로 다르다. 다르다 못해 반대편에 놓여 있는 것 같다. 감각적 · 물질적 쾌락은 성행위나 탐식, 마약 등에서 얻을 수 있는 육적 쾌락으로, 죄성을 가진 인간은 만족할 줄 모르고 끝없는 탐욕으로 치닫기 십상이다. 그러다가 결국 중독에 빠져 쾌락의 노예가 된

다면, 이는 행복이 아닌 불행으로 가는 길이라고 할 것이다. 진정한 행복은 조건과는 상관없이 “지금-여기에서 숨 쉬며 살아있는 자기를 하나님 안에서 기쁨으로 느낄 수 있는가?”에 달린 게 아닐까?

그러기 위해서는 심리적 걸림돌과 고통으로 기쁨과 행복을 누리지 못하는 마음을 치유하고 죄인들의 상호작용(타인들과 나, 나와 나 자신)에서 비롯된 각자의 부정적인 것들을 바꾸는 과정이 필요하다. 나아가 궁극적 핵심 키는 죄 된 자기를 부인하고, 예수 그리스도를 구주로 힘 삼아 성령께 맡기고 자족하는 데 있을 것이다.

진정한 행복의 과정

하나님과 연결 – 예수님을 통한 칭의 – 세상(인정욕, 애정욕)으로부터의 자유 – 성령과 동행 – 맡김과 자족 – 용서와 화평 – 성화 – 천국(행복) 누림

〔시편 37:4~5〕 주안에서 즐거워 하여라 그분께서 네 마음이 청하는 바를 주시리라. 네길을 주님께 맡기고 그분을 신뢰 하여라. 그분께서 몸소 해 주시리라.

11. 사랑에 대하여

사랑의 유형

사랑의 유형은 몇 가지로 정리할 수 있는데, 에로스(eros)가 정애(情愛)에 뿌리를 둔 정열적인 사랑이라면, 아가페(agapē)는 인간에 대한 신(神)의 사랑, 또는 사람과 사람 간의 독립적 존재를 바탕에 둔 조건 없는 사랑이다. 필리아(philia)는 친구나 동료에 대한 정신적 우애를 뜻하며, 상대방이 잘되기를 바라는 순수한 인격적 친밀성을 전제로 한 사랑이다.

여기서는 남녀 간의 사랑 중에서 낭만적 사랑과 합류적 사랑을 중심으로 살펴보고자 한다.

남녀의 사랑	특징	제도
낭만적 사랑	정서적 사랑	연속적 일부일처(一夫一妻)?
열정적 사랑	성적 매력	뜨거운 사랑
합류적 사랑	이성적 사랑	다부다처(多夫多妻)?
우정적 사랑	부부애	동반자

낭만적 사랑은 기독교적 이상과 열정적 사랑의 혼합체로 하나뿐인 운명적 사랑, 영원한 사랑을 추구하면서도 매혹과 투사적 동일시를 특징으로 한다. 이는 감정에 기초하여 관계 의존적이며 배타적인 결속과 일체감을 지향하고 비현실적·환상적인 성격을 가진다. 이에 반해 합류적(合流的) 사랑은 서로 다른 정체성을 인정·공유하고 협상해가는 사랑으로, 이성과 현실에 토대를 두고 있다. 개방성과 다수성(多數性), 상호 개성의 존중과 독립을 특징으로 하는 대화의 관계이며 의지적·우발적 성격을 지닌다.

또 낭만적 사랑이 소유적 사랑이요 비합리적 사랑이라면, 합류적 사랑은 존재적 사랑이요 합리적 사랑이다. 따라서 합류적 사랑이 남녀간의 친밀감, 타협, 성적 쾌락의 상호적 성취를 핵심으로 한다면, 낭만적 사랑은 성차(性差)의 관점에서 볼 때 비대칭·불균형적이고, 순결 이데올로기와 가부장적 속성이 깔려 있다. 한편 혼인 형태 측면에서 낭만적 사랑은 일부일처제를 기반으로 하지만, 새로운 이상형을 만나서 옛 짝과 이혼한 후 재혼으로 이어지는 경우는 '연속적 일부일처제'라고 볼 수 있으며, 합류적 사랑은 일부일처제의 틀을 깨지 않으면서도 또 다른 파트너를 허용할 수 있다는 점에서 실질적인 '다부다처' 형태를 가진다.

언뜻 생각하면 합류적 사랑이 낭만적 사랑보다 더 멋지고 앞서가는 듯 보인다. 실제로 미국에서는 다부다처제를 인정하는 주가 생기기 시작했다. 이혼을 인정하지 않으신 예수님의 눈으로 본다면, 낭만적 사랑은 아마도 감정에 치우친 미흡한 사랑일 것이다. 하지만 마음속의 간음도 용납하지 않으셨던 예수님의 눈에 비친 합류적 사랑은 부부 공동체를 넘어서는 '탐욕과 자기중심성'을 개방적 타협이라는 이름으로 포장한 더욱 이기적인 사랑일 것이다. 합류적 사랑론자들이 낭만적 사랑의 소유적 속성과 배타성을 비판하면서 부부간에도 각자의 성적 자유마저 인정하는 식의 존재적 사랑을 주장한다면, 존재적 사랑이 가야 할 방향성을 잃어버린 채 무한한 죄적 자유만을 추구하게 될 것이다. 남녀 간에 배타성을 가지되, 존재적 사랑으로 성숙해가는 사랑은 불가능한 꿈일까?

〔마태복음 5:27~28〕 또 간음치 말라 하였다는 것을 너희가 들었으나 나는 너희에게 이르노니 여자를 보고 음욕을 품는 자마다 마음에 이미 간음하였느니라

남녀 간 사랑은 영원한가?

남녀 간 사랑은 과연 영원할 수 있을까? 검은 머리 파뿌리 되도록 사랑하겠다는 혼인서약은 지켜질 수 있는가? 아무리 남녀가 영원한 맹세와 서약을 했어도 안타깝게도 생리적 측면에서 남녀 간의 성호르몬(테스토스테론, 옥시토신 등) 분비나 성적 끌림은 시간이 지남에 따라 감소한다. 그래서 사랑에 빠지는 상태는 2년을 넘기가 힘들다고 하는가 보다. 그렇다면 남녀 간에 영원한 사랑은 아니더라도 지속적인 사랑을 유지하는 비결은 어떤 것일까?

모든 부부가 죄성을 가진 남녀라는 전제를 고려한다면, 만남 초기의 육체적 · 정서적 끌림을 넘어서서 결혼 후 시간이 갈수록 정신적 성장과 영적 성화의 동반자로서 함께 갈 때, 부부간 사랑을 유지할 수 있다고 생각한다. 처음에는 낭만적 · 열정적 사랑에서 시작하더라도 점차 우정적 · 아가페적 사랑으로 성숙해가야 세월에 식어가는 감정적 사랑을 상쇄하면서 더 깊은 존재적 사랑이 가능하지 않을까. 성숙한 사랑은 받는 사랑에서 주는 사랑으로, 에로스적 사랑에서 정신적 · 영적 사랑으로 나아가는 곳에서 익어갈 것이기 때문이다.

속궁합/겉궁합

- '몸=속'궁합: 유전적·보완적·기적 교류(성적 합일)의 조화 — 사주팔자(간지, 음양오행)
  물리적 관련 요소: 횟수, 지속시간, 발기력 / 성기 길이, 굵기 / 질·자궁의 모양, 특성
- '성격=겉'궁합: 정신적·관계적 측면의 조화 — 생년(띠, 12지)
  정신적·심리적 관련 요소: 원가족 관계 경험, 애착, 인정욕·애정욕 관련, 가치관과 이상

궁합은 전통적으로 남녀의 사주(생년/월/일/시)를 음양오행에 맞춰보아 서로의 길흉을 헤아리는 것을 말하는데, 남녀 간 사랑을 다루다 보니 재미로 살짝 언급해보았다. 사주역학이 통계에 근거한다는 주장도 있지만, 21세기인 지금도 교제하던 남녀가 궁합이 안 좋다는 이유로 헤어지는 일이 일어나고 있는 것은 궁합에 대한 너무 기계적인 해석과 맹신적 반응이 아닌가 싶다. 물론 실제로 남녀관계에서 속궁합이나 겉궁합의 조화라는 본질적인 면은 중요하기에 사주와는 다른 좀 더 실용적 관점(부부상담, 성치료 등)에서 이에 대한 접근이 필요하다고 본다. 남녀 간의 정서적 관계가 성적 만족도에 영향을 끼친다는 점을 고려해볼 때, 겉궁합과 속궁합은 상호 영향관계가 클 것이기 때문이다. 과거 혼인의 통과의례 같은 사주단자는 자유연애가 불가능한 시대에 이런 측면을 예측해보고 싶은 심리가 반영된 관습이 아니었을까.

〔전도서 9:9〕 네 헛된 평생의 모든 날 곧 하나님이 해 아래서 네게 주신 모든 헛된 날에 사랑하는 아내와 함께 즐겁게 살찌어다 이는 네가 일평생에 해 아래서 수고하고 얻은 분복이니라

영적 사랑

남녀 간의 사랑은 육체적으로는 성욕의 해결과 종족보존을, 정서적으로는 애정 확인과 심리적 안정을 가능케 하고, 영적으로는 사람 간에 벽을 허물고 연합하는 첫 번째이자 가장 기본적인 관계라는 의미를 지니고 있다. 남녀(부부)의 하나 됨은 성경적으로 볼 때, 가장 기초적이고 중요한 인간 존재 간의 합일 모형이다. 성경에서 신랑과 신부의 관계를 '예수님과 교회'의 관계, 그리고 '하나님과 사람의 혼인' 관계에 비유한 것은 이런 점을 잘 보여주는 대목이다.

그런데 하나님을 배제한 채 깊어지는 부부 상호 간의 지나친 밀착에는 함정이 숨어있을 수 있다. 왜냐하면, 인간의 죄성 때문에 부부간에도 인간적인 사랑, 인간적인 집착과 소유욕, 인간적인 헌신 등에는 왜곡된 사랑이 파고들 위험이 내재하기 때문이다. 하나님은 다른 신이나 우상(재물/쾌락/권세/명예 등 감각적 대상을 섬김)뿐 아니라 가족(부모-자식, 부부) 관계에 대해서도 질투하신다. 이는 표현을 질투라고 했을 뿐 우선순위가 뒤바뀌게 되면, 그 약점을 노리는 사탄에게 우리의 귀중한 생명과 영혼이 노략질당할 수 있기에 그런 원리 때문에 경계하심을 뜻한다. 남녀 간의 가장 바람직한 모습은 서로를 향하는 게 아니라 같은 방향을 바라보며 손잡고 걸어가는 것이다. 궁극적으로 예수 닮은 사랑만이 부부를 비롯하여 부모와 자식, 친구 간에 서로를 살리고, 나아가 인류 공동체를 살릴 수 있을 것이다.

▶ 예수님과 교회의 관계 = 신랑과 신부의 관계

〔에베소서 5:31~32〕 그러므로 사람이 부모를 떠나 그의 아내와 합하여 그 둘이 한 육체가 될지니 이 비밀이 크도다 나는 그리스도와 교회에 대하여 말하노라

〔가톨릭성경, 이사 62:5〕 정녕 총각이 처녀와 혼인하듯 너를 지으신 분께서 너와 혼인 하고 신랑이 신부로 말미암아 기뻐하듯 너의 하느님께서는 너로 말미암아 기뻐하시리라

지나친 부부애

사랑으로 지나치게 밀착된 부부는 서로 너무 사랑하고 너무 친해서 모든 관심이 서로에게만 집중할 경우, 서로가 섬기는 우상이 될 수 있다. 즉 하나님과의 관계를 토대로 부부가 연결되어야 하는데, 하나님이 낄 자리가 없이 서로에게 심리적으로 의탁·의존하기 때문에 성령의 도우심과 인도하심이 역사하기 힘들다. 한쪽이 잘못 갈 때는 다른 한쪽이 주 안에서 성령의 이끄심을 받아야 하는데, 둘 다 인간적 한계에 치우쳐서 영안(靈眼)이 어두워질 수 있기 때문이다. 부모와 자식 간에 지나친 밀착이 문제이듯 부부간에도 어느 정도의 거리가 필요하다.

다른 신이나 우상 숭배를 질투하시는 하나님이라면, 사람이 서로 우상이 되어 하나님보다 우선순위가 되었을 때도 그러할 것이다. 부부 관계를 비롯하여 사람 간의 관계는 각자 하나님과의 온전한 관계라는 기초하에 지체 간 연결이어야 하며, 항상 깨어서 부모/형제/부부/자녀/자신의 죄와 부족함을 겸손하게 경계해야 한다.

〔고린도전서 7:16~17〕 아내 된 자여 네가 남편을 구원할는지 어찌 알 수 있으며 남편 된 자여 네가 네 아내를 구원할는지 어찌 알 수 있으리요 오직 주께서 각 사람에게 나눠 주신 대로 하나님이 각 사람을 부르신 그대로 행하라 내가 모든 교회에서 이와 같이 명하노라

▶ 다양한 모습으로 나타나는 애정욕과 사랑

미성숙한 사랑
- 자기 욕구를 사랑이라는 이름으로
- 부모 사랑을 남녀관계에서 추구한다?
  - 부모 같은 사랑(과잉보호형)
  - 부모에게 못 받은 사랑(권위주의형)
- 자기 눈(기준)에 투영된 사랑

성숙한 사랑
- 있는 그대로 사랑
- 상대의 눈높이에서 사랑(소통과 수용적 관계)
- 상대의 진정한 필요와 행복을 돕는 사랑
- 자기중심적 사랑에서 예수 닮은 사랑으로
  - 받고자 하는 사랑 → 주는 사랑(주고받는 사랑)으로
  - 조건부 사랑 → 조건을 넘어서서 존재에 대한 사랑으로
  - 용서와 헌신으로 예수님 닮은 사랑, 그러나 상호적
  - 신랑과 신부＝예수님과 교회의 관계

〈건강한 부부관계 패턴〉

부부관계에서도 때때로 문제가 생기게 마련이고 서로 멀어질 수도 있지만, 여기서 부부의 갈등 자체가 문제가 아니라 갈등에 대처하는 방법과 과정이 문제가 될 수 있다. 부부 사이는 여느 인간관계와 마찬가지로 서로 간에 차이가 불가피하기에 차이점을 수용하고, 협상하고, 인내가 필요하다. 무엇보다 상대방을 배려하며, 어떤 상황에서도 긍정적인 관계를 유지하고 서로 지지하는 것이 중요하다.

- 자신과 상대를 자각하고 알아차림.
- 정서적인 조절 능력
- 상대방을 위해 자신의 만족을 지연하거나 참을 수 있는 능력

- 대화기술: 정서적인 표현능력, 적극적인 경청, 개방적이고 상황에 적절하며 직접적인 대화
- 관계를 회복할 수 있는 능력: 갈등 해결 기술, 시간 관리, 경제적인 자원 관리 기술
- 구별화: 융합에서 벗어나기, 강요하지 않기
- 성인의 애착은 상호적이며 주고받는 관계에서 일어남(Hazen).
- 서로의 스킨십은 애정 확인과 정서적 안정을 주고 자연스럽게 성적인 관계로도 이어짐.

〈역기능적인 부부관계 패턴〉

상대방과의 차이점이 연애 초기에는 서로 다른 점에 오히려 매력을 느끼고 끌리는 요인이 될 수 있지만, 결혼 후 부부 생활로 이어지면 생활방식이나 사고방식의 차이로 인해 현실적 갈등으로 이어질 수 있다. 이때 서로 판단·비난하거나 통제하려고 상호 강압적인 요구가 많아지게 되면, 갈등이 심화하고 역기능적으로 고착될 수 있다.

- 양극단화 현상
- 복수적 심리
- 상대방 비난하기
- 회피하거나 철회하기
- 소리 지르기
- 통제하기

늘어나는 이혼

우리 사회는 갈수록 이혼율이 높아지고 있으며, 황혼이혼은 더욱 급속히 증가하고 있다. 형식상으로는 이혼하지 않았더라도 쇼윈도부부와 같이 정서적 이혼 상태에 있는 부부가 많은 게 현실이다. 하지만 성경에 따르면, 예수님은 부부간 외도나 믿음 생활의 방해가 있을 경우를 제외하고는 이혼을 인정하고 있지 않다.

현대 사회에서 이혼율 증가의 원인은 여러 가지가 있겠지만, 낭만적 사랑에 기초한 연애결혼의 증가도 한몫을 한다고 볼 수 있다. 낭만적 사랑은 사랑을 만들어간다기보다 사랑에 빠지는 것이어서 맹목적인 사랑에 눈이 멀어 사랑하는 이의 진정한 모습과 성격을 바로 보지 못하는 경우가 많다. 연애 중에는 색안경을 낀 것처럼 애인의 모든 것이 아름답고 신비롭게만 보이고 그 사람의 일상적인 모습이 보이지 않다가 결혼한 후 색안경을 벗게 되면 평상시의 모습이 보이기 시작하고 실망하게 마련이다. 이 세상 하나뿐인 영원한 짝을 찾아 결혼했지만, 결혼이라는 현실 앞에서 기대감이 깨져 상처를 입게 되고, 속았다는 생각이나 아직 진짜 짝을 못 만났다는 생각이 들면 이혼으로 귀결될 수 있다. 부부간에 자기통찰과 관계 알아차림을 통해 좀 더 다른 차원의 사랑 방식으로 전환되지 않는다면, 이는 어쩌면 자연스러운 수순일지도 모르겠다. 이런 점에서 낭만적 사랑의 종주국인 미국에서 이혼율이 높다는 것은 이해할 만하다.

그리고 낭만적 사랑에서 비롯된 결혼은 부모의 간섭에서 벗어나 여성의 선택권이 확대된 것이므로 이러한 자유연애의 문화가 예전보다 이혼을 더 쉽게 선택하도록 할 수 있다. 여기에 한 가지 덧붙일 것으로 낭만적 사랑은 한 사람에게 속하는 영원한 사랑을 전제로 하지만, 실제로는 부부간 권력 면에서 철저히 비대칭적이고 불평등적이라는 사실이다. 이러한 가부장적 제도의 부담은 평등성을 추구하는 가치관의 변화와 맞물려 이혼을 가속화하는 원인이 될 수 있다.

그 밖에 이혼을 증가시키는 원인으로 도시화 및 산업화에 따른 친족관계 약화, 공사(公私) 영역 분리, 여성의 교육수준 및 능력 향상과 취업기회 증가에 따른 사회활동, 개인주의적 사고와 주위의 늘어난 이혼 풍조의 영향, 고부갈등이나 경제적 원인 등을 들 수 있겠다. '공사 영역 분리'는 공적 영역을 정치·경제활동이 일어나는 중요한 공간으로, 사적 영역을 집안일이 벌어지는 사소한 공간으로 분리하는 이데올로기다. 그러나 한국 기혼 여성 중 70%가 노동자로 일하고 있는 현 상황은 여성들이 경제활동에 가사노동까지 이중 노동을 감당해야 하는 것이어서 고소득층 외에는 '집 밖'에서 일하는 생계 부양자 남성과 '집안'에서 일하는 가사노동자 여성을 나누는 성별 분업마저 이뤄지지 않는 실정이다.

〔마태복음 5:32〕 나는 이르노니 누구든지 음행한 연고없이 아내를 버리면 이는 저로 간음하게 함이요 또 누구든지 버린 여자에게 장가드는 자도 간음함이니라

황혼의 부부

남녀 간 사랑은 각각의 입장에서는 주는 사랑을 지향하는 것이 바람직하지만, 상호 간에 주는 사랑은 결과적으로 주고받는 사랑이라고 볼 수 있다. 그러지 않을 경우, 한쪽에서 주고 또 주는데도 돌아오지 않고, 그러다 보면 사랑이 거덜나게 마련이다. 사람은 생명까지 버리신 예수님처럼 주는 사랑만 할 수는 없는 연약한 존재이기 때문이다. 그래서 사람 사이의 사랑은 지체로서 예수님 닮은 사랑을 추구하되, 이는 어디까지나 상호적이어야 지속 가능하다.

장년 이후 부부는 진저리나게 반복되고 변하지 않는 상대(서로?) 때

문에 종종 절망적 포기와 함께 "아이고 내 팔자야"라며 자기연민에 빠지곤 하는 모습을 많이 보게 된다. 거기에는 자기중심적이고 이기적이며 의사소통이 안 되는 상대가 있다. 혹시 상대가 변하려는 의지가 있다 해도 결국은 혼인의 긴 시간 속에서 의지대로 하지 못하는 상대의 '무능'과 변화 불가능성을 알 만큼 알기에 갈수록 지치고 절망감이 드는 게 아닐까 싶다. 그러다가 이해하려는 노력이나 상대와의 관계 유지에 한계가 오는 단계에서 부부관계의 위기가 터질 수 있다. 사람은 같은 내용의 부정적 정서가 반복될 때 심리적으로 가장 취약해지고 견디기가 힘들기 때문이다. 그런데 부부상담을 통해 종종 알게 되는 점은 이기적이라고만 생각했던 상대방도 나름 "가정에 헌신 · 희생했다"라는 마음으로 자기연민을 가지고 있는 경우가 많다는 사실이다. 이는 상담자가 한쪽 말만 듣고는 객관적 상황판단이 힘들 수 있다는 것을 말해준다.

황혼이혼은 해가 져 어스름해지는 때를 말하는 황혼(黃昏), 즉 인생에 노을이 지는 시기에 오래 살아온 배우자와 갈라서는 것을 뜻한다. 2012년 이후 혼인 건수가 감소하면서 이혼도 함께 줄어드는 추세지만, 결혼한 지 30년 이상 된 부부의 황혼이혼은 늘고 있다. 2021년 황혼이혼은 1만 7,869건으로 전년 대비 7.5% 증가하여 10년 전과 비교하면 2.2배 많은 수준이다(2022.03.17, 중앙일보). 이들 부부관계를 들여다보면, 받아들이기 힘든 억압이나 부정적 감정이 혼인 기간 동안 긴 시간에 걸쳐 반복되고 농익어서 임계치에 도달하면, 더는 버틸 수 없는 상태에서 마음의 병과 동시에 신체적으로 취약한 곳에 질병이 발생하는 등 어려움이 겹치는 경우가 많다. 이런 원인과 함께 가부장적 가치관의 변화, 이혼에 대한 시대적 인식의 변화, 여성의 지위 향상, 이혼에 따른 법적 보호 장치(재산분할권) 등이 늘어나 예전처럼 무조건 참는 것이 아니라 황혼에도 이혼한 후 새로운 삶을 시작하는 사례가 늘고 있다. 특히, 황혼이혼의 결정 요인을 가부장적인 가족구조를 거부하고 자기 찾기를 위한 것으로 밝힌 연구도 있는데(Namkee, 1995; Robb, 2004), 이는 아내가 전통적이고 남편은 근대적일수록 결혼만족도가 높게 나타나는 것과 상통하는 부분이다. 재미있는 것은 남편과 아내가 전통적 성 역할 태도를 지닐 때 부부 모두 결혼만족도가 높다는 연구 결과도 있어 부부 둘 다 가부장적 사고를 지닐 때는 의외로 갈등이 적다는 아이러니를 보인다.

〔창세기 2:21~23〕 (아담이 돕는 배필이 없으므로) 여호와 하나님이 아담을 깊이 잠들게 하시니 잠들매 그가 그 갈빗대 하나를 취하고 살로 대신 채우시고 여호와 하나님이 아담에게서 취하신 그 갈빗대로 여자를 만드시고 그를 아담에게로 이끌어 오시니 아담이 가로되 이는 내 뼈 중의 뼈요 살 중의 살이라 이것을 남자에게서 취하였은즉 여자라 칭하리라 하니라

사랑과 성(性)

사랑하는 남녀는 시점의 차이는 있겠지만, 자연스레 성적 결합으로 이어지는 게 일반적이다. 보통 사랑은 정서적 의미로, 성은 육체적 의미로 통용되지만, 성관계는 남녀 간에 몸과 마음과 영이 교류하는 총체적 만남의 관계다. 남녀는 섹스를 통해 같은 공간과 같은 시간 속에서 사랑하는 마음뿐만 아니라 각자의 에너지(기)가 공명하며 교류하고, 떨림(진동)이 전달·전염되어 뜨거워지고, 같이 뒤섞여 하나 되는 희열을 경험한다. 이 희열감은 단순히 육체적 합일에서 오는 것이 아니라 마음과 영이 하나로 만나는 복합적 희열이다.

조금 좁혀서 보면, 섹스는 한 남자와 한 여자가 호흡과 감각(눈빛, 성감, 소리, 냄새 등)의 몸놀림 속에서 각자의 기를 주고받는 행위라고 할 수 있다. 이런 점에서 섹스의 대상은 절대로 무시할 수 없는 커다란 의미를 지니고 있다.

▶ 성경 속 육체(몸)와 육신

성경 속에서 몸(육체)은 선도 악도 아닌 중립적 가치를 지닌다. 하나님이 창조하신 인간의 몸은 잘 관리해야 할 성전이며, 예수 그리스도의 지체로서 궁극적으로 몸이 다시 사는 것과 영생으로 이어진다. 하지만 죄의 유혹에 넘어가 육체가 죄의 도구로 쓰일 때, 육신은 하나님과 멀어져 사망으로 가는 부정적 의미를 지니게 된다. 간음이나 음욕이 그 대표적 예일 것이다. 평소에도 우리의 마음(말)과 몸(눈빛, 목소리, 냄새, 호흡, 안수)의 에너지가 서로 전달, 전염되는 점을 감안한다면, 이런 것들이 전부 뒤섞이게 되는 성관계를 통해 남녀가 강력하게 영향을 받는 것은 충분히 유추 가능하다. 부적절한 관계를 조심해야 하는 이유가 여기 있다.

> 〔고린도전서 6:15~16〕 너희 몸이 그리스도의 지체인 줄을 알지 못하느냐 내가 그리스도의 지체를 가지고 창기의 지체를 만들겠느냐 결코 그럴 수 없느니라 창기와 합하는 자는 저와 한 몸인 줄을 알지 못하느냐 일렀으되 둘이 한 육체가 된다 하셨나니

▶ 히브리인의 성

히브리인의 성인식을 살펴보면 '몸'과 마찬가지로 '성' 또한 부정적 의미를 갖지 않았음을 알 수 있다. 섹스는 자녀 번식과 분리할 수 없는 것으로 이해되었고, 자녀는 하나님의 축복이었다. 고대 히브리인에게는 육체가 악이라는 개념이 전혀 없었으므로 육체적 쾌락은 그 자체를 즐길 수 있는 것으로 받아들여졌으며, 히브리인 남편은 자기 아내와 더불어 성적 쾌락을 즐겼다. 성은 육체적 의미와 동시에 영적 의미를 지녔고, 성이 영육일치의 관계성을 지니고 있었다. 이는 전통적 히브리 문명과 상통하는 것으로, 기독교적 관점에서 볼 때 남녀 간의 성적 결합은 육체적 · 정신적 · 영적 결합의 의미를 지니는 총체적 성격을 갖는다.

섹스와 절정감
기도나 명상 중 신비체험 = 영적 황홀경 // 남녀의 성적 결합 = 육적 황홀경

- (심리)화학적 절정감: 성을 통한 '정신적+육체적' 합일. 관계적 성 — 자기를 줌으로써 최고의 엑스터시 가능
- (기계)물리적 절정감: 육체적 쾌락에 집중하는 도구적 성 — 매춘, 에피소드적 사랑, 자위

화학적 절정감은 남녀가 성관계할 때 사랑하는 사람과의 합일 자체에서 오는 정신적 감동과 육체적 합일의 시너지로 경험하는 최고의 황홀경을 말한다. 사랑하는 마음은 상대방과 하나가 되고 싶은 열망을 내포하기에 그런 성적 합일은 육체적 쾌락을 넘어서는 감격과 흥분을 주기에 충분하다. 물리적 자극보다는 마음에서 오는 화학적 과정이 절정감에 도달하는 데 결정적 역할을 한다는 점에서 이름을 붙여보았다. 사랑의 최고 묘약은 '사랑하는 마음'이라고 했던가.

그리고 남녀가 사랑의 감정으로 상대에게 느끼는 매력과 끌림은 무의식적인 유전자보완 욕구와 연결되어 있을 텐데, 성적 합일 과정에서 우선 파트너 간의 내외적 보완이 이뤄진 후에 결과적으로 2세를 통한 유전자보완이 따라오게 될 것이다. 이는 서로 간에 자기 전부를 뒤섞는 과정으로, 마지막 절정의 순간 자기를 주었을 때 최고조에 달한다. 영적 황홀경과 육적 황홀경의 공통분모는 자기를 버리고 상대(신/성적 파트너)와 합일을 이룬다는 데 있지 않을까.

물리적 절정감은 대개 사랑이 아니라 쾌락을 목적으로 하는 성관계에서 상대에 대한 관심이나 관계보다 자신의 육체적 쾌감에서 비롯되는 성적 절정을 말한다. 사랑하는 마음에서 오는 정신적 만남이나 교류가 거의 없고, 물리적 자극에 의한 생리적 감각과 성적 흥분으로 오르

가슴에 도달한다는 점에서 이름을 붙여보았다.

자위나 매춘, 일회성의 만남이 여기에 속하지만, 상대에 대한 사랑 없이 자기중심적인 일방적인 성을 강요하는 경우에는 법적인 부부간에도 해당할 수 있다. 자기에게만 에너지가 집중되어 상대방과 에너지 교감이 차단되면, 자기를 상대에게 줌으로써 (무아적) 성적 합일의 순간에 경험하는 것과 같은 맥시멈 오르가슴을 느끼기는 힘들다. 또 쾌감을 위해 상대방의 육체뿐만 아니라 자기 자신도 도구화·물화(物化)함으로써 자기도 모르게 죄의식을 갖게 마련인데, 이는 하나님의 창조 섭리 때문이 아닐까.

그리고 남성의 경우는 심리적으로도 자기를 주는 과정이 비교적 단순한데, 이는 성관계를 통해 생리적으로 상대에게 정액(정자)을 주기 때문인 것 같다. 반면 여성은 자기를 상대에게 내어주고, 상대의 육체뿐 아니라 상대의 존재 전체를 성관계를 통해 자기 몸속으로 받아들이는 복합적 과정이라고 볼 수 있다. 여성이 남성보다 성관계에 있어 사랑하는 감정이나 마음에 더 큰 영향을 받는다는 조사 결과는 이와 무관하지 않을 것이다.

이러한 과정에서 자연스레 남성은 정액을 주는 쪽이 되고 여성은 받는 쪽이 되어 생물학적 성기구조와 맞물려 남녀관계에서 남성의 능동적인 성향과 여성의 수동적인 성향에 영향을 준다는 시각도 가능하다. 하지만 주는 쪽이든 받는 쪽이든 남녀 둘 다 주체적인 선택권이 있다는 점에서 이 시각은 한계가 있고, 이를 다른 영역에까지 일반화하는 것은 무리가 따른다고 본다.

성치료

흔히 기독교는 성에 대해 소극적이거나 억압적 · 금욕적이라고 생각하기 쉽지만, 히브리의 전통적 성 관념이나 성경을 통해 볼 때 기독교가 성 자체를 부정적으로 보는 것은 아니라는 걸 알 수 있다. 오히려 하나님 안에서 부부간에 성적 쾌락과 합일의 즐거움을 누리는 건 아름다운 일이다. 따라서 부부간 성 문제가 있는 경우 이를 덮어두기보다 그 원인을 찾아 해결하고 치료한다면 서로의 관계나 만족에 도움이 될 것이다.

성치료는 겉궁합과 속궁합의 문제 여부에 따라 다르게 접근할 필요가 있다. 먼저, 부부간/개별적으로 문제가 있고 성 문제가 있는 경우에는 부부/개별 통합상담 이후 성치료의 순으로 하는 것이 좋다. 예를 들어 부부관계에서 의사소통 문제가 있을 때는 '갈등 해결 기술 및 부부 대화 소통훈련'을, 개인적 역동 문제가 있을 경우는 개별적으로 역동 · 인지통합 치료를 한 후 성치료를 한다.

부부 개별적으로 문제가 없고 성 문제만 있을 때는 심리적 개입이 아닌 의학적 개입이 필요하다. 성기의 크기나 구조가 문제가 되는 경우는 아주 특이한 사례에 해당하지만, 이를 포함하여 성기에 질병이 있거나 장애가 있는 경우 약물이나 수술 등 적절한 조치가 필요하다. 성호르몬 수치가 원래 낮거나 기질상 성욕이 저하되어 있는 경우에는 배우자와 차이가 심할 때 문제가 될 수 있다. 우울증이나 약물로 인한 성욕 저하 시에는 우울 치료와 함께 성욕 저하를 일으키지 않는 약으로 대체할 필요가 있다.

다만 부부가 둘 다 성욕 저하라서 서로 불편이 없는 경우에는 오히려 궁합이 잘 맞는다고 볼 수 있지 않을까? 성생활은 어디까지나 부부마다 나름의 상황이 있으므로 성욕이 낮다고 해서 무조건 문제시하는 것은 적절치 않다. 성욕의 저하뿐만 아니라 성욕의 항진도 기질적인 경우가 아닐 때는 심리적 처치가 필요한 문제다. 조증으로 인한 성욕의 항진은 치료가 필요하고, 불안이나 공포감으로 인한 강박적이고 충동적인 성행위는 지나친 자위나 난교로 성교 불능을 초래할 수 있다. 참고로 성기능장애는 성욕구장애(성욕감퇴장애, 성혐오장애), 성흥분장애(여성 성흥분장애, 남성 발기장애), 절정감 장애(여성 절정감 장애와 남성 절정감 장애, 조루증), 성교통증 장애(성교통증, 질 경련증) 등으로 나눌 수 있다.

> [아가서 4:3~5] 네 입술은 홍색실 같고 네 입은 어여쁘고 너울 속의 네 뺨은 석류 한 쪽 같구나 네 목은 군기를 두려고 건축한 다윗의 망대 곧 일천 방패, 용사의 모든 방패가 달린 망대 같고 네 두 유방은 백합화 가운데서 꼴을 먹는 쌍태 노루 새끼 같구나

성과 자손

남녀 간에 성관계를 통한 황홀한 순간은 생명이 싹트는 순간이기도 하다. 그런데 남녀 간 사랑은 어떻게 보면, 제2의 생명을 만들면서 조금씩 죽어가는 과정이라고 볼 수도 있지 않을까. 성관계할 때, 남자나 여자나 자기를 태워서 사랑에 에너지를 쏟아부어야 마침내 정자와 난자가 만나 수정되는 것이니 말이다.

유전자보완 욕구에서 비롯된 남녀의 성적 끌림은 우리의 불완전성을 자손을 통해 보완하는 하나님의 창조시스템 원리일 것이다. 그러나 이는 결국 인간의 죄성에 근간을 두고 있으므로 너무 이에 치우치면 육적으로 미혹되어 성편력 등 문제 요인이 된다. 이를 영적 사랑으로 성숙시켜 나갈 수 있다면 결혼 기간이 길어질수록 부부에게 더 큰 만족과 행복을 가져다 줄 것이다. 사랑을 통해 남녀의 유전자 전달은 물론이거니와 유전자보완이 이뤄지는 아름다운 창조물이 바로 자손이다. 그렇게 생명이 태어나면, 부부는 가정이라는 울타리를 치고 이제 부모로서

자녀를 자기들보다 좀 더 나은 사람으로 키우고픈 바람을 가지고 양육하게 된다. 이때 자녀의 정체감을 존중하고 수용하기보다 부모가 원하는 대로 커나가길 강요한다면, 양육이 아닌 사육이 될 수도 있다. 죄성을 가진 불완전한 남녀가 만나 부모가 되었으니, 아무리 나름대로 잘 키우려 한들 자녀의 눈에 비친 가정은 뭔가 부족하고 결핍이 있는, 에덴 아닌 에덴 같은 곳이리라.

부부가 자신의 어린 시절 원가족 경험에서 완전히 자유롭지 못한 채 부모로부터의 결핍을 배우자에게서 채우려 할 수도 있고, 자신의 좌절된 욕구들을 자녀를 통해 보상받고자 할 수도 있다. 여기서 파생되는 문제점들을 다시 자녀가 겪게 되고, 자녀가 성장해서도 그대로 가지고 가게 되는 악순환을 반복하지 않으려면, 자기 대에서 문제의 요소들을 통찰하여 끊어내는 심리적 작업이 필요하다. 이는 태어난 이후 양육과정에서 부모와 자녀 관계를 통해 자녀에게 끼치는 부정적 영향을 줄인다는 측면도 있지만, 태어날 때부터 경험유전을 통해 부정적인 부모의 심리문제와 패턴들이 자녀에게 그대로 대물림되는 것을 막는다는 측면도 있다.

이와 함께 세포기억을 통한 경험유전은 태교의 중요성과도 연결된다. 의학적 연구를 통해 임신 중 산모의 심리적·정서적 상태가 태아에게 중대한 영향을 끼친다는 사실이 과학적으로 규명되기도 한바, 태 속의 아기도 엄마의 경험을 느끼거나 기억할 수 있다고 보기 때문이다. 태교는 수태 이전부터, 즉 정자와 난자가 수정되기 전의 경험도 조심하고 신경 써야 하는 것 같다. 정자도 생식기에서 만들어진 뒤 사정하기 전까지 두 달가량의 보관 기간이 있고, 난자는 월 단위로 배란이 되는 점을 참작한다면, 부모의 정자와 난자를 통해 수정 이전의 세포기억이 태아에게 전달될 수 있기 때문이다.

상담하다 보면 자주 마주치게 되는 상황인데, 부모가 자신은 그렇게 안 살아놓고 자녀에게는 자신이 경험유전을 통해 물려준 것과 다르게 살라고 요구하는 것은 무리한 욕심일 수 있다는 생각이 든다. 부모의 죄악을 자손 삼대에 보응한다는 하나님 말씀은 이런 맥락에서 더욱더 와닿는다. 이 점을 곰곰 생각해보니, 훌륭한 자손이 나오려면 삼대가 공을 들여 노력해야 하는 게 아닐까 싶다.

성·젠더와 남성성·여성성

성(sex)이 생물학적으로 남녀를 구분하는 신체적이며 유전학적인 용어라면, 젠더(gender)는 사회적인 환경과 훈련에 따라 남녀의 기질이 형성된다는 것을 강조한 용어다. 성은 남성과 여성의 심리학적 차이를 해부학적인 차이, 즉 신체적 조건으로 설명하는 주장과 닿아있고, 젠더는 남성과 여성의 성역할과 성역할 정체감의 상당 부분이 사회가 개인에게 교육하고 기대하는, 즉 사회화 과정을 통해 형성된다고 하는 주장과 닿아있다.

남성-여성의 차이를 이성적-감성적, 객관적-주관적, 활동적-수동적, 강한-약한, 지배-낮춤, 자율성-의존성, 공격성-복종, 과시-원조, 성취-양육, 기능성-친화성 등으로 양분하는 경우가 거의 범문화적으로 나타나고 있으며 남성은 경쟁과 활동성, 모험심이 필요한 사회적 역할에, 여성은 안전하고 타인을 배려하고 돌보는 역할에 적합하게 인식되는 것 같다.

만일 생물학적인 입장으로서 남성성·여성성이 타고나는 것이라 주장하더라도 이것이 남녀의 우월성이나 차별 논란을 일으켜서는 안 될 것이다. 역으로 사회문화적 입장으로서 남성성·여성성이 만들어진 것이라 주장하더라도 일부 페미니스트처럼 자신의 여성성을 부정하고 남성적인 것을 추구하는 듯한 태도는 문제가 있다고 본다. 왜냐하면, 그런 태도는 여성성을 비하하는 전제가 깔려 있기 때문이다. 전통적으로 남성의 성취지향적·합리적·도구적·독립적·개별적 특징을 건강하게 보는 반면, 관계를 잘 맺는, 상호의존적인, 공감적·양육적인 것으로 여겨지는 여성의 특징은 평가절하되어온 게 사실이다. 하지만 정보화와 AI 시대를 맞아 여성성이 오히려 장점으로 부각되고, 양성성을 갖춘 남녀가 사회에서 건강하고 적응력이 뛰어나다는 것이 입증되고 있다.

페미니즘*과 기독교

기독교는 종종 페미니스트들로부터 남녀 차별적인 인식으로 공격을 받지만, 이는 성경이 하나님의 창조질서 속에 있는 아내와 남편의 위계질서를 제대로 밝히고 있기 때문이라고 생각한다. 사회조직에도 위계와 명령체계가 필요한데, 하물며 우주 질서에 위계가 필요하지 않겠는가? 부부는 가정이라는 작은 우주를 만드는 기초적 관계라고 볼 수 있기에….

실제로 바울은 남녀는 하나님 안에서 동등하며, 사람마다 달란트가 다르듯이 그 역할이 다른 것뿐이라고 가르친다. 아내가 남편을 가정의 리더로서 존중하고 따라줄 때, 남편이 가정에서 바로 세워지고 몸을 바쳐 아내를 사랑하는 마음이 생겨난다. 바울은 이러한 섭리가 피조물인 남녀에게 작용한다는 것을 이미 알고 있었으리라. 일반적으로 사회나 조직에서도 모두 리더가 될 수는 없으며, 상사에게 복종하는 것이 차별을 의미하는 것은 아니잖은가.

---

* 페미니즘(feminism): 여성 지향적 의식 또는 남성 중심적 가부장제 이데올로기에 대항하는 담론으로, 생물학적인 성으로 인한 모든 차별을 부정하고 성평등을 지지하는 믿음에 근거하여 여성의 지위·역할에 변화를 일으키려는 여성운동을 가리키는 말이며, 1890년대부터 쓰이기 시작했다.

〔에베소서 5:22~25〕 아내들이여 자기 남편에게 복종하기를 주께 하듯 하라 이는 남편이 아내의 머리 됨이 그리스도께서 교회의 머리 됨과 같음이니 그가 친히 몸의 구주시니라 그러나 교회가 그리스도에게 하듯 아내들도 범사에 그 남편에게 복종할찌니라 남편들아 아내 사랑하기를 그리스도께서 교회를 사랑하시고 위하여 자신을 주심같이 하라

성정체성 문제

현재 의학계에서는 성전환증 같은 성정체성 장애만 장애로 인정하고, 동성애자는 양호한 사회적 적응을 하고 있어 장애가 아니라(미국 정신의학회, 1973년 관련 내용 삭제) 독특하지만 정상적인 성적 성향이자 생활방식으로 인정되고 있다.

하지만 트랜스젠더나 성전환을 하지 않은 동성애자 중 원래 그렇게 타고난 경우는 전통적인 여성성 또는 남성성을 스스로 깨닫고 일치를 추구하는 경우가 많다. 이는 성정체감 문제를 생물학적 · 유전적 결함(장애)으로 보아야 한다는 의견을 뒷받침한다. 그렇다면 기독교적 관점에서는 이를 어떻게 받아들일 수 있을까? 이러한 장애는 개인의 죄이기보다는 태어나면서부터 주어진 결함이라고 볼 수 있지 않을까. 따라서 이들을 정죄하거나 사회에서 억압하고 소외시키기보다 장애로 인정하고 이해하는 게 우선이 아닐까 싶다. 다만, 모든 고난이나 고통이 개인의 자범죄 때문만은 아니고 원죄와 인간의 불완전성이라는 큰 틀에서 이해될 수 있듯이, 성정체성 장애도 그런 틀에서 바라보는 것이 무리가 적다고 생각한다. 성정체감 장애를 겪고 있지 않더라도 타고난 동성애자의 경우에는 (단, 이에 대해 과학적으로 확실히 규명되지는 않았다.) 같은 관점이 가능할 것이다. 하지만 동성애를 사회적으로 이해할 수도 있다는 것일 뿐 인정을 넘어서 조장하는 듯한 요즈음의 분위기는 심히 우려스럽다. 동성애가 개인적 책임이 있는 죄는 아닐 수도 있지만, 기독교적으로

는 엄밀한 의미에서 죄라고 볼 수 있다. 기독교적 관점에서는 여타의 심신이상이나 유전자 변이조차 근원적으로 죄(아담으로부터 내려온 죄성)와 연결된다고 보기 때문이다. 더구나 차별금지법을 찬성하는 사람들이 "모든 동성애는 타고난 성적 취향이며 장애도 질병도 아니다"라고 주장하는 것은 상당한 무리가 있다.

후천적 동성애나 양성애는 타고났다고 보기 어렵다. 우연히 겪은 동성애 경험 이후 알게 된 일탈과 쾌락의 유혹을 이기지 못하고, 중독적으로 더 강렬한 자극을 따라 사탄이 주는 반복적인 달콤함에 영혼을 팔게 되는 경우도 많다. 그리고 후천적 동성애, 특히 양성애의 경우는 우연한 경험에서 시작되는 사례가 많음을 고려해볼 때, 성적 욕망이나 쾌락과 관련되어 있고 본인의 의지와 선택 여지가 있다는 점에서 장애가 아니라 죄로 봐야 하지 않을까 싶다. 그들의 양호한 적응과 정상적인 생활방식이 장애를 부정할 수는 있어도 죄성을 무화(無化)시킬 수는 없다. 물론 여기서 말하는 죄는 단지 종교적(기독교적) 의미이며, 도덕적 잘못이나 법적인 범죄를 의미하지는 않는다. 동성애를 질병으로 보는 관점(예: 정신분석)에 대해 따로 언급하지는 않지만, 많은 연구에서 동성애자가 일반인에 비해 불안장애, 우울증, 공황장애, 행동장애, 고의적 자해, 강박장애 등 여러 분야의 정신질환 발병 가능성이 적게는 3배, 많게는 10배 이상으로 높았다는 보고가 있다. 흥미로운 점은 동성애자들도 성교 시 남성·여성 역할 — 역할이 고정되었다는 뜻은 아님 — 이 이성애자의 남성·여성 역할과 비슷한 형태로 존재한다는 점이다. 이들도 창조의 원리를 완전히 파괴하지는 못하는 게 아닐까.

2017년 5월 『설득력 있는 사회과학(Cogent Social Science)』이라는 학술잡지에 제이미 린지와 피터 보일이 쓴 「사회적 구성물로서의 개념적 남근(The Conceptual Penis as a Social Construct)」이라는 논문이 실렸다. 저자는 논문에서 "생물학적인 남성의 성 기관과 남성성은 상호연관이 없다"라고 주장했는데, 이는 동성애자들의 주장과 일치하는 내용이다. 두 박사는 동성애를 옹호하는 논문만이 학술계로부터 우수 논문으로 선정되는 기현상과 함께 학문의 영역이 동성애에 의해 통제되는 현상을 보고, 이를 알리기 위한 목적으로 일부러 비논리적이고 유의미하지 않게 가짜 논문을 썼는데, 놀랍게도 심사위원은 평가항목마다 높은 점수를 매겼고 손쉽게 학술잡지에 실렸다고 밝혔다(2020.04.07, 국민일보).

〔로마서 1:26~27〕 이를 인하여 하나님께서 저희를 부끄러운 욕심에 내어 버려 두셨으니 곧 저희 여인들도 순리대로 쓸 것을 바꾸어 역리로 쓰며 이와 같이 남자들도 순리대로 여인 쓰기를 버리고 서로 향하여 음욕이 불일듯 하매 남자가 남자로 더불어 부끄러운 일을 행하여 저희의 그릇됨에 상당한 보응을 그 자신에 받았느니라

하나님의 사랑과 순종

하나님은 근본적으로 사랑이시다. 사랑으로 만물을 창조하셨고, 사랑으로 인간을 창조하셨다. 사랑으로 만물을 다스리시고, 사랑으로 우리를 돌보시며 간섭하신다. 우리는 모두 사랑받기 위해 태어났고, 어떤 조건과 무관하게 사랑받도록 설정된 귀한 존재들이다.

하나님은 죄로 오염되어 창조 시의 온전성을 잃어버린 피조 세계 및 인간을 사랑으로 다시 회복·구원하시고자 시공을 초월하여 움직이신다. 에덴이 하나님 안에서 사랑으로 가득한 곳이었다면, 실낙원은 우리가 연단과 인내 속에서 에덴 회복의 천국 소망으로 하나님의 사랑에 의탁하는 곳이다.

인간끼리의 사랑은 주고받는 것이 기본 속성이다. 하지만 하나님과 인간의 관계에서는 하나님이 먼저 인간을 사랑하시고, 예수님이 먼저 자신을 내어주면서까지 우리를 사랑하시고 손을 내미시는 것이 본질이다. 인간은 하나님께 의뢰하며 계명을 지키고 순종하여 주 사랑 안에 거

하는 것이 바로 하나님을 사랑하는 방식이다. 그리고 이렇게 공급받은 사랑의 에너지는 부부와 자녀 관계, 나아가 형제와 사회 공동체에 생명을 살리는 (+)에너지로 전달되고 확산될 것이다. 더불어 예수님이 사람을 살리기 위해 말씀과 진리를 가르치신 만큼 사람이 그에 따르고 순종하는 것은 크리스천의 의무라기보다는 결국 자기 자신을 살리는 길이라고 볼 수 있다.

〔요한1서 4:10〕 사랑은 여기 있으니 우리가 하나님을 사랑한 것이 아니요 오직 하나님이 우리를 사랑하사 우리 죄를 위하여 화목제로 그 아들을 보내셨음이니라

사랑의 우선순위

사랑에 순서가 있다면, 우선순위는 어떤 것일까?

인간은 죄성 때문에 자기를 먼저 사랑하다 보면 정욕적인 세상과 죄에 가까워질 수밖에 없다. 따라서 영적 가치인 하나님 사랑을 우선으로 하여 먼저 자기를 주 안에서 세우고, 그렇게 용인된 자신을 부족하더라도 스스로 수용하고 사랑하는 것이 순서일 것이다. 다음으로 현실적 욕구와 관련해서는 일용할 양식과 성전(聖殿)인 몸의 관리를 인도하심 속에 주께 맡기고, 자족 감사하며, 성경의 가르침을 따라 그 열매를 이웃과 나누고 용서 · 사랑하는 것이 마지막 순서라고 본다.

결국, 아가페적 사랑은 인간의 힘이 아닌 하나님이 공급하시는 힘으로부터 나오며, 그런 사랑을 할 때 하나님이 그 사람 안에 거하시고 그 사람도 하나님 안에 거한다. 따라서 사랑 실천은 이웃에 도움이 되기도 하지만, 자신의 영적 충만과 온전성에 더 큰 힘이 된다. 우리가 함께 그리스도의 몸을 이루는 지체로서 한 몸이기에 지체인 이웃을 내 몸처럼 사랑하라 하신 것이리라. 그리하여 이웃사랑은 물질적 나눔(구제/

기부), 정신적 나눔(상담/돌봄), 나아가 영적 나눔(전도/양육)으로 넓혀져 공동체를 살리고 회복시키는 원동력이 될 것이다.

> 〔베드로전서 4:11〕 만일 누가 말하려면 하나님의 말씀을 하는 것같이 하고 누가 봉사하려면 하나님의 공급하시는 힘으로 하는 것같이 하라…

제2부

코드를 어떻게 풀 것인가

기독교 통합상담 방법론

회복과 치유로 가는 숨겨진 코드를 알고 있다 하더라도 이를 "어떻게 접근하여 구체적으로 풀 것인가?"라는 과제가 남아있다. 2부 '코드를 어떻게 풀 것인가'에서는 심리학을 공부하고 심리상담을 하면서 기도와 말씀, 성경적 원리를 상담에 어떻게 통합할 수 있는지 궁구하고, 실제로 상담 과정에 적용해서 효과를 얻은 방법과 원리들을 소개·공유하고자 한다.

지인이 교회에 상담소 설치를 건의하자, 담임목사님께서 믿음이면 다 해결되는데 무슨 세상 심리학이나 상담이 필요하냐면서 거절하는 걸 보았다. 아직 그렇게 생각하는 목사님들도 많을 것이다. 어떤 의미에서는 맞는 말인지도 모른다. 믿음만 확고하다면 성령의 인도와 보호하심 속에 심리적 어려움을 헤쳐나갈 수 있을 것이다. 실제로 우울증에 시달리던 사람이 하나님을 만나면서 증상이 깨끗이 사라지는 경우도 많기 때문이다.

문제는 사탄이 각 사람마다 유전적·환경적으로 취약한 곳을 타깃으로 인지·정서·행동·영적 영역에서 왜곡과 혼란, 동요, 고갈을 일으키며 에너지를 소진하기 때문에 여기에 휘둘리는 경우 믿음이 굳게 서기가 힘들다는 것이다. 영혼 구원과 믿음으로 가는 길을 방해하기 위한 고도의 전략에 의해…. 그렇기에 정신문제의 증상, 원인, 메커니즘 등을 연구하고 치료방법들을 고안하는 심리학과 심리치료 — 기독교적 관점으로 보면 — 는 그러한 사탄의 계략과 그 경로를 찾아서 해체하는 작업이라고 볼 수 있다.

그리고 크리스천 내담자를 상담하면서 거듭 느끼는 것은 이미 왜곡되고 깨어져서 병든 심리상태로는 아무리 믿음의 뿌리가 있더라도 믿음만으로는 문제와 고통에서 벗어나기 힘들다는 것이다. 아니 더 정확히 말하면, 고꾸라져서 일어설 힘도 없는 사람에게 믿음만 강조한들 그걸 받아먹고 소화할 여력이 없다. 그래서 아담스(J. Adamms) 식의 권면상담이 성경에 부합되는 장점임에도 심리문제를 가진 기독교 내담자에게 그렇게 큰 효과를 거두지 못한 채 오히려 더 악화하는 경우들도 있다.

따라서 일반은혜로서의 심리학을 기독교적 토대 위에서 활용하여 일단 내담자를 일으켜서 버틸 힘을 키우는 게 우선적인 단계라고 본다. 그런 다음 믿음과 기독교적 성숙 단계가 이어지는 게 바람직하며, 심리상담은 이러한 큰 그림 속 과정의 일부를 담당하고 있다고 봐야 할 것이다. 이처럼 기독교적 특별은혜의 틀 속에서 심리학적 일반은혜를 소화하여 활용한다는 점에서 기독교 통합상담이 가지는 역할과 의미가 있다.

1. 기독교 통합상담의 이론적 배경

일반은혜와 특별은혜

▶ 일반은혜(일반은총, 자연계시)

하나님께서 모든 사람(신자, 비신자 구별 없이)에게 베푸시는 보편적 은혜로, 창조하신 우주 시스템과 자연법칙 자체가 일반은혜다. 세상의 모든 피조물이 하나님의 법칙 아래 질서 있게 돌아가고, 하나님의 형상을 닮게 창조된 인간은 땅과 모든 생물을 다스릴 권한을 부여받았다. 일반은혜는 구원을 향한 과도기적 긍휼의 의미를 지니지만, 이것으로 죄 사함과 구원을 얻을 수는 없다.

일반은혜의 영역은 ① 물리적(자연, 의식주), ② 지적(학문), ③ 도덕(양심), ④ 미(美/예술, 창조), ⑤ 사회(제도, 가족, 정부), ⑥ 기도(모든 사람의 구원) 등을 들 수 있다.

① 물리적 영역

〔사도행전 14:16~17〕 하나님이 지나간 세대에는 모든 족속으로 자기의 길들을 다니게 묵인하셨으나 그러나 자기를 증거하지 아니하신

것이 아니니 곧 너희에게 하늘로서 비를 내리시며 결실기를 주시는 선한 일을 하사 음식과 기쁨으로 너희 마음에 만족케 하셨느니라 하고

② 지적 영역

〔로마서 1:19~20〕 이는 하나님을 알 만한 것이 저희 속에 보임이라 하나님께서 이를 저희에게 보이셨느니라 창세로부터 그의 보이지 아니하는 것들 곧 그의 영원하신 능력과 신성이 그 만드신 만물에 분명히 보여 알게 되나니 그러므로 저희가 핑계치 못할찌니라

③ 도덕 영역

〔로마서 2:14~15〕 율법 없는 이방인이 본성으로 율법의 일을 행할 때는 이 사람은 율법이 없어도 자기가 자기에게 율법이 되나니 이런 이들은 그 양심이 증거가 되어 그 생각들이 서로 혹은 송사하며 혹은 변명하여 그 마음에 새긴 율법의 행위를 나타내느니라

④ 미(美)의 영역

〔시편 8:9〕 여호와 우리 주여 주의 이름이 온 땅에 어찌 그리 아름다운지요

⑤ 사회 영역

〔창세기 9:6〕 무릇 사람의 피를 흘리면 사람이 그 피를 흘릴 것이니 이는 하나님이 자기 형상대로 사람을 지었음이니라

⑥ 기도 영역

〔디모데전서 4:9~10〕 미쁘다 이 말이여 모든 사람들이 받을 만하도다 이를 위하여 우리가 수고하고 진력하는 것은 우리 소망을 살아 계신 하나님께 둠이니 곧 모든 사람 특히 믿는 자들의 구주시라

▶ **특별은혜(특별은총, 특별계시)**

하나님이 신자에게 주시는 특별한 은혜로, 예수 그리스도 안에서 구속함을 입고 구원을 얻는 은혜를 뜻한다. 하나님은 구원 계획 속에서 하나님의 자녀들을 사탄이 이끄는 사망의 길에서 건져내어 생명의 길로 인도하신다.

죄성과 세상 문화

인류문명은 원죄의 연속선상에서 자아, 인본주의, 인간 중심의 자만에 빠져 창조자를 부인하고 스스로 하나님이 되고자 하는 지경에 이르렀다. 이러한 인간의 죄성은 사탄의 계략과 맞물려 강한 축에서는 인간의 자아의식을 부풀린 자아의식(교만-지배, 판단)으로 강화하는 한편, 약한 축에서는 축소된 자아의식(위축-우울, 불안)으로 왜곡시킨다.

사탄은 우선 인간에게 나르시시즘을 불러일으켜 부풀린 자아의식과 자만심으로 하나님 없이도 자기 힘과 지혜를 추구하도록 유혹한다. 사람들은 세상과 다른 사람들로부터 존재를 인정받아 무의식적 죄의식과 콤플렉스를 보상받고, 자신감에 차서 죄를 아예 잊고 싶은지 세상을 지배하고 싶은 욕망까지 꿈꾼다. 하지만 성공한 엘리트들과 달리, 이 과정에서 사회적으로든 심리적으로든 좌절과 실패를 겪는 사람들은 축소된 자아의식과 낮은 자존감으로 부정적 자기 이미지에 눌리고 우울증 등 심리문제를 겪기도 한다. 이 두 갈래 길은 세상 문화가 우리를 지배하는 양면작전이 아닐까 싶다.

▶ **죄책감**

인간은 죄책감을 숨기기 위해 부인, 회피, 책임 전가(창세기 3:7~13) 등의 방어기제를 쓰는데, 정신분석학에서는 이러한 억압이 정신문제의 주요 원인으로 알려져 있다. 죄책감은 사람들에게 타인의 비난에 대해 눈치를 보고, 의존적 · 연극적 성향을 띠게 한다.

▶ 수치심

죄책감이 자신이 지은 죄에 대한 사실성에 기반을 둔다면, 수치심은 타인이나 자기 자신에 의해 무가치한 존재로 판단 받고 있다는 느낌에 사로잡혀서 더 무의식적이고 복잡한 심리과정으로 진행될 수 있다. 수치심을 감추기 위해 나타나는 행동들로 강한 축에서는 완벽주의, 교만, 지위와 힘을 통한 조정 등을, 약한 축에서는 고립과 회피, 칩회 등을 들 수 있다.

▶ 분리감

인간의 근본적인 분리감의 근원은 하나님과의 분리감(창세기 3:23~24)이라고 할 수 있는데, 이것은 결국 인간 사이의 분리감으로 진행되었다. '인생은 고독하다'라는 말은 결국 하나님과 인간, 인간과 인간 사이의 소통이 단절된 관계적 측면을 두고 나온 말일 것이다. 분리감은 어린 시절 어머니로부터의 정서적 보호와 안정감에 결핍이 있는 경우 분리불안, 애착불안으로 적응장애를 일으킬 수 있다.

▶ 두려움

삶에 대한 걱정과 염려, 불안과 두려움은 인간의 원죄에서 비롯된 죄책감, 수치심, 분리감과 밀접하며, 죽음과 연관된다. 죄에 따르는 벌(창세기 3:16~19)로 생존에 대한 불안 — 죄의 대가로 아담은 수고와 땀을 흘려야 먹을 수 있음 — 은 물질적 한계에 따라붙는 것이며, 종족보존 · 성적 욕구 — 하와는 해산의 고통과 수고, 남편을 사모하게 됨 — 는 죽음과 인간의 육체적 유한성에 연결되어 있다. 이러한 기본적 욕구와 불안을 넘어 여기서 파생된 2차적 가짜불안이 커지면 두려움이 공포증, 강박으로 진행되기도 한다.

성경 속에서 '인지부조화-자기정당화' 살펴보기

• 하나님의 명령: "선악을 알게 하는 나무의 실과는 먹지 말라"(창세기 2:17)

☞ **인지부조화**: 자유의지로 금기인 선악과 따먹음 → 수치심, 죄책감을 느끼며 인지부조화
- 수치심: 아담과 하와가 몸이 벗은 줄을 알고 무화과나무 잎을 엮어 치마를 함(창세기 3:7).
- 죄책감: 하나님의 소리를 듣고 수치심과 두려움에 숨음(창세기 3:10).

• 하나님과 인간, 인간과 인간의 관계가 깨어짐: 하나님과 단절, 아담과 하와가 서로 탓함. 죄의 대가로 아담이 종신토록 수고하여야 그 소산을 먹고, 하와도 잉태의 고통과 수고, 남편을 사모하게 됨(창세기 3:16~17).

☞ **자기정당화**: 세상의 모든 학문과 문화 현상 자체가 자기정당화의 소산이라고 볼 수 있다.
예) 원초적 죄의식 — 인정욕·애정욕; 수치심 — 권력추구; 유한성에 대한 불안 — 물질추구; 유전자보완과 종족보존 — 남녀 (성적)결합

• 바울: "누가 철학과 헛된 속임수로 너희를 사로잡을까 주의하라 이것은 사람의 전통과 세상의 초등 학문을 따름이요 그리스도를 따름이 아니니라"(골로새서 2:8)

영적 싸움

성경에는 생명을 창조하고 생명을 살리는 하나님의 영, 그리고 반대로 생명을 죽이고 사망으로 이끄는 악의 영에 대해 대조적으로 언급하는 곳이 꽤 있다. (나는 이를 '+에너지'와 '-에너지'로 부른다.) 영적 측면에서 보면 삶은 어쩌면 단순한지도 모른다. 가짜들이 현혹하기 때문에 어지

럽고 복잡하게 느껴질 뿐이다. 하나님이 금기한 선악과를 먹으면 “하나님처럼 지혜로워질 수 있다”라는 사탄의 유혹은 “내 말대로 하면 하나님 없이도 네 힘으로 잘 살 수 있다”라는 유혹이며, 이는 지금도 자기중심적이고 ‘교만’한 세상 문화에 이어지고 있다. 원죄로 하나님과 멀어지고 낙원에서 쫓겨난 인간은 죽음이라는 육체적·물질적 한계상황에서 ‘불안’을 하나님에 대한 믿음과 맡김으로 해결하지 않고, 사탄이 그 해결책으로 속이는 탐욕과 쾌락(중독)에 빠져 그 과정에서 분쟁과 공동체 파괴가 심해진다.

단순하게 정리하면 사탄은 **예수 시인**을 자기애와 교만으로 유혹하여 방해하고, **예수 맡김**을 불안 자극과 탐욕으로 유혹하고 방해한다. 이러한 영적 싸움을 분별하고 이겨서 예수님의 가르침에 따라 용서와 나눔과 사랑의 공동체를 회복하는 것이 지체 하나하나를 살리는 길이 될 것이다. 엄밀히 말하면 하나님과 사탄 간의 ‘영적 싸움’이라는 말보다는 하나님에 대한 ‘사탄의 대적’이라는 말이 더 합당할 것이다. 유약하고 한계를 지닌 죄인인 인간이 하나님의 생명 구원의 길로 가지 못하도록 방해하고 유혹하여 어두움과 사망의 나락으로 빠뜨리려는 게 사탄의 전략이기 때문이다.

> [에베소서 6:11~12 KLB] 마귀의 계략에 맞설 수 있도록 하나님의 무기로 완전 무장하십시오. 우리는 사람을 대항하여 싸우는 것이 아니라 하늘과 이 어두운 세상을 지배하고 있는 악한 영들인 마귀들을 대항하여 싸우고 있습니다.

성경에서는 사탄이 죄와 병, 특히 귀신들림에 관여하고 있음을 보여준다. ‘사탄’이라고 하면 대개 중대한 죄악만 떠올리지만, 실제로는 우리의 사고나 정서, 행동 등에서 통상적인 아주 작은 움직임에도 구체적으로 관여하고 있다. 우선순위가 바뀌어 하나님보다 사람의 일을 더 생각하던 베드로에게 ‘사탄’이라고 나무라던 예수님의 태도가 이런 점을 잘 보여준다. 학문적으로 정신병과 귀신들림은 서로 다른 것으로 볼 수 있지만, 정신병이나 신경증에 정도의 차이는 있더라도 사탄이 관여하고 있다고 본다.

> 〔마태복음 16:23〕 예수께서 돌이키시며 베드로에게 이르시되 사단아 내 뒤로 물러가라 너는 나를 넘어지게 하는 자로다 네가 하나님의 일을 생각지 아니하고 도리어 사람의 일을 생각하는도다 하시고

그러나 이러한 입장은 정신병자에 대해 죄를 지어 하나님께 벌을 받는 사람이라거나, 마귀와 악령에 사로잡힌 것으로 규정 지은 사람에게 마녀사냥까지 행한 중세의 교계 시각과는 그 토대가 완전히 다르다는 점을 밝혀둔다. 마녀로 판명된 사람을 처형시킨 마녀재판이 실제로는 권력의 이익을 위한 희생양이었다는 관점을 차치하더라도 예수님이 귀신들린 사람을 연민으로 치유하고 살려내신 것과 대척점에 있으며, 반성경적이고 사탄적 범죄다.

필자가 언급하는 '사탄'이라는 용어는 정신질환자뿐만 아니라 일반적인 보통 사람들을 대상으로 하나님이 주시는 (+)생명에너지를 방해하면서 (−)사망에너지로 이끌고 현혹하는 영적 존재를 뜻한다. 따라서 정신문제 — 내담자의 내부와 외부에서 — 는 사탄이 관여하고 있기에 한 영혼을 멸망으로 끌어내리는 사탄의 교묘한 책략과 전술을 상담 과정에서 파악하고, 다양한 방법을 동원하여 내담자의 통찰과 변화를 끌어내는 것이 중요하다고 생각한다.

통합상담은 정신질환을 일으키는 사탄의 구체적인 전략(인간의 공통적·개별적 약점을 파고듦)을 내담자를 통해 파악하여 얽힌 매듭을 함께 풀어내고 병으로 가는 길을 무력화시켜 내담자를 살리고 치유하는 상담이다. 이는 사탄이 구체적으로 관여하는 숨은 과정을 통합적으로 찾

아내고 통찰하여 내담자가 변화하도록 돕는 것이다. 하지만 이런 간접적 접근을 뛰어넘어 필요에 따라, 예를 들어 내담자의 의지에 역행하여 (−)에너지가 실린 감정이나 생각이나 충동적 욕구가 거세게 올라올 때는 상담자나 내담자가 직접 사탄을 물리치는 기도를 할 수도 있다. 이는 물론 축사의 은사를 받은 사역자처럼 전문적으로 하는 수준은 아니고 "예수 그리스도의 이름으로 명하노니 사탄아 물러가라!" 정도의 간단한 기도를 말한다. 이 기도는 의외로 강력한 힘이 있는데, 그리스도의 이름으로 치유가 일어나는 것은 간단하거나 단순해도, 아니 어쩌면 단순하기에 더욱 영적인 깊이와 효력이 있는 것 같다.

빛과 생명이신 예수님이 우리 안에 거하시고 우리가 예수님 안에 거할 때, 사탄의 (−)에너지는 스러지고 힘을 잃는다. 그렇게 사탄이 우리 안에 터놓은 길이 무력화되고, "내가 곧 길"이라 하셨던 예수님이 인도하시는 길을 따라갈 때 온전한 회복이 가능하다. 하지만 사탄이 관여한 흔적과 통로 때문에 상담 후 일시적 변화가 있더라도 믿음으로 성령의 도우심과 힘(+에너지)을 얻지 못하면, 인간의 힘만으로는 이미 형성된 예전의 그 길과 패턴으로 다시 돌아가 재발하기 쉽다. 이러한 한계 때문에 상담 종결 후에도 믿음 공동체의 지속적인 양육과 돌봄이 절실하다.

〔요한복음 14:6〕 예수께서 가라사대 내가 곧 길이요 진리요 생명이니 나로 말미암지 않고는 아버지께로 올 자가 없느니라

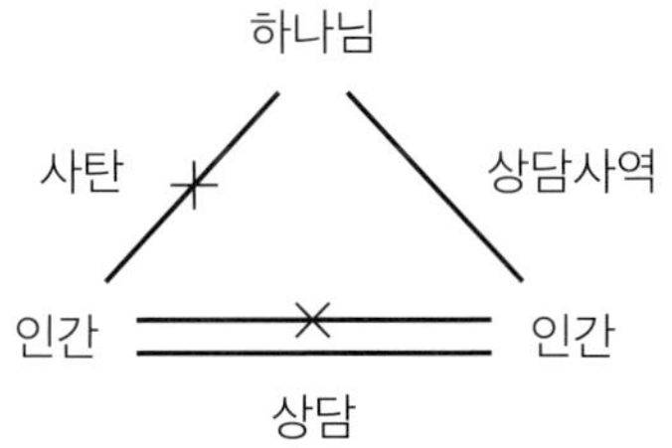

(+)에너지와 (–)에너지

필자가 사용하는 '(+)에너지'라는 용어는 우리가 하나님께 연결되었을 때 공급받는 생명에너지를 가리키며, 또한 성령이 역사하실 때 함께하는 회복에너지를 말한다. (+)에너지는 창조의 근원적 힘과 연결된 에너지요 말씀 속에 살아있는 에너지로, 우리에게 힘을 충전시키며 어두움을 몰아내고 생명을 살리는 빛의 에너지다. 하나님에게서 오는 이 생명력은 심리적으로는 마음의 병을 치료하고 긍정에너지를 주며, 육체적으로는 질병을 치유하고 건강을 지키는 힘이다. 이는 성령과 교통하면서 함께할 때, (–)에너지인 사망에너지를 밀어내고 (+)에너지인 생명에너지가 충만하여 기쁨과 평안을 누리기 때문일 것이다. 이 에너지는 운동력이 있어 생명을 죽이는 (–)에너지를 사그라지게 할 수 있지만, 우리가 하나님과 연결되고 의뢰했을 때 이러한 영적 싸움에서 이길 수 있다. 그 결과는 '교만(자기중심)-탐욕(집착)-분노(투쟁)'에서 벗어나 용서와 사랑으로 공동체를 회복하는 것이다. 그러므로 치유와 회복의 (+)에너지는 하나님과 나, 너(타인)를 연결하는 '사랑을 실어 나르는 에너지'라고 볼 수 있다.

> 〔요한복음 8:12〕 예수께서 또 일러 가라사대 나는 세상의 빛이니 나를 따르는 자는 어두움에 다니지 아니하고 생명의 빛을 얻으리라

이런 원리는 정교하고 완전한 창조원리로서 우리 몸과 정신이 작동하는 네트워크 시스템 속에 내재해있다. 우리가 하나님과 연결되어 생명력을 공급받는 대표적인 방법으로는 우선 기도를 들 수 있다. 묵상기도 및 죄의 통찰을 통한 '자기부인'과 회개 기도를 통한 '죄 사함'은 긍정의 (+)에너지를 통해 우리의 속사람이 바로 서게 한다. 성경 말씀을 통해 하나님과 영적 대화를 나누는 묵상은 성령의 감화·감동 속에 진리를 깨닫게 하며, 자기를 내려놓고 성령께 의뢰하면서 인도하심 속에

동행하면 평안의 (+)에너지를 주신다. 그리고 그 단계까지 가기가 힘들긴 하지만, 예수님을 아는 지식을 통해 예수님을 닮아가며 성숙과 성화를 이뤄갈 때, 용서와 사랑의 (+)에너지를 주시고 사랑, 희락, 화평, 오래 참음, 자비, 양선, 충성, 온유, 절제 등 성령의 열매를 맺게 된다.

성경에서 권하는 이러한 생각과 정서를 접했을 때 생명과 치유의 (+)에너지를 공급받게 되는데, 이때 마음과 뇌의 네트워크 시스템에 따라 뇌파와 신경전달물질 및 호르몬 등의 변화가 거의 동시에 일어나게 된다. (+)에너지는 인격 수양, 마음챙김, 명상 등 일반은혜 가운데서도 교류된다고 볼 수는 있으나, 그 과정에서 성령의 동행과 하나님의 지키심이 함께하지 못하면 한계가 있고, 자칫 초월적 신비주의에 빠지거나 악한 영이 틈탈 우려가 있다.

〔베드로후서 3:18〕 오직 우리 주 곧 구주 예수 그리스도의 은혜와 저를 아는 지식에서 자라 가라 영광이 이제와 영원한 날까지 저에게 있을찌어다

(−)에너지는 생명을 갉아먹고 에너지를 소진하며, 죽음과 사망으로 끌어내리는 힘이다. 사탄은 병이나 귀신들림 같은 육체적 · 정신적 병에 관여하는 걸 넘어서서 교만과 정죄, 분노와 시기, 싸움으로 세상에 더욱 확장적이고 공격적으로 악과 어두움을 전파한다. 하지만 사탄은 인간의 커다란 죄악에만 관여하고 있는 게 아니다. 소소하게 일상적인 것 같은 모습으로도 사람의 생각과 행동에 관여하고, 나아가 인간의 불완전성과 개인적(기질적 · 심리적 · 유전적) 약점을 교묘하게 파고들어 정상적인 사고 · 정서 · 행동을 왜곡하며, 비합리적 · 부정적 패턴으로 변형시키고 조정하는 데 관여한다. 하나님이 생명의 길로 인도하기 위해 진리의 말씀과 함께 각 사람에게 섬세하게 활동하시듯, 사탄도 각 사람 하나하나를 놓고 구원을 방해하며 멸망의 나락으로 유혹하여 악의 구렁텅이에

넘어뜨리는 간계와 고도의 전략을 구사한다.

즉 하나님이 죄성에 빠진 인간을 구원하기 위해 선지자나 예언자를 택해 진리를 선포하시고 아들 예수까지도 내주신 것과는 대조적으로 사탄은 세상 능력자와 권세자를 통해 인간사회의 문화, 학문, 종교, 가치관을 하나님과 멀어지는 방향으로 왜곡하고 언론, 정치, 여론, 국가시스템까지도 성경적 가치에 반하는 방향으로 보이지 않는 조종과 통제를 강화한다. 탐욕적 욕망과 이기주의, 자기중심주의, 개인주의적 프라이드, 가족 파괴, 물질주의, 쾌락주의, 공동체 파괴(분쟁, 전쟁)는 사탄의 주요 먹거리다.

〔요한계시록 12:9〕 큰 용이 내어쫓기니 옛 뱀 곧 마귀라고도 하고 사단이라고도 하는 온 천하를 꾀는 자라 땅으로 내어쫓기니 그의 사자들도 저와 함께 내어쫓기니라

▶ 하나님으로부터 공급받는 (+)에너지

(+)에너지는 성경에서 '힘', '생명의 능력'이라는 표현과 대응하는 개념으로 하나님으로부터 공급받는 에너지이지만, 사람들에게 전파·전달·전염되며 확장성을 갖는 특징이 있다. 이런 전염성은 사망으로 이끄는 (−)에너지도 마찬가지다. (+)생명에너지는 (−)사망에너지가 힘을 잃게 하고, 우리가 사탄이 유혹하는 길로 들어서는 것을 경계하여 지켜주며, 성령의 신비한 능력은 암세포를 파괴하듯이 사탄의 굽은 길을 끊어버릴 수도 있다. 하지만 관리가 안 되면 암세포가 다시 생길 수 있듯이, 깨어 있지 못하고 (−)에너지에 연결되면 다시 굽은 길이 되살아날 수 있다.

이때 상담자는 내담자로부터 (−)에너지가 전염·전달·전파될 가능성에 주의하면서 이를 면밀하게 알아차리고, 성령 충만으로 (+)에너지를 공급받아야 자신도 내담자도 보호하고 치유를 통해 영적으로도 승

리할 수 있다. 상담자가 상담 과정에서 내담자에게 긍정에너지인 (+)에너지를 전염·전달·전파해서 내담자가 힘을 받고 긍정적 변화가 일어난다면, 이것이야말로 진정한 의미의 통합상담이라고 할 수 있을 것이다. 성령의 생명에너지는 죄와 사망의 법에서 우리를 해방하는 능력이 있기 때문이다.

〔로마서 8:2〕 이는 그리스도 예수 안에 있는 생명의 성령의 법이 죄와 사망의 법에서 너를 해방하였음이라

▶ 굽은 길을 따라 흐르는 (−)에너지

태초에 인간에게 죄가 들어오기 전에는 아마도 백지상태의 마음에 온전한 길들이 생겨났을 것이다. 성경에 따르면 아담은 하나님과 직접 교제했고, 피조물에 이름을 지어주는 창조적인 일을 했다. 하나님과 연결된 에덴의 삶은 인간의 의식과 무의식이 오염되거나 왜곡되지 않은 온전한 상태였을 것이다. 그러나 아담과 하와가 사탄의 유혹에 넘어가 원죄로 인해 하나님과 멀어지면서 구부러지고 꼬인 길들이 생기기 시작했다. 이 구부러지고 꼬인 길을 따라 (−)에너지가 흐르고, 전파·전달·전염되어 뇌파와 뇌구조, 신경계(호르몬, 신경전달물질)와 몸 전체(세포기억)에까지 영향을 주게 된 것이다. 시간과 함께 길들이 계속 생김에 따라 복잡한 맵(길 지도)이 형성되고, 몸과 마음의 패턴화된 병리들이 반복적으로 우리를 얽어매게 된다. (−)에너지는 개인별로 작용하여 심신을 파괴하고, 하나님과의 관계를 멀어지게 하며, 폭력과 분쟁으로 사람 간의 관계를 깨서 결국 자연과 우주 공동체까지 와해시키는 부정적인 힘이다.

〔베드로전서 5:8~9〕 근신하라 깨어라 너희 대적 마귀가 우는 사자같이 두루 다니며 삼킬 자를 찾나니

에너지의 전염·전달·전파

에너지의 전염·전달·전파는 보이지 않기에 잘 지각되지 않지만, 하나님의 창조시스템 하에서 크게는 우주적으로, 작게는 우리 일상 속에서 신체적·심리적으로 광범위하게 일어나고 있다. 전염은 비슷한 패턴의 형성으로, 전달은 에너지의 이동으로, 전파는 이 둘을 포함하여 에너지 속성이 확산하는 특징을 보인다.

▶ 구조

① 전염

- 심리 내부의 길: 감각, 감정, 사고, 행동 — 반복 경향성
- 신체 시스템: 거울 뉴런(mirror neurons) — 타인의 감정·감각·행동뿐만 아니라 의도까지 추측하고 모방하며 공유·공감하는 능력을 담당하는 신경세포

② 전달

- (+)에너지의 통로: 생명에너지(예: 성경에서 권하는 정서·생각·행동)에 연결되었을 때 공급받는 긍정에너지 — 에너지장 안에 있는 피조물(사람, 동식물 등)에 기하급수적 전달이 가능하다.
- (−)에너지의 통로: 사망에너지(예: 성경에서 금하는 정서·생각·행동)에 연결되었을 때 파고드는 부정에너지 — 에너지장 안에 있는 피조물(사람, 동식물 등)에 기하급수적 전달이 가능하다.

③ 전파

- 외부(공중)의 길: 하나님·사탄이 역사하는 원천적 에너지 자체의 전파력과 고유 법칙 — (+)에너지와 (−)에너지의 영적 싸움

▶ 양상

① 전염

> 개인의 감각, 감정, 사고, 행동(말), 관계 등의 패턴이 그대로 또는 닮은 모습으로 어떤 대상에 옮겨진다.

전염 역시 에너지의 영향 아래 있지만, 이는 에너지의 전달이나 이동과 달리 패턴을 카피해서 옮기고 퍼진다. 사자소학(四字小學)의 '근묵자흑(近墨者黑), 근주자적(近朱者赤)'이 말하는 바와 같은 원리다. 따뜻한 사람과 만나면 마음이 따뜻해지고, 우울한 사람과 만나면 우울해진다. 집단 히스테리나 군중심리(광기)에서도 감정이나 증상, 행동패턴의 전염을 발견할 수 있다. 다양한 감정의 표정 사진을 보여주고 기분을 물어보았을 때, 사진 속 표정이 보는 사람의 정서에 영향을 준다는 결과의 실험도 이를 뒷받침한다(예: 자식이 아버지의 분노나 폭력적인 분노 표현 방식을 그대로 답습하여 가정폭력이 아랫세대에 대물림되는 경우).

또 "악은 모든 모양이라도 버리라(데살로니가전서 5:22)"는 성경 말씀은 어떤 악한 양태나 모습도 눈에 담거나 흉내 내지 말고 멀리하라는 내용이다. 인간이 악에 실린 (−)에너지의 전염력에 약하다는 걸 알기에 주신 말씀일 것이다. 굳이 엽기적 살인 형태를 보여주는 뉴스나 자살사이트에서 번지는 모방 범죄의 예가 아니더라도 악의 모양과 패턴은 인간의 죄성을 타고 전염되기 쉽기 때문이다.

그런데 타인뿐만 아니라 자기 내부에서도 전염이 일어난다. 심리 내부에 일단 어떤 에너지의 지배적 영향으로 경험과 함께 길(주로 비선언적 기억 형태로 저장된 기억회로)이 생기면, 길을 따라 패턴이 반복되는 경향을 보인다. 그리고 점점 심리 내부의 다른 영역(인지, 정서, 욕구, 행동, 상상)에도 비슷한 속성의 샛길(선언적·비선언적 기억회로)을 내어 상호 강한 영향력을 갖게 된다. 이때 병리적 패턴이 더 많이 반복되거나 장기화될수록 만성화 · 고질화 · 고착화되어 바꾸기가 어렵다.

예) • 사고와 정서의 상호 영향관계는 길을 따라 에너지가 전달 · 전염되어 패턴화되는 현상과 관련된다고 볼 수 있다.
• 공황장애는 상상의 영역으로 공포경험 기억과 패턴이 전염된 경우라고 볼 수 있다.

일반적인 상담이나 치료적 접근은 이런 양상의 변화에 초점을 두고 진행된다고 볼 수 있다. 심리치료로 어떤 영역에서 병리적 패턴의 변화가 일어나면, 다른 영역의 패턴들에도 변화가 일어나고(예: 인지변화와 정서변화), 그런 영향으로 지배적인 에너지의 변화가 따르게 된다. 일반은혜로서의 심리학이 축적한 다양한 치료법은 삶을 변화시키는 효과를 거둘 수 있다. 그러나 심리치료로 문제가 되는 구체적 현상에 일시적 변화가 일어나고 한동안 에너지의 변화가 따른다 해도 그 에너지 원천이 달라지지 않으면 다시 예전으로 돌아갈 수 있다. 재발 방지와 예방을 위해서는 강력한 에너지 교체가 필요하다.

- 같은 패턴이 반복되면서 점점 더 전염되어 중독적인 양상을 띠게 된다.
- 패턴의 속성은 유지하되, 전염된 사람의 심리환경에 따라 나타나는 현상은 다양한 변이가 가능하다.
- 대상을 모방할 때 활성화되는 거울 뉴런의 기능과 함께 에너지가 전염된다.
- 뇌파, 신경전달물질, 뇌구조의 변화가 동반된다.
- 상담자가 전염을 자각할 수 있다면, 공감이나 분석 등으로 활용할 수 있다.

② 전달

> 개체의 에너지가 어떤 대상에게 전달되어 긍정적 또는 부정적 방향성을 가지고 영향력을 끼친다.

우리가 공급받거나 전달받은 에너지는 언어(말) 및 비언어(눈빛, 목소리, 냄새, 숨결, 터치) 등을 통해 다시 타인들에게 전달된다(예: 말씀에 실린 생명에너지).

전달된 에너지는 긍정적 또는 부정적 방향으로 개체를 싸고돌며(에너지장), 신체적 · 정신적으로 영향력을 행사한다. 예를 들어 (+)에너지는 전달받은 상대방의 긍정적 요인을 살려내어 사랑, 기쁨, 화평 등 성령의 열매를 맺으며 심리 내부에 곧은길을 만든다. 기독교 통합상담에서는 치유기법의 적용 못지않게 상담자가 내담자에게 전달하는 (+)에너지가 중요하다.

반면 (–)에너지는 개인적 욕구 충돌로 갈등을 유발하여 다양한 심리문제를 촉발하고, 심리 내부에 구부러진 길을 만든다. (–)에너지는 전달받은 상대방의 부정적 요인을 자극해서 반작용이나 반응으로 여러 가지 부작용을 일으키며 에너지 전염에 영향을 끼친다. 기독교 통합상담에서는 내담자가 상담자에게 전달하는 (–)에너지와 그 구체적 패턴(예: 전이 등)을 파악하여 상담에 활용하는 것이 중요하다.

- 반작용: 전달된 역방향으로 일어나는 동일한 작용(예: 상대의 분노에 분노로 맞대응하여 분쟁과 갈등을 일으킴. 만일 분노를 상대에게 표출하지 못하면, 분노감이 자신에게 향함)
- 반응: 내담자의 개인적 조건에 따른 다양한 반응(예: 내담자의 전이에 상담자가 역전이로 반응)

③ 전파

> 에너지와 그 속성이 어떤 대상에게 그대로 작동하도록 작용하며 확산한다.

전파는 성령의 역사나 사탄의 역사처럼 영적 에너지 원천이 주가되어 직간접적으로 활동하며, 전염과 전달의 부가적 기능을 포함하여 포괄적 확장성을 갖는다. 전달·전염의 에너지 원천으로, 전파된 (+)에너지는 전달·전염으로 이어져 '치유·회복·자유'를 가져다주고, (–)에너지는 전달·전염으로 이어져 '소진·파괴·종노릇' 하게 만드는 속성을 지닌다.

예) 예수님을 전파(전도)하여 성령이 충만하면, 성령의 (+)생명력과 속성이 작동하여 성화와 공동체 회복으로 인도하시고 역사하심.

예) 부모가 자식을 비난하는 (-)에너지가 그대로 자식에게 전파되어 자식이 자기 자신을 비난하고 자해·공격함.

- 내사와 비슷하면서도 다름: 예를 들어 부모의 가치관이나 태도를 내사하게 되면, 부모의 비난을 자기 것으로 착각하고, 자신이 느낀 분노를 반전하여 다시 자신에게 향하는 것

사탄의 역사

사탄은 우리의 약점을 이용하여 직접 각 사람을 대상으로 고꾸라뜨리고 넘어뜨리지만, 간접적으로는 사회를 이끌어가는 문화, 학문과 제도, 법규 등을 지배하여 공동체를 와해시키고 궁극적으로는 파괴한다. 우매한 대중을 교묘히 길들여 공동체적 이타주의에 입각한 기독교를 파괴하고, 일반은혜인 생명존중, 소통과 사랑, 정의와 공의, 평화의 가

사탄(Satan, 교회용어사전 참조)

'방해자', '적대자'라는 뜻의 히브리어 한글 음역으로, 보통명사로 쓰일 때는 개인이나 국가의 적대자를 가리키며(삼하 19:22), 고유명사로 쓰일 때는 초자연적 존재로서 귀신들의 우두머리를 지칭한다(마 12:24, 26). 곧 하나님을 대적하거나 사람들을 유혹하여 하나님을 대적하게 만드는 악한 영(靈)의 우두머리다. 사탄의 기원은 일반적으로 천사장이 타락해 생겨났다고 한다(사 14:12~15; 유 1:6). 즉, 본래 선하게 창조된 천사 중 일부가 교만하여 타락함으로써 하나님을 섬기는 고귀한 신분을 박탈당하고 마귀(악령)가 되었다(벧후 2:4).

사탄은 바로 이 악한 천사들의 우두머리다(마 25:41). 그는 '시험하는 자'(마 4:3; 살전 3:5), '바알세불'(마 12:24), '악한 자'(마 13:19), '원수'(마 13:28, 39), '거짓의 아비'(요 8:44), '거짓말쟁이'(요 8:44), '살인한 자'(요 8:44), '이 세상의 임금'(요 12:31; 16:11), '세상 신'(고후 4:4), '벨리알'(고후 6:15), '공중의 권세 잡은 자'(엡 2:2), '대적'(벧전 5:8), '아바돈'(계 9:11), '아볼루온'(계 9:11), '온 천하를 꾀는 자'(계 12:9), '큰 용'(계 12:9), '옛 뱀'(계 12:9), '형제들을 참소하던 자'(계 12:10) 등으로 불린다.

이들이 세상에서 하는 일들을 살펴보면, ① 주의 백성을 유혹하여 하나님의 말씀에 불순종하게 한다(창 3:4~5). ② 서로 비방하게 한다(욥 1:9~11). ③ 질병과 고통을 가져다준다(욥 2:7; 눅 9:39). ④ 의로운 자를 대적하고 하나님께 고발한다(슥 3:1). ⑤ 시험한다(마 4:1). ⑥ 좋은 믿음의 열매를 맺지 못하게 방해한다(마 13:19, 38~39). ⑦ 거짓말을 즐겨 한다(요 8:44). ⑧ 악한 생각을 넣어 죄를 짓게 충동질한다(요 13:2). ⑨ 하나님의 복된 말씀을 깨닫지 못하게 한다(고후 4:4). ⑩ 두루 다니며 삼킬 자를 찾는다(벧전 5:8) 등.

하지만 사탄의 모든 일은 하나님의 절대주권 하에서만 제한적으로 이루어지는데(욥 1:6; 2:7), 하나님께서 사탄의 악행을 허락하시는 것은 하나님의 은혜를 더욱 풍성하게 내려주시기 위함이다(욥 2:11~22; 눅 13:16). 이렇듯 사탄은 지상에서 한시적으로 활동할 뿐 세상 종말에는 그리스도에 의해 멸망 당하고(요일 3:8), 결국 무저갱에 갇혀(계 20:1~3) 영원한 불과 유황 못에 던지우게 된다(계 20:10). 개역한글판에서는 '사단'(대상 21:1)으로 표기된다.

치를 무너뜨리며, 각 개인을 뿔뿔이 흐트러뜨린다. 이는 코로나 방역 과정에서 문제점으로 확인된 바와 같이, 비대면과 AI 기반 산업이 가져올 폐해이기도 하다.

사탄은 그 과정에서 대상에 따라 고도로 정교한 맞춤형 전술을 구사한다. 예를 들어 세상에 속한 사람들의 경우 승자(winner)에게는 당근을 주면서 달콤함에 취해 계속 하나님을 찾지 못하게 만들고, 패자(loser)에게는 채찍으로 때려서 고꾸라지게 하여 하나님을 찾을 힘을 고사시키는 식이다. 이때 강한 축의 승자는 교만과 (타인) 정죄의 걸림돌에 넘어지고, 약한 축의 패자는 (자기)정죄와 원망의 걸림돌에 넘어지기 쉽다. 한편 하나님에 속한 사람들의 경우, 믿음이 흔들리는 사람들에게는 갖가지 유혹으로 미끼를 던져 실족하게 하거나 세상을 좇게 만들고, 믿음이 견고한 사람들에게는 온갖 핍박과 탄압으로 내리누르고 지치게 해서 전도를 방해하는 식이다. 이때 믿음의 자녀들도 인간에게 공통적으로 대물림된 원죄뿐만 아니라 조상으로부터 유전(경험유전 포함)되거나 자신이 형성한 약점들이 사탄의 공격 타깃이 될 수 있다.

예수님도 시험을 받았듯 이 땅에서는 아무리 믿음이 좋다고 해도 사탄의 시험을 피해 가기는 힘들 것이다. 아니, 성화되고 성숙할수록 그에 따라 사탄의 공격은 더 교활하고 강력해질 것이다. 이는 생명을 살리는 걸 방해하는 사탄의 속성상 어쩌면 당연한 일이며, 그래서 바울은 항상 깨어서 성령의 충만을 받으라고 외쳤으리라.

> 〔요한복음 15:19〕 너희가 세상에 속하였으면 세상이 자기의 것을 사랑할 터이나 너희는 세상에 속한 자가 아니요 도리어 세상에서 나의 택함을 입은 자인 고로 세상이 너희를 미워하느니라

덧붙일 것은 사탄이 옳은 일을 하는 것 같은 사람이나 단체, 심지어 종교조직이나 지도자들의 위선과 욕망을 통해서도 활동한다는 점이다.

가까운 예로, 블룸버그통신(2021년 10월 5일자)은 20만 명이 넘는 아동이 70여 년간 프랑스 가톨릭 성직자들로부터 성추행 피해를 당했다는 '성학대 독립 위원회'의 발표를 보도했다. 프란치스코 교황은 유감을 표명했지만, 그간 가톨릭의 대응은 "학대를 겪는 사람들에게 잔인하기까지 한 무관심을 보이며, 제도로서 자신들을 보호하는 것"이었다는 비판을 받기에 충분했다. 오랫동안 지속된 이러한 반성경적인 행태가 혹시 거대 권력층의 소아성애 문화와도 관련이 있는 것은 아닌지 의구심이 든다. 교회 지도자의 부패나 잘못 때문에 신도가 믿음의 길에서 떠나거나, 비신도가 새롭게 믿음의 길에 들어서기 힘들게 만드는 현상과 관련하여 성경 곳곳에서는 사탄이라 질책하며 강력히 경고하는 말씀이 있다. 개인적으로 이런 이유로 교회에 발을 못 붙이는 사람들을 볼 때 가장 마음 아프다.

무당이나 점쟁이들이 상담소를 차려 힘든 사람들을 돕는다며 변신하고, 정치적 목적이나 사업상의 관계를 위해 겉보기에만 열성적으로 교회 활동을 하는 예도 그렇다. 또 부패감시를 내세우며 발족한 시민단체들이 오히려 카르텔을 형성하여 부패를 구조화시키거나, 여성권익 보호를 내세우던 여성단체가 특권을 누리며 권력형 성범죄에 침묵하는 경우도 마찬가지다. 인간존중, 인권, 평등과 복지라는 미명하에 포스트모더니즘과 다양성, 성차별금지와 다원주의적 가치파괴로, 실제로는 특정 세력의 이익을 추구하면서 기독교를 분열시키고 사탄에 부역하는 위선자들도 그중 하나일 것이다.

〔마태복음 23:13〕 화 있을찐저 외식하는 서기관들과 바리새인들이여 너희는 천국 문을 사람들 앞에서 닫고 너희도 들어가지 않고 들어가려 하는 자도 들어가지 못하게 하는도다.

예전에 가톨릭 신자인 학교 보건교사 한 분과 일직을 같이하게 되어 종일 여러 이야기를 나눈 일이 있었다. 그분이 병을 고치거나 잡귀를 막아주고 돈을 받는다는 소문을 들은 터였다. 어떻게 그런 일을 하게 되었는지 물으니, "어떤 영적인 커다란 존재가 자신에게 능력을 줄 테니 사람들을 도와주면 나중에 높은 자리에 앉히겠다"고 말했다는 것이다. 그 영적 존재가 하나님이시냐고 물으니, 그분은 하나님이나 천사 같은 기독교적인 존재가 아니라고 답했다. "사람들을 돕는 건 좋으나, 도우려면 예수님처럼 대가 없이 도와야 하는 거 아니냐?", "그럴 바엔 그만두는 게 낫지 않느냐?"라고 말하니, 이미 약속했기 때문에 그만둘 수 없다는 것이었다. 그분은 악귀에 시달리는 사람들을 돕는 착한 일을 하는 것 같지만, 실은 영적 어려움을 겪는 사람들이 진정한 생명으로 가는 길을 막는 일을 하고 있다고 볼 수 있다.

〔누가복음 9:1~3〕 예수께서 열 두 제자를 불러 모으사 모든 귀신을 제어하며 병을 고치는 능력과 권세를 주시고 하나님의 나라를 전파하며 앓는 자를 고치게 하려고 내어 보내시며 이르시되 여행을 위하여 아무것도 가지지 말라 지팡이나 주머니나 양식이나 돈이나 두 벌 옷을 가지지 말며

사탄이 악을 드러내지 않고 속임수와 거짓으로 선을 가장하는 것은 하나님의 형상을 닮은 사람의 마음속에 양심과 선의 씨앗이 있는 것을 알기 때문이다. 민심은 천심이라고 하지 않는가. 사람들이 비록 연약하여 육신의 행위는 악할지라도 마음은 근본적으로 하나님의 공의를 원하게 되어있다. 이를 거스를 수 없다는 것을 잘 알고 있기에 사탄과 그 부역자들은 자신들의 악을 숨기면서 오히려 옳은 가치를 전면에 내세우고, 이를 토대로 자신들의 공격대상을 '악'으로 규정하여 여론몰이의 포석으로 이용한다.

최근 극단적 상대주의가 '다원주의'와 '가치공존'으로 포장하여 선과 악, 옳음과 그름의 경계를 무너뜨리고, 사람들의 판단능력을 약화시

키는 현상이 벌어지고 있다. 심지어 권력과 돈만 있으면, 불법을 저지르고도 대형 로펌에 의뢰하여 법리 싸움에 이겨서 적법이 되는 식의 힘 논리가 세상을 어지럽히고 있다. 이런 세상 풍조는 "불순종의 아들들 가운데서 역사하는" 악한 영이 "공중의 권세"로 사람들을 유혹한다는 성경 말씀(에베소서 2:2)과 부합되지 않는가.

〔디모데후서 4:3~5〕 때가 이르리니 사람이 바른 교훈을 받지 아니하며 귀가 가려워서 자기의 사욕을 좇을 스승을 많이 두고 또 그 귀를 진리에서 돌이켜 허탄한 이야기를 좇으리라 그러나 너는 모든 일에 근신하여 고난을 받으며 전도인의 일을 하며 네 직무를 다하라

'광명의 천사', '의의 일꾼' 등으로 가장한 다원주의적 가치파괴

① '안네의 일기' 조작: 유대인을 미화하여 전 세계인에게 이스라엘에 대한 동정을 불러일으키고, 이슬람국가를 적대시하게 만듦.
② 기독교 국가인 미국의 돈과 무기를 이슬람과의 분쟁에 끌어들임으로써 기독교와 이슬람 간 갈등을 조장하면서도 정작 기독교를 극단주의로 공격하면서 기독교 혐오증을 부각함.
③ 이데올로기와 사회정의 등의 가치·철학으로 개혁성향의 지식인들을 길들여 (성)평등/인권으로 포장된 기독교 파괴문화(예: 가족제도 파괴, 일부일처제 파괴, 성적 정체성 파괴)를 확산시킴.

〔고린도후서 11:14~15〕 이것이 이상한 일이 아니라 사단도 자기를 광명의 천사로 가장하나니 그러므로 사단의 일군들도 자기를 의의 일군으로 가장하는 것이 또한 큰 일이 아니라 저희의 결국은 그 행위대로 되리라

▶ 사탄(적그리스도)의 파괴 전략

사탄의 파괴 전략은 아래와 같이 다양하게 나타나지만, 핵심적 요소는 교만(인본주의)과 탐욕(돈, 쾌락, 건강-장수)이다. 이 전략이 종교통합(기

독교 가치파괴)과 경제통합(세계화 지배)을 전제로 하는 글로벌리스트 엘리트들의 어젠다, 세계질서 재편(Great Reset)과 유사점이 많다는 것은 흥미롭다.

① 종교 다원주의, 종교통합: 다른 종교들을 장려하여 기독교와 동등해지도록 하고, 자신들만이 천국에 갈 수 있는 유일한 길이라는 기독교의 절대적 가치를 파괴 · 격하시킴.
② 가족해체: 부모 권위 축소, 결혼 부정, 이혼 미화, 다부다처제〔매사추세츠주 서머빌시(2020), 케임브리지시(2021) 조례안 통과〕
③ 공동체 파괴: 분열 조장, 폭력선동, 국가파괴, 법치파괴
④ 상대주의: 선악의 기준을 무너뜨려서 판단력을 흐리게 함.
⑤ 물질만능주의: 돈과 금권이 지배하는 세상을 당연시하고 탐욕 부추김.
⑥ 쾌락추구: 섹스, 스포츠, 영화, 문화산업을 통해 즐기는 문화 양산
⑦ 성적 문란: 성도착, 성정체성 파괴, 아동성애, 낙태
⑧ 사탄숭배: 예술 전파 — 음악, 미술, 영화
⑨ 언론, 매체 검열: 대중조작, 가짜뉴스, 세뇌, 정신적 · 영적 지배
⑩ 기독교 대체 문화 확산: 명상, 마음공부 등 — (알아차림을 넘어서서) 영매, 영계의 신비체험, 초월경험, 보이지 않는 영의 세계로 미혹함.
⑪ 인본주의: 인간은 자신의 미래와 운명을 결정짓고 선택할 권리가 있으며, 또한 그렇게 되도록 스스로 만들 능력이 있다고 가르침.

- 사탄숭배자이자 영매자인 앨리스 베일리(1880~1949)의 글
『JESUS ARMY』(2014) 참조

〔요한1서 2:18〕 아이들아 이것이 마지막 때라 적그리스도가 이르겠다 함을 너희가 들은 것과 같이 지금도 많은 적그리스도가 일어났으니 이러므로 우리가 마지막 때인 줄 아노라

2. 기독교 통합상담의 창조적 적용

신학과 심리학의 통합주의는 다양한 입장이 있다. "신학과 심리학은 모순되지 않는다(Paul Tournier)", "심리학의 기본적인 원리와 내용은 그에 상응하는 신학 영역 안에서 통합될 수 있다(Carter, J. D.)", "심리학 용어들과 신학 용어들의 병행 통합(Paul Meehl)", "세속적 심리학에 있는 요소들을 다시 빼앗아와야 한다(Larry Crabb)", "성경에 비추어 과학을 검토함으로써 조화를 이루도록 재건해야 한다(Gary Collins)" 등의 차별화된 입장들이 그 대표적 예다. 이처럼 기독교 통합상담에는 여러 가지 입장이 있지만, 심리학 및 상담 이론과 실제에 관한 다양하고 유용한 연구들을 어떻게 기독교와 통합적으로 접목하고 적용할 것인지는 상담자의 창의적 몫이겠다.

이 책에서 소개하는 '통합상담 방법' 또한 그런 과정에서 필자가 개인적으로 궁구하고 상담에 적용한 방법이며, 이는 독자들에게 참고일 뿐 상담 과정에서는 각 상담자가 다양한 통합방법을 시도하고 적용할 수 있을 것이다. 다만 심리학 역시 여러 입장이 있고, 그에 기반한 효과적인 상담기법들이 있으므로 이를 기독교적 가치와 성경적 기준에서 제대로 필터링하여 유기적 통합을 이룬다면 가장 바람직할 것으로 본다.

1) 통합이 필요한 이유와 원칙

- 내담자들은 심리적 고통으로 구겨지거나 심지어 깨진 사람들이며, 적절한 도움이 절실하다.
- 고꾸라진 내담자는 자기 힘으로 버티기조차 힘들며, 그에게 손을 내밀어 일으켜줄 누군가가 필요하다(예: 보이는 손인 상담자와 보이지 않는 손인 성령).
- 심리적 문제가 가로막고 있어 권면이나 가르침만으로는 믿음을 갖기 힘들다(사탄의 방해로 오히려 멀어지거나 냉담).
- 일반상담도 지식과 학문으로서 일반은혜로 볼 수 있다(기독교적 필터링 전제).
- 초기에 일반상담 중심 통합상담으로 문제의 완화와 치료효과가 있다 할지라도 이후 기독교 중심 통합상담이 필요하다(중·후기).
- 중·후기 통합상담은 재발 예방과 영적 성숙을 위한 걸음을 떼는 것이며, 상담 종결 후에도 영혼 구원의 긴 여정으로 이어져야 한다.

2) 기존 통합상담의 문제점

현재 이뤄지고 있는 기존 통합상담은 긍정적 요소가 있기는 하지만, 상담의 방향성에 있어 근본적인 변화와 전인적 회복보다는 심리문제 해결에 초점이 있다 보니 일반상담적인 틀의 한계를 넘지 못하는 경우가 많은 것 같다. 즉 대부분 일반상담적으로 진행하다가 필요 시에만 기독교적 권면이나 전도 차원에서 접근하는 모양새로, 기독교 통합상담의 융합적 전체성이 확보되지 못했다. 심지어 상담의 전 과정이 인본주의적 '자기 찾기+홀로서기'로 채워져서 일반상담과 비슷하게 마무리되는 경우도 많은데, 이는 더 큰 문제다. 온전한 '자기 서기'와 치유를 위해서는 상담의 적절한 단계쯤에서 회개와 죄 사함의 은혜로 거듭나는 과정이 있어야 하고, 거듭난 이후에는 하나님 중심으로 맡기고 자족하며 영적 성숙과 실천의 과정인 '성화'로 나아가야 하는데, 이 방향이 제대로 잡히지 못하기 때문이다. 그리고 성화를 궁극적으로 이루시는 분은 성령이시므로 상담 준비나 상담현장에서 성령의뢰와 영적 치유라는 핵심요소가 도외시되어서는 안 된다.

또한, 상담의 방법상 하나님의 자리보다 상담자의 자리가 훨씬 크다는 것도 문제점이지만, 여전히 내담자보다 상담자 위주의 지시적 상담을 하는 경우가 많다는 점도 지적하지 않을 수 없다. 내담자 중심적인 통찰과 성경에 기초한 구체적 통합상담보다는 상담자 중심의 추상적이며 기독교선언적 · 고답적 · 교시적 · 지시적 상담이 주를 이룬다. 효과적인 기독교 통합상담이 되려면 통찰이나 인지변화 등을 내담자 중심으로 하되, 상담자는 밀어주거나 함께 가면서 다만, 상담 효과의 최종 목적지를 주도적으로 조율해야 한다고 본다.

실제 상담 시 일반상담 기법을 기독교적으로 필터링하거나 재건하지 않은 채 사용한다든지, 상담 준비와 상담 과정에서 기도나 성경 말씀 활용 비중이 적고 무계획적인 경우도 많다. 일반상담의 기법과 이론을 기독교적으로 재해석하거나 기독교 가치와 효과적으로 접목하지 못하고, 통합상담을 한다면서도 일반상담과 기독교상담이 유기적으로 통합되지 못한 채 분리되어 따로따로 구사되는 것이다.

이러한 문제점들은 통합상담 분야에 대한 이론적 연구는 많으나 실제적 연구가 많지 않은 데서도 기인한다고 본다. 즉 "상담현장에 구체적으로 적용할 때 어떻게 통합할 것인가?", "상담 과정에서 어떤 상담 전략과 접목할 것인가?" 그리고 "성경적으로 필터링하고 보완해야 할 기법" 등에 관한 연구가 부족하다.

정신질환을 심한 트라우마나 좌절감, 상실감 등으로 정서, 인지, 행동, 무의식, 기억에 부적응적인 문제가 생긴 것이라고 본다면, 정서는 '지지 및 알아차림'으로, 인지는 '인지 재구조화'로, 행동은 '둔감화 및 훈련'으로, 무의식은 '잠재된 갈등과 욕구의 통찰'로, 기억은 '재경험을 통한 재공고화와 재기억 치환'으로 치료적 접근이 가능할 것이다. 통합상담은 이러한 다양한 기법을 활용하되, 이를 기독교적으로 필터링하여 성경 중심의 영적 치료와 접목·통합해야 한다.

일반상담의 경우에는 연구를 통해 효과성이 입증된 경우도 많지만, 상담 종료 후 재발이 많은 게 현실이다. 이에 2부 3장 이하에서 실제 상담에 활용해서 성공적이었던 통합상담의 방법을 소개하고, "기존의 상담기법을 어떻게 기독교적으로 보완·심화할 것인가"에 대해 고민한 것들을 공유하고자 한다. 이 과정에서 이론적 접근보다 상담에서의 실제적 접근과 구체적 적용에 초점을 두고 진행하겠다.

3) 일반은혜(자연계시)로서의 심리학

몸의 시스템과 자연치유, 정신의 시스템과 회복, 양심과 도덕(사회적 가치) 등에 깔린 하나님의 창조원리는 누구에게나 주어지고 누리는 일반은혜다. 마찬가지로 과학이나 심리학 등의 학문도 하나님의 자연계시이자 일반은혜로서 가치가 있으며 존중되어야 한다. 다만 성경적으로 필터링이 필요하고, 문제없는 것은 활용하되 부딪히는 것은 잘라내며, 부족한 것은 보완하여 재창조로 재건해야 한다. 기독교 통합상담은 일반은혜인 심리학에 열려있으나, 모든 과정에서 성경적 관점과 말씀의 핵심을 관통해야 한다. 통합상담은 단계상 상담 초기에 일반상담을 활용하는 면이 많다가 상담 후기에 가서 기독교적·전인격적 변화로 이끄는 게 특징이다.

〔데살로니가전서 2:13〕 이러므로 우리가 하나님께 끊임없이 감사함은 너희가 우리에게 들은 바 하나님의 말씀을 받을 때에 사람의 말로 받지 아니하고 하나님의 말씀으로 받음이니 진실로 그러하도다 이 말씀이 또한 너희 믿는 자 가운데서 역사하느니라

▶ 기독교상담과 일반상담의 차이

일반상담의 특징: 자아(나) 중심, 회개 · 용서 없음, 개인주의, 세속적 욕구충족, 기능적(역기능적 문제치료), 도구적(고통 완화를 위한 치료)

기독교 (통합)상담	일반상담
하나님 중심	나 중심
회개와 죄 사함으로 바로 서기	자아존중과 긍정적 자아상
맡김(내려놓음)과 자유함(자족)	불안 직면(수용)과 실존(책임)
용서(화해)와 공동체 회복	자기 의사표현과 욕구충족

(1) 기독교적 재적용과 심화

통합상담에서는 일반상담의 원리 및 기법을 기독교적으로 필터링하고 안 맞는 것은 보완하여 재건 · 심화해야 한다. 그 이유는 성경에 근거하는데, 만일 철학과 심리학에 기반을 둔 일반상담으로만 상담할 경우 당장 효과가 있을지언정 '죄의식의 해결'이나 '용서를 통한 공동체의 회복'까지 닿지는 못하게 된다. 그러면 상담이 해열제처럼 당장 증상만 호전시키면서 오히려 하나님께로 가는 길을 방해하는 역할을 할 가능성도 있기 때문이다. 즉 일반상담은 회개 없는 자기긍정, 실용적 힐링치유 등을 비롯하여 기독교적으로 필터링되고 보완해야 할 요소들이 많다. 이러한 근거의 타당성에 대해서는 통합상담 방법론을 다룰 때 구체적으로 언급하고자 한다.

〔마가복음 7:7〕 사람의 계명으로 교훈을 삼아 가르치니 나를 헛되이 경배하는도다 하였느니라

▶ 일반상담과 기독교상담의 비교

〈욕구개념 비교〉

- 인정욕 · 애정욕 — 죄의식 해결의 대체로서 세상적 보상추구
- 생욕(식욕, 수면욕, 성욕) — 죄의 대가(죽음)에 따르는 생리적 욕구
- 욕망(물질, 건강, 쾌락) — 인간의 유한성에 대한 지나친 대응은 불안 · 중독의 위험 증가

〈요소 비교〉

- 비합리적 · 비현실적 사고와 인지 왜곡 — 에덴적 환상(실낙원-성경적 이해 부족)
- 실존적 세상(창조적 절망/최적의 좌절) — 성경적 세계관(죄성 통찰, 회개)
- 자기 힘으로(자유, 의지) — 자기를 버리고 하나님 힘으로(칭의, 자유함)
- 수용전념-마음챙김(고통 경감을 위한 수용?) — 맡김, 자족(믿음과 소망으로 고난 수용)

〈상담 비교〉

- 자신의 힘 키우기 — 하나님 힘 의뢰하기(일으키기)
- 비현실적 이상 바꾸기 — 에덴적 환상 깨기(자기 지키기)
  (실존: 기능, 합리 — 믿음: 죄 해결, 구원)

- 완벽주의(부정적 자아, 타인에 대한 실망, 미래 비관), 당위성 — 율법주의(죄책감, 타인 판단, 하나님에 대한 원망), 정죄
- 회개 없이 자기긍정, 자기자비 — 자기부인/회개와 칭의(자기 세우기)

- 인간적 가치(욕망): 인정욕, 애정욕, 물질, 즐거움 추구 — 인간적 욕구 절제와 '하늘의 의' 우선순위
- 기투(企投), 선택과 책임 — 맏김+자족+감사(받아들이기)

- 개인 중심의 관계회복 — 용서(사랑)와 공동체 회복
- 미래에 대한 꿈, 희망 — 소망
- 성숙 — 성화(담대히 나아가기)

〔요한일서 4:11~12〕 사랑하는 자들아 하나님이 이같이 우리를 사랑하셨은즉 우리도 서로 사랑하는 것이 마땅하도다 어느 때나 하나님을 본 사람이 없으되 만일 우리가 서로 사랑하면 하나님이 우리 안에 거하시고 그의 사랑이 우리 안에 온전히 이루느니라

(2) 기존 상담이론 걸러내기(filtering)

일반상담 기법을 활용하되, 비판을 위한 비판이 아니라 통합적용을 위한 기독교적 필터링이 필요하다.

- 필요 시 일반상담 기법 중 기독교적으로 부딪히지 않는 효과적인 기법들을 활용한다.
- 일반상담 기법 중 기독교와 배치되는 부분은 보완하여 극복 방법을 모색한다.
- 성경적 세계관과 기독교적 가치관에 맞게 창조적으로 재건·심화시킨다.

① 인간 중심 상담

로저스(Carl Rogers)는 인간은 누구나 성장하고 자아실현을 할 수 있는 능력이 있다고 보았다. 그런데 사회화 과정에서의 불일치(외부적 기준

과 내면적 기준, 진정한 자기와 이상적 자기, 유기체적 욕구와 타인의 인정, 자기개념과 실제 경험)가 부적응을 유발하므로 상담자는 '무조건적 · 긍정적 존중과 수용', '공감적 이해', '진실성'을 가지고 거짓된 자기 뒤에 숨은 내담자의 진정한 자기 모습을 수용하여 불일치를 해소하고, 자신에 대한 긍정적 신뢰감을 토대로 성장하도록 도와야 한다고 주장했다.

㉠ 활용 가능성

비지시적이며 반영적 · 공감적 상담 접근으로 내담자가 죄책감, 불안, 수치감, 분노 등 본인이 외면했던 자신의 부정적 감정들을 알아차려 수용하고 표현할 수 있도록 한다. 라포르 형성과 내담자-상담자 간 신뢰 구축, 내담자의 자기 문제 내놓기 등 상담 초기에 특히 유효한 전략이지만, 어떤 상담에서든 상담 기간 내내 기본적으로 적용되는 기법들이다.

㉡ 기독교적 · 비판적 시각으로 들여다보기

- 자아에 대한 부풀려진 개념과 자기도취, 우상화, 유기체적 가치부여 등 인본주의적 · 인문주의적 토대는 순진한 낙관주의와 이상주의로 흘러 인간의 불완전성과 죄성에 대해 놓치는 면이 있다.
- 나 중심의 욕구를 기반으로 한 자아실현과 성장추구는 나를 부인하고 나를 넘어서서 나눔과 자족, 용서와 사랑 등 영적 가치를 향해 가는 기독교의 관점에서 볼 때 인간중심적 성장이라는 한계가 있다.
- 개인주의와 무의식적인 이기주의, 경험주의, 상대주의는 허용적 은혜만 있고, 자기고백, 회개, 성화 등 구원적 회복을 향한 진리 추구가 취약하다.
- 내담자의 잠재력과 욕구에 초점을 둔 내담자 중심의 비지시적 상담은 통합상담의 중 · 후반에 통찰과 직면, 회개와 인지행동적 변

화, 영적 성숙 등으로 가고자 할 때 상담자의 개입 여지를 축소시키는 면이 있다.

② 게슈탈트(Gestalt) 상담

'게슈탈트(Gestalt)'라는 단어는 형태, 전체, 모양 등으로 번역될 수 있는 독일어로, '전체' 혹은 '완전함'을 의미한다. 펄스(Fritz Perls)에 의하면 게슈탈트는 "개체에 의해 지각된 유기체의 욕구나 감정을 하나의 의미 있는 전체로 조직화하여 지각한 것"으로, 게슈탈트치료에서는 모든 정신병리 현상이 알아차림의 결여로 인해 발생한다고 본다. 즉 개체가 알아차림을 차단시키면 게슈탈트 형성이 불가능하게 되고, 행동이 목적성과 방향감각을 상실하게 되며, 해소되지 못한 욕구와 감정은 미해결과제로 남아 완결을 요구하면서 되풀이하여 강박적으로 나타나 문제를 일으킨다. 그러한 병리 현상의 예로 내사, 투사, 융합, 반전, 편향 등을 들 수 있다. 따라서 알아차림은 게슈탈트를 형성하여 이것의 완결을 가능하게 하며, 게슈탈트치료의 관건이 된다(알아차림의 접촉 주기: 감각 – 알아차림 – 에너지 동원 – 행동 – 접촉 – 물러남).

㉠ 활용 가능성

지금, 여기에서 일어나는 '자신의 신체감각이나 감정, 욕구 등 내부현상/환경, 상황 등 외부세계와의 상호작용/반복되는 고정된 사고패턴, 행동패턴' 등 자신의 부적응적인 행위방식을 자각하는 알아차림과 체험적 통찰을 치료적으로 활용하여 자기지지와 자립의 효과를 기대할 수 있다. 자립은 외부지지를 받기 위해 타인에게 의존하거나 조종하는 것을 좌절시켜 자신의 내적 힘을 동원하여 일어서도록 하는 것으로, 이는 개체가 타인의 부당한 억압이나 요구를 거부하고 주체적 사고와 행동을 하는 데 도움이 된다. 통합상담에서 이러한 통찰은 사탄의 구체적 활동 노정을 알아차림으로써 부정적인 공격에너지를 막고 대처하며,

회개와 자기 세우기로 이어지는 다리가 될 수 있다는 데 의미가 있다.

㉡ 기독교적 · 비판적 시각으로 들여다보기

게슈탈트치료에서는 실존적 삶과 유기체의 자연스러운 욕구에 따라 살며, 어떤 이상적인 사람이 되는 것을 포기하고 외부의 요구나 압력으로부터 자립하여 자기 자신이 될 때, 자신의 실존적 존재를 실현하고 비로소 변화와 성장이 일어난다고 주장한다. 이는 자기주장을 통해 솔직하고 일치되게 자기를 실현하도록 돕는다는 면에서 분명히 타당성이 있다. 하지만 '유기체의 욕구충족'을 향한 자기애적이고 개인주의적인 태도는 사회적 책임의식 및 공동체적 관심 부족과 쾌락주의라는 한계를 가진다.

이를 극복하고자 내세운 성장개념 또한 자연 및 사회에서 실존적 존재로 살아가는 관계방식의 향상 정도일 뿐 더 의미 있는 헌신이나 자기희생, 용서와 화해의 가치에는 다가가지 못한다. 즉 주체적 자기로서의 자유, 선택, 책임을 중시함으로써 '자기'라는 굴레를 넘어서기 힘들며, 자기중심성과 공동체적 가치 부재라는 문제를 가질 수밖에 없다.

게슈탈트치료가 불교의 알아차림을 활용했으나, 그 도달점은 집착과 탐심을 비우고 해탈하여 깨달음을 얻고자 하는 불교와 정반대 쪽에 있다는 점은 주목할 만하다. 이는 땅(육)의 가치보다 하늘(영)의 의를 우선시하고 탐욕의 절제와 자족, 용서와 나눔을 강조하는 기독교 정신과도 부딪히는 점이다.

③ 인지(행동)치료

자신과 세계에 대한 지식과 정보를 체계적으로 조직하고 저장하는 기억체계를 뜻하는 인지구조 또는 인지 도식은 정신장애의 경우 역기능적 신념(Aaron T. Beck)의 형태로 나타나게 된다. 이는 어떤 사건의 의미를 해석하는 과정에서 인지 왜곡과 오류를 범하면서 부정적(자신/환경/미래)·자동적 사고를 발생시키고, 그 결과 심리문제와 우울증을 유발할 수 있다는 이론을 토대로 역기능적이고 비합리적·비현실적·비효율적인 사고를 탐색하여 기능적이고 합리적인 긍정적 사고로 교정하는 치료방법이다.

㉠ 활용 가능성

합리적정서행동치료(REBT) 활용

엘리스(Albert Ellis) A-B-C-D-E: 사건(**A**ctivating Event) – 비합리적 생각(Irrational **B**elief) – 부적절한 정서행동(**C**onsequence) – 논박(**D**ispute) – 합리적 생각/효과(**E**ffect)

☞ 성경적 세계관과 기독교적 가치관을 바탕으로 한 '기독교 인지행동통합치료': 심리도식, 비합리적 신념(핵심신념), 인지 왜곡, 부정적 사고, 자동적 사고, 에덴적 환상 등을 탐색하여 교정하되, 성경적 지식을 활용한 논박을 통해 기독교적 가치관에 부합되는 합리적 신념으로 바꾼다. 성경적 이해를 통해 자기 자신, 타인, 세계에 대한 환상을 깨고 그 불완전성을 수용하여 예수님이 십자가 피로 인간의 죄를 사하시므로 자기를 받아들이고 지키도록 돕는다.

㉡ 기독교적·비판적 시각으로 들여다보기

- 합리적 신념: 합리성이라는 가치는 결국 가치(평가, 당위성)를 부정한 REBT의 자기논리 부정이다. 합리적·비합리적 신념 또한 인간(상담자)이 정한 기준과 해석에 따른다는 점에서 한계가 있다.
- 자존감, 긍정적 자아개념: 낮은 자존감과 부정적 자아개념을 개선하는 방향성은 전적으로 유효하다. 그러나 "정서가 인식에 종

속된다"라는 인지 중심의 지나친 획일화는 정서적 변화가 따르지 않는 경우 작위적 · 인위적인 한계를 가질 수 있다. 정서적 · 영적 변화를 포함한 전인적인 변화 없이 긍정적 자기개념과 자기이미지를 내적으로 충분히 받아들일 수 있는가?

- 임상적-인문주의적-무신론적 토대: 기독교적 보완과 필터링 요함.
- 개인주의적 가치: 공동체적 가치 부족, 타인용서의 개념 부족
- 자아중심성과 쾌락주의: 자기부인과 회개로, 나를 버리고 하나님을 목적 삼는 삶으로의 변화가 요구됨.

수용전념치료(ACT: Acceptance Commitment Therapy)는 마음챙김*과 자기자비, 수용을 통해 해결되지 않는 부정적 정서나 피할 수 없는 고통을 받아들이고, 인지행동의 변화가 부진하더라도 가치 지향적 행동으로 새로운 해결책을 시도해나감으로써 인지치료를 보완하는 긍정적인 면이 있다. 인지치료는 내담자가 자기 문제를 잘 이해하고 머리로는 인지적 해법을 잘 알고 있더라도 정서적으로나 행동적으로 변화가 따르지 못하는 경우가 꽤 있다. 수용전념치료는 마음챙김, 인지적 탈융합과 수용으로 이러한 한계를 극복한다는 장점이 있다. 하지만 죄의 회개도 없이 치료적 목적으로 자기용서(자기자비)를 통한 수용이 가능할 것인가? 타인에 대한 용서개념은 별로 없으면서 자기에게 조건 없이 용서를 시혜하라는 것도 '자기충족적 기능성'이라는 한계를 드러내는 점이다.

* 마음챙김(mindfulness): 고대 인도 팔리어 사티(Sati)의 영어번역인 mindfulness(마음챙김)는 학계나 심리치료자에 따라 다양하게 사용되고 있지만, '지금, 여기'에 주의를 두고 개방적 · 수용적 · 비판단적 · 무집착적 · 비조작적이라는 공통점이 있다. 비숍 외(Scott R. Bishop et al., 2006)는 서구의 심리치료학계에서 사용되고 있는 'mindfulness'를 "공들이지 않고 비판단적이며 현재 중심의 지각(知覺)으로, 주의(注意)의 영역에서 발생하는 생각, 감정 또는 감각을 인정하고 있는 그대로 수용하는 것"으로 정의한다.

또한 "전념하는 가치의 선택기준이 무엇인가?"라는 물음이 여전히 남는데, 왜냐하면 이는 가치선택의 다양성과 상대성, 이로 인한 모호성의 한계를 가질 수밖에 없기 때문이다.

▶ 인지이론과 기독교 비교

〈심리영역〉

- 인지치료의 재구조화, 부정적 사고 도식 바꾸기: 인지변화를 통해 정서·행동 변화
- 기독교상담의 거듭남(정서적·인지적·행동적·영적 동시 변화): 인지영역(말씀 중심)과 정서영역(회개+칭의), 행동영역(실천 중심), 그리고 영적영역(기도, 믿음) 등 모든 영역이 중요함.

〈외적 조건(외모, 능력, 재산 등) 또는 내적 조건(인격, 성격 등)에 대한 열등감〉

- 인지치료: 다른 긍정조건을 들어 상쇄시키는 물타기 전략
- 기독교상담: 인간적 조건의 가치를 넘어서는 큰 패러다임의 기독교적 가치(믿음)로 전환

〈긍정적 자기개념 형성과 자기용서〉

- 인지(수용전념)치료: 회개 없이 자기용서
- 기독교상담: 회개를 통한 칭의와 자기용서

〈전념할 가치는 누가 정하나?〉

- 인지(수용전념)치료: 인간(한계성)
- 기독교: 하나님(성경적 가치)

④ 정신분석 상담

프로이트(Sigmund Freud)는 인간의 심리적 구조와 과정을 의식, 전의식, 무의식의 세 가지 수준의 과정과 원초아(id, 인간의 충동적 행동을 유발하는 원초적 욕구), 자아(ego, 환경에 대한 현실적인 적응 담당), 초자아(superego, 내면화된 이상적 가치나 윤리의식)의 삼원구조로 제안하고, 이상행동의 원인을 어린 시절의 좌절 경험에서 비롯된 무의식적 갈등과 억압(방어기제)으로 설명했다. 방어기제로는 부인, 회피, 책임 전가, 보상, 과잉보상, 전치, 이상화, 동일시, 대치, 전환, 승화, 반동형성, 투사, 합리화, 지성화 등이 있다. 정신분석기법은 최면, 자유연상, 꿈의 분석, 전이분석, 저항분석 등으로 내담자가 자신의 삶을 지배하는 무의식적 의도와 갈등을 자각하도록 통찰을 유도하여(무의식의 의식화) 훈습을 통해 현실에서 해결력을 갖도록 변화시키는 치료법이다.

㉠ 활용 가능성

프로이트는 사람의 마음과 행동에서 "자신도 상태를 알지 못하는 것"을 뜻하는 무의식이 의식보다 더 많은 영역을 차지하면서 영향을 미친다고 주장했다. 인간은 태어날 때부터 성과 공격성의 추동을 가지며, 이처럼 사회적으로 수용되기 어려운 욕구들을 억압해 형성되는 무의식은 끊임없이 의식의 영역으로 올라오려 하는데, 이를 방어하다가 문제가 생긴 부적응적 결과가 정신장애라고 본다. 이처럼 의식의 영역에서 제거당한 긴장 상태의 갈등이 이상행동의 원인이므로 자신의 무의식을 직면했을 때 정화와 치료가 일어난다는 것이다.

기독교적으로 봤을 때 무의식은 꼭 필요한 하나님의 창조시스템 중 하나로, 하나님과의 통로로서 '계시와 신비', 조율과 연계 · 연결로 합력하여 선을 이루는 장, 그리고 하나님을 닮은 '무한한 창조의 샘'이었으리라. 하지만 죄로 인해 온전성이 깨지면서 인간의 콤플렉스와 약점을 파고드는 사탄의 간교한 전략에 무의식의 상당 부분이 점령된 상태라고 생각한다. 사탄은 인정욕과 애정욕 등 '죄의식'의 보상욕구, '죽음의 공포와 삶의 불안'에 대한 대처로서의 탐욕 및 음욕(성욕) 등을 자극해서 하나님과의 만남의 통로를 방해하고 예수님을 통해 해결해야 할 것들을 세속적 욕망으로 대체하여 무의식적 갈등을 증폭시킨다.

프로이트가 신경증을 치료하면서 확인한 무의식의 내용이 성(sex), 공격성(aggression)과 연관되어 있다는 것도 무의식에 깔린 인간의 죄성을 보여주는 예다. 무의식적 갈등을 파악하여 자각함으로써 치유가 일어나는 현상은 알아차림을 통해 신체적·심리적 고통이 완화되는 경우와 마찬가지로 회복을 위한 하나님의 창조시스템 속 작동의 한 예로 볼 수 있다. 다만 통합상담은 여기서 더 나아가서 욕구 좌절과 무의식적 갈등에 내재한 근원적인 죄성과 죄의식을 통찰하는 데까지 이뤄져야 한다. 온전한 회복은 심리적 통찰뿐만 아니라 이를 넘어선 영적 통찰로 갈등과 고통 속에 들어있는 사탄의 교활한 전략과 속임수를 파악하고 대적하는 데서 가능할 것이다.

㉡ 기독교적·비판적 시각으로 들여다보기

- 본능과 생물학적 가정: 5가지 발달단계에 따른 성적 욕구의 만족과 좌절 경험을 성격 형성과 이상행동의 원인으로 보고, 심리문제를 일으키는 다양한 원인을 본능적 욕구에 기반한 '성욕' 하나로 일반화시킨 문제점이 있으나, 정신의학에서 성욕에 대한 담론을 열었다는 점, 이를 심리학적 이론으로 풀어냈다는 점은 인정할 만하다. 내재한 위험성과 '통제'라는 면에서 볼 때, 성욕은 인간에게 가장 강력한 욕구이며 따라서 심리문제에 끼치는 영향 또한 지대하다고 볼 수 있다.
- 무신론적 철학 토대: 하지만 프로이트는 기독교나 영적 의미에 대해 무지한 걸 넘어서 비판적·적대적 태도를 보였다. 기독교 통합상담은 이 부분을 극복하는 게 관건이라고 본다.

• 인과론, 환원론, 기계론, 결정론: 과거의 경험과 사건에만 초점을 맞춘 단편적이고 편협적이며, 폐쇄적인 틀 속에 가두어지는 한계가 있다.
• 장기간의 치료기간과 주관적 치료법: 정신분석가의 해석이 실제 무의식과 일치하는지 확인할 방법이 없다는 점과 치료기간이 너무 길어 시간과 비용의 부담이 크다는 단점이 있다.

4) 통합상담의 목표와 기독교적 전제

(1) 통합상담의 목표

기독교와 일반상담의 이론적 · 기술적 통합상담으로 당면한 정신 문제를 치유 · 회복하고 나아가 궁극적으로는 성숙 · 성화*에 이르는 것이다.

(2) 기독교적 전제

① 사탄은 교만(영접 방해), 의심(맡김 방해), 집착(평안 누림 방해) 등을 부추겨 하나님과 멀어지게 하고, 회복의 길을 막는다.
② 성령과의 만남과 거듭남은 우주적 절대고독 속에서 죄를 깨닫고 직면하여 회개할 때 가능하다.
  • 죄 — 죽음(사탄에 잡힌 몸과 마음)

---

* 성화(聖化): 인간이 하느님의 성성(聖性)에 이르거나 참여하는 것을 뜻하며, 성도가 일생을 살면서 그의 신앙적 삶이 거룩하고 성결하게 되어가는 과정이나 행위를 말한다. 성성에 이른다는 말은 하느님과 일치한다는 뜻이며, 하느님은 사랑이시므로 사랑에 머무르는 자는 하느님과 일치하는 것이다(요한1서 4:16). 성결은 하느님을 아는 지식에 근거하여 하느님의 임재를 체험하거나, 하느님의 힘과 성령의 역사를 통하여 이루어진다. 가톨릭정보사전 참조.

• 죄 사함 — 새생명(사탄에게서 놓인 몸과 마음)

∴ 영원한 죽음 → 영원한 삶: 거듭남

③ 사회관계적 인정욕 · 애정욕과 원초적 생의 욕구(식욕+성욕+수면욕: 의식주 관련)는 지나칠 경우 사탄이 인간을 고통과 갈등(투쟁 상황)으로 유인하는 매개물

- 사회관계적 인정욕 · 애정욕: 죄의식과 죄의 짐을 '회개+칭의'로 예수님을 통해 풀어야 인정욕 · 애정욕에서 자유함. ☜자기 긍정/자기 세움
- 죽음에 대한 불안(원초적 생의 욕구): 십자가 보혈의 은혜를 통해 부활과 영생에 대한 소망으로 죽음을 극복할 때, 집착에서 자유하며 평안함. ☜감사(자족)+맡김/나눔+사랑+용서

▶ 기독교 통합상담의 주안점

죄책감과 수치심, 여기서 파생된 분리감, 두려움은 사탄의 유혹에 빠져 원죄를 지은 아담으로부터 그 후손인 우리에게 내려오는 죄적 정서 현상이며 죄의식과 연결된다. 이를 해결하는 유일한 방법은 예수님을 영접하고 죄 사함을 받는 길이지만, 사람들은 그 대신 세상 속에서 사람들에게서 인정받고 사랑받음으로써 열등감과 콤플렉스의 올무에서 해방되고 싶어 한다. 그것이 불안한 자신에게서 벗어나 스스로 서는 길이라는 착각 속에서…. 통합상담은 인정욕구, 애정욕구라는 자기정당화 추구 과정에서 생긴 부작용(실패감, 상실감, 상처)이 심리적 문제를 야기하는 것으로 보고, 회개와 죄 사함(하나님과의 관계회복), 자기 세우기(자기와의 관계회복)와 용서(타인과의 관계회복)를 통해 창조 시의 온전성을 회복해나가도록 돕는다.

- 영혼 돌봄: 하나님의 사랑으로, 타인과 자신의 죄성(사탄의 공격)으로부터 내담자 싸안기

- 하나님과의 관계회복: 사람과 세상으로부터 인정·애정을 받으려는 게 아니라 있는 모습 그대로 받아주시는 예수님과 연결되어 자기를 수용하고, 성령을 힘 삼아 일어남.
- 회개(영적 통찰): '원죄-자범죄-공동의 죄' 회개+보혈의 은혜로 용서받음+자기용서
- 하나님께 맡김과 동행: 고난의 수용, 자족, 평강, 평안
- 성숙/성화: 나눔과 용서, 사랑

3. 기독교 통합상담의 과정과 단계

기독교 통합상담은 상담방법과 과정에서 상담전문가나 평신도 돌봄 사역자 등 상담자의 역량에 따라 다양성을 보인다. 하나님은 사람을 통해 준비된 만큼 이루어가시기에 어떻게 통합하여 상담 과정에 적용할 것인지도 각 상담자나 돌봄자의 특화된 몫이며, 여기서 소개하는 것은 하나의 예일 뿐이므로 참고하여 창조적으로 접근하길 바란다.

상담은 대체로 초기 단계에서 상담의 이슈(내담자의 호소점, 상담 이유, 문제) 및 문제의 원인 파악 이후 상담목표 설정, 전략 수립, 상담 진행, 종결 과정을 거친다. 여기서는 우울과 불안의 문제를 가진 내담자를 대상으로 진행했던 상담사례를 중심으로 상담 과정을 소개하고자 한다. 다수의 내담자가 (인정·애정)욕구 좌절로 인한 분노와 우울·불안 문제를 가지고 있었다는 점을 밝히며, 따라서 이러한 키워드를 중심으로 문제해결을 위한 통합상담 과정을 살펴볼 것이다.

심리문제의 원인에 대한 필자의 기본적 관점은 우리가 하나님과의 관계를 통해 해결 받아야 할 것들을 제대로 풀지 못하는 데 기인한다는 것이다. 즉 죄의식과 죄의 대가에 대한 올바른 해법과 대처방식을 회피하고, 세상과 사람에 의존해서 인정욕·애정욕과 탐욕을 추구하는 데서 발생하는 갖가지 문제가 역기능적으로 작용하여 정신질환을 일으킨다고 본다. 예를 들어 죄의식의 보상인 인정욕을 채우기 위한 노력이 실패하거나, 애정 관계의 상실 등으로 좌절을 느낄 때 문제가 잘 해결되지 못하면 우울로 나타날 수 있다. 반면 죄의 대가로 찾아온 죽음과 물질적 유한성에 대한 불안을 믿음으로 잘 대처하지 못하고, 과하거나 왜곡되게 대응하면 불안장애나 중독 등이 생길 수 있다.

우울과 불안

① 원인: 죄의식, 죄의 대가
- 죄의식: 콤플렉스 – 보상심리 – 인정/애정욕구 – 열등감(비교) – 좌절감(비난) – 분노 – 자존감 저하(내부공격) – 우울장애
- 죄의 대가: 죽음과 물질적(육체적) 한계 – 삶의 불안 – 불안 심화(가짜불안과 '공포의 공포') – 탐욕(불안에 대한 잘못된 대응) – 불안장애

② 해법
- 일으키기: 알아차림과 자립 — 게슈탈트통합치료
  자기 지키기: 인지변화와 훈련 — 성경적 세계관으로 인지행동통합치료
- 세우기: '욕구 및 죄의 통찰' + '회개와 죄의식의 해결' — 역동통합치료
  맡기기: 성령의뢰 — 동행/맡김 + 수용/자족(불안 대응)
- 나아가기: 사랑, 나눔, 용서(성숙/성화)

1) 단계

통합상담 진행순서

일반상담 중심 통합(게슈탈트 알아차림+기독교적 인지 재구조화) → 기독교 중심 통합상담[욕구 및 죄의 통찰 + 회개(칭의로 자기 세우기) + 맡김 + 용서(자기, 타인)]

초기에는 게슈탈트치료/인지행동치료 등 일반상담을 중심으로 하여 기독교적 세계관과 통합하는 '일반상담 중심 통합상담'을 하고, 중기 이후에는 기독교적 가치관을 중심으로 하여 통찰치료 등과 통합하는 '기독교 중심 통합상담'으로 진행한다. 전체 단계에 걸쳐 내담자 중심의 상담을 진행하되, 상담의 흐름과 방향은 중·후기로 갈수록 통합의 단계에 맞게 상담자가 주도해나가야 한다. 초기에는 일반상담에 비중을 두고, 중·후기에는 기독교상담으로 비중을 옮겨 어느 정도 순서를 가지고 진행하되, 내담자에게서 확인되는 상담의 효과 여부에 따라 필요할 때 이전 단계로 가서 심화·보완할 수도 있다. 예를 들어 초기라도 내담자가 받아들일 준비가 되었다고 판단되면, (예를 들어 영접이나 회개 등) 중·후기 단계를 당겨서 하는 등 넘나들며 적용하는 융통성이 필요하다. 즉 단계별 상담전략은 전체 과정에서의 상대적인 비중을 뜻하지만, 해당 단계에서의 과업은 완수해야 함을 의미한다. 다시 말해 알아차림이나 인지변화는 단계상 대개 초기에 비중을 두고 상담을 진행한다는 기준을 말하는 것이며, 이는 중·후기에도 계속 이어진다.

초기

알아차림/게슈탈트통합치료: 자립(일으키기) → 에덴적 환상 깨기/인지행동통합치료: 자기 지키기(고난의 의미 이해+자기존중)

중·후기

역동통합치료(통찰+영적 치료): 욕구, 불안 및 죄(탐욕, 인색, 나태, 쾌락)의 통찰 // 말씀, 묵상, 회개, 기도 → 자기 세우기(죄 사함/속사람 강건) → 평안(동행+맡김+자족=고난의 수용) → 용서와 관계회복

상담에서 다룰 '시점'의 탐색으로, 상담 초기에는 현재(지금, 여기) 중심의 체험적 알아차림과 당면한 힘든 문제 및 위기상황을 탐색하고, 그

다음으로 사건 등 주요 문제에 따라 가까운 과거를 탐색하다가 원가족과의 관계 및 어린 시절의 경험 등 생애 초기 탐색을 포함한 생애 전반의 탐색으로 넓혀간다. 이는 내담자의 자기이해와 심리역동적 통찰이지만, 이를 넘어서 더 중요한 것은 죄성과 사탄의 전략 통찰이다. 즉 죄성의 약점을 파고들어 습관적으로 부적응적인 정서·사고·행동 패턴으로 이끄는 (–)에너지의 구체적인 길을 파악해서 영적 통찰로 이어져야 한다는 것이다.

초기 통합상담은 '게슈탈트+인지행동치료'와 성경의 지식적 활용 차원의 부분적 통합으로 '자기 지키기(인지적 자기긍정)'라면, 중·후기 '통찰과 영적 치료'의 통합은 '통찰'+'말씀, 회개, 기도, 성령 동행' 등을 통한 전체적(무의식·정서적·인지적·행동적·영적) 통합으로 '자기 세우기(수용적 자기긍정)' 과정이다. 통찰이라는 측면에서 볼 때, 초기 단계 게슈탈트 치료의 알아차림은 내부(신체감각, 감정, 사고, 욕구)와 외부(환경, 상황) 등 현상 알아차림과 고정된 사고나 행동 패턴 등 행위 알아차림을 통한 '체험적 통찰'이며, 중·후기 단계의 통찰은 무의식적 갈등과 욕구·불안 등의 '인지적·정서적 통찰'을 넘어서서 죄와 사탄의 전략을 통찰하는 '영적 통찰'로 이어지게 된다.

〈기독교 통합상담의 전체성(totality)〉

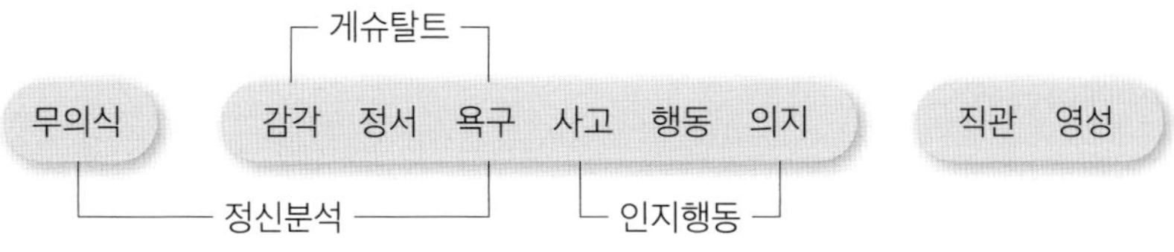

(1) 초기(일반상담 중심 통합)

> 예수의 마음으로 감싸안아 내담자 문제 꺼내기(독소 배출+기억 재공고화) → '게슈탈트통합치료'로 일으키기[감정, 욕구, 신체감각; 환경, 상황 등 외부와의 상호작용; 자신의 반복되는 사고 및 행동 패턴을 알아차려서 (-)에너지 통찰] → '인지행동통합치료'로 자기 지키기(에덴적 환상 깨기+자기존중+고난의 의미 이해)

① 게슈탈트치료(알아차림)의 통합적 적용

게슈탈트치료의 알아차림은 개체가 개체-환경의 장에서 일어나는 중요한 내적·외적 사건들을 단순히 지각하고 체험하는 것으로, '자의식'이나 '내관'과 달리 자기를 대상화시켜 관찰하는 것이 아니라 자신 속에 일어나는 감각, 감정, 사고와 욕구 등의 현상을 나타나는 그대로 발견하고 체험하는 것이며, 나아가 외부 환경이나 상황에 대한 지각도 포함한다(김정규, 『게슈탈트 심리치료』, 1995).

게슈탈트치료의 알아차림 기법을 활용한 '감정과 욕구, 환경과의 상호관계, 사고와 행동' 패턴의 자각을 통해 (-)에너지가 어떻게 작용하는지 통찰한다. 기독교 철학 — 하나님의 형상대로 창조된 인간은 누구나 근본적으로 존엄하고 무한한 생명의 가치를 가지며, 하나님의 성전으로서 타인에 의해 조종되거나 억압되어서는 안 되는 귀한 영혼임 — 과의 통합으로 내담자를 일으켜 외부에 의존하지 않고 자립하는 힘을 키우도록 돕는다.

〔시편 118:6~7〕 여호와는 내 편이시라 내게 두려움이 없나니 사람이 내게 어찌할꼬 여호와께서 내 편이 되사 나를 돕는 자 중에 계시니 그러므로 나를 미워하는 자에게 보응하시는 것을 내가 보리로다

▶ 걸러내기

- 자기/자아중심성
- 욕구 중시
- 나 중심적 관계설정과 용서 개념 없음

게슈탈트의 알아차림은 불교의 명상수행에서 가져온 기법이지만, 목적지가 다르듯(게슈탈트는 자기 욕구충족/불교는 욕구 해탈), 유기체의 자연스러운 욕구충족과 자기실현이라는 자아중심적 한계는 기독교 가치와도 배치되는 면이 있다. 공동체적 가치(용서, 사랑)나 영적 승화 요소가 미비한 게슈탈트치료의 한계를 성경을 토대로 필터링하여 기독교적 통합으로 보완해야 하는 이유다.

〔베드로전서 2:11〕 사랑하는 자들아 나그네와 행인 같은 너희를 권하노니 영혼을 거스려 싸우는 육체의 정욕을 제어하라

② 인지(행동)치료의 통합적 적용

심리도식, 비합리적 신념, 인지왜곡, 부정적 사고, 자동적 사고 등을 탐색하고, 성경적 지식과 인지치료의 논박을 활용하여 내담자의 '사고, 행동, 관계방식' 패턴의 비합리성에 도전하여 인지행동의 변화를 돕는다. 기독교적 세계관을 토대로 비현실적·역기능적인 신념(예: 나와 타인과 세상에 대한 당위적 판단, 에덴적 환상)을 현실적·기능적으로 바꾼다. 자기를 탓하고 타인을 원망하고 힘든 세상을 거부했던 부정적 감정과 태도를 수용적·긍정적으로 바꾸고, 자기를 정죄하고 판단하는 외부(타인)의 공격으로부터 자기를 지키는 힘을 키운다.

〔누가복음 17:1~2〕 예수께서 제자들에게 이르시되 실족*하게 하는 것이 없을 수는 없으나 그렇게 하게 하는 자에게는 화로다 그가 이 작은 자 중의 하나를 실족하게 할진대 차라리 연자맷돌이 그 목에 매여 바다에 던져지는 것이 나으리라

▶ 걸러내기

인지치료에서 강조하는 '논리적/합리적' 및 '긍정적/부정적'이라는 기준에 대한 판단을 상담자가 과연 자신의 능력으로 제대로 할 수 있는가? 다시 말해 인지치료에서 사용하는 논박이나 설득의 기준으로 합리성이나 기능성을 들고 있지만, 합리·비합리의 판단을 누가 어떤 기준으로 할 수 있는가? 또 합리성이라는 게 정상적·기능적 사고를 분별하는 조건이 될 수 있는가?

합리적 정서행동치료는 합리적 논박으로 비합리적 사고와 인지오류, 행동을 변화시키는 데 유효하지만, 상담자도 인간이기에 인간이 정하는 합리의 기준도 오류와 한계가 있을 수밖에 없다. 따라서 이를 보완·극복하려면, 인지통합상담을 통해 세부적으로 들어가 성경적 세계관으로 필터링하여 치료해야 한다.

인지치료에서 중시하는 '자존감'이나 '긍정적 사고' 역시 상담 과정을 세심히 들여다보면 같은 문제를 가지고 있다. 어떤 기준이나 조건에 부합되는 근거(예: "당신은 그 정도면 충분하게 예쁘다")로 내담자에게 자기긍정을 유도한다면, 외부적 가치와 기준에 종속된다는 한계성을 가질 것이며, 조건의 물타기(예: "미모는 상대적 기준"이라거나 "미모가 가장 중요하거나 절대적 가치는 아니다") 역시 또 다른 조건화 생성(인격이나 능력 등)이라는 한

* • 실족(失足): 발을 잘못 디뎌 미끄러지다. 죄의 유혹에 빠지다[lead into sin, cause to fall, 『라이프성경사전』(2006)].
• 실족하게 하다: (남을) 넘어뜨리다. (남을) 잘못 판단하게 한다. 상처를 주다(offend).

계성을 가진다. 반면 조건과 상관없이 또는 조건을 무시하고 내담자에게 무조건 자기를 긍정하라고 유도하는 것 또한 근거가 희박하고 작위적이라서 설득력을 얻기 어렵다.

반면 수용전념치료는 인지치료의 한계를 극복하고자 하는 면에서 긍정적이기는 하지만, 이 또한 넘어서야 할 지점이 있다. 우선 '자기자비' 개념은 회개 없이도 스스로를 인정 · 수용 · 용서한다는 데 문제가 있다. 이는 기독교의 용서 개념과 통하지만, 기독교의 '죄 사함=용서받음=칭의'는 회개와 고백이라는 중간과정이 필요하다는 면에서 이 둘 사이에 차이점이 있다. 이는 마음챙김이나 마음치유, NLP(신경언어프로그램) 등 대개의 힐링기법에 공통되는 점이다. 그 안을 들여다보면 긍정 이미지와 행복을 얻기 위한 실용적 · 최면적 성격의 가짜 속임수 해법이 숨어있다.

〔요한1서 1:8~9〕 만일 우리가 죄 없다 하면 스스로 속이고 또 진리가 우리 속에 있지 아니할 것이요 만일 우리가 우리 죄를 자백하면 저는 미쁘시고 의로우사 우리 죄를 사하시며 모든 불의에서 우리를 깨끗케 하실 것이요

성경 곳곳에는 은혜와 함께 진리의 목소리도 공존한다는 것을 볼 수 있다. 비슷한 맥락으로 기독교 내에서도 바울(믿음 강조)과 야고보(실천 강조)를 비교하면서 '믿음이 먼저다', '실천이 중요하다'라는 논쟁이 있다는 점을 고려한다면, 잘못에 대한 회개 없이 자신을 무조건 받아들이고 수용한다면 위로는 될지언정 "진정으로 자신을 용납하거나 용서하는 게 가능할까?"라는 의문이 든다. 그렇기 때문에 인지치료에서 중요시하는 긍정적 자기개념이나 자아상, 자존감 또한 그 유용성과 긍정적 측면에도 불구하고 한계를 가질 수밖에 없다. 믿음 안에서는 가르치시고 깨달음을 주시는 보혜사 성령이라는 장치가 있듯이, 믿음 밖에서도 인간에게 자연적으로 존재하는 선한 양심이 있기 때문이다.

〔갈라디아서 3:24〕 이같이 율법이 우리를 그리스도에게로 인도하는 몽학선생이 되어 우리로 하여금 믿음으로 말미암아 의롭다 함을 얻게 하려 함이니라

(2) 중기 이후(기독교 중심 통합상담)

어린 시절의 경험(좌절된 욕구) 탐색 및 '욕구 통찰'(하나님 안에서 해결해야 할 죄의식을 인정욕·애정욕 등을 통해 세상과 사람에게서 충족하려 함) → 죄의 대가(죽음, 수고)와 관련하여 욕망(물질욕·성욕)과 '불안' 통찰 → 사탄이 관여된 죄적 상태(나 중심=하나님과 분리)와 자신의 '죄성' 통찰 → '회개와 죄 사함'(죄의식의 해결) → '자기용서와 바로 서기'(불완전한 모습 그대로 OK) → 성령 동행과 맡김(자족·수용) → 성숙·성화와 용서·나눔·사랑 → 공동체 회복(하나님과 인간, 자연과 인간, 인간과 인간)

① 정신역동치료의 통합적 적용

정신분석에서는 인간의 마음은 원초아, 자아, 초자아로 구성되고 자아는 조정자 역할을 하며, 이러한 심리적 세력들 간의 힘겨루기인 정신역동에 의해 인간의 마음과 행동이 결정된다고 본다. 자아가 조정자 역할을 잘하지 못하여 초자아가 과도한 규범적 가치를 요구하거나 원초아의 욕구가 억압과정을 통해 의식의 영역에서 제거당하여 무의식으로 숨은 갈등을 신경증과 이상행동의 원인으로 본다. 통합적 관점에서 보면, 무의식적 갈등은 소망과 현실의 불일치, 욕구 좌절이나 자기 이미지 상처로 인해 받아들이기 힘든 사건(기억)들이 카오스적으로 뒤엉켜 자각되지 않은 채 해결과 치유를 기다리는 상태라고 볼 수 있다.

뇌혈액 변화이론에 따르면, 뇌가 무의식 활동에서 의식 활동으로 전환하는 과도기에는 뇌의 여러 부분에 대한 혈액공급에 국지적 변화가 일어난다고 한다. 이런 생체심리학적 연구는 무의식에 대한 정신분석 개념의 타당성에 새로운 전망을 제공하고, 무의식의 직면과 의식화

를 통해 치료가 일어난다는 주장에도 힘을 실어준다.

우선 내담자에게 욕구충족과 관련한 무의식적인 갈등과 불안을 자각하도록 돕는 과정에서 어린 시절 경험과 부모와의 관계 패턴이 이러한 갈등을 일으키는 데 어떤 방식으로 영향을 끼치는지를 파악하여 내담자의 행동방식을 설명하는 데 활용한다. 정신분석 연구는 신프로이트학파 등에 의해 성적 욕구에 치우쳤던 프로이트를 비판·극복하고 다양한 욕구 분석과 통찰이론으로 발전한바, 통합상담에서도 정신적 욕구(인정욕·애정욕)와 생물학적 욕구(식욕·수면욕·성욕) 및 여기서 파생된 육적 욕구(탐욕, 쾌락) 등을 통찰하는 데 활용할 수 있다.

필자는 우리의 뇌구조나 의식체계(의식, 무의식, 전의식, 잠재의식 등)가 우주 만물과 함께 하나님의 창조시스템 하에 있다고 생각한다. 따라서 무의식 속에 얽힌 갈등과 불안, 그리고 욕구와 결핍감을 자각하고 직면하는 데서 나아가 죄성을 깨닫고 이에 관여하는 영적 힘과 사탄의 (-) 에너지까지 통찰하는 것이 더 깊은 치료효과를 기대할 수 있다고 본다.

② 초자아에 대한 기독교적 보완

원초아뿐만 아니라 초자아가 지나치게 강할 때도 자아가 이를 조절하지 못하면 정신문제가 생긴다는 프로이트의 관점은 일반화의 문제가 있어 좀 더 섬세한 접근과 초자아 개념의 보완이 필요하다.

첫째, 초자아가 과도할 때 문제가 발생하는 게 아니라 '판단적 자아'가 당위성의 잣대로 자신의 부정적이거나 불완전한 면 등을 비합리적이고 자기비하적으로 왜곡 평가하여 양심의 가책이나 죄의식 등으로 자책하기 때문에 문제가 발생하는 것이다. 인지통합치료는 이러한 왜곡을 성경적 기준에서 수정하고, 자신의 불완전성을 수용하여 긍정적·기능적으로 변화시키는 데 초점을 두고 있다.

둘째, 초자아가 과도하게 경직된 윤리의식이나 완벽주의적 가치를 요구해서 심리적 증상이 초래된다기보다는 초자아가 추구하는 이상이 자리 잡은 토대가 잘못되었기 때문이다. 즉, 초자아가 향하는 곳이 하나님이 아니라 부모나 중요한 타인 등 외부(세상)에 뿌리를 두고 있어 초자아의 가치 기준이나 활동방식이 성경적이지 않기 때문이다. 양심, 도덕, 윤리 등 일반은혜적 가치가 죄인인 부모나 교사, 사회에 의해 왜곡된 형태로 요구되는 경우가 많다.

셋째, 기독교인들도 율법은 지키되 기독교적 가치로 스스로를 정죄하지 않도록 주의해야 하며, 형식과 외식(外飾), 자기 의를 추구하는 율법주의를 경계해야 한다. 나아가 율법을 넘어서 은혜와 진리 — 그리스도의 은혜로 죄 사함을 통해 자기를 수용하고, 성령의뢰로 내가 아닌 성령의 인도하심을 따라감 — 로 자유함을 누리라고 성경은 말씀하신다. 예수 그리스도는 죄 사함의 은혜로 우리를 의롭다 하신바, 바울은 율법의 의가 아닌 믿음의 의를 강조했다(사도행전 13:39).

〔로마서 10:3〕 하나님의 의를 모르고 자기 의를 세우려고 힘써 하나님의 의를 복종치 아니하였느니라

넷째, 초자아가 죄책감을 유발하는 게 아니라 근원적으로 '죄가 있기 때문에' 하나님의 창조시스템 속에서 초자아가 작동하는 것이다. 기독교적으로 봤을 때 무의식 속에 숨어있는 죄성과 죄의식, 의식 속에서 일어나는 죄책감 등 '죄'는 회개를 통해 해결 받아야 자유함을 얻을 수 있다. 죄의식이 심리문제를 일으킨다고 해서 자아가 초자아를 누르거나(죄에 눈을 감음) 회개도 없이 자기자비와 수용(죄를 그냥 놔둠)을 하는 것은 잠시 마음을 달래기 위한 임시방편일 뿐이다.

〔고린도후서 7:10〕 하나님의 뜻대로 하는 근심은 후회할 것이 없는 구원에 이르게 하는 회개를 이루는 것이요 세상 근심은 사망을 이루는 것이니라

③ 정신분석의 '성(性)'과 기독교적 의미

프로이트는 심리성적 발달단계에서의 본능적인 성적 욕구충족 및 조절 정도가 성격 형성에 절대적 영향을 미친다고 보았으나, 오히려 부모의 양육방식이나 관계 패턴과 관련한 인정욕·애정욕이 끼치는 영향이 더 크다고 본다. 따라서 과거탐색이나 분석, 해석 및 통찰 과정에서도 이에 대한 통합적 보완이 요구된다.

나아가 기독교 통합상담 관점에서 볼 때 '성'은 단순한 성적 욕구나 종족보존의 차원을 넘어서서 성경을 토대로 한 확장된 의미 파악이 필요하다. 창세기에 따르면 선악과 원죄로 인간에게 낙원 추방과 죽음이 왔으며, 아담은 저주받은 땅에서 수고하고 하와는 산고 속에 자식을 낳게 됨으로써 남녀의 성적 결합이 '죄로 인한 변이와 유전적 결함을 보완하는 종족보존적 의미(이상형 추구)'와 '자손을 통한 생명의 연장이라는 개체적 의미'를 가지게 된다. 하지만 역으로 사랑(sex)은 유전자를 남기고 죽음을 향해 생명을 태우는 산화 과정이라고 볼 수도 있지 않을까? 어떤 의미에서 성욕은 자신의 유한성(죽음)을 넘어서려는 욕구이기에 죄의식, 불안(죽음에 대한 공포)과도 깊이 연관된 복합적 욕구다. 나아가 남녀 간의 성적 결합은 육체적·정신적·영적 결합의 의미를 내포한 총체적 성격을 갖는다.

2) 통합상담의 전체 과정 속 기독교상담

기독교 통합상담은 하나님의 사랑과 성경적 이해 및 통찰을 바탕으로 정서·인지·행동의 변화와 치유를 향해 가는 상담이다. 하나님의 아가페적 사랑이 관통하는 가운데 인지변화와 통찰(체험적 통찰, 인지적 통찰, 영적 통찰)을 통한 전인적 치유를 지향한다.

무엇보다 창조주 하나님의 인간에 대한 조건 없는 사랑은 상담 과정 내내 함께하는 중요한 요소다. 상담자는 일반상담처럼 내담자에 대한 인간적 사랑과 존중하는 마음도 갖춰야겠지만, 동시에 하나님의 사랑의 통로가 되어야 한다. 어쩌면 후자인 하나님 사랑이 더 근본적이리라. 어린 양 같은 한 영혼에 대한 그리스도적 사랑은 상담 초기 라포르 형성부터 상담 종결까지 지속적인 지지 역할을 한다. 상남자에게서 느껴지는 진실한 마음으로 형성된 신뢰관계는 내담자가 알아차림이나 직면, 통찰할 때 강력한 힘을 발휘한다. 그리고 상담 과정에서 내담자의 적극적 동참과 자신감, 변화 의지를 끌어낼 수 있다.

상담자는 예수님이 임하시는 자신의 몸과 영을 통해 상담현장에서 성령이 역사하시도록 돕는 통로요 도구로 쓰인다. 이때 성령의 역사는 사랑과 능력의 양 측면에서 일어난다. 즉 상담자가 하나님으로부터 받아서 충만한 사랑은 따뜻함과 수용, 위안의 (+)에너지로 내담자에게 자연스레 흐른다. 또한, 성령의 동행과 인도하심은 상담자의 상담 능력을 도울 뿐만 아니라 내담자에게 직접적 치유와 심령의 변화를 일으키는 힘이다.

〔갈라디아서 2:20〕 내가 그리스도와 함께 십자가에 못 박혔나니 그런즉 이제는 내가 산 것이 아니요 오직 내 안에 그리스도께서 사신 것이라 이제 내가 육체 가운데 사는 것은 나를 사랑하사 나를 위하여 자기 몸을 버리신 하나님의 아들을 믿는 믿음 안에서 사는 것이라

아래에서 말하고자 하는 바는 새로운 내용이라기보다 앞에서 소개한 '통합상담의 전체 과정' 속에 이미 들어있는 기독교상담 적용 부분을 간추려 보충·요약 설명하는 것이다.

여기에서 성경적 이해 및 통찰은 고난의 이해와 수용, 그리고 (+)에너지와 (−)에너지의 메커니즘을 자각하는 데 중요한 매개요 토대다. 우선 성경적 세계관으로 '에덴적 환상'을 깨야 실낙원이라는 현실과 고난을 이해할 수 있다. 이를 바탕으로 죄의 회개를 통해 교만의 걸림돌을

치우고, 용서를 통해 정죄의 걸림돌을 넘어서며, 자족과 고난의 수용을 통해 원망의 걸림돌을 극복해야 한다. 이 과정에서 알아차림과 역동, 죄성의 통찰은 (-)사망에너지인 사탄의 전략을 파악하고 (+)생명에너지로 이를 물리쳐 '하나님/자신/타인'과의 관계회복과 영적 치유를 이끄는 지렛대 역할을 한다.

심리문제의 원인 파악 - 진단 - 상담목표 설정 - 상담전략 세우기
- 초기: 공감+(게슈탈트통합) 알아차림+인지행동통합치료(에덴적 환상 깨기)
- 중기 이후: 통찰적 통합치료+성경적 기독교상담+영적 치료

그리고 상담자는 상담회기를 준비할 때뿐만 아니라 회기 후 상담내용을 정리하고 분석할 때도 기도와 하나님의 인도하심에 의뢰하는 것이 중요하다. 우리가 삶의 순간순간을 자기 힘에만 의지하지 않고 하나님께 지혜를 구하는 게 필요할진대, 한 영혼을 살리는 일에 하나님이 중심에서 일하시는 것은 아무리 강조해도 지나치지 않다.

상담 시 각 회기 전에는 그동안 내담자가 기도하거나 묵상한 내용, 스스로 알아차리거나 통찰한 내용, 감정·사고·행동에서 변화된 점과 아직 미진한 점, 바람 등을 듣는다. 각 회기 후에는 내담자가 상담을 통해 깨닫게 된 것과 소감, 상담자에게 아쉬웠던 점 등을 말할 기회를 주고, 상담자는 이를 고려하여 다음 회기에 반영한다. 그리고 다음 회기까지의 치료에 도움이 되는 핵심 팁을 제공하고, 자가 점검표, 성경 묵상 등 적절한 과제를 주어 활용한다.

(1) 힘 북돋우기

- 라포르(rapport)+수용+공감/기독교적 감싸안음(지지/격려/위로)
- 내담자를 예수님과 닮은 마음과 눈으로 바라보고 수용한다.

(2) 알아차림과 일으키기

- 반영, 질문, 명료화/게슈탈트 기법+기독교 통합
- 3차의 통찰과 직면
  - 1차 내부: 신체감각, 감정, 욕구 — 내부의 (-)에너지 현상을 체험적으로 통찰, 고통 완화
  - 2차 외부(환경, 상황 등)와의 상호작용: 외부로부터 오는 (-)에너지의 전달(공격) 분별 및 통찰
  - 3차 반복되는 자신의 사고, 행동 패턴(행위방식): (-)에너지의 교묘한 심리 내적 관여와 파괴전략 통찰

예수님은 한 마리의 잃어버린 양도 포기하지 않는다고 말씀하셨다. 한 사람, 한 사람이 다 사랑받기 위해 태어난 귀한 영혼이며 외부로부터 억압받거나 조종될 수 없는 존재라는 기독교적 인간관을 토대로 하여 고꾸라진 내담자를 일으키는 작업이다.

(3) 에덴적 환상 깨기와 자기 지키기

> 인지행동통합치료: 성경적 세계관으로 '에덴적 환상'을 깨고, 예수님의 십자가 은혜로 용서받을 나를 존중·수용함으로써 내·외부의 정죄나 판단으로부터 자기를 지킨다.

성경적 지식을 토대로 '나와 타인과 세상'에 대한 비합리적 신념인 에덴적 환상을 깨고, 자신과 타인과 세상의 불완전성과 죄성을 인정하되, 죄인을 용서하시고 몸 바쳐 사랑하신 예수님을 알도록 가르친다. 이에 따라 내담자가 자기와 타인과 세상을 수용하고 받아들임으로써 (-)에너지로부터 자신을 지키고, 긍정의 (+)에너지를 얻도록 하는 것이다.

(4) 심리적 통찰+영적 통찰

> 인과 메커니즘 통찰: 심리역동과 생명을 죽이는 (-)에너지; 생명을 살리는 (+) 에너지

우선 내담자가 무의식적 갈등과 욕구·불안을 역동적으로 자각하고, 더불어 문제가 되는 욕구(인정욕·애정욕/물질욕·성욕)를 직면하는 데서 나아가 욕구 결핍/좌절 및 갈등에 내재한 죄성과 죄의식을 통찰하도록 성경적으로 분석한다. 그리고 죄성을 약점 삼아 미혹하는 사탄의 간계와 전략을 파악하여 (-)에너지가 구체적으로 어떤 문제 패턴으로 반복되어 나타나는지를 해석함으로써 심리적 통찰을 넘어 영적 통찰로 이끈다.

(5) 성경적·영적 치료

> (말씀 중심) 가르침, 권면, 권계 회개 지기 세우기(죄의 해결과 자기용서) – 기도와 성령의뢰 – 맡기기(불안 해결)

상담 초기 단계의 인지행동통합치료에서는 성경을 지식적으로 활용하여 인지행동치료와 통합하는 수준이었다면, 상담 중·후기의 성경적·영적 치료는 말씀, 회개, 기도, 성령의뢰 등 지적·정서적·영적 차원의 종합적 접근으로 깊이 있는 통합상담이 이루어지는 단계다.

하나님은 말씀으로 천지를 만드셨고, 말씀으로 시스템과 질서를 만드셨고, 말씀으로 우주를 운행하시고, 말씀으로 만물을 다스리시고, 말씀으로 사람과 교통하신다. 말씀은 성령의 감동 속에 성경으로 기록되었으며, 따라서 성경은 진리의 보고이자 지혜의 샘이다. 따라서 치유의

능력과 생명에너지를 가진 말씀이 직접적으로든 간접적으로든 기독교 상담의 중심이 되는 것은 자연스럽고 마땅한 일이다.

반드시 직접 성경 말씀을 인용하지 않더라도 내담자의 심리적·환경적 상황에 해당하고 치유에 도움이 되는 말씀을 상담자가 간접적으로 이해하기 쉽게 전달하는 방법도 가능하다. 이는 내담자가 얼마만큼 받아들일 수 있는 상태인지에 대한 파악과 섬세한 다룸이 요구된다. 일반도서 중 철학이나 가치가 성경과 기독교적 가치에 부합되는 내용을 인용하거나 함께 읽는 방법도 가능한데, 만일 일부 기독교와 부딪히는 부분이 있다면 이를 성경과 비교하면서 그 차이점을 설명하는 것이 필요하다.

> 〔디모데전서 4:13〕 내가 이를 때까지 읽는 것과 권하는 것과 가르치는 것에 착념하라

회개와 기도는 성령의뢰와 영적 치유과정에 가장 중요한 요소다. 회개는 죄 사함과 자기용서를 통한 '자기 세우기'와 '자기긍정'에 필요한 핵심과정으로 기도가 동반되는데, 기도는 하나님과의 대화요, 만남이요, 교제라고 할 수 있다. 우리는 기도를 통해 성령의 가르침과 지혜를 얻기도 하고, 성령께 의뢰하며 도우심을 구할 수도 있다. 성령께 우리의 삶을 의뢰한다는 것은 나의 자아가 죽고, 매 순간 하나님께 맡김으로써 성령의 동행과 인도하심으로 실낙원에서의 불안을 해결하고 평안을 누리는 비결이다.

그러나 성령의 능력은 심리학적 과정으로 다 담아서 설명하기 어려운 신비의 영역이기도 하다. 성령체험과 성령의 임재경험으로 몸과 마음의 병 치유 역사가 일어나는 것도 성령의 초과학적인 예 중의 하나일 것이다. 필자도 때때로 성령에 충만해 있을 때, 성령의 인도하심을 의뢰하면서 내담자에게 성경 말씀과 함께 그 생명력과 에너지를 실어 전달

하고 감싸안아주면, 신기하게도 성령의 치유와 위로의 능력이 내담자의 변화로 역사하심에 놀라곤 한다. 그런 면에서 상담자는 치료자라기보다는 치료의 촉매자요 치료의 도구라고 볼 수 있다.

- 죄(하나님과의 단절, 죄성)의 회개+죄 사함(칭의) → 몸과 영의 동시적 치유
- 하나님과의 관계회복 → 자신과의 관계회복(자기용서) → 사람과의 관계회복(타인용서)

그렇다면 통합상담에서 회개가 가지는 의미는 무엇일까?

회개의 핵심은 하나님과 멀어진 나를 회개하고 돌이켜 회복(하나님과 연결)하는 것이다. 그런데 회개를 통한 하나님과의 관계회복은 다른 누구를 위한 게 아니라 바로 '내담자'를 살리는 길이라는 데 그 의미가 있다. 왜냐하면 우리가 하나님과 단절되면 사탄이 자극하는 생활의 염려로 영적으로 깨어 있지 못하게 되고, 자기열심에 빠져 어두워진 틈새로 부정적 (-)에너지가 심리문제를 일으키는 메커니즘이 존재하기 때문이다.

이처럼 하나님과 멀어진 죄를 회개하고 영접하여 죄 사함을 받는다는 것은 죄의식의 해결을 의미하며, 동시에 하나님과의 관계회복을 뜻한다. 자기 세우기는 예수님을 받아들여 하나님으로부터 용서받은 자신을 스스로도 자연스레 용서하고 수용하는 행위다. 따라서 죄의식으로부터 자유로워짐으로써 온전한 자기긍정이 가능해진다. 이를 통해 속사람이 강건해지고 다른 어떤 방법보다 자존감을 높일 수 있다. 이는 타인과의 비교를 전제로 한 자존감과는 차원이 다르다. 존재 자체가 절대목적적인, 충만한 자존감이라고 할 수 있다.

또 실존적 자립이 타인에 대한 의존에서 벗어나는 독립을 의미한다면, '자기 세우기'는 하나님 안에서의 홀로서기다. 하나님 안에서 홀로

서기가 되면, 주관하시는 분인 하나님과 내가 하나 되고, 과거 주요 대상과의 관계의존이나 동반의존이 설 자리가 없어질 것이다. 그리고 타인이나 세상과 용서·화해하면서도 선을 긋고 경계를 지킬 수 있는 담대함이 생긴다.

〔골로새서 2:6~7〕 그러므로 너희가 그리스도 예수를 주로 받았으니 그 안에서 행하되 그 안에 뿌리를 박으며 세움을 입어 교훈을 받은 대로 믿음에 굳게 서서 감사함을 넘치게 하라

성령의뢰 → 성령의 인도에 맡김 → 하늘의 의와 영적 복 우선 → 불안 해결 → 자족과 평안(원망에서 감사로) → 고난의 수용 → 소망

다음으로 내가 전적으로 해결하려고 하지 말고, 내 안에 거하시는 성령께 의뢰하여 인도하심을 따라 기도하며 노력하되, 결과는 하나님께 맡기도록 권면한다. 이를 위해 성경적 복의 개념을 이해시켜 이 땅의 의와 육적 욕망보다 하늘의 의와 영적 복을 우선으로 하여 자족과 감사로 마음의 안정을 찾도록 돕는다. 내담자에게 하나님께 감사할 거리가 어떤 것들이 있는지 질문을 던지는 것도 좋은 방법이다. 심리적 곤경에 처한 사람들은 힘든 마음에 파묻혀 감사거리를 잊고 지내기 마련이다. 그리고 내담자의 상황에 따라 피할 수 없는 고난은 수용하되, 그것이 자신에게 어떤 의미가 있는지 하나님 뜻 안에서 의미를 찾고 평안을 얻을 수 있도록 도전한다. 마지막 단계는 믿음을 토대로 승리의 소망 속에서 성숙과 성화를 향해 나아가도록 이끄는 것이다.

〔잠언 3:5~6〕 너는 마음을 다하여 여호와를 의뢰하고 네 명철을 의지하지 말라 너는 범사에 그를 인정하라 그리하면 네 길을 지도하시리라

(6) 영적 성숙

용서와 사랑/나눔, 돌봄과 공동체 회복, 성령과 동행, 전도와 성화, 영화

기독교 통합상담에서는 성숙·성화의 과정이 지니는 의미가 크다. 내담자가 죄 사함을 통해 긍정적 자기개념을 갖고 성령과 동행하며 평안을 누리는 것은 개인적 의미에 머물지만, 용서와 사랑, 돌봄 등은 공동체적 의미로 확장된다. 각 사람은 하나님의 자녀이자 지체이기 때문에 지체의 고통을 덜어주고 함께 나누는 사랑을 실천하는 것이 성화 과정이다. 이는 존 고든(『에너지 버스』, 2007)과 같이 "당신의 버스에 '에너지 뱀파이어 탑승 금지' 표지판을 붙이라"는, 즉 성공하거나 부자 등 긍정 에너지를 가진 사람들과 교류하고 실패자나 부정적 에너지를 가진 사람들을 멀리하라는 메시지와는 궤를 달리한다. 어떻게 보면 기독교상담가는 하나님으로부터 받은 자신의 긍정에너지를 연약하고 고통받는 지체(내담자)에게 전달하고 나눠주는 존재이기 때문이다.

여기서 짚고 넘어갈 것은 고든이 하는 말이 틀렸다는 게 아니다. 아니, 오히려 충분히 맞는 말이다. "지혜로운 자와 동행하면 지혜를 얻고 미련한 자와 사귀면 해를 받느니라"(잠언 13:20)라는 말씀도 이를 뒷받침한다. 성경에 따르면, 말씀은 (+)긍정에너지로 살았고 운동력이 있어 그 생명의 힘이 혼과 영을 찔러 쪼개기까지 하며, (−)부정에너지는 교묘한 거짓으로 미혹하여 영혼을 파괴하는 사망에너지로 우는 사자같이 두루 다니며 집어삼킬 자를 찾는다. 이런 상반된 에너지는 사람을 통해 전달되고 침투하여 퍼지는 속성이 있다. 상담자들도 이런 점에 대해 알고 겸허하게 조심할 필요가 있다. 내담자들은 대개 부정에너지에 짓눌린 사람들이기에 상담을 통해 공감과 깊은 만남을 갖다 보면 상담자에게도 부정에너지가 전해지고 젖어들 수 있기 때문이다. 실제로 정신과 의사들이 오랫동안 환자 진료를 하다 보면 번아웃(burn-out) 증후군과 우울증 등을 겪는 경우도 많아 안식년이 필요하다는 주장이 설득력을 얻고 있다. 상담자 자신을 위한 기도와 에너지 충전, 영적 지킴이 중요한 이유가 여기에 있다.

"이르되 유대인으로서 이방인을 교제하는 것과 가까이하는 것이 위법인 줄은 너희도 알거니와 하나님께서 내게 지시하사 아무도 속되다 하거나 깨끗지 않다 하지 말라 하시기로"(사도행전 10:28)라는 말씀처럼 섬세한 영성과 분별로 사람과의 사귐이나 교류에 신중하고 믿음의 지체들과 뜻을 모으는 것은 당연하지만, '에너지 뱀파이어'라도 필요하다면 도움을 받을 수 있어야 한다. 이 과정에서 어쩌면 자신의 에너지가 빠져나갈 수도 있으리라. 경험적으로 봤을 때, 성공적인 상담의 경우보다 덜 성공적인 상담의 경우에 이런 위험이 더 큰 것은 성공적인 상담의 경우에는 에너지 싸움에서 (+)에너지가 (-)에너지를 이기고 물리치게 되지만, 그렇지 않은 경우는 내담자를 괴롭히는 (-)에너지가 상담자에게도 영향을 줄 수 있기 때문인 것 같다. 고든의 말대로라면, 이런 위험성을 가진 상담 활동은 피해야 할 일인가? 하지만 성경은 두려워하지 말고 부르심을 받은 일에 합당하게 행하여 좇아가라고 말한다. 따라서 구원사역의 부르심을 따라 에너지 뱀파이어에게도 (+)에너지를 전파하는 것이 하나님의 뜻에 부합된다고 볼 수 있다. 물론 이 땅에서는 성숙과 성화의 과정이 진행형일 뿐 완성되기 힘든 게 사실이지만, 방향성을 가지고 담대히 나아간다는 점이 중요하다.

〔마가복음 5:29~30〕 이에 그의 혈루 근원이 곧 마르매 병이 나은 줄을 몸에 깨달으니라 예수께서 그 능력이 자기에게서 나간 줄을 곧 스스로 아시고 무리 가운데서 돌이켜 말씀하시되 누가 내 옷에 손을 대었느냐 하시니

▶ 구원의 단계별 영적 성숙

칭의-성화-영화
칭의(은혜의 구원: 회개와 동시에 예수 만남과 거듭남) – 성화(이루어가는 구원: 맡김/자족, 용서, 사랑) – 영화(구원의 완성: 죽음과 마지막 부활)

① 은혜의 구원: 이신칭의(以信稱義)

회개 – 예수 그리스도 시인 – 죄 사함 – 성령 받음(예수님이 우리 안에 함께 거하심)

자기부인과 회개로, 그리스도를 통해 죄 사함의 은혜를 누리는 구원의 시작이다. 예수님을 구세주로 믿고 영접하는 순간에 주님은 우리를 의롭게 하시고, 우리 안에 거하시며, 함께하신다.

- 자존감: 칭의(내가 죽음-죄 사함-거듭남)
- 긍정적 자아: I'm OK(부족하고 불완전한 모습 그대로 자기용서=자기수용)

〔에베소서 2:8〕 너희가 그 은혜를 인하여 믿음으로 말미암아 구원을 얻었나니 이것이 너희에게서 난 것이 아니요 하나님의 선물이라

〈회개와 후회의 차이〉

- 회개: 잘못한 과거를 받아들이고(자신을 용서), 다만 반복하지 않으려 노력
- 후회: 잘못한 과거에 집착하며 놓지 못하고(자신을 용서하지 못함) 반추, 자기를 비난하는 등 문제 방식 반복

회개는 자기와의 화해상태로 자기를 수용하는 반면, 후회는 자기와의 대치상태로 자기를 수용하지 못하는 데 차이가 있다. 이를 좀 더 자세히 살펴보면, 후회는 에덴적 환상 속에 교만의 걸림돌, 정죄의 걸림돌, 집착과 원망의 걸림돌에 넘어진 상태다. 교만은 자기 스스로의 힘으로 완벽하게 해내야 한다는 오만과 착각에 빠지기 쉬워서 자신의 불완전성과 죄성을 인정하고 실수투성이의 유한한 자기 실체를 깨달아 하나님 안에서 회개하는 것과는 반대 축에 위치한다. 정죄는 과업이나 관계 등에서 만족스러운 결과를 얻지 못했을 때 자기비난과 자기비하, 내부공격의 칼로 자기를 괴롭히는 것으로, 회개를 통한 죄 사함의 은혜로 자신을 용서하고 수용하는 것과 반대 축에 위치한다. 집착은 상황이 자기 뜻대로 다 돌아가야 하고 자기가 원하는 결과가 나와야 한다는 비현실적이고 자기중심적인 환상 속에서 원치 않는 결과나 현실을 수용하지 않는 것으로, 자기를 부인하고 하나님께 의뢰하면서 인도하심에 따라 맡기고 자족·감사하는 것과 반대 축에 위치한다.

결국, 후회는 불완전한 자기를 수용하지 못하는 교만의 걸림돌, 자기의 잘못이나 실책을 수용하지 못하는 판단(정죄)의 걸림돌, 그리고 현재의 상황과 고난을 수용하지 못하는 집착과 원망의 걸림돌로 반추를 반복하며, 심리적 평안을 저해하고 심리문제를 야기하는 촉진제가 될 수 있다.

② 이루어가는 구원: 지속적 회개와 실천을 통한 성화(聖化, sanctification)

성령의뢰와 맡김, 자족, 수용, 감사 → 용서, 사랑, 나눔, 돌봄

예수님을 모시고 성령의 인도하심을 따라 예수님을 닮아가는 과정이다. 이를 위해서는 예수님을 점점 더 알아가며, 따라가는 게 중요하

다. 성령과 동행하며 노력하되 결과를 하나님께 맡기고 받아들이는 것이며, 자신의 힘에 의한 노력이 아니라 기도와 성령의뢰 속에서 노력함을 뜻한다. 예수님이 몸으로 보여주신 용서와 사랑은 하나님과 인간의 관계회복, 사람과 사람의 관계회복, 공동체 회복으로 이어지는 데 중요한 가교 역할을 한다. 이론(진리)을 알아도 실제(실천)는 어렵지만, 방향성을 가지고 나아가는 게 중요하다.

〔에베소서 4:1~3〕 그러므로 주 안에서 갇힌 내가 너희를 권하노니 너희가 부르심을 받은 일에 합당하게 행하여 모든 겸손과 온유로 하고 오래 참음으로 사랑 가운데서 서로 용납하고 평안의 매는 줄로 성령이 하나 되게 하신 것을 힘써 지키라

③ 구원의 완성: 영화(榮化, glorification)

구속(救贖)의 최종 단계이자 구원의 전 과정의 완성, 곧 영광스러운 변화를 의미한다.

죄인이 의롭게 되어 죽을 때 죄로부터 완전히 벗어나 하나님과 함께 연합하는 영혼만의 영화, 그리고 마지막 때에 성도의 육체적 부활을 동반한 영육의 영화가 있다.

〔요한복음 6:44〕 나를 보내신 아버지께서 이끌지 아니하면 아무라도 내게 올 수 없으니 오는 그를 내가 마지막 날에 다시 살리리라

4. 기독교 통합상담에 활용 가능한 재건전략

1) 신뢰와 안정적 상담환경에서 감싸안고 힘을 북돋움

부정적인 (-)에너지로 눌려있는 내담자의 마음을 '예수님과 같은 마음과 눈'으로 함께 느끼고 수용·존중하여 상처와 아픔을 예수님께 의뢰하고 위로받아서 긍정적 (+)에너지를 공급받도록 돕는다. 알아차림과 직면, 인지행동적 변화와 통찰 등 상담을 통한 치료과정은 내담자가 이를 감당하고 동참하려는 적극적 의지와 내면의 힘이 필요하다. 따라서 초기 단계에서 우선 상담자와의 신뢰 관계 형성과 공감·수용·위로를 통한 지지로 신뢰와 안정적 상담환경에서 내담자가 마음속 얘기를 끄집어내도록 감싸안고 힘을 북돋아 일으켜야 한다.

내담자가 자신의 이야기를 꺼내놓는 것은 여러 가지로 의미가 있다. 우선, 내담자는 부정적인 경험과 감정 등을 상담자에게 털어놓는 것만으로도 자신의 몸과 마음에 파고들어 자리 잡은 (-)에너지가 배출되어 약해지는 걸 체험하게 된다. 이는 꼭 상담이 아니더라도 사람들이 수다를 떨거나 친구에게 힘든 마음을 털어놨을 때, '속이 좀 풀린다', '속

시원하다'라는 느낌을 받는 것과 같은 원리다. 갈수록 바쁘고 개인주의가 심화되는 사회현상 속에서 사람들은 주변에서 쉽게 그런 도움을 받기가 힘들어졌기 때문에 안정적이고 수용적인 상담 장면은 마음 놓고 자기 얘기를 털어놓으면서 위로받고 힘을 얻는 기회가 될 수 있다.

이런 과정의 더 중요한 의미는 뇌과학적 측면에서 기억과 정서, 인지 등에 많은 변화를 가져온다는 것이다. 예를 들어 트라우마를 겪었던 과거의 기억을 현재의 다른 환경에서 끄집어내어 털어놓게 되면, 인출되는 순간 공고화된 장기기억이 변하기 쉬운 상태가 되어 다시 공고화 과정을 거치게 된다. 이렇게 기억의 재공고화(reconsolidation) 과정에서 상담자의 치료적 반응과 개입이 유효하며, 이는 과거 경험의 재경험과 재해석, 다른 해석을 통한 인지변화, 새로운 학습경험 제시, 안구운동둔감화재처리법(Eye Movement Desensitization & Reprocessing, EMDR) 등 대부분의 심리치료 과정에서 일어난다고 할 수 있다.

▶ 재공고화와 치료효과(장기기억화)

① 알아차림과 체험을 통한 자각과 수용

- 인출 → 재경험과 체험 → 알아차림 → 기억의 재공고화

② 인지행동치료(인지적 개입+행동적 개입): 인지 재구조화, 행동변화

- 인출 → 사건이나 현상, 상황에 대한 논박 → 재해석과 재경험 → 재공고화
- 인출 → 부정적인 인지와 행동방식 분석 → 훈련, 노출, 둔감화 → 행동변화와 재경험 → 재공고화

③ 통찰: 심리적 통찰과 영적 통찰

- 인출 → 무의식적 갈등과 욕구·불안 통찰 → 죄성과 죄의 통찰 → 회개를 통한 죄 사함과 자기용서 → 새롭게 거듭남 → 재공고화

2) 알아차림을 활용한 게슈탈트통합치료

(1) 치료기법

직면(진정성, 절박성, 개인적인 책임성), 실험, 모험 시도, 실연, 현재화 기법, 자기대화, 빈 의자 기법

(2) 알아차림 활용

▶ 게슈탈트의 알아차림: 체험적 자각과 통찰(인지적 통찰과 다름)

내담자는 대개 상담 장면에서도 알아차림을 회피하거나 방어하는 경우가 많은데, 이는 자신의 깊은 내면에 영적으로 죄의식이 해결되지 못해서 그런 (콤플렉스) 부분이 건드려지는 게 두렵고, 인정욕이나 자존감에 생채기가 나는 것이 고통스러워서 맞닥뜨릴 용기가 부족하기 때문이다. 따라서 상담자는 지지와 격려로 힘을 북돋아 내담자가 이를 이겨내고 알아차릴 수 있도록 도와주어야 한다. 특히 고통 완화와 통찰 중심의 상담 초기 알아차림은 중·후반에 가서 '회개'와 '죄 사함'을 통한 영적 치료가 이어져야 근본적 치료 효과를 얻을 수 있다고 본다.

- 신체감각이나 욕구, 감정 알아차림: 몸과 마음에서 일어나는 현상 자각과 고통 완화
- 개체와 환경/외부의 상호작용 알아차림: 환경, 상황 알아차림과 에너지 관계 통찰
- 자신의 사고·행동 패턴 알아차림: 인지치료와 접목

(3) 체험적 통찰

현상 알아차림과 함께 내담자가 병리를 일으키는 원인들에 대해 통찰하도록 도와주고, 이를 통합하여 사회적 역할부담, 타인의 평가와 판

단을 두려워하지 않고 외부의 요구와 부당한 압력을 거부하여 일어설 (자립) 힘을 키운다.

(4) 기독교와의 통합

우리를 멸망에서 구원하기 위해 목숨을 바치신 십자가 예수 사랑과 게슈탈트치료의 알아차림 기법을 접목하여 통합한다.

우선 잃어버린 한 마리의 양도 포기하지 않고 찾으시는 하나님이 죄성 많은 우리를 그 모습 그대로 차별 없이 사랑하신다는 것을 깨달아 자기를 존중하고 지지하여 일어설 힘을 키운다. 만일 내담자가 세례자라면 귀한 성전(그리스도께서 우리 몸에 거하시는 성스러운 전, 고린도전서 3:16)으로서의 자신을 발견하여 수용하고 사랑함으로써 외부나 타인으로부터의 억압이나 부당한 요구를 거부하고 자립할 힘을 키운다. 그리고 '지금, 여기'에서의 자기 감각, 감정·욕구·사고·관계 패턴 등을 알아차리고, 내담자를 공격하는 (-)에너지를 체험적으로 통찰하여 내·외부의 부정적 현상을 자각하고 직면함으로써 능동적으로 변화하도록 돕는다.

> 〔누가복음 15:4〕 너희 중에 어느 사람이 양 일백 마리가 있는데 그 중에 하나를 잃으면 아흔아홉 마리를 들에 두고 그 잃은 것을 찾도록 찾아다니지 아니하느냐

▶ 알아차림을 통한 (-)에너지 자각

초기의 체험적 통찰은 중·후반기 영적 통찰로 이어져 묵상과 함께 회개의 단초가 된다.

- 사탄의 내적 침투전략: 신체감각, 감정, 욕구 등 사탄이 미혹하는 무의식적 패턴의 길을 알아차리기만 해도 (-)에너지가 약화되고 고통이 완화됨 — 내담자의 믿음 정도에 따라 다르겠지만, 초기

단계에서는 사탄에 대한 구체적인 언급보다 알아차림을 통해 어떤 감각이나 감정·욕구·충동이 생명을 살리는 힘인지, 고통을 주는 힘인지 자각하고 (−)에너지의 존재와 영향에 대해 암시하는 정도가 좋음.

- 사탄의 외부를 통한 공격전략: 외부(환경, 상황)와의 상호작용, 사탄의 외적 공격 알아차림.
- 사탄의 내적·외적(관계) 파괴전략: 사고/행동 및 관계방식에 반복되는 패턴 알아차림.

3) 성경적 세계관으로 인지행동통합치료

인지행동치료는 "사고는 감정과 행동에 영향을 미치고, 행동양식은 사고패턴과 감정에 영향을 미친다"는 개념을 전제로 하여 인지적 개입과 행동적 개입으로 인지행동변화를 가져오는 치료법이다. 여기서는 '합리적 정서행동치료'를 필터링하여 기독교와 통합하는 상담을 소개한다.

(1) 지식적 차원의 성경(성경적 세계관)과 인지치료의 접목

▶ 역기능적·비합리적 신념과 심리도식의 교정

- 인지변화: 사건에 대한 부정적 정서와 행동 결과를 탐색하고 그런 결과를 가져온 원인으로서의 비합리적 신념(인지왜곡, 부정적 자동사고, 부적응적 심리도식)을 REBT와 성경적 지식을 활용한 논박(논리, 현실성, 실용성)을 통해 합리적 신념으로 바꾼다.

- 인지(사고)와 정서(감정)의 영향관계 교육: 사고는 정서와 행동에 영향을 주는 요인인바, 사탄이 교묘한 인지왜곡으로 부정적 정서에 관여함을 알게 한다.

▶ 에덴적 환상 깨기

완벽주의, 당위성, 비현실적 기대, 극단주의와 인내심 부족, 고난 회피

'에덴적 환상'이란 죄가 인간에게 들어오기 전의 낙원 시절에 대한 환상이다. 즉 원죄로 인해 깨지고 왜곡되기 전, 태초에 하나님이 창조하신 온전한 상태의 사람과 환경에 대한 환상이다. 잃어버린 것에 대한 향수적 환상이요, 그 아름다운 기억을 놓지 못하는 유아적 환상이라고 볼 수도 있다. 이는 성경적 지식의 부재로 인한 무지에서 오는 비현실적 · 비합리적 특징을 지닌다.

통합상담에서는 성경적 지식을 토대로 인지치료와 접목하여 병리를 일으키는 내담자의 환상을 논박을 통해 깸으로써 비합리적 신념 및 인지변화를 가져오고자 한다. 덧붙여 언급하고 싶은 것은 '에덴적 환상'의 특징으로서 순진한 듯한 이러한 '무지'는 병리 문제를 갖지 않은 일반인들조차 사탄의 유혹에 잘 넘어가고, 악에 잘 속고, 거짓과 사기에 잘 걸려드는 '낙천적인 양'으로 만든다는 맹점이 있다는 점이다.

▶ 성경적 세계관

- 창조-죄-구속: 이 세상은 하나님의 말씀으로 창조되었고, 인간의 죄로 인해 창조 시의 온전성이 훼손(하나님과 인간과의 관계) · 왜곡(유전자 변이)되었으며, 예수 그리스도의 구속의 은총에 의해 회복된다.

- 죽음과 육체적 · 물질적 한계(시공적 유한성): 죄의 대가로 에덴에서 추방된 이 땅(실낙원)은 땀 흘려 수고해야 생명을 유지하고, 고통과 고난이 따르는 세상이다.
- 영적 의미(사탄과의 영적 싸움): 단순히 과학적 현상만 일어나는 자연 세계가 아니라 하나님이 섭리하시고 역사하시는 영적 영역이다.

〔요한복음 1:1~3〕 태초에 말씀이 계시니라 이 말씀이 하나님과 함께 계셨으니 이 말씀은 곧 하나님이시니라 그가 태초에 하나님과 함께 계셨고 만물이 그로 말미암아 지은 바 되었으니 지은 것이 하나도 그가 없이는 된 것이 없느니라

(2) 자기 지키기: 부정적 정서/사고의 변화, 자존감 회복

▶ 에덴적 환상을 깨고 수용을 통한 긍정화

- 환경의 수용: 이 세상은 완전하지 않다(실낙원).
- 타인의 수용: 다른 사람들도 완전하지 않다(모든 사람은 죄인).
- 자기의 수용: 나도 완전하지 않다(예수님의 은혜로 죄 사함 받은 자신을 스스로 존중함).

(3) 역기능적인 행동방식과 관계방식의 변화

- 긍정적 사고와 기능적 행동 연습: 도움이 되는 팁을 제공하고, 자가점검기록 과제 활용
- 대인관계와 소통방식의 변화: 적절한 감정 표현, 자기주장훈련(의사표현), (쿨하게) 거절하기, 대화법, 의사소통훈련
- 분노조절 훈련: 호흡법, 멈추고 알아차림, 적절한 분노 표현
- 행동적 개입: 체계적 둔감법, 노출+반응금지(ERP)

〈에덴적 환상〉

에덴적 환상은 두 가지 방향에서 살펴볼 수 있다. 첫째는 죄가 없는 인간의 모습, 즉 '완전성(온전성)에 대한 환상'이고, 둘째는 천국같이 평안한 환경, 즉 에덴처럼 육체적·물질적 불안이나 부족함이 없는 '무한성에 대한 환상'이다.

첫째 방향인 '완전성에 대한 환상'은 자기중심성과 교만을 특징으로 하며, 이는 다시 '도취적 완전성'과 '당위적 완전성'이라는 상반된 환상으로 나눌 수 있다. 도취적 완전성이 '완전함'에 대한 믿음이라면, 당위적 완전성은 '완전해야 함'에 대한 신념이다.

도취적 완전성은 사회적 성공을 이룬 강자들에게서 주로 찾아볼 수 있는데, 하나님께 의뢰하거나 의탁하지 않고 자신을 신뢰하여 자신의 힘으로도 잘살아갈 수 있다고 믿기 때문에 세상의 지배자와 설계자가 되고자 한다. 이들은 심리적으로는 건강한 사람들이라고 볼 수 있지만(이들은 잘나가는 동안에는 상담자를 찾지 않을 것이며, 이 책에서도 통제욕이나 권력욕을 언급할 때 외에는 별로 다루지 않았다), 영적으로는 가장 취약한 사람들이다. 성경의 비유를 인용하자면, 마음이 가난하지 않기 때문일 것이다.

당위적 완전성은 당위적 가치관으로 자신이나 타인에게 완전성을 기대하고 요구하게 되지만, 현실의 모습과는 괴리감이 있어 비판적 판단과 부정적 평가 등으로 심리적 어려움을 겪게 만든다. 상대방도 나도 불완전하고 죄성으로 얼룩진 누추한 인간의 모습이 실상일 텐데, 환상 때문에 이를 무시하고 상대방에게도 나에게도 당위적 잣대를 들이밀기 때문이다. 완벽주의는 당위적 완전성을 추구하는 가장 대표적인 예로, 이상과 현실의 괴리가 끝없이 자신을 추궁하고 지치게 만든다. 현실을 직시하면서 이상을 향해 노력하는 것은 바람직하지만, 현실을 제대로 보지 못한 채 이상적인 환상으로 현실에 대응하는 것은 실망과 상처와 혼란을 가져올 수밖에 없다.

둘째 방향인 '무한성에 대한 환상'은 현실 속의 유한한 세상을 받아들이지 않고, 에덴같이 부족함 없는 천국을 꿈꾸는 환상이다. 그러한 불일치로 인해 집착과 의심이 따라오게 되지만, 그래도 현실적 한계나 고통이 없는 낙원 시절에 대한 바람을 버리지 못한다. 하지만 불확실성이 가득한 세상에 살다 보면, 누구나 언젠가는 고난에 맞닥뜨리게 마련이다. '무한성에 대한 환상'은 그런 고통이나 결핍상황이 닥쳤을 때, 이에 대한 인내를 부족하게 만든다. 쾌락이나 자신이 원하는 것은 무리하게 얻으려고 집착하는 반면, 부담이나 자신이 원치 않는 것은 피하고 도망친다. 약간의 불안이나 좌절감에도 예민하게 느끼고 과장되게 받아들이며, 부정적 단서에 주의가 집중되어 걱정과 염려에 억눌리게 된다.

무한성에 대한 에덴적 환상은 낙원이 아닌 실낙원의 현실을 마치 낙원인 양, 어릴 적 어머니 품속인 양 착각하는 데서 비롯된, 현실과는 괴리가 있는 낙천적이며 의존적인 환상이다. 이런 상태에서 좌절감이나 닥쳐온 고난을 수용하기는 쉽지 않다. 그래서 주관적이며 비현실적·비효율적 특성을 가진 에덴적 환상은 현실 부적응과 우울증, 불안증 등 여러 문제를 낳을 수 있다.

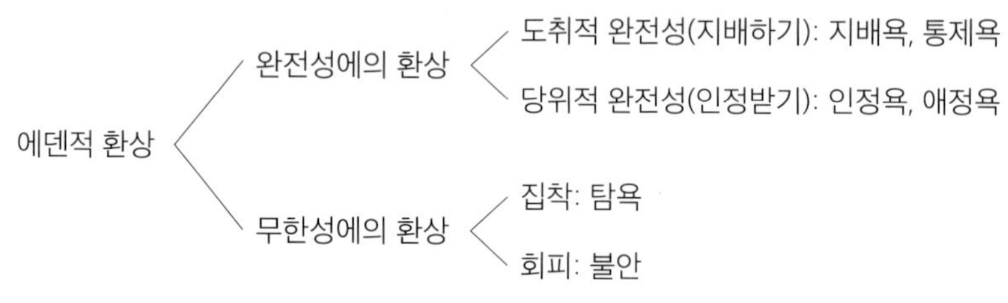

이 세상은 에덴에서 추방된 죄의 땅이다. 죄인들이 우글거린다. 아무런 관계가 없는 임의의 사람들에서부터 가까운 가족이나 친구, 심지어 어린아이들 역시 죄인이다. (예수님이 어린아이같이 되라고 하신 것은 "어린아이의 순전함, 연약하기에 어떤 대상(엄마)에게 전적으로 의탁하는 점"을 닮으라는 것이지 죄가 없다는 뜻은 아닐 것이다.] 원죄로 인해 죽음과 물질적·육체적 한계상황 속에서 인간은 땀 흘려 수고해야만 먹고사는 고난에 찬 대가를 치르며 산다. 나약한 죄인들을 사탄이 죄의식과 불안감을 자극하며 교만과 탐욕으로 유혹하는 가운데 죄인들 간에 갈등과 분노와 상처가 생긴다.

이때 기대나 욕구의 좌절에 대응하는 태도에 따라 심리문제 발생 여부가 달라지는데, 좌절 상황에 대한 수용 여부가 중요한 관건이 되는 것 같다. 즉, 합리화 등을 통해 인지부조화를 해결하거나 상황을 수용하는 경우에는 문제가 덜 생긴다. 그렇지 않고 에덴적 환상과 연결고리인 '당위성이나 이상적 기준' 등 비합리적 신념으로 상대방과 자신을 (가치) 판단하고 상황을 수용하지 못하면 부적응과 우울로 진행될 수 있다. 이때의 당위적 사고나 가치판단은 현실과는 동떨어진, 주관적이며 비효율적인 한계성을 가지고 있다.

많은 경우에 우리는 실낙원의 고통스러운 현실을 보지 않으려고 하거나(자기속임), 부정하거나, 또는 받아들이지 않거나, 받아들이고 싶지 않을 수 있는데, 여기에 에덴적 환상이 자리 잡을 여지가 있다. 이는 성경적 지식의 부족과 인간의 죄성에 대한 몰이해 때문이기도 하다. 어쩌면 우리는 잃어버린 에덴에 대한 향수로 인해 본능적으로 천국을 소망하게 되는지도 모른다. 그런데 잃어버린 낙원에 대한 꿈에 기댄 에덴적 환상은 타인과 자신, 세상(환경)에 대한 비현실적 기대를 품게 만들고, 이로 인해 대인관계나 현실에 부딪힐 때마다 지속적인 좌절로 인한 상처와 실망으로 이어진다.

현실과 희망은 다른 영역인데, 이게 분리되지 않고 희망으로 현실을 덮었다고도 볼 수 있다. 죄인인 타인이 나를 고통에 빠뜨리기도 하고, 또한 죄인인 나도 타인과 심지어 나를 고통에 빠뜨리는 게 현실인데도 말이다. 이때 자신에 대한 당위적 환상이 에덴적 환상의 주가 되면 완벽주의와 관련되고, 타인에 대한 당위적 환상이 주를 이루면 대인관계 문제와 관련되며, 세상에 대한 환상이 에덴적 환상의 주를 이룰 경우는 불안과 관련되어 심리문제를 야기할 수 있다.

어떻게 보면 순수하기도 하고 순진한 듯한 이런 태도는 대인관계에서 자기중심적이고 유아적인, 때로는 낭만적이고 고고하다 못해 사치스러운 모습으로 비치기도 한다. 그리고 너무 좋거나 나쁜 기분 상태, 매우 희망적이거나 심히 절망적인 미래감 등 양극단을 오가며 중간지대 없이 혼란스러운 부적응 상태를 보인다. 좀 더 자세히 들여다보면 에덴적 환상은 단순히 이상향을 꿈꾸는 유토피아적 환상이라기보다 잃어버린 낙원에 대한 보상심리에 자신의 욕구 및 죄의식이 결합된 자기애적 환상이라고 할 수 있다.

이는 기독교적으로 볼 때, 누구에게나 존재하는 무의식적·본능적 죄의식을 하나님을 통해 해결하지는 않으면서, 세상적 욕구와 자기라는 굴레에 갇혀 실낙원의 현실을 받아들이지 않는 상태라고 할 수 있다. 성경에서는 우리에게 실낙원이라는 고난의 땅에서 회개로 새 삶을 얻고, 연단과 성화를 통해 평안을 누리며 천국을 예비하라고 말씀하고 있다.

죄와 실낙원(고난의 의미) 이해

죄 회개(죄 사함) – 맡김(고난의 수용) – 용서와 사랑(공동체 회복) – 성화(성숙) – 낙원에 대한 소망

〔골로새서 2:2~3〕 이는 저희로 마음에 위안을 받고 사랑 안에서 연합하여 원만한 이해의 모든 부요에 이르러 하나님의 비밀인 그리스도를 깨닫게 하려 함이라 그 안에는 지혜와 지식의 모든 보화가 감취어 있느니라

에덴적 환상을 갖게 되는 원인은 여러 가지가 있겠지만, 우선 양육 환경이라는 측면에서 살펴볼 수 있다.

과잉보호적인 양육방식은 온실 속 화초처럼 의존적이고 자생력이 떨어지는 자녀가 '타인과 세상에 대한 비현실적 기대'와 이에 연결된 에덴적 환상을 갖게 되기 쉽다. 현실과 동떨어진 이상적 기준으로 외부 세계를 바라보게 되니, 거친 세상살이에 실망하여 상처받거나 자존감이 저하되기 십상이다. 외부로부터의 상실감과 분노 등이 내부를 향하면 자기공격과 자기비하로 이어지고, 환상과 현실의 괴리에서 오는 당연한 결과인 좌절 경험과 절망감, 혼란의 어려움을 해결하지 않고 회피 또는 도피하게 되면 고립과 우울, 망상으로 발전할 수도 있다.

한편 권위적이거나 엄격한 양육방식으로 인해 자녀가 스스로에 대한 기대 수준을 높여 성취와 수행 등에 있어 '완벽주의'라는 비현실적 · 에덴적 환상을 갖게 되면, 자연히 사고나 행위에서 자신에게 부여한 '당위성'의 잣대를 타인에게도 요구하게 되고, 자신에 대한 불만과 부정적 이미지뿐만 아니라 대인관계 문제와 불안, 우울장애를 겪을 수 있다.

여기에서 만약 성경적 세계관 하에 죄로 인해 에덴에서 쫓겨난 땅에서의 '고난의 의미'에 대한 이해가 뒷받침된다면 아마도 에덴적 환상은 줄어들 것이다. 인간의 죄와 불완전성에 대한 이해로 세상과 타인, 자신에 대한 환상을 깨고 현실 적응적 관점을 가지게 될 수 있기 때문이다. 성경적 지식에 근거하여 내담자 자신의 내부(인식)와 외부(현실)가 불일치한 현재 상황과 여기서 파생된 자신의 감정(실망감, 서운함, 분노감, 부정적 정서)을 알아차려 받아들이는 것이 에덴적 환상을 깨고 성경적 세계관 속으로 들어오는 순간이다. 이때 알아차리고 받아들인다는 것은 고통 완화와 치료를 위한 실용적 목적의 수용에 머무르는 것을 뜻하지 않는다. 인간의 죄성과 불완전성을 인정하고 받아들여 **회개(나)**와 **용서(타인)**로 가는 다리를 놓는 것이며, 죄의 대가로 주어진 인간의 유한성과 이로 인한 현실적 고난을 받아들여 주께 맡기고 **자족**하는 것을 뜻한다. 즉 성경적 세계관과 기독교적 가치로 하나님의 뜻과 계획에 대한 믿음으로 '지금, 여기'를 수용하는 것이다.

그런데 내가 죄 사함을 받았듯 타인의 죄성을 이해하고 그 부족함을 용서한다는 것이 타인의 잘못에 대응하지 않고 견디며 상처받기를 지속하는 것을 의미하지는 않는다. 선으로 악을 이기려면 뱀 같은 지혜로 사탄의 책략에 대응해야 하기 때문이다. 이에 외부(타인)에서 가해지는 공격이나 비난을 내사하여 자책하거나 스스로를 괴롭히지 않도록 자신을 지키는 것이 무엇보다 중요하다. 의인이 아니라 죄인을 구하러 오신 예수님이 있는 그대로의 나를 사랑하고 계시는데, 내가 얼마나 잘나서 나를 비판하며 사랑하지 않는다는 말인가? 이는 언뜻 별것 아닌 것 같지만, 실은 교만의 전형이라고 볼 수 있다. 당위성과 인간적 가치기준으로 자신을 포함하여 사람을 판단하거나 정죄하는 것은 성경적으로도 맞지 않는다. 긍휼과 자비의 하나님은 인간이 속죄와 회개로 용서와 죄 사함의 은혜를 누리기를 원하시기 때문에 타인이나 자신을 판단함으로써 가짜 죄의식을 덧씌우는 걸 삼가라고 가르치신다. 이는 인지치료에서 비합리적 신념(당위성, 가치판단)을 깨서 타인에 대한 비판이나 자신에 대한 비하에서 벗어나는 원리와 비슷하다. 다만 기독교 인지통합상담은 바꾸고자 하는 신념의 기준을 성경에 두고 있다는 데 근본적 차이가 있다.

> 〔로마서 14:13〕 그런즉 우리가 다시는 서로 판단하지 말고 도리어 부딪힐 것이나 거칠 것으로 형제 앞에 두지 아니할 것을 주의하라

▶ 현재의 에덴적 환상을 깨고, 다시 미래의 낙원에 대한 소망을 가지다

믿음 안에서 에덴적 환상을 깨서 죄의 땅인 실낙원의 현실 이해(상황수용)와 자기용서(자기수용), 타인용서(타인수용)의 토대를 마련한다. 성

경 말씀에 의거하여 에덴적 환상에서 비롯된 비현실적인 기대감과 비합리적 신념(당위성, 가치판단)에 논박·도전하고 모든 사람이 죄인이라는 사실을 알게 되면, 타인에 대한 기대나 무게감이 줄어들게 된다. 이로써 타인에게 지나치게 의존하거나 휘둘리지 않을 수 있다. 또한, 타인의 부족함을 이해하고 용서하는 데 도움이 된다. 마찬가지로 죄인인 자신의 죄성을 인정하다 보니 자책보다는 겸손한 마음이 생기며, 이는 나중에 회개의 기초가 된다. 더 나아가서는 고난의 현실을 받아들이는 가운데 하나님의 인도하심에 맡기며 자족함으로써 불안을 줄이고 평안을 누릴 단계로 이어질 수 있을 것이다.

에덴적 환상 깨기
성경적 지식을 활용한 인지통합치료 ☜ 회개(나)와 용서(타인)로 가는 다리

- 우리(나, 너)는 죄성이 있는, 불완전하고 허물 많은 죄인이다.
- 우리는 죄와 멸망에서 벗어나려면, 창조주 하나님이 내민 손을 잡아야 하는 존재들이다.
- 죄의 대가로 낙원에서 쫓겨난 이 땅은 죽음과 물질적 한계 속에서 수고하고 고통이 있다.
- 우리를 살리기 위해 십자가에 매달리신 예수님은 우리 죄를 기억하지 않고 용서하신다.

▶ 에덴적 환상에 수반되는 건강치 못한 많은 문제들

- 당위성: 공정성, 옳고 그름, 합리성?(비합리적 신념으로 합리성 주장)
- 가치평가: 타인이나 자신에 대한 평가와 재단(자신의 기준으로)
- 타인에 대한 기대와 좌절에 따른 분노, 실망감
- 나에 대한 기대와 실패에 따른 자책감, 자존감 저하
- 기대가 환상이었던 만큼 좌절이 크고, 극단적·부정적 예견이나

예단을 하게 됨.

- 상황에 대한 과장된 인식과 감정으로 극과 극을 오가며, 혼란에 빠져 심리적 소진
- 좌절에 대한 인내심이 약하여 수용·대처 등 적극적 해결보다는 회피, 철수, 고립 등 자신의 성으로 도망가서 숨음.
- 분노했던 상대와 만나도 아무 일 없었다는 듯 감정을 누른 채 웃는 얼굴로 낙관적으로 포장한 채 설정연기를 함(감정노동과 자기불일치).
- 자신의 감정을 알아차리지 못하고 차단하며 외면함.
- 이러한 악순환의 반복 속에 시간이 갈수록 심리문제와 고통이 더 커짐.

인지치료가 목표하는 변화와 기독교 통합상담 비교

- REBT: 비합리적 신념 → 합리적 신념
- 기독교 인지통합: 세상적 가치기준 → 성경(말씀, 복음)에 근거한 하나님의 구원섭리

- REBT: 부정적 정서 → 긍정적 정서
- 기독교 인지통합: 죄의식의 보상욕구(인정욕·애정욕) → 온전한 자기회복(회개와 죄 사함)

- REBT: 역기능/불안 → 기능/수용
- 기독교 인지통합: 죄의 대가를 내가 해결(탐욕·음욕) → 하나님께 맡김과 자족

▶ 비합리적 사고의 요소 비교

기독교 통합상담의 관점에서 볼 때, '에덴적 환상'은 비합리적 사고(당위성, 가치판단 등의 요소)로 가는 매개 역할을 한다.

REBT	기독교 인지통합	해결의 실마리
당위적 사고	에덴적 환상	실낙원(죄와 고난) 이해
가치평가 (자기비하)	타인·세상·자기 정죄 (비성경적 판단)	판단(정죄)보다 용서
과장	극단적 (낙천적 환상↔부정적 예단)	절제와 맡김
낮은 인내심	집착 및 회피, 도피	수용, 자족과 담대함

- 당위, 가치평가, 과장 → 성경적 지식을 활용한 인지통합치료
- 낮은 인내심 → '믿음+소망'으로 담대함과 인내심 속에 영적 치료로 자족과 고난의 수용

▶ 낮은 인내심의 원인

① 유전적·생물학적(기질적, 생리적) 원인: 소심하고 예민하여 불안에 취약한 성격 — 부정적 예단, 걱정과 염려, 반추, 강박성

② 환경적·경험적 원인: 양육방식(과잉사랑/과잉보호적 자녀양육) — 에덴적 환상과 적절한 좌절 경험 부족으로 불편함이나 좌절 시 견디는 힘 약함.

- 과잉사랑: 낙천적 환상 — 천진하고 순진하며 비현실적 이상을 추구하는 등 일반적인 관계방식과 차이 → 사교성과 고립을 오가는 극단적 정서로 불안 요인 상승과 우울 가능성
- 과잉보호: 의존적 환상 — 자기중심적이고 주변이 모두 자기를 중심으로 돌아간다는 착각 속에 욕구를 채워주길 기대 → 욕구조절이 힘들고, 참고 기다리지 못해 충동조절장애 가능성

4) 심리적 통찰과 영적 통찰(정신역동통합치료)

프로이트는 인간의 마음과 행동은 이성적이고 합리적인 의식이 아니라 이와 반대인 무의식 — 어휘와 개념이 적절한지는 차치하고 — 의 지배를 받는다고 보았으며, 우리의 마음에서 의식보다 무의식이 더 많은 영역을 차지한다고 주장했다. 실제로 신경과학은 많은 양의 정보들이 비의식적이고 자동적인 회로를 통해 뇌 전반에 걸쳐 무의식적으로 처리되고 있고, 인간은 수많은 무의식적인 기억체계를 가지고 있으며, 공포반응 등이 무의식적인 뇌 회로를 통해 조정된다는 것을 밝히고 있다. 암묵기억의 발견은 프로이트의 무의식 개념에 과학적인 접근 가능성을 열어주었으며, 근래에 역동치료가 다시 주목받고 있는 지점이다. 여기서는 프로이트의 무의식 개념을 기독교적 관점에서 재조명해 보기로 한다.

정신분석적 무의식 개념

- 의식: 현재 각성하고 있는 감각, 감정, 생각, 기억 등 인식의 영역 안에서 이루어지는 모든 경험을 포함하며, 주의나 관심이 다른 곳으로 돌려지게 되면 전의식이나 무의식 속으로 사라진다.
- 전의식: 의식과 무의식 사이에 위치하며, 현재는 의식되고 있지 않지만 잠깐의 노력으로 쉽게 의식화시킬 수 있는 기억이다.
- 무의식: 자신의 힘으로는 의식화하기 힘들며, 용납될 수 없는 감정, 생각, 욕구, 기억, 충동 등이 의식의 수면 아래에 억압된 것이다.

프로이트가 무의식 개념을 창안한 것은 아니지만, 정신분석을 통해 무의식 영역을 중요하게 다룸으로써 심리상담이나 치료에 끼친 영향이 지대하다. 하지만 그가 주장한 무의식 개념은 사람의 실제 무의식 중 일부에만 해당하는 것으로, 한계를 가지고 있다고 본다. 그는 무의식이 사회적으로 수용되기 어려운 성욕(삶의 본능) 및 공격성(죽음의 본능)과 연관되어 있다고 했다. 무의식은 끊임없이 의식으로 올라오려 하고 의식은 이를 방어하기 때문에 우리의 마음은 의식과 무의식이 서로를 견제하는 긴장 상태이며, 무의식은 내면화된 금지와 억압, 자체 검열에 의해 통상적인 접근이 차단되어 있다는 것이다. 이러한 무의식은 두려움, 수치스러운 기억과 폭력적인 동기, 받아들여지기 힘든 성적 욕망, 비도덕적 욕구, 비합리적 소망, 이기적인 필요 등을 담고 있다.

그는 성적 욕구가 인간의 가장 기본적인 욕구로서 무의식의 주요한 내용을 구성한다는 가정하에 성욕은 사회의 도덕적 기준에 위배되기 때문에 억압되어 무의식 속에 자리 잡게 되고 인간의 행동에 지대한 영향을 미친다고 보았다. 그러나 프로이트가 말하는 것처럼 무의식을 성과 공격성 등 위협적이고 사회적으로 받아들이기 힘든 추동이 억압되어 형성된 것이라고 설명하기에는 무리가 따르고 부족하다. 원초아가 무의식의 영역에 있는 것은 맞지만, 무의식은 원초아적인 내용을 포함하여 이보다 훨씬 방대하고 다각적인 요소를 가진 영역이기 때문이다.

무의식은 하나님의 인간 창조체계 중에서 무한한 가능성을 지닌 창조력의 원천이라고 생각한다. 태초에는 무의식이 계시, 꿈 등을 통해 하나님과 교통하는 또 다른 통로로, 온갖 정보의 감추어진 보물창고였을 것이다. 이는 지금도 우리가 깨어서 성령과 연결되거나, 명상 등을 통해 통찰력이 극대화될 때 경험하는 것들이다.

그런데 사탄의 유혹에 넘어가 죄가 들어오게 되고, 하나님과의 단절 및 관계 훼손으로 온전성이 깨져서 '죄의식'이 무의식 속에 자리 잡게 되면서, 우리는 무의식의 어두운 면을 가지기 시작한다. 죄의식을 하나님이 아닌 세상과 사람들의 인정과 애정을 통해 보상받고자 하다가 생긴 '2차 죄의식'이 또다시 무의식에 쌓이게 되고, 죄의 대가로 주어진 '죽음과 물질적 한계' 속에서 '본능적 생의 욕구'가 불안을 불러오며 무의식을 지배하기 시작했으리라. 프로이트가 '억압된 무의식'으로 본 것도 바로 성욕을 중심으로 한 본능적 생의 욕구다. 여기에 '나 중심적' 죄성을 약점 삼아 탐욕과 쾌락 등 지나친 욕망으로 유혹하는 사탄에 의해 2, 3차 불안이 또다시 무의식을 짓누르게 된다. 그래서 우리가 무의식적으로 하는 충동적 행동들은 대개 죄성과 관련된 경우가 많을 것이다.

그러나 프로이트는 자아의 적절한 조절기능(지나친 원초아, 과도한 초자아)은 강조하면서도 자아가 건강하게 원초아를 조절하는 데 기준이 될 수 있는 구분을 제시하지 않았고, 생존을 위한 욕구개념 속에 '기본적(본능적) 욕구'와 '(지나친) 부가적 욕구'가 뭉뚱그려져 있어서 한계를 보인다. 기독교적 관점에서 볼 때, 기본적 욕구(식욕, 수면욕, 성욕)는 허용하되, 여기에 부가된 지나친 파생적 욕구(식욕→물질욕, 수면욕→나태, 성욕→탐색적 쾌락)는 절제할 필요가 있어 기본적 욕구와 파생적 욕구는 구분해야 한다. 일용할 양식으로 대표되는 일반은혜, 즉 먹고 마시며 자고, 남녀가 연합하여 한 몸을 이루는 등 생육하고 번성하는 복은 누리고 감사하되, 여기에서 더 나아가 세속적 탐욕과 쾌락으로 집요하게 유혹하는 사탄의 (-)에너지에 짓눌리지 않도록 경계해야 한다.

의식이 성욕을 받아들이기 거부하고 억압한다는 그의 관점도 시대와 사회의 변화에 따라 설득력을 갖기 힘들다. 그리고 본능적 욕구인 성욕 중심의 프로이트의 욕구개념은 죄의 대가에 따른 육적 차원의 욕구에 치우친바, 욕구개념이 관계적·사회문화적·영적 차원으로 확장되어 적용될 필요가 있다. 다시 말해 원죄로 인해 오염된 인간의 죄의식과 죄성에서 비롯된 욕구들, 즉 인정욕, 애정욕과 성욕, 식탐(물질욕) 등에 초점을 맞춰 좀 더 포괄적으로 심리문제를 다뤄야 할 필요성이 있다.

이러한 욕구의 좌절과 관련된 상처 및 무의식 속의 갈등들은 혼돈과 불일치, 모순 속에서 수용되지 못하고 치유를 기다리는 긴장 상태에 있는데, 이를 프로이트는 '억압'이라고 표현하지 않았을까 싶다. 또한,

꿈이나 의식이 느슨한 틈을 통해 무의식적 갈등이 의식으로 올라오려는 현상은 '자각'과 '통찰'을 통해 불일치와 부조화의 얽힌 것들이 풀리고 재정리(재공고화)되어야 함을 알리는 창조주의 치유시스템이 작동한 것이라고 본다.

이어서 역동적 통찰과 기독교를 통합하여 재건하기 위해 먼저 프로이트의 '무의식의 의식화' 치료기법을 필터링하고, 이를 기독교적으로 통합하여 상담에 적용한다.

(1) 무의식의 의식화

프로이트는 억압된 무의식적 갈등이 정신장애의 원인이며, 따라서 정신분석치료의 목적은 무의식을 의식화하는 것이라고 했다. 프로이트가 주로 치료했던 히스테리 환자들은 생물학적인 이상이 없음에도 감각 기관의 이상이나 마비를 호소했는데, 오랜 작업을 통해 그들이 자신의 무의식을 직면했을 때 정화를 경험하면서 증상이 사라진다는 사실을 발견했다. 그는 처음에는 최면을 통해 무의식에 접근하고자 했으나 그 한계성 때문에 1896년부터는 최면 대신 자유연상을 사용하고, 꿈, 전이, 저항을 분석하여 치료하게 된다.

① 정신분석(프로이트)의 치료기법을 기독교적으로 필터링하다

㉠ 꿈의 분석

수면상태에서는 의식적 억제가 감소하기 때문에 그 틈을 타서 무의식적 내용이 은밀하게 드러나는 '꿈'의 주제나 내용을 면밀히 분석하여 무의식적 갈등내용을 찾아내는 방법이다. 꿈이란 무의식이 그대로 드러나는 잠재몽(latent dream)을 의식에서도 받아들일 만한 현재몽(manifest dream)으로 바꾼 것인데, 우리가 기억하는 꿈은 현재몽이므로 진짜 꿈인 잠재몽을 알기 위해 꿈의 분석과정이 필요하다고 주장한다.

➜ 필자는 일상생활에서 명쾌하게 선언적 기억으로 저장되지 못한 모호한 기억들이 암묵적 기억 속에 머물다가 꿈이나 무의식적 돌출을 통해 환기되어 마무리 짓는 경험을 꽤나 자주 한다. 그런 면에서 볼 때, 꿈은 (–)에너지에 둘러싸인 무의식적인 불편한 감정과 찌꺼기들을 해소하여 심리적 완충과 회복으로 가기 위한 창조주의 치유시스템 중 일부일 가능성이 있다.

㉡ 자유연상

마음속에 떠오르는 모든 감각, 감정, 생각, 이미지, 기억, 바람을 자유롭게 이야기하도록 해서 내담자가 방어기제를 사용하여 억압한 무의식에 숨겨진 진실을 찾아내는 기법이다.

➜ 연상을 이용한 무의식의 탐색은 의미가 있으나, 내담자가 내놓는 건 자유로이 하는 데 비해 이를 분석하는 것은 상담자 몫으로 이중 구조의 문제가 있다. 내놓는 것도 내담자 중심의 자유로운 분위기 속에 적절한 상담자 개입이 필요하며, 통찰도 내담자 중심의 체험적 통찰과 상담자가 직면시키는 인지적 통찰이 함께 이뤄져야 바람직하다.

㉢ 전이분석

전이는 내담자가 어린 시절 부모 등 중요 인물에게 가졌던 관계를 상담자에게 무의식적으로 표출하는 투사*의 일종으로, 전이분석은 무의식적 갈등과 방어기제를 자각하는 정신분석의 중요한 치료수단이다.

➜ 전이는 (–)에너지가 만든 중독적·관성적 요소와 이전의 반복되던 '관계 패턴'이 타인(상담자 포함)과 관계할 때 전달되어 나타나는 것이

---

* 투사: 자신의 바람직하지 않은 감정을 다른 사람의 것인 양 전가하여 외부에 비난의 화살을 돌리는 방어기제

며, 기독교통합 상담자는 치료적 변화를 위해 이를 파악하여 죄성과 연관하여 분석하고, 내담자가 구체적인 역기능적 패턴을 자각할 수 있도록 해석해주는 것이 중요하다.

㉣ 저항분석

저항은 정신분석을 통해 억압된 무의식을 의식화시키는 과정에서 내담자들이 주저하거나 상담에 협조하지 않는 현상이며, 저항을 분석하여 내담자에게 직면시키고 그 의미를 파악하도록 하는 치료수단이다.

➜ 내담자의 내면을 조종하여 치료를 방해하는 사탄의 생존전략이자, 내담자가 영적으로 깨어나지 못하게 죽이는 전략임을 이해시켜 상담에 적극성과 용기를 가지고 임하게 하는 것이 필요하다.

〈렘수면과 세타파(4~8Hz의 주파수)〉

렘수면(Rapid Eye Movement Sleep)은 수면의 다섯 째 단계('비렘수면 1~4' + '렘수면', 평균 90분 주기)로 세타파가 우세하며, 육체는 이완되나 정신은 꿈과 같은 정신활동을 한다.

- 명상상태, 즉 신체적 안정상태에서 의식이 맑게 각성되어 무의식을 의식적으로 관찰할 수 있는 상태와 닮아있다.
- 감정적 연결과 정보들이 연관되어 새로운 이미지와 의미를 생성하게 되거나 창의적 아이디어, 영감, 직감이 떠오르는 뇌파상태로 창조성과 관련이 있다.
- 해마와 그 주변부에 나타나는 뇌파로, 기억의 공고화와 관련하여 장기기억(글루타메이트 신경전달물질 수용체의 장기 강화작용)에는 수면 과정이 필요하다. 따라서 심리치료 시에 인출된 과거의 부정적 기억이 상담 과정(재경험, 재해석, 재평가)을 통해 새로운 기억으로 재공고화되는 시스템과도 관련된다.

② 치료효과에 대한 관점

뇌혈액 변화이론에 따르면, 뇌가 무의식 활동에서 의식 활동으로 전환하는 과도기에는 뇌의 여러 부분에 대한 혈액공급에 국지적 변화가 일어난다. 최근 많은 연구를 통해 성공적인 정신역동치료 후 전전두엽이 더 많이 활성화되는 것이 밝혀졌다(C. Alexander Simpkins, 『치료자를 위한 뇌과학』, 2021, 채규만 외 공역 재인용). 그런데 뇌과학자들의 주장처럼 이러한 현상이 프로이트의 치료원리인 '무의식의 의식화' 자체만의 치료효과라고 분석할 수 있을까? 그리고 이것이 그의 치료목표인 '자아기능의 강화와 증가'를 통한 무의식적 충동의 통제를 의미한다고 볼 수 있을까?

이에 대한 개인적인 생각을 말하자면, 우선 정신분석을 통한 '무의식의 의식화' 과정에서 치료효과가 나타나는 건 맞겠지만, 오직 '무의식의 의식화' 자체만으로 치료효과가 나타났다고 보는 것은 무리가 있지 않을까 싶다. 밝혀진 바에 의하면, 전전두엽은 주의/각성, 학습, 통제/감독, 계획/설계, 언어/심상, 통합/추상적 사고기능을 담당하며, 의식적인 작업뿐만 아니라 직관과 통찰, 연합 등 고차원적 두뇌활동과 비언어적 의사소통에도 관여한다. 이와 관련하여 또 다른 연구(Davidson, 2012)는 명상가들이 신체적으로는 심장박동과 호흡을 느리게 하여 질 높은 이완을 하면서도 동시에 고도의 각성과 집중력을 유지하는 것을 보여주었는데, 이때 주목할 만한 점이 전전두엽의 활성화다. 명상은 직관과 통찰을 통해 의식으로 무의식을 바라보고, 무의식적인 상향식 주의가 주를 이룬다고 볼 수 있는데, 이런 작업 시 긍정적인 감정을 일으키는 좌측 전전두엽의 활성화가 발견된다는 것은 시사하는 바 크다.

그렇다면 전전두엽의 활성화를 의식화 과정으로만 해석하기보다는 통찰과 연관 지어 의식적 차원을 넘어서는 질적 변화의 가능성도 열어두어야 할 것이다. 즉 무의식 속에서 해결되지 못한 채 내부모순과 갈등을 일으키는 억압적 내용들을 통찰함으로써 갈등의 원인과 메커니즘을 알게 되고, 그 과정에서 (-)에너지를 덜어내는 효과와 변화가 일어날 수 있다. 의식화에 뒤따라서 '문제에 얽혀 있던 욕구'를 넘어서는 내담자의 내적 과정이 있다면, (-)에너지를 충분히 털어내고 억압에서 풀려 치료가 일어날 수 있다. 이 과정 또한 명상처럼 무의식적 통로와 함께 일어날 텐데, 프로이트가 이를 파악하지 못했거나 무시한 건 아닐까.

결론적으로 아는 것(의식화)만으로도 어느 정도 치료효과가 있겠지만, 더 큰 효과는 명상/묵상과 같이 내면적 성숙 과정으로 이어질 때 나타날 수 있다고 본다. 무의식적 갈등과 욕구의 통찰이 의식화에 머문다면, 프로이트식 통찰 — 훈습과 성장개념까지도 — 은 '의식과 자아'라는 영역에서 한정되어 일어난다고 볼 수 있다. 그렇다면 무의식 속에 뭉쳐져 있는 욕구와 갈등이라는 원천적 요인의 변화까지 기대하기는 힘들다. 하지만 명상이나 묵상적 통찰은 '무의식과 자아탈피' 영역에까지 확장된다.

명상은 무아와 해탈을 통해, 묵상은 자기부인과 회개를 통해 무의식 속의 욕구·욕망을 통찰하고 정화하는 과정에서 치유가 일어난다. 이 과정에서 내담자가 마음의 평정과 희열감을 경험한다면, 상담 종료 후에도 내담자 스스로에 의해 지속적인 성숙으로 이어질 수 있을 것이다. 내담자가 정신문제의 원인, 즉 무의식적 갈등 같은 원인통찰에서 나아가 더 깊은 내면적·영적 통찰을 통해 성숙해갈 때, 치료효과도 클뿐더러 재발 위험도 줄어들 수 있지 않을까.

같은 맥락에서 치료효과와 관련하여 전전두엽의 활성화가 자아기능 향상과 강화를 의미한다는 관점에도 전적으로 동의하기는 어렵다. 갈등과 억압으로 흔들리던 자아가 치료를 통해 안정을 찾고 힘을 얻는 건 맞지만, 자아기능의 강화 자체가 치료의 목표가 된다면, 이는 또 다른 한계를 품게 된다. 자아기능의 강화가 자아의 강도를 강화한다거나 자아의 역할을 늘린다는 의미라면 더욱 그렇다. 욕구를 넘어서는 과정은 자아를 넘어서는 과정과 함께 일어나게 될 테니 말이다. 죄성을 가진 인간이 강해진 자아로 원초아와 초자아 사이에서 적절히 조절하고 타협하여 판단·선택·결정한다고 해서 과연 문제가 줄어들 수 있을 것인가? 이는 정신분석이나 게슈탈트치료 등이 가지는 현대 심리학의 공통된 한계가 아닐까?

필자는 여기서 강한 자아보다는 건강한 자아를 치료효과 또는 치료목표로서 재건해야 한다고 생각한다. 건강한 자아는 의식적인 자아 중심의 기능을, 의식을 넘나드는 통찰과 영성에 개방하여 반영하는 자아이며, 판단보다는 수용적인 자아다. 그 예로 알아차림 명상에서는 자아가 일으키는 생각을 멈추고, 자신의 전부(의식과 무의식, 신체와 마음)를 자각하고 통찰하여 받아들이며, 궁극적으로는 자아초월과 무아의 경지에 도달하고자 한다. 기독교에서는 자기라는 굴레를 버리고, 자기부인과 회개로 세워져서 자아가 움직이는 삶이 아닌 하나님과 성령의 인도하시는 길을 따라가고자 한다. 그 대표적 예가 자신의 한계를 깨닫고, 자아(자기)를 죽임으로써 모든 것을 예수님께 맡겼던 바울이다(고린도전서 15:31).

〔누가복음 9:23〕 또 무리에게 이르시되 아무든지 나를 따라오려거든 자기를 부인하고 날마다 제 십자가를 지고 나를 좇을 것이니라

마지막으로, 삼원구조(원초아, 자아, 초자아) 하에서 "자아가 원초아와 초자아 사이에서 적절히 타협하고 조절하는 역할을 해야 한다"라는 프로이트의 주장에 이의를 제기하고 싶다. 과연 죄성을 가진 인간의 자아가 자기의 힘만으로 원초아와 초자아 사이에서 적절한 조절을 할 수 있을까? 이는 희망하는 바이지만 실현하기 힘든, 환상이 깔린 주문일 수

밖에 없다.

그리고 기본적인 본능적 욕구와 죄성으로 인해 확대된 지나친 욕망을 구분하여 기본적인 욕구는 감사하며 누리되 지나친 욕구는 절제하고 회개하는 영적 분별이 필요한데, 프로이트는 이것들을 구분하지 않은 채 '적절히'라는 모호한 기준을 제시한다. 이러한 한계는 성령의 가르치심과 인도하심에 의뢰할 때 극복이 가능하다. 다만 그 과정에서 자아가 다시 살아나 자신을 판단하며 채찍질하지 않도록 주의해야 한다. 아직 부족하고 성숙하지 못한 우리를 예수님이 받아들이고 기다리시며 사랑하듯, 우리도 예수님을 따라서 자신에게 그렇게 하는 것이다. 이는 자아가 스스로 하려고 해서 되는 게 아니라 다시 말해 — 프로이트의 말처럼 자아기능에 의해서가 아니라 — 자기를 부인하고 성령이 인도하심에 자아를 맡기고 따라갈 때 가능한 것이다.

또 기독교적으로 봤을 때, "초자아가 과도하게 작동할 때 죄의식과 양심의 가책 등으로 심리적 문제가 생긴다"라는 프로이트의 관점은 "초자아의 기준이 예수님의 방식이 아닌 인간 자신의 방식에 갇혀있고, 여기에다 자아가 '판단'과 '자책'의 채찍을 휘둘러서 심리적 문제가 생긴다"라고 걸러서 보완되어야 한다.

▶ 치료효과(추론)

'무의식 속의 갈등 통찰과 자각' + '재경험을 통한 기억의 재공고화' + '새로운 신경회로의 생성'

- 통찰과 자각: 욕구충족과 관련하여 내담자가 무의식적 갈등과 불안을 자각하고, 어린 시절 부모와의 관계 및 양육방식 등이 이러한 갈등을 일으키는 데 어떤 식으로 영향을 끼치는지를 분석하여

내담자의 정서와 행동의 의미를 해석함으로써 통찰과 자각이 이뤄져 치료효과가 나타난다.

- 기억의 재공고화: 인출된 부정적 기억들이 상담을 통한 재경험·재해석 등으로 긍정적인 새로운 기억으로 덮어쓰기가 되는 과정으로, 마음속 깊은 곳 무의식적으로 심리를 누르고 있었던 것들을 자각하고 통찰함으로써 새로운 경험에 따른 기억의 재응고가 이뤄져 치료효과가 나타난다.
- 신경가소성: 성장과 재조직을 통해 뇌가 스스로 신경 회로를 바꾸는 능력으로, 뇌의 많은 구조와 기능은 가소적인 특성을 지니고 있어 변화할 수 있으므로 뇌를 변화시킴으로써 겉으로는 견고해 보이는 패턴도 바꿀 수 있다.

(2) 기독교 통합적 통찰기법

▶ 언어·비언어 속에 담긴 무의식적 갈등 통찰

상담 과정에서 내담자가 표현하는 언어적인 것뿐만 아니라 언어 속에 담긴 뉘앙스나 특정 어휘를 말할 때 특징적인 목소리의 톤, 강도에 주의를 기울여 무의식적 요소를 포착하는 것이 중요하다. 또한, 내담자의 눈빛, 표정, 숨결, 몸짓 등 무의식적으로 드러난 신체 양상에 집중하여 내담자의 감정을 공감적으로 읽어내고 (−)에너지에 둘러싸인 내담자의 무의식적인 갈등, 욕구(좌절), 불안 등을 통찰하여 내담자와 공유한다.

▶ 죄성과 죄의 통찰

욕구(인정욕·애정욕)와 불안을 성경적으로 바라보고 분석하여 무의식적 갈등에 내재한 죄성과 죄를 통찰하도록 돕는다. 무의식에 깔린 죄성은 자기중심적·충동적·공격적·쾌락추구적 속성을 지닌다. 이는 바울이 말하는 육체의 소욕과 통하는 것이며, 프로이트가 말하는 이드(원초아)의 개념과도 대응한다고 본다. 인간의 죄가 육체적·정신적 질병과 관련이 있음을 시사하는 예수님의 말씀은 성경 곳곳(요한복음 5:14 등)에서 볼 수 있다.

> 〔에베소서 2:3〕 전에는 우리도 다 그 가운데서 우리 육체의 욕심을 따라 지내며 육체와 마음의 원하는 것을 하여 다른 이들과 같이 본질상 진노의 자녀이었더니

▶ 병리적 패턴 통찰

패턴화되어 반복되는 감각, 감정, 사고, 행동, 관계방식 등 병리적으로 흐르는 길을 구체적으로 파악하여 내담자의 부적응적인 양상과 연결하여 해석하고, 사탄의 종합적 전략과 맵(길 지도)을 이해하도록 돕는다.

패턴화된 감정, 사고, 행동, 관계방식 등 사탄이 터놓은 길에 깔린 에너지와 요소는 그와 접촉하는 타인들에게 전달·전염·전파되는데, '전이'는 그중에서 '패턴화된 관계방식'이 상담자에게 전달된 것이다. 통합상담에서는 상담자에게 보이는 전이 현상뿐만 아니라 관계하는 타인들에게 보이는 다양한 패턴과 에너지 전달 양상을 상담내용에서 주의를 기울여 파악하는 것이 중요하다.

이때 (−)에너지의 전달(전이)에 따른 상담자 역전이를 조심할 필요가 있으며, 오히려 역으로 상담자가 눈빛, 목소리, 표정, 숨결, 몸짓 등 '성령의 전(殿)'인 몸을 통해 내담자에게 (+)에너지를 전달한다면, 말이나 의식의 통로를 거치지 않고도 우회하여 내담자에게 긍정에너지와 지지하는 힘을 줄 수 있을 것이다.

▶ 저항을 잘 이해하여 상담과 치료에 적극적 참여 유도

저항은 사탄의 생존전략이자, 문제해결을 방해하여 내담자의 회복을 막고 영혼을 죽이려는 파괴전략에 속는 현상임을 내담자에게 설명한다. 왜냐하면 (-)에너지에 오염된 자신의 감정 등 부정적인 상처 자극과 사탄의 전략을 알아차리는 것을 거부하도록 방해하는 힘이기 때문이다.

- 선악과 원죄 이후 아담과 하와가 하나님을 피해 숨었듯이, 죄의식과 대면하는 것을 회피하려는 심리
- 원죄 이후 아담과 하와가 나뭇잎 치마로 몸을 가렸듯 자신과 상담자에게 수치심을 드러내는 게 싫음.
- 상처나 고통스러운 사건을 받아들이지 않고 부인*하는 방어기제와 연결 – 상담을 통해 고통을 재경험할 용기가 부족하여 피함.

정신분석은 상담자가 무의식적 갈등을 분석하여 내담자에게 해석하기 때문에 상담자 위주의 분석과 치료인 데 비해, 통합상담에서는 내담자 중심의 통찰치료가 이뤄진다. 즉 현재적 알아차림을 통해 직접 체험하고 경험하는 통찰을 병행하면서, 과거탐색을 통한 무의식적 갈등과 욕구를 통찰하는 경우에도 적절한 질문과 명료화를 통한 직면으로 내담자 스스로의 통찰을 유도하는 데 무게를 둔다. 마지막으로 죄성의 통찰과 사탄의 구체적 전략을 통찰하는 단계에서는 성경을 토대로 상담자가 심리문제의 메커니즘을 분석·해석하는 좀 더 적극적인 개입이 들어간다.

---

* 부인: 자신에게 일어난 외상이나 고통스러운 사건을 받아들이지 않고 의식적으로 거부하는 방어기제

① 무의식적 갈등과 욕구 통찰

우선 심리역동적 통찰의 과정으로, 내담자가 무의식적 갈등과 불안을 자각하고, 욕구(인정욕 · 애정욕 등)와 기대, 좌절감과 분노감/적개심, 욕망(물욕/성애 등)과 소망 등을 통찰하도록 돕는다. 내담자가 내놓는 경험 등을 토대로 심리문제의 원인이 되는 무의식적 갈등과 욕구, 불안 등을 포착하여 당면한 감정, 사고, 행동, 관계방식 등에 얽힌 부적응적이고 역기능적인 패턴을 자각함으로써 내담자가 자기를 이해하고 통찰하도록 한다.

이때 상담 초기에 치중했던 '알아차림'을 통한 체험적 통찰도 부수적으로 계속 진행된다. 즉 상담 과정에서 내담자가 지금-현재적으로 자신의 감정, 욕구 등을 체험하고 알아차림으로써 과거 경험의 현재적 현상으로서 내담자 중심의 통찰이 가능하도록 상담자가 적절하게 유도해야 한다. 이는 상담자 주도의 정신역동치료를 보완하는 역할을 한다.

무의식적 갈등과 불안, 욕구(정신적: 인정욕 · 애정욕, 육적: 물질욕, 건강추구, 성욕) 등 내부의 무의식적 심리 현상을 통찰하고, 방어기제나 병리 현상과 연계하여 이해하는 것만으로도 변화가 일어날 수 있다. 통찰만으로도 정신문제의 치료와 변화가 일어나는 것은 하나님의 창조시스템 속 일반은혜로서의 치유 기제다. 이는 하나님의 형상을 닮게 만든 인간에게 주신 능력 중 하나이리라.

② 과거탐색

원가족 관계 – 무의식적 갈등 – 어린 시절의 욕구 좌절 – 욕구 · 불안 통찰

상담을 통해 내담자가 생애 초기 부모의 양육방식 등 원가족과의 관계, 과거(어린 시절)의 경험과 상처, 기억 등을 끄집어내어 탐색 · 경험

하게 하고, 내면의 무의식적 갈등과 욕구, 불안 등을 자각하도록 돕는다. 또한, 내담자가 어린 시절 부모나 중요한 대상과의 관계방식이 이러한 갈등을 일으키는 데 어떻게 작용하는지를 통찰할 수 있도록 개입한다. 그리고 이러한 과거 경험들이 고착화·패턴화된 사고·행동방식이나 현재의 역동에 어떻게 영향을 끼치고 이어지는지를 해석하여 이해를 돕는다.

뇌과학적으로 과거탐색은 과거의 기억을 인출하여 재경험하고, 통찰을 통한 재해석으로 새로운 기억으로의 재공고화와 치료효과를 기대하는 것이다. 이때 부모의 양육방식뿐만 아니라 자녀의 부모 행동방식 모방 등이 끼치는 영향도 탐색하며, 부모의 DNA를 통한 유전뿐만 아니라 경험유전도 탐색의 대상이다.

기독교 통합상담에서 내담자가 무의식적 갈등과 욕구 및 불안을 통찰하는 것은 증상 완화와 치료를 위한 목적도 있지만, 이를 통해 죄를 통찰하여 회개에 이르게 하는 데 더 큰 의미를 지닌다.

③ 욕구와 무의식적 갈등에 내재한 죄성과 죄의 통찰

심리문제 – 무의식적 갈등 – 어린 시절의 욕구 좌절 – 욕구·불안 통찰 – 죄성과 죄의 자각

무의식의 세계는 — 무의식이라는 이름으로 다 설명하기에는 부족하겠지만 — 아마도 창조에너지를 품고 있는, 하나님과의 신비로운 교통 통로로 창조되었는지도 모른다. 첫 창조 이후 인간이 죄로 오염되기 전에는 몸·마음·영혼과 더불어 무의식의 세계도 온전한 상태였을 것이다. 그러나 아담의 죄가 대물림되고, 무의식이 죄성으로 인한 갈등과 불안으로 얼룩지고 눌려서 그렇게 응축된 (–)에너지로 하나님께 가는

통로를 막으며 생명의 길을 방해하고 있으리라.

그 때문에 내담자가 심리문제와 관련하여 무의식적 욕망과 갈등, 불안을 통찰한 뒤에는 상담자가 이를 성경적으로 분석·설명함으로써 내담자가 자신의 죄와 죄성을 자각하는 과정으로 이어져야 한다. 이때 내담자가 죄와 죄성을 통찰하는 것은 스스로를 찌르려는 것이 아니라 보호하기 위한 것이라는 점이 중요하다. 욕구를 타고 올라오는 죄성을 약점 삼아 사탄이 내담자의 심리를 공격하기 때문에 내담자가 죄성을 자각하여 회개로 녹임으로써 악한 영이 공격할 여지와 빌미를 없애는 작업이다. 내담자에게도 이런 점을 잘 설명할 필요가 있다.

인간의 죄성은 크게 육체적 죄성, 정신적 죄성, 영적 죄성으로 나눌 수 있다. 성경적으로 볼 때, '육체적 죄성'은 인간의 오감(시각, 청각, 후각, 미각, 촉각) 영역에서 쾌락과 관련된 '육신의 정욕'이라고 할 수 있다. '정신적 죄성'은 우리의 감정, 욕구, 상상, 기억 등의 영역에서 눈에 보이는 세상적 가치를 추구하는 '안목의 정욕'이라고 할 수 있다. '영적 죄성'은 의지, 지성의 영역에서 하나님보다 내가 중심이 되는 교만과 자아도취, 나르시시즘적인 '이승의 자랑'이다. 이렇게 내담자가 육체적·정신적·영적 죄성을 자각하고, 상담자가 이러한 약점을 공략하는 사탄의 교묘한 술책을 포착하여 당면한 심리 현상이나 행동과 연계하여 해석함으로써 내담자의 자기이해를 돕고 치료효과를 얻는다.

〔요한1서 2:16〕 이는 세상에 있는 모든 것이 육신의 정욕과 안목의 정욕과 이생의 자랑이니 다 아버지께로 좇아온 것이 아니요 세상으로 좇아온 것이라

성경의 활용

죄의식의 세상적 보상욕구(인정욕·애정욕/물욕·성욕 등)를 성경적으로 분석함. → 잘못된 해결책(하나님이 아닌 세상적 추구)이 가져오는 심리문제를 성경에 근거하여 해석함.

무의식적 갈등과 욕구에 내재한 죄와 죄성의 통찰을 통해 크고 작은 걸림돌을 자각하게 되겠지만, 그 대표적 예로 다음 세 가지를 들 수 있다. 첫째, 원죄와 관련하여 하나님과 멀어져서 죄의식을 하나님이 아닌 세상적 방법(인정/애정)으로 보상·해결하고자 하고, 또한 하나님께 다시 돌아가는 걸 방해하는 '교만의 걸림돌'이다. 둘째, 자신을 정죄하여 스스로를 부정적 사고와 정서에 빠뜨리고, 타인을 정죄하여 갈등과 상처로 관계를 파괴하는 '판단의 걸림돌'이다. 셋째, 죄의 대가인 '죽음과 물질적 한계상황'에서 오는 불안과 수고의 짐을 하나님께 맡기지 못하고, 자기 힘으로 탐욕적으로 집착하면서 주어진 현실에 자족하지 못하고 수용하지 못하는 '원망의 걸림돌'이다.

단지 무의식적 갈등과 불안, 욕구를 통찰하고 자각하는 것만으로도 치료효과가 있지만, 그 뿌리가 되는 죄성을 통찰함으로써 더 깊은 내면적 통찰을 통해 터닝(turning)의 힘이 강해지게 된다. 다만 상처 깊은 감정기억이나, 특히 몸의 내부시스템(신경전달물질 등)에까지 이상이 생긴 정신병과 중독, 중독적 수준의 심한 강박증 등은 치료가 쉽지 않고 오래 걸리는 것 같다. 이런 경우에는 '알아차림'을 통한 체험적 통찰, 인지적 역동 통찰과 함께 성경에 기반한 영적 통찰을 통합적으로 적용하면서, 진단에 따라 정신과적 약물치료가 병행될 필요가 있다.

〔요한1서 2:15〕 이 세상이나 세상에 있는 것들을 사랑치 말라 누구든지 세상을 사랑하면 아버지의 사랑이 그 속에 있지 아니하니

④ 심리적 통찰을 넘어서

심리적 통찰
욕구(인정욕·애정욕), 좌절감과 분노감, 죄책감과 우울감, 무의식적 갈등과 불안, 욕망(물욕/성애) 등을 통찰함을 뜻한다.

영적 통찰
무의식에 내재한 '죄성'과 '죄의식'의 통찰을 심화시켜 심리문제의 현상 및 메커니즘까지 통찰하는 것이다. 기독교적 틀에서 심리문제가 구체적으로 어떤 메커니즘을 통해 어떤 모습으로 나타나는지를 알기 위해 내담자의 무의식적 욕구 및 죄성과 연계하여 문제 패턴을 성경적으로 해석해내는 것이 관건이다.

예를 들어 하나님과의 단절과 나 중심성(교만); 죄의식의 세상적 보상추구(인정·애정욕구); 정죄를 통한 내부공격(자기비판)과 외부관계 파괴(타인비판); 불안을 자극하고 생명에너지를 소진하는 불안대처 방식(탐욕/음욕) 등 사탄의 전략과 속임수를 들여다보고 통찰하는 것을 말한다.

내담자가 무의식적 욕망과 갈등, 불안을 통찰하고, 이를 넘어서 그와 연관된 죄와 죄성을 자각하여 이러한 약점을 공략하는 사탄의 교묘한 책략을 파악하도록 돕는다. 구체적으로 병리 현상과 방어기제 등을 통해 나타나는 부적응적인 감정·사고·행동·관계방식의 패턴과 연계하여 성경적으로 풀어내는 것이 '통찰과 기독교 통합'상담 치료의 핵심이다. 그런데 내담자가 자신의 죄와 죄성을 자각한다는 것이 자신에 대한 정죄로 이어지는 게 아니라 궁극적으로는 자신에 대한 정죄의 족쇄에서 풀려남으로 이어진다는 게 중요하다. 실제로 심리문제를 가진 내담자들은 각자의 죄성 때문에 어리석게 고통상황에 빠지지만, 대부분 남을 해칠 줄 모르는 착하고 연약한 심성을 가진 경우를 많이 본다.

사탄이 인간의 죄성을 담보로 각 사람의 상처 및 불안 등과 맞물린 취약한 곳을 타깃 삼아 교묘하게 현혹하고 왜곡함(방어기제 등)으로써 부정적인 정서·생각·행동·관계방식이 반복되면, 심리 내부에 굽은 길이 만들어져 자동적 패턴화가 나타나고, 이는 광의의 중독으로 진행될 수 있다. 그리고 정서, 사고, 행동 등 각각의 길들은 서로 영향을 주고 연관 관계를 맺으며 마음에 복잡한 지도를 그리게 된다. 곳곳에 걸림돌과 그물이 숨겨져 있고, 덫과 올가미가 쳐진 길에서 고꾸라지고 넘어져도 얽힌 매듭으로 엮인 담쟁이가 쳐 있어 거기서 빠져나가지 못하게 방해한다. 후성유전학 등 최근의 연구 결과는 우리의 몸이 뇌기억뿐만 아니라 세포기억을 통해서도 이런 경험이 새겨진 마음의 길(지도)을 저장하고 있음을 시사한다.

그러므로 상담을 통해 내담자가 습관적 유혹에 이끌려 사탄이 만든 길로 갈 때마다 반복적·자동적으로 나타나는 패턴화된 방식을 자각하고 그 메커니즘을 통찰하여 변화하도록 유도하는 것이 중요하다. 뇌과학적으로 이러한 메커니즘은 행동, 습관 등과 관련된 절차기억이 우리의 무의식 영역에서 비슷한 상황이나 자극에 대해 자동적 반응을 불러일으키는 기제와 연관되는 것 같다.

통합상담에서 사고는 인지치료, 정서는 알아차림과 통찰, 행동과 관계방식은 인지행동치료와 통합하여 종합적인 변화를 이끌되, 지속적 변화와 온전한 회복을 위해서는 예전 방식으로 돌아가려는 관성적 경향성을 이겨내는 것이 관건이다. 여기에서 하나님의 말씀과 믿음이 강력한 힘을 발휘할 수 있다. 참생명의 곧은길을 만드시는 하나님이 그 길로 우리를 이끄시기 때문이다. (+)생명에너지가 (-)사망에너지를 물러나게 해서 사탄이 심리 내부에 낸 '죄와 사망의 법'이 지배하는 길을 무력화시키고, 성령이 인도하시는 생명과 회복의 길이 새롭게 들어서게 된다.

〔히브리서 12:13〕 너희 발을 위하여 곧은 길을 만들어 저는 다리로 하여금 어그러지지 않고 고침을 받게 하라

심리문제 – 무의식적 갈등 – 어린 시절의 욕구 좌절 경험 – 인정욕·애정욕·탐욕 통찰(죄의식의 세상적 보상추구) – 불안 통찰(내가 다 짊어짐) – 죄성 자각(나 중심적 가치추구) – 병리적 패턴(-에너지) 자각 – 죄(하나님과 분리된 상태)의 통찰 – 회개

상담을 통해 내담자가 자신을 억압하던 무의식적 갈등을 통찰하고 자각함으로써 치료효과를 얻는다는 사실은 최근의 뇌과학적 연구로도 검증되고 있다. 이는 내담자가 (–)에너지에 의해 왜곡되거나 생명을 죽이는 쪽으로 잘못 가던 길을 앎으로써 변화와 치료가 가능하다는 점을 시사한다. 사탄은 각 사람의 옹이진 상처나 과거의 부정적 경험과 감정 등을 약점 삼아 간교하게 공격하고 반복적으로 얽어서 사망으로 이끄는 힘을 가지고 있다. 이러한 (–)에너지는 당사자뿐만 아니라 주변의 가족이나 지인들에게도 전달·전염되고 재생산되므로 공동체 전체를 파괴할 수 있는 악한 영의 힘이다. 우리가 깨어서 그 길을 알아차리고 통찰할 때 사탄이 힘을 잃게 되어 거기서 벗어날 수 있는 것은 하나님이 자녀들에게 주신 영적 보호 장치인 것 같다.

또한, 무의식 속에 눌려있던 죄성과 (–)에너지의 전략이 밝혀져 터닝이 일어난다는 것은 (창조 시 주신) 원래의 온전했던 상태가 우리 안에 내재해있다는 얘기고, 잘못 엉킨 길에 대한 통찰과 자각을 통해 원래의 모습으로 조금씩 되돌아갈 수 있음을 뜻한다. 하나님이 만드신 치유 시스템 안에서 초기화가 진행되는 것이다. 좀 더 단순화시키면 (+)에너지가 차단되거나 막힘으로써 마음의 병이 생겼기 때문에 자신을 얽매고 있던 (–)에너지를 통찰하는 것만으로도 치유가 시작되고, (+)생명에너지와 연결되면서 에너지의 긍정적 변화를 통해 전체적(무의식·의식/신체·정신적) 치유가 일어나는 것이다.

그래서 기독교 통합상담에서는 치료보다는 '회복'이라는 말이 더

어울린다. 이는 병으로 진단받지 않은 사람도 "완전한 초기화를 향해 회복 과정을 밟는다"라는 의미이고, 진단을 받은 사람 역시 병이 어느 정도 치료되더라도 마찬가지로 창조 시의 온전성을 회복하는 과정이 필요하기 때문이다. 이러한 영적 싸움은 쉽지 않은 길이지만 낙심치 말고 한 걸음씩 나아가야 하며, 예수 그리스도 안에서만이 승리가 가능할 것이다.

〔갈라디아서 5:17〕 육체의 소욕은 성령을 거스리고 성령의 소욕은 육체를 거스리나니 이 둘이 서로 대적함으로 너희의 원하는 것을 하지 못하게 하려 함이니라

▶ 사탄의 전략적 길 지도

죄의식(죄책감/수치심)의 보상심리 — 인정욕·애정욕 추구
죄의식: 콤플렉스 – 보상심리 – 인정욕구+애정욕구 – 열등감(비교) – 좌절감(비난) – 분노 – 자존감 저하(내부공격: 사탄이 사망으로 이끄는 전략) – **우울장애/자살**

죄의 대가(노동, 죽음)에 대한 불안·공포 — 지나친 탐욕(물질욕/음욕)
죄의 대가: 죽음과 물질적(육체적) 한계 – 삶의 불안 – 가짜 불안(사탄이 불안과 '공포의 공포'를 자극함) – 탐욕/나태(불안에 대한 잘못된 대응) – **불안장애/중독**

⑤ 통찰과 회개

역동 통찰적 통합상담은 먼저 과거 경험과 기억을 풀어내서 억압된 욕구 및 좌절·상처와 무의식적 갈등을 통찰하고, 더 나아가 무의식에 내재한 죄성과 이에 관여하는 사탄의 책략을 구체적 심리문제와 연계

하여 통찰함으로써 치료적 효과를 거둘 수 있다. 다만 기독교 통합상담에서는 무의식적 갈등과 욕구를 통찰한 후 이를 현실에 적용할 때, 욕구(미해결과제)의 해결과 기능성에 초점이 있는 게 아니라 오히려 지나치거나 왜곡된 욕구를 내려놓는 방향으로 진행된다.

여기서 가장 중요한 포인트는 통찰이 회개로 이어져야 한다는 것이다. 회개와 함께 좌절된 욕구와 얽혀있던 좌절감, 분노감, 적개심 등 죄성이 녹고, 죄의식이 해결되어 터닝 포인트를 만들어내기 때문이다. 심리적 통찰로는 회개가 일어날 수도 있고 일어나지 않을 수도 있지만, 영적 통찰 — 자신의 죄와 죄성, 그리고 (-)에너지의 길을 통찰하는 — 은 바로 회개로 이어진다고 할 수 있다. 따라서 통합상담에서 통찰은 회개와 한 묶음으로 봐야 한다. 즉, 육체적 · 정신적 · 영적 죄성의 통찰은 곧 육체적 · 정신적 · 영적 회개와 짝지어 이어진다.

회개는 무의식의 어두운 부분을 지배하는 죄성과 이를 악용하는 사탄의 책략에 우리의 신체, 감정, 욕구, 사고, 의지 등이 어떻게 반응하고 있는지를 알아차리고 통찰하여 회심하며 하나님 앞에 무릎을 꿇는 것이다. 그래서 회개는 죄성의 정화작업이라고 볼 수 있다. 이는 깨끗해진 긍정적 자기로 '바로 서기'를 하는 존재적 수용 과정이다.

상담을 통해 사탄의 속임수에 대한 통찰만으로도 사탄이 힘을 잃고, 내담자에게 변화가 일어나는 것을 종종 경험하곤 하는데, 이는 하나님의 일반은혜적 치유체계로서 '알아차림과 통찰'의 심리치료 효과와도 연관성이 있어 보인다. 그러나 사탄과의 대적과 온전한 치유는 인간의 힘만으로는 한계가 있고, 회개를 통한 죄 사함의 은혜와 성령의 인도하심에 의뢰하고 맡김으로써 가능하다. 사람은 하나님의 형상을 닮아 선의 씨앗과 양심이 심겨있지만, 동시에 죄로 인해 더럽혀진 상태로서 갖가지 정욕과 악의 유혹에 약하기 때문이다.

〔마태복음 26:41, 마가복음 14:38〕 시험에 들지 않게 깨어 있어 기도하라 마음에는 원이로되 육신이 약하도다 하시고

회개의 핵심은 하나님과 단절되고 분리된 죄적 상태에서 돌아서는 것이며, 예수님을 구세주로 시인하고 우리 안에 모시는 것을 뜻한다. 하나님보다 나의 지혜를 추구했던 원죄가 대물림되면서 하나님과 멀어졌던 관계를 다시 회복함을 의미한다. 이 과정에서 나를 부인하고, 나를 버리고, 나를 내려놓는 결단이 필수다. 죄인인 나를 십자가에 매달아 죽이고, 나를 대신해 죄 없이 십자가에 매달리신 예수님을 받아들이는 것이다. 십자가 예수님과 연합하여 옛사람을 버리고, 부활하신 예수님과 연합하여 새사람을 입는 것이다. 이로써 죄 사함과 새 생명으로 거듭남의 은혜를 누릴 수 있다. 이로써 내 안에 사시는 예수님과 동행하면, 인도하심과 지키심 속에서 사탄의 유혹을 물리치고 자유함을 얻게 된다.

〔에베소서 4:22~24〕 너희는 유혹의 욕심을 따라 썩어져 가는 구습을 좇는 옛 사람을 벗어 버리고 오직 심령으로 새롭게 되어 하나님을 따라 의와 진리의 거룩함으로 지으심을 받은 새 사람을 입으라

그러나 회개 이후에도 실제적 변화에는 인내가 필요하다. 인지행동 면에서의 변화가 느리고, 문제행동이 반복되기 쉽기 때문이다. 따라서 이미 생긴 정신과적 병의 특성상 터닝이 시작되더라도 완치에는 시간이 걸리므로 단계적 변화를 과도기적 과정으로 받아들이고 이로 인해 죄책감이 덧붙여지지 않도록 조심해야 한다. 부족하고 연약한 죄인을 구하러 오셨다고 말씀하신 예수님을 바라보며, 지금은 완전하지 않아도 온전성을 회복하는 길로 나아가고 있으면 OK다.

회개했는데도 죄의식을 갖거나 자신을 정죄하고 자책한다면, 이는 사탄의 책략이며 한 영혼이 회복으로 가는 길을 방해하는 고도의 심리

전술이다. 이는 회개하면 우리 죄를 사하시고 기억하지 않으시며 깨끗하게 살리시는 구원의 원리를 파고들어 교란하고, 양들의 선하지만 약한 마음을 사악하게 이용하는 사탄의 전략전술이다.

이와 유사한 심리조작으로 가스라이팅이 있다. 표적 대상에게 죄의식 등을 조장하여 자기 스스로를 의심하게 만들고, 자존감을 떨어뜨려 판단력을 잃어버린 채 가해자에게 의존하게 하며, 정신을 지배함으로써 정서적·신체적 학대, 성적착취, 금전갈취 등의 피해에 무기력하게 끌려다니게 만든다. 이는 범위만 확대되고 합법적 탈을 썼을 뿐 지배권력에 의한 군중심리 조작에도 비슷한 모양새로 사용된다. 이단의 광신적 종교중독 과정에도 말세론, 종말론 등을 이용한 영적 공포심 조장과 함께 이런 전략이 숨어있다.

회개 이후에도 부족한 자신을 공격하는 건 사탄의 속임수이며, 이에 맞서 그리스도로부터 이미 용서되었음을 믿고 스스로도 자신을 용서·수용해야 한다. 하나님을 바라보고 하나님을 힘 삼아 산다면, 부족한 그대로의 우리를 사랑하시고 채우시는 하나님 안에서 자기 자신을 사랑할 수 있다!

〔요한계시록 2:2〕 내가 네 행위와 수고와 네 인내를 알고 또 악한 자들을 용납지 아니한 것과 자칭 사도라 하되 아닌 자들을 시험하여 그 거짓된 것을 네가 드러낸 것과

기독교 통합상담의 치료적 측면에서 볼 때, 하나님이 주시는 빛(+에너지)은 사탄이 몰고 온 어두움(-에너지)을 사라지게 한다. 그러므로 하나님 말씀으로 빛의 등불을 켜고 깨어서 쉬지 말고 기도하며, 우리의 삶을 하나님이 인도하시도록 의뢰해야 한다. 중요한 것은 (−)에너지와의 연결이 끊겨야 패턴화된 병리적 심리 내부의 길이 사탄의 점령에서 벗어나게 된다. 이때 온전한 치유가 일어난다.

하지만 남아 있는 길의 흔적은 언제든 우리가 경계를 소홀히 할 때 되살아날 수 있으므로 지속적인 알아차림과 묵상을 통해 믿음의 방패로 사탄과의 영적 전쟁에 임해야 승리할 수 있다. 참고로 고전적 조건화가 형성된 후에는 혹시 소거가 일어나더라도 추후에 갑자기 조건자극이 주어지면 여전히 조건화된 반응을 한다는 사실은 기억의 회로에 그 흔적이 남아 있다는 것을 말해준다. 소거는 조건반사 또는 고전적 조건에서 조건자극을 무조건자극으로 계속해서 강화하지 않으면, 반사 또는 반응이 점차 소멸되는 현상을 말한다. 예를 들면 파블로프의 개 실험에서 종소리(조건자극)만 들려주고 계속해서 음식(무조건자극)을 제공하지 않으면, 개는 종소리를 들어도 침(조건반응)을 흘리지 않게 된다. 그러나 소거가 일어난 개에게 갑자기 종소리를 제시하면 침을 흘린다는 사실로 조건반응 자체가 영원히 소멸되는 것은 아님을 보여준다.

통찰과 회개가 일어나면, 그다음에는 용서와 타인과의 관계회복 등 영적 성숙(성화) 단계로 나아갈 수 있다. 이때쯤 그 예비단계로 갈등과 상처를 줬던 사람에 대해 내담자와 상담자가 함께 그 사람의 욕구·죄성 등을 탐색하고 나누어보는 것도 좋다. 그 사람도 나와 마찬가지로 죄성을 가진 죄인이며 그래서 나를 힘들게 했다는 걸 알게 되면, 당장 용서까지는 못가더라도 상대에게 연민이나 동병상련 같은 걸 느끼게 되고, 이것이 나중에 용서의 밑거름이 될 수 있다. 상대는 크게만 느껴지고 나는 작아만 보였던 관계구조에 변화가 일어나는 것이다. 더 이상 인간인 그에게 의존적이거나 지배되지 않고, 하나님 안에서 굳게 설 수 있게 된다. 그리고 그도 나처럼 하나님께 죄 사함 받을 수 있는 존재이기에 용서를 향해 마음을 열 수 있다.

주기도문에 "우리가 우리에게 잘못한 이를 용서한 것 같이 우리의 죄를 사하여 주옵시고"라는 내용이 있는 것은 하나님께서 '하나님과 인간과의 관계회복'과 '인간 상호 간의 관계회복'을 따로따로가 아닌 한

덩어리로 보고 계심을 말한다. 하나님은 구원의 계획 속에 창조 시처럼 하나님과 인간, 자연이 회복된 우주적 공동체를 바라보고 계실 것이다.

〔골로새서 3:12~14〕 그러므로 너희는 하나님의 택하신 거룩하고 사랑하신 자처럼 긍휼과 자비와 겸손과 온유와 오래 참음을 옷입고 누가 뉘게 혐의가 있거든 서로 용납하여 피차 용서하되 주께서 너희를 용서하신 것과 같이 너희도 그리하고 이 모든 것 위에 사랑을 더하라 이는 온전하게 매는 띠니라

(3) 무의식 바라보기를 넘어서 무의식의 세계로

필자는 잠이 들기 전이나 잠에서 깨어나 잠자리에서 뒹구는 잠깐의 시간에 의식이 느슨한 상태에서 아직 해결되지 못한 문제의 실마리나 미처 챙기지 못하고 누락되었던 것들이 떠올라 큰 도움을 받는 경험을 곧잘 하곤 한다. 모순되거나 서로 부딪치는 것들, 풀리지 않던 문제나 갈등, 엉성한 채 해결되지 못한 것들, 완결되지 못한 미완의 것들이 바로 그것이다.

어떨 때는 꿈을 통해서도 오류가 있거나 빈 곳을 보정하고 채우는 작업을 하고 있다가 깨어나기도 한다. 개인적 경험에 의하면, 꿈은 무의식적 갈등을 해결하기 위해 합리화나 타협을 통해 내적 수용을 시도하는 내용으로 나타나기도 하고, 불안과 연관된 공포의 상상력으로 두려운 예감이 꿈으로 나타나는 경우도 있으며, 조각난 여러 가지 정보의 뒤섞임 속에 비논리적 · 비현실적인 스토리 전개를 통해 무의식이 드러나기도 한다. 하지만 통상적인 시각적 이미지와 함께 나타나는 꿈 말고도 꿈을 통해 평소의 철학적 · 사색적 작업이나 영적 탐구의 과정이 꿈속에서 이어지기도 하고, 이를 넘어서서 찾고 있던 중간 고리가 채워지는 경험을 하곤 한다. 개념화 · 범주화를 통해 일관된 체계를 형성해가는 평소의 작업 중 아직 미진했던 부분들이 렘수면 상태의 낮은 의식

활동 속에서 올라오는 것 같다. 심지어 꿈을 통해서나 잠에서 잠깐 깨어있는 틈에 영적 깨달음을 얻는 때도 있다. 다만 아쉬운 것은 잠에서 깼을 때 대개의 경우 세부적 내용이 기억나지 않고, 부분적으로 기억이 난다 해도 앞뒤 맥락이 안 맞게 엉성한 기억들이라는 것이다. 아직 다 규명된 건 아니지만, 신체적 면역시스템이나 자연치유 시스템처럼 렘수면이나 꿈을 통해 하나님이 우리에게 심리적 완충과 회복을 위한 시스템도 주신 게 아닐까 싶다.

창조적 아이디어나 영감, 영적 깨달음도 마찬가지다. 책상 앞에서 의식이 말똥말똥한 상태로 머리를 굴릴 때보다 여유롭게 산책하거나 멍때릴 때, 그리고 잠들기 전후의 몽롱한 상태에서 시적 영감이나 지혜를 얻는 경우가 많다. 그렇게 창조적 아이디어나 시상이 떠오르면 얼른 메모지에다가 받아 적다시피 끄적여놓는다. 안 그러면 잊어버리기 일쑤다. 특히 잠들기 전이나 잠에서 방금 깨어났을 때가 그렇고, 간혹 한밤중에도 그런 일이 있다. 나중에 알게 된 사실이지만, 창의적 발상은 뇌구조상 전측 상측두회가 활성화될 때 떠오르며 수면 전후나 산책할 때, 멍하니 쉬고 있을 때 일어난다는 연구 결과를 접했을 때, 나의 개인적 경험과 너무도 일치하여 놀란 경험이 있다.

우리는 의식의 영역뿐만 아니라 무의식의 영역도 함께 관리하고, 무의식적 영역이 만들어내는 놀라운 생산성에 주목할 필요가 있다. 긴장완화, 유연성, 개방성, 탄력성을 가지는 의식적 주의력 훈련과 함께 연결성, 연상, 연합, 창조성을 가지는 무의식적 주의에 관심을 높인다면, 우리의 잠재력을 배가시킬 수 있을 것이다. 생각의 자유로운 흐름 속에서 무의식적으로 유사한 개념이 다른 아이디어들과 연계되어 서로 관련 없어 보이는 것들이 연결되고, 복합체를 형성하며, 새로운 이미지와 아이디어가 탄생한다. 그런 점에서 무의식은 그야말로 창조력과 창의력이 샘솟는 곳이라고 봐도 될 것이다.

① 무의식에 대한 관심과 활용

장기기억은 별개의 고유한 처리과정을 거치면서도 상호작용하는 두 개의 체계로, 선언적(서술적) 기억과 비선언적(비서술적) 기억이 있다. 선언적 기억은 사건(일화기억)과 사실(의미기억) 정보로 이뤄진 명시적·외현적 기억으로 의식적 회상과 관련된다면, 비선언적 기억은 행동, 지각-운동기술, 습관 등 절차기억과 무조건/조건화된 반사, 무의식적으로 쌓이는 감각정보와 점화기억 등 암묵적·내포적 기억으로 무의식적인 수행과 관련된다.

비선언적 기억은 시각, 청각 등 오감이나 감정과 결합된 경험·학습에 관련되고, 무의식적인 감정적 반응을 일으키며, 재공고화를 통해 업데이트되어 기억회로에 새로운 시냅스 연결을 형성할 수 있다는 것이 밝혀졌다. 이는 의식뿐만 아니라 무의식적인 기억 속 상처도 상담을 통한 심리치료가 가능함을 시사한다. '주의'는 의식과 의도에 의해 처리되는 하향식 주의와 무의식적·자동적으로 일어나는 상향식 주의로 나눌 수 있는데, 하향식 주의는 주로 학습과 인지치료에, 상향식 주의는 주로 명상과 통찰치료에 활용된다고 볼 수 있다.

무의식은 점화(선행하는 정보처리가 후행하는 정보처리에 영향을 주는 현상), 연상(하나의 관념이 다른 관념을 불러일으키는 작용), 제시(간접/직접) 등 여러 가지 메커니즘을 통해 반응하므로 상담자는 상담 과정에서 이를 치료에 활용할 수 있을 것이다. 정신장애나 성격장애 등 심리치료가 필요한 경우가 아니더라도 무의식에 대한 접근과 통찰은 스트레스와 불안 관리를 통한 정신건강 향상 및 예방에 도움이 될 수 있다. 명상이나 묵상을 통한 깨달음의 과정도 무의식과 영성을 포함한 자기 전체와의 만남과 대면이라고 볼 수 있다. 기독교적 관점에서는 죄성 — 개인적 생애 경험, 경험유전, DNA유전, 집단무의식, 원죄 등으로부터 축적된 — 에서 오는 심리적 걸림돌을 무의식에 대한 접근으로 통찰하여 회개하고 마음을 새롭게 함으로써 속사람이 바로 서서 회복으로 나아갈 수 있다.

〔고린도후서 5:17〕 그런즉 누구든지 그리스도 안에 있으면 새로운 피조물이라 이전 것은 지나갔으니 보라 새 것이 되었도다

② 무의식과 영적 세계

필자는 무의식적 작용과 비슷한 경험으로, 성령에 충분히 내맡겨져 나의 의식 경계가 거의 없어졌을 때, 그 당시에 현실(유형)적으로나 정신(무형)적 작업에서 빠뜨린 것, 불완전한 것, 채워져야 할 것들이 떠올라 크고 작은 도움을 얻는 경우가 종종 있다. 묵상기도 등을 통해 성령과 연결되고 만날 때는 더욱 그렇다. 특히 영적인 면에서 돌아봐야 할 것들, 놓치고 있던 중요한 것들, 지나쳤던 회개거리가 떠오르고 풀려서 깨달음을 얻는다. 이는 성경에서 성령이 우리에게 할 말을 생각나게 하신다고 말씀하신 것과 통하는 대목이다.

그래서 개인적인 생각으로는 인간의 의식과 사고가 지배적인 낮보다 잠에서 깨어나 무의식에서 의식의 세계로 넘어가는 새벽 시간에 비교적 비어있는 맑은 영혼으로 기도를 통해 하나님과 교제하며 소통할 수 있다는 점에서 새벽기도가 성령의 임재하심 속에 생명에너지를 전달받기 가장 좋은 것 같다.

〔가톨릭성경, 이사 50:4〕 주 하느님께서는 나에게 제자의 혀를 주시어 지친 이를 말로 격려할 줄 알게 하신다. 그분께서는 아침마다 일깨워 주신다. 내 귀를 일깨워 주시어 내가 제자들처럼 듣게 하신다.

방언이나 신유기도 등 은사를 통한 성령의 역사와 치유체험 또한 의식의 영역 너머에 있는 신비의 영역이다. 혹자는 성령의 임재 경험과 성령 충만 등 성령체험으로 "하나님이 내 안에, 내가 하나님 안에" 하나 되는 경험, 즉 자아의 경계가 무너지는(무아) 황홀경(ecstasy)과 초월을 경

험하기도 한다. 덧붙여 성경은 영성이나 영적 세계가 의식을 넘어서서 무의식을 포함한 어떤 전체적 영역에서 움직인다는 것을 말해준다. 예수님의 육신적인 보호자였던 목수 요셉에게 아기 예수와 마리아를 이집트로 피신시키라는 정보를 꿈으로 알려준다든지, 성령의 감동으로 쓰인 성경 기록(베드로후서 1:21)이나 마지막 때에 대한 예언으로서의 요한계시록이 그 대표적인 예일 것이다.

〔요한계시록 14:13〕 또 내가 들으니 하늘에서 음성이 나서 가로되 기록하라 자금 이후로 주 안에서 죽는 자들은 복이 있도다 하시매 성령이 가라사대 그러하다 저희 수고를 그치고 쉬리니 이는 저희의 행한 일이 따름이라 하시더라

그 외에도 신비의 영역은 다양한데, 홍해의 기적과 오병이어의 기적은 물리적·생물학적 물질세계를 직접 변화시키는 신비라고 볼 수 있고, 하나님이 모세에게 직접 나타나 명령한다든지, 천사가 성모마리아에게 장차 아들을 낳을 것을 일러준다든지, 제자들이 "모세, 엘리아와 예수님이 함께 말하는 것"을 본 것 등은 일종의 메타버스(metaverse)*적 신비라고 볼 수 있다.

그러나 예수님도 표적이나 기적을 경계하셨다는 것을 기억할 필요가 있다. 예수님이 오병이어의 기적이나 죽은 자를 살리신 기적 등 수많은 기적을 행하신 것은 기적 자체가 아닌, 사람들의 믿음을 위함이라는 것을 성경을 통해 알 수 있기 때문이다.

십자가 처형 후 도망쳐 흩어질 수밖에 없었던 제자들(베드로도 예수

* 메타버스: '초월(meta)'과 '세계(universe)'의 합성어로서 현실처럼 구현되는 가상세계를 뜻하며, 닐 스티븐슨(Neal Stephenson)의 SF소설 『스노우 크래쉬(Snow Crash)』(1992)에서 처음 등장한 개념이다. 인간은 상상이나 예견만으로도 정서적 영향을 받는 존재라는 점에서, 메타버스가 4차 산업혁명에 의해 전방위적으로 확대될 경우 현실과 가상의 결합이 가져올 영적 영향이 우려되지 않을 수 없다.

님을 세 번이나 부인함)은 부활하신 예수님을 직접 만나고 성령이 역사하신 후에야 치유 은사와 기적을 일으키며 전도와 초대교회의 기틀을 세울 수 있었다. 그 후로는 사도들에게 기적이나 은사의 능력이 줄어든다(바울의 예). 다시 말해 종교적 박해라는 특수한 사회적·역사적 환경 속에서 복음 전도와 이방 선교 사역을 통해 땅끝까지 생명을 살리기 위한 기반을 닦는 데 사도들의 불같은 기적이 일어나서 쓰인 것이다.

〔마태복음 17:1~3〕 엿새 후에 예수께서 베드로와 야고보와 그 형제 요한을 데리시고 따로 높은 산에 올라가셨더니 저희 앞에서 변형되사 그 얼굴이 해같이 빛나며 옷이 빛과 같이 희어졌더라 때에 모세와 엘리야가 예수로 더불어 말씀하는 것이 저희에게 보이거늘

지금도 성령의 역사와 신비는 계속되고 있지만, 이는 하나님께서 구원의 역사를 주관하는 가운데 필요할 때 보이시는 것이지, 인간이 신비 자체를 추구하는 것은 바람직하지 않다. 성경에 따르면 사탄도 이적을 보이면서 우리를 미혹한다. 따라서 개인의 지나친 신비체험추구는 주관적 감정이나 도취에 빠져 자칫 광신적으로 체험만을 중시하며 종교중독이나 이단의 우려마저 있으므로 주의해야 한다. 성경이 가르치는 구원의 기준을 무시하고 지나치게 직관이나 주관적 느낌에 치우치게 되면, 감정과 생각에 따라 믿음이 흔들리고 지속성을 갖기 힘들기 때문이다. 기도의 효과나 성령의 은사에 치중하기보다는 믿음 속에 바로 서서 성령의 인도하심에 따라 그리스도를 닮아가는 삶이 중요하다.

〔요한계시록 18:23〕 등불 빛이 결코 다시 네 가운데서 비취지 아니하고 신랑과 신부의 음성이 결코 다시 네 가운데서 들리지 아니하리로다 너의 상고들은 땅의 왕족들이라 네 복술*을 인하여 만국이 미혹되었도다

---

* 복술은 헬라어(70인역) 'Pharmakeia(φαρμακεία = 약물)'로 번역됨. 어원인 pharmakon은 약, 독, 희생양 등 세 가지 의미를 지닌다. 백신은 과연 약인가 독인가.

5) 성경적·영적 치료: 가르침, 권면, 도전, 권계/성령의뢰, 기도

> 죄의식의 해결(자기부인과 **회개**)을 통한 자존감 극대화 – 기도와 인도에 따라 노력하되 **맡김**과 자족으로 불안감의 완화와 고난 수용 – **용서**(자기용서, 타인용서) – 천국 누림

(1) 자기부인과 회개

회개는 다른 사람에게 한 말이나 행동의 잘못뿐만 아니라 마음속으로 한 정죄나 비난, 미운 감정까지도 돌이켜 뉘우치는 것이다. 나아가 타인이 아닌 자기 자신에게 한 잘못(자기비난, 자기비하, 자기공격, 자기파괴 등)도 회개하는 것이며, 더 나아가 하나님께 한 잘못(성경 말씀과 가르침에서 멀어짐)을 회개하는 것이다. 궁극적으로는 하나님과 분리된 '자신의 죄적 상태'를 회개하는 것이며, 이것이 가장 본질적인 회개라 할 수 있다. 하나님을 떠나서 자기를 믿고 자신의 힘을 추구하는 태도는 원죄의 연속선상에서 나온다. 그러므로 자기를 '부인'함은 하나님과 떨어져서 세상과 인간적 가치에 매여 있는 죄 된 자기로부터 돌아선다는 것을 뜻한다.

이는 자기부정이나 자기검열, 자기비판과는 다르다. 회개와 동시에 예수 그리스도의 죄 사함을 통해 깨끗이 된 자기로 바로 서게 되므로 오히려 속사람이 하나님으로부터 인정되고, 자기로부터도 인정되는 것이다. 이 과정에서 하나님과의 관계회복과 나 자신과의 관계회복이 동시에 이루어진다. 즉 부족하지만 나를 있는 그대로 받아들여 용서받고, 용서하는 과정이다. 그 결과로 죄의식이 해소되면, 타인에 대해서든 자기 스스로든 지나치게 인정욕에 시달리지 않게 된다. 외부를 통한 원초적 죄의식의 보상으로서의 인정욕이 그다지 필요하지 않기 때문이다. 이는 외부세계로부터의 실존적 자립과는 차원이 다르며, '긍정적 자

아개념이나 자기존중감 향상' 같은 인지 · 정서적 변화와도 질적으로 다르다.

이러한 메커니즘은 회개가 신앙적 의미뿐만 아니라 치유적 의미도 지니고 있음을 보여준다. 정도의 차이는 있을지라도 사람은 누구나 죄성으로 인해 깨지고 상한 마음의 병이 있기에 회개를 통한 죄 사함과 치유의 과정이 절실히 필요하다. 이 지점이 바로 구원자 예수님이 그토록 회개를 외치신 이유와 닿아있는 곳이리라. 다만 정신적 · 심리적 장애 환자는 넘어져 고꾸라진 채 심리적 에너지 저하로 회개할 힘조차 소진된 경우가 많아 우선 기독교 통합상담적 접근으로 감싸안고 일으켜서 내적 힘을 얻게 하는 과도기적 단계가 요구된다. 어떻게 보면, 상담 작업은 따로 떨어진 독립적 가치라기보다 '심리적 걸림돌'을 치워 영혼 구원으로의 길을 돕는 종속적 가치를 가지는 건 아닐까.

진정한 회개는 단순히 감정적인 뉘우침에 그치는 게 아니라 하나님의 말씀을 토대로 한 사고, 마음, 인식, 경향, 욕구, 가치관과 삶의 목적 변화를 뜻하며, 회개 뒤에는 누림과 행함이 뒤따라야 한다. 이때 행함이 앞서다 보면 자기 의가 앞설 우려가 있다. 따라서 누림이 먼저다. 그리스도가 우리 안에 거하시고 인도하시니, 우리는 의뢰하고 맡기고 평안을 누리면서 따라가면 되는 것이다. 이것이 순종이다. 성령의 동행 없이 인간의 의지와 힘만으로 진정한 변화가 가능하겠는가? 그래서 행함과 선행은 자랑거리가 아니고, 생명으로 인도하시는 성화의 과정이다. 같은 맥락에서 공동체 안에서 지체 간에 용서하고 나누고 사랑하는 것도 결국 우리가 '사는 길'이다. 필자는 위에서 "회개 뒤에는 누림과 행함이 뒤따라야 한다"라고 썼는데, 이를 "참된 회개 뒤에는 누림과 행함이 뒤따르게 된다"로 고쳐 쓰고 싶다.

〔사도행전 26:20〕 먼저 다메섹에와 또 예루살렘에 있는 사람과 유대 온 땅과 이방인에게까지 회개하고 하나님께로 돌아가서 회개에 합당한 일을 행하라 선전하므로

(2) 맡김과 자족으로 죽음에 대한 공포/불안감의 완화와 고난 수용

인간은 자기 힘으로는 여간해서 타오르는 욕망과 엄습하는 불안에서 벗어나기 힘든 것 같다. 성경은 믿음으로 굳게 서서 걱정 · 염려를 하나님께 맡기고, 인도하심에 따라가되 주시는 결과에 자족함으로써 비로소 마음의 안정을 찾을 수 있음을 말해주고 있다. 하지만 이를 알고 있더라도 평안을 누리기란 얼마나 힘든 일인가. 우리는 그저 알려주신 방향대로 한 걸음씩 가까이 걸어갈 뿐이리라. 내담자에게 권면할 때도 이런 점을 고려하여 내담자의 믿음의 정도와 상태에 맞게 상담해야 한다. 그렇지 않을 경우, 지나친 부담감과 죄책감 같은 부작용이 우려되기 때문이다.

고난을 받아들이는 건 또 얼마나 더 어려운 일인가. 하지만 피할 수 없는 고난을 계속 거부하고 회피하면, 적절한 대응과 대처를 할 수 없고 더 큰 고통이 뒤따르게 된다. 고난을 수용하여 현재 처한 상황을 받아들이는 것은 심리문제의 완화뿐만 아니라 신체적 질병의 완화에도 도움이 되는 원리다. 기독교적 관점에서는 그렇지 않을 경우, 원망으로 이어져 하나님과의 관계에 악영향을 주고, 이 틈에 우울 · 불안을 일으키는 부정적인 (-)에너지가 파고들 수 있다. 결국, 고난을 수용하는 것은 우울과 불안의 완화 등 상담치료 효과에 결정적 역할을 한다고 본다. 통합상담에서는 이를 위해 내담자에게 우선 일반적인 고난의 의미에 대한 성경적 가르침을 이해하도록 돕고, 다음으로 이를 개별적인 고난에 적용하여 하나님 안에서 개인적으로 고난의 의미를 찾도록 돕는 것이 중요하다.

〔히브리서 2:15〕 또 죽기를 무서워하므로 일생에 매여 종 노릇 하는 모든 자들을 놓아 주려 하심이니

(3) 성숙/성화

성화는 자신의 개인적 구원에만 머물지 않고 모든 사람을 구원하시고자 하는 하나님의 구원 역사와 섭리 속에 동참하여 그 통로로 쓰이도록 실천하는 성숙의 과정이다. 영성을 키우고, 사랑과 용서(자기용서, 타인용서), 나눔(물질적 나눔, 정신적 도움)과 복음전파로 공동체의 회복과 영혼 구원의 통로가 되는 것이 영적 성숙과 성화로 가는 길이다. 성화는 예수님을 닮아가는 과정으로 성경 말씀에 좀 더 가깝게 행하고 따르는 것이며, 이 땅 위에서 미리 천국을 호흡하는 것이다.

영성은 개인 또는 공동체가 지닌 믿음과 그 표현의 총체로서 예수 그리스도의 인도와 성령의 도움으로 형성되며, 기독교 신앙에 입각한 신관과 세계관, 윤리관, 가치관을 모두 포함한다. 영성은 하나님과 자기 자신, 이웃, 그리고 세상에 대한 자기초월적 사랑으로 형상화된다. 하지만 뉴에이지, 기수련, 초월명상 등 정신적 수련을 통해 이른바 인간의 신성(神性)을 추구하는 유사 영성 운동은 주의해야 하는데, 이들은 특수한 비술이나 영술, 신비체험을 강조하는 게 특징이다.

5. 기독교 통합상담의 구체적 기법

통합상담은 상담자와 내담자가 동등한 입장에서 함께 상호작용(helper-helpee)하는 상호관계적 접근방법으로, 하나님의 형상대로 지음받은 동료 인간이 함께 짐을 지고 함께 문제를 해결하려는 것이다. 이때 상담자의 상담 능력이나 상담 효과가 상담자의 성숙도와 깊은 관계가 있다는 점을 고려해볼 때, 성령의 도우심은 상담자의 인간적 한계를 채우시고 인도하시는 귀중한 자산이다.

1) 라포르, 존중, 수용, 격려, 지지, 위로, 따뜻함, 온화함, 친절과 배려, 비언어적 보살핌(표정, 말투, 몸짓, 자세, 눈의 접촉)

창조주 하나님의 조건 없는 절대적 사랑과 우리의 부족함에도 있는 그대로의 모습을 받아주시는 예수님의 인애하심을 따라 귀한 영혼을 감싸안고 판단 없이 존중하며 형제애로 수용하는 것이다. 다시 말해 사랑, 연민, 애통함, 긍휼 등 예수님의 마음으로 위축된 내담자에게 힘을 북돋아 상담을 통해 일어설 수 있도록 지지하는 것이다. 이때 상담자의 말이나 행동뿐만 아니라 표정이나 눈빛, 목소리 톤 등 비언어적 요소가 오히려 더 큰 역할을 할 수도 있다.

〔빌립보서 2:1, 5〕 그러므로 그리스도 안에 무슨 권면이나 사랑에 무슨 위로나 성령의 무슨 교제나 긍휼이나 자비가 있거든 … 너희 안에 이 마음을 품으라 곧 그리스도 예수의 마음이니

2) 공감적 이해, 진실성

공감은 상담자가 내담자의 입장에 서서 내담자의 욕구, 정서, 생각, 행동 등을 포함한 전체를 함께 느끼고 이해하는 것이다. 내담자와 상담자 간의 신뢰관계 형성, 지지적 효과(죄의식 해소와 자기긍정감), 자각의 촉진(내담자가 자신의 감정, 욕구, 신체감각을 알아차림), 적극적 상담 참여(안심하고 환경과의 상호작용 및 자기통찰로 치료적 변화) 등에 도움이 되는 가장 기본적인 상담기법이다.

공감(empathy)이 상대의 입장과 감정을 이해하고 느끼는 것이라면, 동정(sympathy)은 상대방의 감정을 동일하게 느끼는 것이다. 둘 다 감정의 변화가 있기는 하지만 공감이 자기 입장과 관점이 유지되는 상태로 인지적인 측면과 함께 감정을 느끼는 것이라면, 동정은 이와 달리 상대의 감정에 압도당하여 상대방에게 동화되는 상태다.

기독교 통합상담에서 공감은 죄인인 상담자가 지체이자 역시 죄인인 내담자의 감정과 상태를 제대로 알고 느끼되, 그리스도의 용서와 사랑이라는 틀 안에서 이해하고 감싸안는 상태다. 공감을 설명하는 데 굳이 상담자와 내담자가 '죄인'이라는 걸 언급하는 이유는 상대방의 욕구, 정서, 생각, 행동 등을 포함한 감정을 함께 느끼고 이해하되 이를 '죄'와 관련된 측면까지 깊이 있게 보면서 이해해야 종합적인 상담 접근이 가능하기 때문이다. 다만 이때 중요한 것은 상담자가 비판단적이며 수용

적인 태도를 지녀야 한다는 것이다. 상담자 역시 죄인이라는 사실을 언급한 이유도 바로 여기에 있다.

상담에서 공감을 그토록 강조하는 이유는 라포르 형성이나 상담 효과에 큰 역할을 하는 것도 있지만, 공감이 그만큼 어렵기 때문이기도 하다. 사람은 노력과 훈련으로 공감능력을 가지는 반면, 예수님은 이미 사람의 마음을 읽고 아신다. 이런 점에서 기독교상담가가 자기의 힘에만 의지하지 않고, 자기 안에 사시는 성령의 도움을 따라 예수님과 같은 마음과 눈으로 내담자가 경험하고 있는 것을 좀 더 정확하게 감지하고 이해한다면, 더 일치된 공감이 가능하지 않을까 싶다. 이는 상담자도 죄성을 가진 죄인임을 감안할 때, 상담자 개인의 주관적 경험과 시각에서 떨어져서 객관성을 좀 더 담보한 정확한 공감에 가까워질 수 있다는 의미다. 이로써 내담자의 감정뿐 아니라 그 맥락도 읽어내는 공감이 가능할 수 있고, 상담자의 역전이 가능성도 줄어들 수 있다.

〔열왕기상 8:39〕 주는 계신 곳 하늘에서 들으시고 사유하시며 각 사람의 마음을 아시오니 그 모든 행위대로 행하사 갚으시옵소서 주만 홀로 인생의 마음을 다 아심이니이다

진실성(genuineness)은 상담자가 있는 그대로의 일치된 자기 모습을 내담자에게 정직하게 개방하는 것으로, 내담자와 마찬가지로 불완전하고 불편한 감정을 겪는 죄인으로서의 자기개방이 포함된다. 즉 상담자 자신의 감정이나 생각, 경험뿐 아니라 영적 측면에서 자신의 죄성과 죄적 경험을 개방하는 것이다. 상담자는 전문가랍시고 내담자를 일방적으로 돕는 위치에서 지배적이고 주도적으로 상담을 끌어가는 것이 아니라 내담자와의 상호소통 속에서 문제를 함께 풀어가는 게 중요한데, 상담자의 자기개방은 내담자가 신뢰감을 가지고 적극적으로 자기를 내놓도록 용기를 줄 수 있다. 왜냐하면, 죄의식이나 부정적 자아로 눌려있

던 내담자가 자기만 부족하고 이상한 사람이 아니라는 걸 확인함으로써 안심하고 힘을 낼 수 있기 때문이다. 다만 상담자 개방은 내담자의 흐름에 따라 꼭 필요한 적절한 시점에 하는 것이 필요하다.

〔고린도후서 11:29~30〕 누가 약하면 내가 약하지 아니하며 누가 실족하게 되면 내가 애타하지 않더냐 내가 부득불 자랑할찐대 나의 약한 것을 자랑하리라

3) 경청, 반영, 바꿔 말하기, 질문, 명료화, 직언, 직면, 재조명이나 재진술, 요약, 문제점의 일반화, 게슈탈트치료 기법

▶ 게슈탈트통합치료

알아차림을 통해 (−)에너지와 사탄의 전략을 체험적으로 통찰

알아차림

- 1차: 내부(신체감각이나 감정, 욕구) 통찰
- 2차: 외부(환경, 상황 등)와의 상호작용 통찰
- 3차: 반복되는 자신의 사고, 행동 패턴(행위방식) 통찰

예) 우울증: 어떠한 상황에서 본인의 고조된 감정(분노/상처/우울), 긴장에 따른 신체반응, 바람 등을 알아차리고, 타인의 억압적 행동에 의존적 역할연기로 대응하면서 내사하여 오히려 자신을 공격하는 반복패턴을 알아차림으로써, 추후 사탄의 구체적 전략 통찰(무의식 알아차림 – 욕구 통찰 – 죄성 통찰 – 병리적 패턴 자각)로 이어지는 기법이다.

4) (인지) 논박, 도전, 직면, 교육, 인지 재구조화, 인지 재구성/ (행동) 기술훈련, 대화법, 이완·호흡훈련, 둔감법, 노출 및 반응 방지

▶ 인지행동통합치료

성경적 지식과 세계관을 토대로 인지행동치료와 통합

인지적 개입
부정적 자동사고, 인지왜곡과 오류 교정, 역기능적·비합리적 신념 바꾸기, 에덴적 환상 깨기

- 비합리적 신념: 당위성, 과장성, 인간의 가치평가, 좌절에 대한 낮은 인내심
- 논박: 논리적 논박, 경험적 논박, 실용적 논박

행동적 개입
훈련(사회적 기술, 대처기술, 자기주장, 의사소통), 대화법, 문제해결법, 역할연습, 긴장이완훈련, 둔감법, 노출 및 반응 방지

예) 강박증: 본인의 비현실적이고 비효율적이며 지나치고 주관적인 사고와 정서(불안), 행동을 알고 있어도 자동적인 침투사고와 이를 막기 위한 강박행동을 끊기 힘들다. 비합리적(사탄 개입) 침투사고와 비효율적(사탄 속임수) 강박행동에 대한 인지적 개입과 함께 노출(강박환경에 노출하되 강박사고는 억제하지 않음) 및 반응 방지(강박행동 금지)를 통한 행동적 개입이 효과적이다.

5) 통찰 — 정신역동통합치료

무의식적 갈등 통찰
과거의 욕구 좌절 경험의 탐색과 무의식 속 욕망·불안의 통찰

죄성 통찰
인정욕·애정욕, 탐욕(물질욕)·성욕 등과 연결된 죄성 통찰
- 인정욕·애정욕은 죄의식을 세상적으로 보상받으려는 욕구이며, 예수님을 통해 죄 사함 받으면 해결될 것을 타인이나 외부로부터 충족하려다가 지나친 경우 심리문제에 봉착함.
- 지나친 탐욕·성욕은 죄의 대가(죽음, 고난)에 대한 불안의 해결 욕구에서 비롯되지만, 그 과정에서 2차, 3차의 불안과 긴장이 파생되어 하나님을 힘 삼지 않고는 나 혼자 힘으로 불안에서 자유롭기 힘듦.

사탄의 전략 통찰
(-)에너지가 정서, 사고, 행동, 관계방식 등에 패턴화되어 반복됨을 통찰하여 욕구에 매여 있는 인간의 약점을 파고드는 사탄의 생명 죽이기 전략 파악

정신역동과 기독교의 통합상담에서 통찰은 세 가지 과정으로 진행된다. 상담자는 우선 내담자가 양육환경 등 과거 경험에서 연유한 무의식적 갈등과 욕구를 자각하여 당면한 심리문제에 어떻게 작용하는지 통찰하도록 돕는다. 그리고 무의식적 갈등과 욕구에 대한 성경적 분석을 통해 내담자가 자신의 죄와 죄성을 자각하도록 유도한다. 마지막으로 사탄의 전략 파악을 위해 내담자의 욕구와 집착 속에 뿌리내려진 죄성을 교묘히 파고들어 (-)에너지가 구체적으로 어떤 패턴으로 나타나는지 해석하여 설명한다.

무의식적 갈등을 파악하여 자각함으로써, 즉 무의식의 의식화를 통해 이상행동이 치유될 수 있다는 정신분석적 관점은 사탄의 유혹과 속임수의 메커니즘을 알아차리는 것만으로도 사탄이 힘을 잃게 되는 원

리와 통한다는 점에서 흥미롭다. 심리적 통찰을 통한 치료는 하나님의 창조시스템 속 일반은혜라고 볼 수 있으며, 영적 통찰을 통한 치유는 특별은혜다. 물론 온전한 회복을 위해서는 이러한 통찰을 바탕으로 사탄의 공략거리인 자신의 죄를 회개하고, 예수님을 통해 새롭게 변화하는 것이 결정적인 키가 될 것이다.

▶ 통찰과 알아차림의 고통 완화(치료) 효과

〈일반은혜〉

- 육체적 치유: 인간의 신체가 고통을 느끼면 엔도르핀(체내 모르핀)이 고통을 완화하고, 면역체계가 작동하는 자연치유시스템
- 심리적 치유: 사람이 풀어내야 할 것을 알아차리고 억압된 것을 통찰하면 고통이 완화되고, 자기의 집착·욕구로 매인 데서 자유로워지면 마음의 평화가 찾아오는 자연치유시스템

〈특별은혜〉

- 육체적 치유: 성령의 질병 치유
- 정신적 치유: 성령의 은혜로 죄 사함과 평안

6) 가르침, 유도, 권면, 정면도전, 권계 — 성경적 기독교상담 기법

- 말씀(성경): 진리의 원천. 일반상담(게슈탈트, 인지치료, 통찰치료 등)과 통합 시 필터링의 기준이며 논박의 근거다.
- 말씀과 성령의 인도: 보혜사 성령 — 진리를 이해할 수 있도록 도와주는 해석자

말씀은 하나님의 우주 창조 수단이요, 성령의 역사 및 하나님과 사람의 연결 수단이기도 하다. 아담은 하나님의 명령, 즉 하나님의 말씀에서 벗어나 원죄를 지었으며, 그로 인해 인간은 하나님과 멀어지게 되었다. 극단적으로 말해서 죄의 본질이 말씀에 어긋나는 데 있다면, 죄의 해결과 회복도 말씀으로 돌아가는 데서 시작되어야 할 것이다. 성경은 성령의 감화·감동으로 쓰여졌다. 성령이 성경의 저자들을 "감동케 하였다"(베드로후서 1:21)라는 의미는 성경이 하나님에게서 비롯된 하나님의 말씀이라는 것이다. 그리고 성경 말씀에는 성령이 함께하시기 때문에 말씀으로 구원에 이르는 지식과 지혜, 삶을 새롭게 변화시키는 능력을 얻고, 성화를 통해 예수를 닮아갈 수 있다.

기독교 통합상담은 정서적 접근과 인지행동적 접근, 그리고 역동통찰적 접근 등을 통한 원인 분석 및 일반상담 방법론을 기독교상담과 통합하여 가장 효과적인 상담을 지향한다. 각 영역의 작동 기제들이 복합적으로 정신문제를 일으키므로 성경적 세계관과 기독교적 가치관이라는 전제하에 인간중심요법, 게슈탈트치료, 인지행동치료, 정신역동치료 등의 다양한 기법을 활용한다. 위 전제를 충족하려면, 모든 과정마다 기독교적으로 필터링하여 재해석하고 통합하는 과정이 필요한데, 여기에서 성경 말씀이 중요한 근거가 된다. 예를 들어 성경적 이해와 죄성 통찰을 통해 사탄이 무의식, 정서, 인지, 행동, 욕구 등 심리 기제에 어떻게 파고드는지를 전체적 맥락 속에서 각 영역별로 잡아내고, 더 구체적으로 내담자에게 작동하는 맵(길 지도)을 찾아내서 상담현장에서 해체하는 게 관건이다.

〔KJV 흠정역, 히브리서 4:12〕 이는 하나님의 말씀이 살아 있고 권능이 있어 양날 달린 어떤 검보다도 예리하여 혼과 영과 및 관절과 골수(骨髓)를 찔러 나누기까지 하며 또 마음의 생각과 의도를 분별하시는 분이시기 때문이니

성경은 기독교 통합상담의 주요 원천으로, 창조주 하나님의 인간에 대한 사랑을 토대로 내담자를 감싸안고 일으켜 성경적 지식으로 '에덴적 환상'을 깨고 자기 지키기, 심리적·영적 통찰을 통해 내담자의 심리문제의 원인을 분석하거나 메커니즘을 해석하는 수단으로 사용될 수 있다. 이는 죄의 통찰과 회개를 통한 죄 사함의 은혜로 자기를 용서하고 바로 세워서 믿음의 성숙을 향해 가는 영적 치료로 이어진다.

성경의 사용은 내담자의 상황과 믿음의 형편에 따라 상담현장에서 직접 사용할 수도 있고, 상담자가 간접적으로 사용할 수도 있다. 또 내담자에게 다음 회기까지 치료에 도움이 되는 성경 구절 읽기를 과제로 내줄 수도 있고, 또는 가볍게 휴대폰 문자로 성경 구절을 공유하는 방법도 가능하다.

〔디모데후서 3:16〕 모든 성경은 하나님의 감동으로 된 것으로 교훈과 책망과 바르게 함과 의로 교육하기에 유익하니

7) 영적 치유

하나님은 창조의 하나님인 동시에 생명의 하나님, 치유의 하나님, 회복의 하나님이시다. 세상 만물과 사람을 창조하셨으니, 피조물이 병들었을 때 치유하시는 시스템과 능력이 있는 건 어쩌면 자연스러운 일일 것이다. 이러한 치유시스템에도 일반은혜적 메커니즘과 특별은혜적 메커니즘이 함께 작동한다.

긍정적 정서와 생각이 자신의 몸과 마음을 치유한다든지, 진실성을 가지고 상대방을 공감하고 수용할 때 치유가 일어나는 것은 일반은혜라고 볼 수 있다. 반면 성경에는 특별은혜로 예수님이 병자(육체적 병/정신적 병)를 고치시고 난 뒤, 그의 믿음이 치유의 원동력임을 밝히신 예가

많이 등장한다. 믿음은 자신의 병을 치유할 뿐만 아니라 다른 사람의 병을 치유하는 힘도 가지고 있다.

〔요한복음 1:3~5〕 만물이 그로 말미암아 지은 바 되었으니 지은 것이 하나도 그가 없이는 된 것이 없느니라 그 안에 생명이 있었으니 이 생명은 사람들의 빛이라 빛이 어두움에 비취되 어두움이 깨닫지 못하더라

(1) 창조체계와 에너지

뇌를 통해 사람의 마음과 몸이 서로 영향을 받는다는 것은 뇌파와 신경전달물질 등 과학으로 이미 규명되었지만, 이 세계는 아직 규명되지 않은 보이지 않는 힘이 존재하는 것 같다. 즉 창조주와 피조물 간에, 또는 피조물 자신이나 피조물들끼리 물질적으로뿐만 아니라 비물질적으로도 상호영향 관계가 있다고 본다. 바로 우리의 외부와 무선으로 연결된 보이지 않는 에너지를 통해서다.

예를 들어 하나님의 창조시스템은 우주시스템과 각 피조물(인간, 동식물, 무생물, 천체) 시스템 간 에너지 법칙에 따라 운용되고, 이 에너지는 보편성을 가지고 일반은혜로 주어진 것들이다. 결국, 피조 세계를 움직이는 에너지는 창조주 하나님께서 마련하신 일반은혜적 시스템에서 나오며, 따라서 우리가 누리는 생명에너지(원기)와 자연치유 능력도 하나님이 주신 것이라 볼 수 있다. 이는 자연에 순응하는 조상의 지혜와 하나님께 순종하는 기독인의 지혜가 근원적으로 서로 통한다는 걸 말해준다. 창조시스템은 결정론과 기계론을 넘어서서 양자역학까지도 동원되는, 복합성과 중첩성이라는 자연계의 속성이 담겨있다.

〔새번역, 이사야 58:11〕 주님께서 너를 늘 인도하시고, 메마른 곳에서도 너의 영혼을 충족시켜 주시며, 너의 뼈마디에 원기를 주실 것이다.

또한, 인간은 하나님 형상으로 창조되었기에 일반은혜로 우주의 피조물들과의 교감 및 소통능력이 있고, 의식하지 않더라도 공기 속 에너지를 호흡(폐호흡, 피부호흡)하는 능력이 있는 것 같다. 기공수련이나 기치료, 요가수련, 뉴에이지 등 유사 영성주의는 여기에 특화된 재능이 있는 사람들이 이런 현상과 체험들을 연구·계발하여 축적한 결과라고 볼 수 있다. 이는 부분적으로는 맞지만, 하나님이 창조하신 우주시스템 중 일부의 기능체계를 찾아낸 것으로 '장님 코끼리 만지기' 식의 한계를 지닌다. 그런데 그 원리를 이론화하여 그게 마치 전부인 양 학문화까지 시도하게 되면, 이는 단순한 수련을 넘어서서 하나님의 총체적 창조체계를 어지럽힐 여지가 있다.

요는 세상에 죄가 들어오면서 이로 인해 왜곡된 (-)에너지가 곳곳에서 길을 점령했고, 호시탐탐 양들을 노리고 있다는 걸 감안하면, 이런 움직임들을 경계하지 않을 수 없다. 사탄이 교활한 꾀로 양들이 목자의 손길을 벗어나게 길들이고, '신성' 운운하며 인간 자신의 신격화에 빠지게 하는 등 미혹의 굽은 길로 이끌 수 있기 때문이다. 같은 맥락에서 범신론이나 애니미즘 역시 하나님의 일반은혜인 신비한 에너지가 미치는 '대상(피조물)'을 신격화한 현상이라고 본다. 자연에 깃든 생명에너지와 교감할 때 외경심과 신비감을 느끼는 것은 당연하겠지만, 이 또한 하나님이 만드신 법칙과 체계의 산물이지 않은가.

〔사도행전 17:24~25〕 우주와 그 가운데 있는 만유를 지으신 신께서는 천지의 주재시니 손으로 지은 전에 계시지 아니하시고 또 무엇이 부족한 것처럼 사람의 손으로 섬김을 받으시는 것이 아니니 이는 만민에게 생명과 호흡과 만물을 친히 주시는 자이심이라

(2) 호흡

개인적 경험을 얘기하자면, 우리 몸은 (+)와 (−)의 갖가지 에너지가

감싸고 있으며 특히 숨결은 몸에 가장 가까운 에너지 통로인 듯하다. 어느 날 필자가 돌보았던 내담자를 자동차 운전석 옆자리에 동석시켜 운전하고 가는 동안 대화를 나누었을 때의 경험이다. 내담자가 내뱉는 호흡과 숨을 자동차 안이라 가까이 느낄 수밖에 없는 상태였는데, 그 냄새가 독특하고, 여름철이라 짧은 소매를 입은 채 운전대 위에 걸쳐진 필자의 팔에 그녀의 코와 입에서 나오는 바람 같은 것이 닿는 순간 통증이 파고들어 몸 전체로 퍼지는 이상한 현상을 느꼈다. 내담자에게 그 얘기를 하니 자기는 매일 그런 고통에 시달린다는 것이었다.

> 〔고린도후서 2:16〕 이 사람에게는 사망으로 좇아 사망에 이르는 냄새요 저 사람에게는 생명으로 좇아 생명에 이르는 냄새라 누가 이것을 감당하리요

더 신기한 경험은 조금 후에 이어졌다. 운전하면서 평소처럼 성경 말씀을 인용하며 상담 멘트를 하고 있는데, 갑자기 내담자가 깜짝 놀라 소리치며 자신의 팔이 피가 용솟음치는 것처럼 소름이 끼친다는 것이었다. 놀라서 내담자를 바라보는 순간, 내담자의 눈동자에서 비늘 같은 것이 한 꺼풀 벗겨지는 듯한 장면에 신비로움과 함께 두려움을 느낄 수밖에 없었다. 그 이후 내담자가 많이 호전되었고, 게슴츠레 흔들리던 눈빛이 꽤 맑아진 것을 확인할 수 있었다.

우리 몸이 '성령의 전이구나' 하는 걸 깨닫는 경험이었고, 우리가 '다른 에너지에 지배될 수도 있구나!' 하는 체험이었으며, '그런 (-)에너지가 전파될 수 있구나' 하는 걸 확인하는 경험이었다. 성서에서 '입김(breath of God)'이라는 단어가 '성령'이라는 뜻으로도 사용된다는 것과 호흡명상이나 호흡이완법의 효과 — 신체적 건강과 안정, 긍정적 마음 상태로의 변화 — 는 어떤 관련이 있는 것일까. 성경에 의거하여 사람이 영과 혼과 몸의 세 부분으로 이뤄졌다고 봤을 때, 아마도 믿음 안

에서 성령을 호흡하여 (+)에너지를 공급받고 교류하는 영적 호흡은 특별은혜로, 일반적인 호흡명상이나 호흡이완의 효과는 일반은혜로 부를 수 있지 않을까 하는 생각이 든다. 하버드대 비스(Wyss) 연구소 하이칭 바이(Haiqing Bai) 박사팀의 새롭고 흥미로운 실험 결과는 "호흡 작용이 인간의 폐 기능에 중요할 뿐만 아니라 침입하는 병원균을 죽이는 면역 반응을 일으킨다"는 것을 보여준다(2022.04.08, Study Finds). 그렇다면 마스크가 과연 우리를 코로나19 바이러스로부터 막아주고 있는 것일까? 실내에서는 마스크를 벗고 먹고 마시다가도 밖에 나가면 여지없이 마스크를 쓰던 사람들은 희한하게 실외 마스크 착용이 해제되었는데도 여전히 마스크를 벗지 않는다.

〔KJV 흠정역, 창세기 2:7〕 주 하나님께서 땅의 흙으로 사람(man, 아담의 몸)을 지으시고 생명의 숨(breath of life, 영)을 그 코에 불어넣으시니 사람이 살아 있는 혼(a living soul)이 되니라.

(3) 성령의 도움

나아가 상담자의 인격과 그릇이 실제로 상담 효과에 끼치는 영향이 크다는 점을 고려해볼 때, 일반은혜와 함께 특별은혜로서 성령의 능력이 상담자의 인간적·개인적으로 부족한 부분을 채우고 공감적 이해력과 지혜를 주신다면, 상담 효과에 커다란 도움이 될 수 있다. 따라서 상담자는 상담 전후와 상담 중에도 믿음을 가지고 성령의 도우심과 인도하심을 의뢰하면서 수시로 기도해야 한다.

하나의 예로, 기독교 통합상담에서 지체인 내담자와의 감정이입(공감), 꾸밈없고 일치된 순수성(진실성), 예수의 마음을 닮은 따뜻함과 긍휼을 토대로 한 조건 없는 감싸안기(수용) 등이 중요한데, 이는 성령의 도움으로 극대화가 가능하다. 공감적 이해나 존중 및 수용, 진실성 여부는 상담자가 말로 이를 표현하기 전에 내담자가 이미 알고 있는 듯하다. 이는 마음에 에너지가 있어 상담자가 공유하는 에너지가 '에너지장-뇌파-신경전달물질-정서-사고-행동'의 네트워크로 연결되어 내담자에게 전달되기 때문인 것 같다. 상담자의 마음과 에너지는 눈빛, 표정, 말투, 제스처 등 비언어로도 자연스레 나타난다. 따라서 상담자는 말로 하는 기술적 훈련보다는 마음으로 하는 기본적 자질 수련과 영성이 더 절실하다고 본다.

이처럼 통합상담에서는 치유자 예수의 인도하심 속에 상담자의 눈빛, 표정, 목소리, 숨결, 몸짓 등 몸 전체가 (+)에너지를 전달하는 성령의 도구로 쓰인다. 역으로 내담자의 눈빛, 표정, 목소리, 숨결, 몸짓 등으로 — 내담자가 상담 과정에서 내놓는 어휘에 실린 감정과 (-)에너지를 포착하여 — 내담자의 무의식적인 갈등이나 욕구, 불안 등을 읽어내는 데 도움이 되는 경우가 많다.

〔로마서 8:27〕 마음을 감찰하시는 이가 성령의 생각을 아시나니 이는 성령이 하나님의 뜻대로 성도를 위하여 간구하심이니라

농촌진흥청(청장 허태웅)은 2020년 식물이 인간 행동에 대해 기체 화학물질을 통해 반응하는 현상을 포착하고, 인간과 식물의 교감 가능성을 확인했다고 밝혔다. 어린 식물을 20분간 짓이겨 죽인 사람의 입김을 받아 죽은 식물의 동료 식물이 있는 유리 공간(챔버)에 넣은 뒤 식물의 화학언어물질(메틸자스몬네이트) 변화량과 관련 유전자를 분석한 결과, 일반 사람의 입김을 처리했을 때보다 식물에 해를 끼친 사람에게서 받은 입김을 처리했을 때 식물의 화학언어물질이 23% 증가했다는 실험보고는 흥미롭지 않은가. 식물도 인간의 입김에 영향을 받는데, 하물며 인간 상호 간이랴!!

(4) 성령치유

더 나아가 통합상담의 영적 치유라는 측면에서 볼 때 결정적으로 마음을 움직이고 열어 변화시키시는 분은 바로 성령이라는 점을 강조하고 싶다. 이는 상담자에게 지혜와 능력을 채우시고 인도하시는 걸 넘어서서 성령이 직접 역사하시고 치유하시는 특별은혜다. 상담자는 엄밀한 의미에서 영적 치유의 도구요, 전달자라고 볼 수 있다. 그래서 상담자는 상담하는 동안 내담자의 영적 치유를 위해 기도하는 것이 중요하다. 그리고 더 중요한 것은 내담자가 직접 하나님과의 만남 속에서 치유의 은혜를 입을 수 있도록 상담자가 진실한 안내자 역할을 해야 한다는 점이다. 회개를 통해 예수님을 받아들임으로써 우리를 깨끗하게 하시는 예수님이 성령의 역사로 몸과 마음을 회복시키시기 때문이다.

그러나 기독교 통합상담이 아닌 일반상담을 진행할 때도 치유의 순간순간에는 일반은혜로서 하나님이 함께하신다고 생각한다. 생명의 능력, 치유의 능력, 회복의 능력으로 성령의 (+)에너지가 일반은혜로서 심리학과 일반상담 가운데 활동하고 계시기 때문이다. 보이지 않는 힘으로.

▶ 성령의 역사와 능력

성령(聖靈, Holy Spirit)은 기독교의 삼위일체 교리에서 하나님을 이루는 세 위격(성부, 성자, 성령) 중 하나를 가리키는 말이다. 과거에는 '성신(聖神)'이라고도 했으며, 개신교의 전래 초기에는 '숨님'으로 번역하기도 했다. 구약성경에서는 히브리어 '루악흐 코데쉬(רוח הקודש)', 신약성경에서는 코이네 그리스어 '프네우마(πνεῦμα)'이며, 라틴어로는 '스피리투스 상투스(Spiritus Sanctus)'로 번역했다. 사도행전에 따르면, 예수님의 약속대로 오순절 마가 다락방에서 성령이 사도들에게 임하여 은사를 받고 본격적인 기독교 전도가 시작되었다.

성령은 사도들과 믿음의 자녀들에게 역사하여 치유, 지혜, 기도, 사랑, 돌봄, 복음 전도, 회복의 능력으로 도우시는 보혜사이며, 특별히 통합상담의 전 과정에 함께하신다.

- 생명의 능력: 성령의 치유 — (육적/영적) 병 치유, 치유자 예수/상담자 예수
- 말씀: 진리를 이해할 수 있도록 도와주는 해석자
- 기도: 하나님과의 영적 만남과 교류
- 사랑과 돌봄: 성령의 인도와 동행
- 전도: 영혼 구원을 위한 복음전파와 사역
- 우주적 공동체 회복: 하나님과의 관계치유, 자신과의 관계치유, 사람 간의 관계치유, 자연과 환경 치유

〔요한복음 20:22, 14:17〕 이 말씀을 하시고 저희를 향하사 숨을 내쉬며 가라사대 성령을 받으라, 저는 진리의 영이라 세상은 능히 저를 받지 못하나니 이는 저를 보지도 못하고 알지도 못함이라 그러나 너희는 저를 아나니 저는 너희와 함께 거하심이요 또 너희 속에 계시겠음이라

(5) 예수님은 하나님이 알려주신 대로, 사람은 예수님이 인도하시는 대로

이미 말했듯이, 통합상담은 심리학과 일반상담기법을 성경적·영적 상담과 접목하여 시너지 효과를 낼 수 있다. 즉, 성경 말씀을 토대로 일반상담을 필터링하거나 보완하여 영적 치유와 통합하는 통합상담은 정서적·인지행동적·역동적·영적 영역에 걸친 전인적 치유효과를 기대할 수 있다. 하지만 이런 걸 다 떠나서 성령은 그 자체만으로도 사탄의 계략 — 인간의 정서·인지행동·무의식·영적 영역에 교묘하게 파고들어 파괴하고 왜곡시키는 — 을 동시적으로 무력화하여 회복시키는 힘을 가지고 있다. 우리 안에 거하시는 예수 그리스도의 영이 역사한다면,

정신과 영혼을 갉아먹던 사탄이 힘을 잃기 때문이다. 성령은 죄를 녹이고 온전성을 회복하는 능력이 있다. 이는 이론으로 다 설명하기 힘든 부분이고, 성령의 능력은 사람의 상담과는 비교할 수 없는 치유의 힘을 가지고 있지만, 사람이 컨트롤할 수 없는 것이기도 하다. 그래서 신비의 영역이다.

> [요한복음 16:13] 그러하나 진리의 성령이 오시면 그가 너희를 모든 진리 가운데로 인도하시리니 그가 자의로 말하지 않고 오직 듣는 것을 말하시며 장래 일을 너희에게 알리시리라

필자로서는 성령의 신비를 더 깊이 다룰 능력도 부족하거니와, 기독교 통합상담을 소개하는 데 있어 적어도 상담자가 성령의 인도하심에 의뢰하는 것은 꼭 필요하다는 점을 밝히는 선에서 머물고자 한다. 다만 성령 충만은 나의 의지가 아닌 그리스도의 은혜로서만 가능하다는 것을 강조하고 싶다. 은혜가 올 수 있는 영적 상태는 연약하고 부족한 자신을 깨달아 낮아져서 자기를 내려놓고 성령께 전적으로 의뢰하는 상태다. 이는 자유의지를 가진 사람의 몫이며, 상담자도 마찬가지다. 그리고 내담자에게도 힘든 세상 속에서 불안을 이기고 평안을 누리기 위해서는 삶의 순간순간 성령의 인도하심을 따라 성령과 동행하며 성령께 맡겨야 함을 가르쳐야 한다. 하지만 이 역시 자기 자신이 주가 되는 것이 아니라 — 그렇게 되면 인간적인 죄를 틈타서 사탄이 성령의 온전한 활동(역사)을 방해하므로 — 성령이 주가 되어 움직이시도록 나를 버리고 순종해야 가능하다.

최근 몇 년간 뉴스와 인터넷을 달구었던 다이돌핀(Didorphin)은 출처가 불분명한 근거 없는 가짜정보(엔도르핀의 4천 배 치유효과가 있으며, 감동하거나 깨달음을 얻었을 때 생성)임에도 일부 출판 서적에서 다뤄질 정도로 무분별하게 확산되었다. '만일 다이돌핀 비슷한 게 실제로 있다면, 묵상기도를 통해 진리의 말씀을 깨달을 때 그리고 성령이 충만하여 하나님

의 사랑과 은혜를 찬미하고 감사할 때 나오지 않을까?'라는 허무맹랑한 상상을 해본다. 꼭 다이돌핀이 아니더라도 지금껏 과학이나 의학으로 규명되지 않은 많은 것이 창조시스템 안에 있을 것이라는 가정과 함께….

〔골로새서 3:16〕 그리스도의 말씀이 너희 속에 풍성히 거하여 모든 지혜로 피차 가르치며 권면하고 시와 찬미와 신령한 노래를 부르며 마음에 감사함으로 하나님을 찬양하고

(6) 성령체험

필자는 성령의 역사하심 속에서 겪거나 보았던 크고 작은 치유사례가 꽤 있지만, 그중에 큰 체험 두 가지를 소개하려 한다.

첫 번째는 외과적인 체험이라고 할 수 있겠다. 큰아이를 출산한 지 일주일 만에 신규 교사연수를 받느라 산후조리를 잘못한 탓인지 무릎과 허리가 아파서 서 있거나 걸어 다니는 것조차 심히 고통스러웠다. 임신 중에는 아기가 성장함에 따라 골반이 늘어나고 이와 연결된 뼈의 인대와 근육, 관절도 이완되었다가 출산 후 다시 돌아온다는 점을 고려해 볼 때, 산후 조리로 인한 문제는 다음 출산 때 잘 회복하면 나아질 수 있다고 생각되었다. 그래서 둘째 아이 출산 후 산후조리에 신경을 쓰면서, 하나님께 매달려 기도하는 시간으로 보냈다.

그런데 어느 날부터 주로 누워있을 때, 관절들이 저절로 움직이면서 머리끝에서 발끝까지 온몸을 순환하는 어떤 기(에너지)의 흐름이 상당히 규칙적인 체계성 속에서 느껴지기 시작했다. 반복적으로 에너지가 지나가는 몸속 길〔道〕 — 실제로 눈에 보이지는 않았지만 — 이 보였고, 그때마다 관절이 맞춰지는 것이었다. 가끔은 뚝 소리가 나기도 하고 온몸이 흔들리기도 했지만, 아프거나 기분이 나쁜 것은 아니었다. 마치 물리치료를 받을 때처럼…. 그런데 그런 움직임이 있을 때는 도저히

멈출 수 없었고, 그 움직임과 다르게 하려면 아프고 어그러지는 것 같아 내 의지로 내 몸을 움직일 수도 없었다. 그런데 필자는 그 당시 움직임이 단순한 운동 같은 게 아니고, 인체 과학적이고 계산적이고 정확성을 갖춘 치유의 작업이었음을 몸으로나 영적으로 알았던 것 같다. 하지만 몸이 회복되고 통증이 사라지고 나서야 성령의 역사를 확신하게 되었으니, 보지 않고도 믿는 믿음이 참 힘들다는 걸 자인할 수밖에 없다.

두 번째는 (내분비)내과적 체험이다. 정기적인 건강검진에서 갑상선 호르몬의 이상 소견이 있어 정밀검사를 통해 자가면역성 갑상선염과 갑상선 저하증, 갑상선 결절 2개가 진단되었고, 결절의 추이를 계속 추적 검사하는 중이었다. 포도나 단것만 먹으면 목에 만져지는 결절 부위가 부어오르고 아파왔다. 기운이 없고, 다운되어서 일어설 힘조차 없다 보니, 매일같이 거의 온종일 누워 지내야 했다.

그러던 어느 날 몸 상태가 더 안 좋아져서 까라져 뻗어있는데, '이러다가 생명에너지가 저 밑바닥까지 내려가면 죽음이 오는 거구나' 하는 생각이 들었다. 너무 바삐 부산하게 살았던 지난날들이 머릿속을 스쳐 지나갔다. '아무것도 아니었구나!', '헛된 것에 눈이 팔려 교만한 내가 너무도 살아있었구나!'라는 깨달음의 눈물이 흘렀다. 그 순간 내 몸이 공중으로 뜨는 듯하더니 지금까지 느껴보지 못한, 형언할 수 없는 평화 같은 것이 온몸을 감쌌다. 내 몸이 그렇게 가벼울 수 없었다. 그동안에는 무엇에 그리 눌려왔던 걸까. 지금 돌아보니, 그것은 육체가 가장 약할 때 찾아온, 마치 천국 같은 경험이었다.

그런데 하루는 단 음식을 먹고 나서 다른 때보다 더 심하게 목이 붓고 아파서 이러다가 내가 나쁜 세포에 지는 게 아닌가 하는 암울한 생각마저 들었다. 위기를 절감한 필자는 식구들이 전부 잠든 밤에 양손으로 양쪽 결절 부위에 손을 얹고 하나님께 기도하기 시작했다. 나의 힘든 상태와 마음을 아뢰고 회개의 눈물을 흘리며, 세상 정욕에 잡혔던 나의 죄를 깨끗하게 하시는 예수님을 전적으로 만났다. 나의 허물이 녹으면서 그렇게 한동안 성령의 임재와 함께한 시간이 흐르고 난 뒤, 붓고 아프던 결절 부위가 조금 줄어드는 것을 손으로 확연히 감지하게 되었고, 점점 줄어들다가 급기야 간질간질해지는 것이었다. 그건 통상 상처가 나을 때 느끼는 간질거림이었다.

그러다가 예수님과 하나가 된 것 같은 상태에서 주변에 고통받는 사람들의 아픔이 필자의 마음을 울렸다. 지체들과 한 몸이신 예수님의 마음이 전달되는 느낌이었다. 그러고는 결절 부위가 별다른 감각이 없다가 어느 순간 상쾌한 바람이 지나는 것처럼 시원해졌다. "주여! 그동안 준비해온 상담의 은사로 사람들을 돕고 드릴 수 있도록 저를 만져 치유하소서!"라고 기도하는데, 점점 올라오던 열기가 뜨거운 눈물과 함께 온몸을 달구더니, 뭔가 뻥 뚫리는 것 같은 기분이 관통하면서 이번에는 몸 전체가 시원해졌다. 같은 곳에 발을 디딘 채 너무 오래 서 있었다 싶어 움직이려 했으나, 도저히 발이 떼어지지 않았다. 결국, 그 상태가 풀려 방바닥에서 발이 떨어졌을 때는 그런 부동 상태로 이미 2시간도 더 있었다는 걸 확인할 수 있었다. 그 뒤로 회복이 진행되어 갑상선 결절이 하나는 없어지고 하나는 작아졌으며, 그 하나도 양성이라 걱정하지 않아도 된다는 검사 결과가 나왔다. 호르몬 수치도 정상으로 돌아왔다. 감사하게도!!

하지만 요즘도 신경을 많이 쓰거나 무리하면, 자가면역성 갑상선 염증 때문에 힘들다. 이는 필자가 계속 안고 가야 하리라. 고난을 받아들이고 친해지며, 하나님과 더 가까워지는 은혜를 입으며….

〔고린도전서 12:26~27〕 만일 한 지체가 고통을 받으면 모든 지체도 함께 고통을 받고 한 지체가 영광을 얻으면 모든 지체도 함께 즐거워하나니 너희는 그리스도의 몸이요 지체의 각 부분이라

일반은혜를 통해 과학과 의학이 발전을 거듭하고 있으나, 하나님의 창조체계와 신비는 아직 다 드러나지 않은 듯하다. 아직도 신경전달물질들의 작용은 모르는 부분이 많고, 최근의 연구 결과는 더 많은 신경펩타이드가 있다는 것을 보여주고 있다. 또 학계에서는 고차원적인 의도를 반영하는 전전두엽의 뇌파 신호에 관한 연구가 진행되고 있으며, 장내 벽을 둘러싼 독자적 뉴런과 신경전달물질 네트워크가 뇌와 신호를 주고받는다는 새로운 사실이 밝혀지기도 했다. 내장은 '제2의 뇌'라고도 하는데, 직감(gut feeing)이나 직관(gut instinct)*에 내장(gut)이라는 단어가 들어간다는 사실이 흥미롭다.

언젠가 영적인 활동 같은 고차원적인 뇌의 영역까지도 밝혀질 날이 올 수 있을까. 참고로 미국 국립보건연구원의 유전학자 딘 해머(Dean H. Hamer)는 인간 게놈 31억 쌍의 유전자 서열분석을 토대로 3만 3,050번째 염기서열에서 유전자 변종인 VMAT2(Vesicular Monoamine Transporter 2, 소포 모노아민 전달체)가 신을 믿는 사람들에게 공통적으로 나타났다고 밝히고, 여기에 '신의 유전자'라는 이름을 붙였다. 그는 신의 유전자 VMAT2가 믿음의 생물학적 증거로, 신에 대한 우리의 믿음은 유전자에 새겨진 본능이며 진화 과정을 거치며 전승되었다고 주장했다. 한편 인간게놈프로젝트의 총지휘자였던 유전학자 프랜시스 콜린스(Francis S. Collins)는 DNA는 신이 만든 설계도라면서 유신론적 진화관을 제안하고, 신이 모든 생명의 근원이며 생명은 신의 의지를 표현한다고 말한 바 있다(『신의 언어』, 2009).

---

* 직관: 대상이나 현상을 보고 즉각적으로 느끼는 깨달음을 뜻한다. "비록 관찰의 도움은 받지만, 관찰에 근거하지 않는 모든 사실 인식의 원천"(칸트), "과학이나 일상적 관찰에 의해 얻어진 단편적인 '추상적' 인식과 달리 상호 연관되어 있는 세계 전체에 대한 구체적 인식"(스피노자/베르그송)

(7) 믿음이 먼저인가? 실천이 중요한가?

우리가 예수를 믿는다는 것은 창조주 하나님께서 타락하여 멸망할 수밖에 없는 인간의 죄를 구원자 예수를 통해 해결하고 생명을 다시 얻도록 계획하신 말씀을 믿는 것이다. 죄로 오염된 자기의 힘만으로는 도저히 원상태를 회복할 수 없음을 인정하고, 회개로 예수님을 영접하여 온전히 치유하는 것이다. 이때 믿음은 보혜사 성령과 동행하며 그 인도하심을 따라가는 것, 즉 성령의 가르치심과 깨달음의 지혜를 따라 생각과 말과 행동을 하나님 뜻 안에서 지키는 것이므로 믿음과 실천은 동일선상에 있다고 볼 수 있다. 믿음은 예수를 주(主)로 받아들임으로써 지체 안에 예수 그리스도가 사시고, 이제는 내가 아닌 성령의 인도를 따라서 행하므로 믿음에는 행함이 따를 수밖에 없기에 실천을 도외시하는 것은 맞지 않다. 즉, 믿음에 자연히 따라오는 실천이므로 믿음을 강조하는 바울과 행함을 강조하는 야보고가 부딪치지 않고 양립 가능하다고 볼 수 있다.

〔야고보서 2:22〕 네가 보거니와 믿음이 그의 행함과 함께 일하고 행함으로 믿음이 온전케 되었느니라

8) 기도(하나님과의 1:1 다채널 통로)

기도를 한마디로 단순화하면 '하나님과 나의 대화'라고 할 수 있다. 따라서 기도를 반드시 예배당이나 기도방에서 할 필요는 없다. 새벽이나 밤에 시간을 정해놓고 기도하면 좋겠지만, 바쁜 현대인은 길을 가면서나 설거지를 하면서도 언제 어디서든 기도로 하나님을 만나면 된다. 기도는 하나님과의 1:1 만남의 통로이며, 이는 하나님과 각 사람이 연결되는 다채널 시스템이다. 이 시스템은 하나님이 우리 각자를 한 사람

한 사람 섬세하게 챙기시고 사랑하시는 것과 상통한다. 하나님은 사람을 통해 자신의 계획을 이뤄가시기도 하지만, 사람의 기도를 들으시고 계획을 바꾸기도 하신다(아래 성경, '히스기야'의 예). 그만큼 하나님과의 소통창구인 기도는 중요하다.

기도가 잘될 때도 있지만, 때로는 막힐 때도 있다. 그럴 때는 교만, 분노나 미움, 탐욕 등 말씀에 어긋나거나 회개할 일은 없는지 돌아볼 필요가 있다. 사탄은 호시탐탐 하나님과의 통로를 막기 위해 우리의 죄성을 노리기에, 그래서 항상 깨어 근신하라고 말씀하신 건 아닐까 싶다. 예수님이 우리에게 구하라고 말씀하셨기에 우리는 각자의 처한 형편에서 뭔가를 놓고 기도할 수 있다. 하지만 기도의 응답과 그 응답 시기는 하나님께서 정하시므로 인내하며 주시는 결과를 감사히 받아들이는 게 필요하다. 자기중심적인 욕심이 안 이뤄진다고 실망하거나 원망하게 되면 심리적 문제로 넘어질 수 있으며, 이런 일은 크리스천에게도 종종 일어난다.

성경에 따르면 하나님께서는 뜻에 맞는 기도를 기뻐하시고 들으신다. 자기를 돌아보는 회개기도, 말씀을 읽고 신앙적 진리를 깨닫는 묵상기도, 다른 사람을 위해 하는 중보기도 등이 그 대표적 예일 것이다. 기독교 통합상담에서는 내담자의 회복을 위한 상담자의 중보기도뿐만 아니라 영혼을 살리는 귀한 일을 놓고 상담단계마다 성령의 지혜를 구하는 기도가 필요하다.

〔열왕기하 20:5~6〕 너는 돌아가서 내 백성의 주권자 히스기야에게 이르기를 왕의 조상 다윗의 하나님 여호와의 말씀이 내가 네 기도를 들었고 네 눈물을 보았노라 내가 너를 낫게 하리니 네가 삼일 만에 여호와의 전에 올라가겠고 내가 네 날을 십오 년을 더할 것이며 내가 너와 이 성을 앗수르 왕의 손에서 구원하고 내가 나를 위하고 또 내 종 다윗을 위하므로 이 성을 보호하리라 하셨다 하라 하셨더라

▶ 기도의 종류

〈기준에 따른 다양한 구분 방법〉

- 기도하는 주체: 사적 기도, 공적 기도, 중보기도, 합심기도
- 규례적 기도: 아침, 식사
- 특별기도: 금식, 철야, 산상, 새벽
- 기타: 안수, 예언, 방언, 골방, 작정, 회중, 윤번

〈내용에 따른 기도 종류〉

- 회개기도: 죄를 뉘우치고 씻기 위한 기도
- 청원기도: 바라는 것을 간구하는 기도
- 서원기도: 하나님과의 약속 기도로 서원이나 맹세는 신중히 해야 하며, 서원한 건 신실하게 지켜야 한다.
- 묵상기도: 성경을 읽고 하나님의 가르침을 듣는 기도로, 명상이 일반은혜를 통해 지혜를 얻는 것이라면, 묵상은 특별은혜를 통해 진리를 깨닫는 것이다.
- 감사기도: 하나님이 베풀어주신 은혜에 대해 감사드리는 기도
- 신유기도: 병자를 위한 치유기도로, 성령치유의 은혜를 경험한 이후에는 간증하고, 과거의 잘못된 습관이나 행동을 삼가며 성전인 몸을 잘 관리해야 한다.
- 축사기도: 사탄을 물리치는 기도

그 외에 중보기도는 타인을 위한 기도로, 자신을 위한 기도보다 더 큰 힘을 가지고 있다. 그 이유는 '지체 간에 사랑이 담긴', 하나님의 뜻에 맞는 기도이기 때문일 것이다. 중보기도를 통해 나에게 부으시는 성령의 능력이 중보기도 대상자에게 전달되는 데다 성령의 직접적인 응답의 역사가 대상자에게 일어나고, 대상자와 성령 간에도 (+)에너지의 교류와 소통이 이뤄질 것이기 때문이다. 그러므로 두 사람이 합심기도

를 한다면, 성령의 충만함은 두 배 이상일 것이다.

그런 사례로, 미국 인디애나 대학의 캔디 브라운 교수팀은 2010년 아프리카 모잠비크와 남미 브라질의 시각장애인과 청각장애인을 대상으로 기도가 병을 고칠 수 있는지 알아보는 실험을 했다. 먼저 장애 환자의 장애 정도를 측정한 다음, 지역 선교단체와 주민들이 환자의 몸에 직접 손을 대거나 포옹하며 이들의 병이 낫게 해달라고 중보기도를 했다. 결과는 연구팀이 오히려 당황했을 정도로 매우 극적인 효과를 얻었으며, 통계적 유의성을 나타냈다.

> 〔마태복음 18:18~20〕 진실로 너희에게 이르노니 무엇이든지 너희가 땅에서 매면 하늘에서도 매일 것이요 무엇이든지 땅에서 풀면 하늘에서도 풀리리라 진실로 다시 너희에게 이르노니 너희 중에 두 사람이 땅에서 합심하여 무엇이든지 구하면 하늘에 계신 내 아버지께서 저희를 위하여 이루게 하시리라 두 세 사람이 내 이름으로 모인 곳에는 나도 그들 중에 있느니라

참고로 관상기도는 자기를 내려놓고, 말뿐 아니라 마음과 생각과 의지까지도 침묵하면서 하나님을 직관직으로 바라보고 알고 사랑하는 것으로, 성령의 음성에 귀 기울이며 역사하시도록 마음을 열어놓고 받아들이는 기도다. 하지만 성경 말씀의 기초가 튼튼하지 않으면 주관적 신비주의에 치우칠 위험이 있고, 특히 뉴에이지 식으로 '신과 합일' 등 비성경적으로 빠질 수 있어 유의해야 한다.

(1) 기도의 신비와 뇌과학

기도는 영적 치유의 중요한 도구로, 성경을 통해 예언·방언과 함께 초과학적 신비의 영역임을 알 수 있다. 따라서 심리학이나 여타 상담이론들이 정서·인지·행동 등 뇌의 구조와 활동으로 설명 가능한, 즉 머리로써 이해 가능한 수준의 기법들을 사용하고 있다면, 기독교상담은

사람(상담자와 내담자)의 힘만 작동하는 게 아니라 기도와 함께 하나님이 움직이시고 성령이 도우시며 동행·인도하시는, 완전히 다른 힘이 함께 작동한다. 또한, 우리는 기도를 통해 깨달음이나 지혜를 얻기도 하고, 성령과의 교감으로 자기를 넘어서는 체험을 하기도 한다.

뇌과학의 세계적 권위자로 하버드대 신경외과 교수이자 의사인 이븐 알렉산더(Eben Alexander) 박사는 2008년 11월 뇌사상태에서 천국 체험을 한 후 7일 만에 살아났는데, 그는 임사체험 이후에 뇌과학과 믿음의 세계는 배타적이지 않고 양립 가능하며, 과학과 영성은 공존할 수밖에 없다고 주장한다. 이는 생명에 대한 현대과학의 정설을 뒤엎고 죽음의 의학적 금기를 깬 세기적인 사건으로, 임사체험은 뇌가 만들어내는 환각이 아니며, 뇌가 꺼져도 의식이 계속 존재한다는 결정적인 증거다. 뇌가 의식을 만든다는 기존 가설이 틀렸다면, 뇌는 의식이나 영혼의 중개자 역할을 하고 있을 가능성이 크다.

그리고 기도나 명상할 때 알파파(심신이 안정을 취하고 있을 때의 뇌파)가 많이 나오는 것은 알려진 바 있지만, 명상 시 세타파와 감마파까지 나왔다는 실험은 이완상태와 각성상태가 이중적 또는 다중적으로 가능하다는 것을 보여준다(장현갑, 2009 참조).

또한, 기도나 명상할 때 세로토닌과 도파민이 분비된다는 보고(신용욱 외, 2007 참조)는 기도가 마음의 평안과 충만한 행복감을 느낌으로써 갈증 때문에 외부의 자극으로 충동적 쾌락을 추구하려는 욕구 자체를 누그러뜨려 의도하지 않아도 자연스럽게 절제와 탐욕 제어, 중독예방에 도움을 줄 수 있음을 말해준다. 뇌과학적으로 볼 때, 감각적 자극이라면 감수 수준이 임계점에서 부정적으로 바뀌겠지만, 기도에서 오는 이런 종류의 희열과 행복감은 일상에서 꾸준하게 이어질 수 있다고 한다.

▶ 뇌파

뇌파는 사람 또는 동물의 대뇌에서 일어나는 전위변동(電位變動)을 말한다. 깨어있을 때 나타났다가 수면 시 소실되는 알파(α)파(8~13Hz)는 이완되고 차분한 느낌일 때(명상 시 주된 파) 기록되며, 정신적 활동이나 신경계가 활동 중일 때 나타나는 베타(β)파(14~60Hz)는 깨어있거나 흥분상태일 때 기록된다. 지각과 의식에 관련된 빠른 패턴의 감마(γ)파(30~80Hz)는 베타파의 일부로 보기도 하는데, 렘(Rem)수면이나 명상 중에도 발견된다. 가벼운 수면이나 깨어있는 상태와 수면 사이의 변환과정, 즉 렘수면 시 우세한 세타(θ)파(4~7Hz)는 유아의 주된 뇌파로, 창조성, 직감, 직관, 명상, 주의의 초점이 내부로 향해 있을 때 나타나며, 깊은 수면 중이나 뇌질환 환자에게서 나타나는 델타(δ)파(0.5~3.5Hz)는 공감경험이나 무의식적인 활동을 반영할 때 나타난다.

(2) 기도와 성령의 인도

상담은 영혼을 돕는 과정이고, 궁극적으로는 영혼을 구하는 참사랑이다. 따라서 상담을 위한 기도, 내담자를 위한 기도는 뜻에 맞는 기도이며, 상담은 하나님이 가장 관심을 가지는 사역 중 하나일 것이다. 특히 상담자와 돌봄 사역자가 내담자나 성도들을 돕는 가운데 하는 중보기도는 기쁘게 들으실 것으로 믿는다. 기독교통합 상담자는 하나님의 인도하심을 의뢰하고 가르치심에 귀 기울이며, 상담 능력의 도우심을 위해, 그리고 상담현장에서 성령의 섬세한 역사를 위해서도 수시로 기도해야 한다. 하나님을 향하여 안테나를 세우고, 매 순간 전해주시는 지혜의 메시지에 민감하게 귀 기울여 상담에 임하는 것이다. 그리고 상담 후나 상담이 종결 후에도 내담자에게 하나님의 치유와 인도의 역사가 계속 이뤄지도록 기도하는 것이 중요하다.

〔요한복음 14:26〕 보혜사 곧 아버지께서 내 이름으로 보내실 성령 그가 너희에게 모든 것을 가르치시고 내가 너희에게 말한 모든 것을 생각나게 하시리라

▶ **보이는 손(상담자 통해 역사)+보이지 않는 손(내담자에게 직접 역사)**

각자의 형편과 처지를 잘 알고 계시며, 각 지체의 한 몸이자 한 영이신 예수 그리스도는 기도라는 1:1의 다채널 통로로 섬세하게 들으시고 만나주신다. 상담자는 상담 기간 내내 긴 호흡으로 상담을 위해 기도하고, 상담현장에서도 동행과 인도하심으로 힘차게 활동·역사하시는 성령께 의뢰하며 잠시잠시 짧은 호흡으로 기도한다. 그리고 내담자와 함께 기도하거나, 내담자 홀로 기도하도록 권할 수 있다.

〔로마서 8:26〕 이와 같이 성령도 우리 연약함을 도우시나니 우리가 마땅히 빌 바를 알지 못하나 오직 성령이 말할 수 없는 탄식으로 우리를 위하여 친히 간구하시느니라

(3) 상담자의 기도

① 상담을 위한 기도

- 각 상담별 기도: 내담자와 만나기 전, 상담 중, 상담 후 성령의 인도하심(따뜻한 마음, 고통을 공유하는 마음, 문제를 꿰뚫는 지혜, 풀어가는 방법, 치유의 말 등)을 구함.
- 그날의 상담 스케줄을 놓고 케이스별 준비기도
- 일주일간 이뤄진 상담을 놓고 돌아보며 점검하고, 앞으로의 방향을 계획하는 기도

〔잠언 16:9〕 사람이 마음으로 자기의 길을 계획할지라도 그 걸음을 인도하는 자는 여호와시니라

② 내담자를 위한 중보기도

- 하나님이 창조하시고 사랑하는 귀한 영혼인 자신을 지키고, 일어설 힘과 위로를 주소서.
- 타인이 죄성에서 비롯된 말과 눈빛, 행동으로 내담자를 파괴하지 못하도록, (–)에너지를 물리칠 수 있게 도와주소서.
- 비효과적이고 역기능적인 자신의 대응방식과 패턴(감정, 사고, 말, 행동)을 알아차리고 변화되게 도우소서.
- 자신의 욕구와 욕망 등 마음속에 숨은 죄와 불완전성을 깨닫게 도와주소서.
- 자신의 힘만으로는 죄와 불완전성의 굴레에서 벗어날 수 없음을 인정하는 지혜를 주소서.
- 회개와 예수님을 통한 죄 사함의 은혜를 누리게 인도하소서.
- 자신이 모든 것을 해결하려 하지 말고 하나님께 의뢰하고 성령께 맡겨서 평안을 누리게 인도하소서.
- 자신이 용서받았듯 관계가 손상된 사람을 인정·이해·용서하고 성숙을 향해 걸어가도록 함께하소서.

〔요한1서 5:14〕 그를 향하여 우리의 가진 바 담대한 것이 이것이니 그의 뜻대로 무엇을 구하면 들으심이라

③ 성령의 역사를 위한 기도

기독교 통합상담은 상담을 통한 정서, 인지, 행동 등 내담자의 의식적 수준에서의 변화뿐만 아니라 궁극적으로는 영적 성숙을 향해 있다. 따라서 상담 과정과 상담자의 구체적인 작업 속에서 성령의 인도하심을 구하고, 내담자 마음의 변화에 역사하시도록 기도하는 것은 물론이고 내담자 믿음의 성숙을 위해서도 기도한다. 더 나아가 필요에 따라 특별은혜(특별계시)와 성령의 치유역사를 위한 기도도 할 수 있으나, 이는

상황에 맞게 그리고 내담자가 이를 받아들일 수 있는지를 잘 살펴서 해야 한다.

예를 들면 내담자가 회개했는데도 죄의식·죄책감이 남아 괴로워할 경우, 우울증이 치료효과를 본 뒤에도 다시 스멀스멀 예전의 부정적 정서가 올라오는 경우, 강박증세가 심화될 경우, 자살 충동을 보이는 경우 등 상담자의 역부족으로 성령의 강력한 도우심이 필요할 때 '사탄(병마)을 물리치는 기도'를 포함하여 '신유의 기도'를 할 수 있다.

수시로 자살 시도를 했던 섭식장애 여학생에게 기독교 통합상담을 하던 기간 중의 일이다. 혼자 있는 시간에 자살 기도의 가능성이 있어 자살 충동을 느낄 때 "주 예수 그리스도의 이름으로 명하노니, 나를 유혹하는 사탄아 물러가라!"를 소리 내어 명령하도록 권유했다. 귀에서 "자살하라", "죽어라" 하는 소리가 들리면 자기도 모르게 손목에 칼을 그었던 그 학생은 놀랍게도 그 이후로 자살을 시도하지 않았고, 통합상담 효과로 섭식장애도 상당히 완화되어 무사히 졸업할 수 있었다. 폭식할 때도 누군가에게 조종당하듯 자신이 통제할 수 없는 상태였는데, 자살을 시도할 때는 더욱 강력한 힘에 지배되었던 것 같다. 사탄은 그녀의 심리 내부에 죽음의 골짜기로 유혹하는 사망의 길을 내고, 반복적 패턴으로 몰아가고 있었던 것이다.

〔사도행전 16:18〕 이같이 여러 날을 하는지라 바울이 심히 괴로와하여 돌이켜 그 귀신에게 이르되 예수 그리스도의 이름으로 내가 네게 명하노니 그에게서 나오라 하니 귀신이 즉시 나오니라

(4) 내담자의 기도

아래는 일반적인 내담자 기도의 방향을 제시한 것뿐이며, 실제로는 내담자의 믿음 정도와 내담자마다 처해진 문제 상황에 맞게 기도 제목을 찾아서 안내해야 한다.

• 타인을 통한 사탄의 공격 또는 내부공격으로부터 자기를 지키도록 지혜를 구하는 기도
  - "주여, 성령의 지키심으로 제가 사탄의 유혹(공격)과 정욕에 흔들리지 않게 도와주소서!"

• 자신의 부족함과 불완전성을 인정하며, 죄를 회개하는 기도
  - "저 혼자로는 불완전한 죄인일 수밖에 없음을 고백하고 회개하오니, 주 은혜로 저를 깨끗하게 치유하소서!"

• 나를 내려놓고 주께 맡기고 평안을 얻는 기도
  - "제 안에 거하시는 예수님, 주께 맡기오니 주의 뜻 안에서 저를 인도하소서!"

• 성화와 성숙을 향한 기도(나눔, 용서, 사랑)
  - "역사를 주관하시는 아버지 하나님, 저희가 미혹의 길이 아닌 생명의 길에서 예수 그리스도와 동행하며 진리를 따라 성화되어 천국의 소망을 이루게 하소서!"

〔야고보서 5:16〕 이러므로 너희 죄를 서로 고하며 병 낫기를 위하여 서로 기도하라 의인의 간구는 역사하는 힘이 많으니라

▶ 구원의 단계와 기도

"그러나 먼저 된 자로서 나중 되고 나중 된 자로서 먼저 될 자가 많으니라"(마태복음 19:30)라는 말씀처럼 구원의 단계는 절대적인 것이 아니며, 또한 상담하다 보면 내담자의 상태에 따라 전 단계로 다시 돌아가서 다뤄야 하는 경우도 많다.

〈구원의 3단계〉

- 1단계: 칭의 — 예수 그리스도를 통한 은혜의 구원
- 2단계: 성화 — 이뤄가는 구원
  - 물질 — 자연과 화해(탐욕을 버리고 맡김)
  - 건강 — 성전으로서의 몸 관리(절제)
  - 남녀 — 성적 · 정신적 · 영적으로 한 몸(신랑 예수)
  - 관계 — 사람 간의 회복(용서)/공동체 회복(사랑, 나눔, 전도)
- 3단계: 영화 — 구원의 완성과 죄로부터의 완전한 해방

〈단계별 기도〉

- 1단계: 십자가 보혈의 은혜로 죄 사함 받고 새로워짐.
  - 회개기도 — 하나님과 멀어진 죄를 알아차리고 돌아보면서 자기부인과 속죄로 거듭남.
  - 청원기도 — 하나님이 우리보다 형편을 더 잘 아시니 아무것도 염려하지 말고, 중언부언하지 말고, 구할 것을 하나님께 감사함으로 아룀(빌립보서 4:6, 마태복음 6:7).

* 주의점: 기도하되 하나님이 주시는 대로 감사히 받아들임(수용과 자족) — 바울의 세 번에 걸친 개인적 기도(건강)를 안 들어주신 예를 참고하여 때를 맞춰 가장 좋은 방법으로 응답하심을 믿음.

- 2단계: 나눔과 사랑, 이 세상에서의 천국 누림
  - 묵상기도 — 말씀과 진리를 깨닫고 뜻을 따라가는 기도
  - 감사기도 — 하나님의 은혜에 감사드리는 기도
  - 중보기도 — 다른 사람을 위한 기도
- 3단계: 부활과 성결한 자리(예수님 앞에 섰을 때)에 이르는 영광
  - 찬미, 찬양기도 — 여호와를 송축하며 기쁨과 영광을 노래(찬송)

〔고린도후서 12:7~9〕 여러 계시를 받은 것이 지극히 크므로 너무 자고하지 않게 하시려고 내 육체에 가시 곧 사단의 사자를 주셨으니 이는 나를 쳐서 너무 자고하지 않게 하려 하심이니라 이것이 내게서 떠나기 위하여 내가 세 번 주께 간구하였더니 내게 이르시기를 내 은혜가 네게 족하도다 이는 내 능력이 약한 데서 온전하여짐이라 하신지라

6. 욕구와 불안을 죄로 풀어보다

- 인정욕, 애정욕: 하나님과의 단절감(죄의식) → 교만, 분노, 시기
- 불안: 생의 욕구/죽음의 공포(죄의 대가) → 식탐, 음욕, 탐욕(인색, 지식욕), 나태

원죄의 핵심은 피조물인 인간이 조물주인 하나님을 대신하려는 교만에 있다. 지식욕은 인류 역사 발전에 원동력이므로 그 긍정적 가치나 기여를 인정해야겠지만, 원죄는 바로 하나님과 같아지고자, 하나님처럼 지혜로워지고자 하는 지식욕에서 비롯되었다. 그런데 지적 욕심이 지나치면, 과학에 대한 끝없는 탐구가 오히려 유전자변형, 바이러스 세균전, 정보화와 통제 등 인류에게 큰 해악이 될 수도 있음을 간과해서는 안 된다. 하나님 없이 자기 힘과 지식만으로 살고자 애쓰는 것은 빛이 없는 어두운 터널을 지나가는 것과 같다. 왜냐하면, 지식의 원천은 말씀에 있으며, 어쩌면 삶의 진리는 단순한 건지도 모르기 때문이다. 인간이 최초의 하나님과의 관계를 깨버린 (자유의지로 지은) 죄를 회개하고, 하나님과 교통하며 성령의 동행과 도우심으로 이 땅에서도 천국의 평안을

누릴 수 있다면….

1) 인정욕에서 죄 사함과 자기긍정으로

죄의식은 인본주의나 실존주의 상담이론처럼 내가 원하는 바를 못 해내서, 즉 인정욕구 좌절이나 잠재력 부인 등으로 인해 생기는 게 아니라 오히려 내 힘으로 다 하고 책임지려고 하는 데서 생긴다. 물론 잘 안 되는 일이 다반사이지만, 여기서 논점은 실패에 초점이 있지 않다. 왜냐하면, 하나님과 단절된 상태, 즉 신 없는 단독자의 모습 자체가 죄적 상태이며, 하나님의 도움 없이 스스로 선택하고자 하는 의지 자체가 죄의식과 불안을 불러오기 때문이다. 이런 죄의식은 콤플렉스로 작용하여 열등감을 인정욕·애정욕 등으로 보상받으려는 정서적 불안상태를 야기한다. 다른 사람들에게 인정받고 사랑받음으로써 자기가 잘난 듯 착각하는 환상 속에서 콤플렉스를 해소하려는 보상심리 기제가 작동한다.

하지만 세상 속에서 인정받고 사랑받기 위한 노력은 죄적 세상과 죄인인 사람에게 의존해 있기에 궁극적 해결책이 될 수 없고, 반대로 그 과정에서 좌절과 문제가 생길 수 있다. 죄의식의 근본적 해결은 하나님으로부터의 인정과 관계회복이 필수다. 예수님을 통한 죄의 해결(칭의)과 용서는 은혜로 하나님이 마련하신 회복의 원리이며, 이를 통해 우리는 긍정적 '자기 세우기'로 굳건해질 수 있다. 이를 바탕으로 믿음 속에서 예수님께 의뢰함으로써 지체에 거하시며 인도하시는 성령을 따라갈 수 있다.

2) 불안과 집착에서 맡김과 자족(지족)으로

불안은 실존주의에서 말하는 '실패에 대한 두려움'보다는 본질적으로 죽음에 대한 공포(=생의 욕구)에서 비롯된다고 본다. 같은 연결선상에서 불안은 '인간관계의 결여'나 '선택 불능'에서 오는 게 아니라 거꾸로 죄의 대가로 주어진 물질적·육체적 한계상황 속에서 생존을 위해 매 순간 '자기가 선택하고 책임져야 하는' 현실에 대한 인식에서 오는 것이다. 창조 시의 온전성이 깨졌음에도 연약하고 불완전한 인간이 자기 힘으로 될 수 있는 것과 될 수 없는 것을 구분하지 못하고, 다 할 수 있다는 착각 속에 버티며 자기 영역 밖의 것까지 집착함으로써 실패나 상실의 불안에 시달리는 것은 어쩌면 당연한 일인지도 모르겠다. 그렇다면 자기를 내려놓고 예수님과 동행하며 성령의 도우심을 입어 자신의 부족함을 채워가면서, 또한 결과도 하나님께 맡기고 받아들이는 것이 불안에서 벗어나 평안으로 가는 지름길이 될 수 있을 것이다.

〔디모데전서 6:6~8〕 그러나 지족하는 마음이 있으면 경건이 큰 이익이 되느니라 우리가 세상에 아무것도 가지고 온 것이 없으매 또한 아무것도 가지고 가지 못하리니 우리가 먹을 것과 입을 것이 있은즉 족한 줄로 알 것이니라

3) 통합상담에서 고려해야 할 것들

통합상담에서 고려해야 할 것들로는 우선 기독교상담 적용의 적절한 시기나 단계에 대해 상담자의 섬세한 관찰과 판단이 필요하다는 점이다. 만일 종교망상이 있는 내담자라면, 상담 과정에서 성경이나 기독교적 환기가 망상 증세를 더 심화시킬 수도 있을 것이다. 아무리 소신이 있더라도 상담자가 내담자보다 너무 앞서서 간다든지, 내담자가 아

직 준비가 안 됐는데 무리하게 욕심을 내면 안 된다. 상담 효과의 진전과 내담자의 믿음 성장에 따라 소화할 만한 수준에서 접근하는 것이 필요하다. 필자의 경험에 따르면, 내담자 중에는 개인적인 이유에서든 교회와의 문제 때문이든 교회 참석을 하다가 중도에 떠난 분들이 꽤 많았는데, 이때는 내담자가 죄책감을 느끼거나 율법적으로 자기를 판단하는 것을 특히 주의해야 한다. 내담자를 바른 믿음으로 안내하기 위해서는 상담자가 성경을 제대로 이해하고 예수님을 아는 지식이 필요하다고 하겠다.

다음으로는 내담자가 정신과 약을 복용하는 경우, 이에 관하여 신중하고 주의 깊게 접근할 필요가 있다. 상담 과정 중에서도 내담자의 병리 원인이나 증세 정도에 따라 약물치료나 입원치료 등의 병행이 필요할 수 있다. 정신장애가 유전적 요인, 뇌구조의 결손, 신경전달물질의 이상 등 생물학적 요인과 부모의 양육방식이나 생애 경험과 관련된 정서·사고·행동 양식 등 환경적 요인이 복합적으로 작용하여 나타난다는 점을 고려한다면, 케이스에 따라 심리상담과 함께 약물치료의 병행이 유효할 것이다. 왜냐하면, 유전적·생리적 원인은 물론이거니와 후천적 원인에서 문제가 비롯되었더라도 뇌파나 뇌구조, 신경계(신경전달물질)의 변화가 따라오고, 이는 다시 심리에 영향을 주기 때문이다. 역으로 성공적인 심리치료는 뇌의 구조 및 기능의 변화와 회복을 가져온다. 뇌는 신경가소성이 있어 변화할 수 있기 때문이다. 다만 상담을 통해 내담자의 증상이 현저히 좋아졌다고 해도 스스로 약을 끊는 것은 유의해야 한다. 상담자는 특별한 경우가 아니면 대개 약물이나 정신과적 처치에 대해 깊이 있는 소견을 가지고 있다고 보기는 힘들기에 이에 관여하기보다는 의사에게 맡기는 자세가 중요하다.

그러나 약물치료는 대개 정신질환의 근본적 원인에 대한 해결이라기보다는 어떤 원인에 의해 마음에 생긴 증상이 뇌 신경계와 몸을 통해 점점 심각하게 진행되는 과정에서 약물을 통해 (신경전달물질을 줄이거나 늘려서) 이를 완화하는 역할을 한다. 사례별로 먼저 약 복용을 하다가 상담이 시작되는 때도 있고, 상담하면서 신경정신과의 도움을 같이 받도록 권유하는 때도 있는데, 약으로 일시적 효과가 있더라도 심리적 치료가 되지 않은 상태에서 약을 끊으면 재발 위험이 많다. 우울증이나 불안증 등의 경우 약물치료를 하면서 상담의 효과와 안정에 따라 약을 줄여나가다가 내담자가 인지 · 정서 · 행동에 있어 상당한 치료가 확인되는 종결 시점에 약을 끊는 것이 효과적이다. 이는 물론 의사의 판단이 가장 중요하지만, 의사가 면담할 때 내담자의 상태와 의견을 반영하므로 이에 관하여 상담자의 조언이 도움이 될 것이다.

그리고 실제 상담을 해보면, 초기 일반상담 중심 통합상담에서 내담자가 효과를 본 경우 중기 이후 기독교 중심 통합상담의 어느 시점에 상담이 끝나는 경우가 많은 것 같다. 기독교 중심 통합상담은 믿음의 성숙과 맥을 같이하기에 그 과정에 꽤 긴 시간이 필요한 것도 한 이유일 것이다. 이 경우 내담자가 요청하기도 하지만, 상담자가 먼저 종결을 제안하기도 한다. 종결 이후 상담자는 하나님께서 내담자를 보호하시고 인도하시기를 기도하면서, 전화 등을 통해 내담자의 상태 등을 점검하고 필요 시 추수상담을 한다. 이때 교회의 상담봉사자나 (평신도) 사역자가 연결되어 돌봄이 이뤄진다면, 믿음의 성숙과정 속에서 기독교상담이 완성을 향해 갈 수 있을 것이다. 즉, 영적 상담이나 영적 성숙으로 가는 단계에서는 상담자가 내담자에게 뿌린 씨에 돌봄 사역자나 봉사자들이 물을 주면서 하나님이 양육하시고 추수하시도록 돕는 것이 바람직하다고 본다.

▶ **내담자별 경험, 종교, 환경 고려: 내담자의 상태와 수준에 맞게 따라가면서 상담 진행**

- 용서의 어려움: 너무 앞서가지 말고 받아들일 만큼 때를 놓고 기도하며 다가간다.
- 믿음(회개, 맡김, 기도)의 권면: 강도와 시기 조절 필요 — 죄책감이나 자괴감, 거부감 우려

〈비신자〉

기독교적으로 필터링한 일반상담으로 우선 접근하여 상담하되, 치료효과가 나타날 때쯤 일반상담의 일반은혜적 요소를 내담자에게 이해시킨다. 이는 혹시 상담 과정에서 직접 전도를 하지 못하더라도 추후 적절한 타이밍에 특별은혜로서의 기독교적 접근을 할 수 있도록 돕기 위함이다. 물론 내담자가 소화할 수 있다고 판단되면, 후기에 기독교 통합상담을 진행한다.

- (초기) 일반상담: 알아차림 - 자기 안의 역기능 통찰 - 자기 지킴과 보호 - 타인과 자신의 불완전성 수용과 성숙
- (후기) 기독교적 접근: 성경적 지식 가르침 - 처음(창조/탄생)과 죄(실낙원)와 마지막(사후/천국) - 죄의 통찰 - 영접/회개와 칭의 - 자기 세우기

〈타 종교인(예: 불교 신자)〉

초기에는 일반상담 중심으로 진행하다가 뒤로 갈수록 불교의 자원을 활용한다. 불교(깨달음을 통해 자기를 초월하여 정화, 욕망으로부터 해탈)와 기독교(말씀과 진리를 깨달아 자기부인과 회개로 죄를 용서받고 탐욕을 넘어 나눔과 사랑)의 공통점을 살려 일반은혜적 접근으로 상담을 진행하면서 기회를

봐서 둘 간의 차이점과 한계를 설명하고 성경적 세계관을 이해시킨다.

〈냉담자〉

신자가 어떤 계기로 인해 교회와 멀어진 경우로, 기독교 통합상담에서 가장 세심한 접근이 필요한 내담자다. 종교적 죄책감이나 죄의식을 자극하지 않도록 주의하며, 구체적으로 개인적 핵심문제와 교회 구성원과의 관계문제를 탐색하는 것이 우선이다. 초기에는 심리적 요인과 종교적 요인을 구별하여 접근하되, 나중에는 결국 통합으로 가야 한다.

• 일반적 수용(상황 받아들이기) → 하나님 안에서의 수용(원망에서 감사)

〔고린도전서 3:2〕 **내가 너희를 젖으로 먹이고 밥으로 아니하였노니 이는 너희가 감당치 못하였음이거니와**

성경적 관점에서 최초에 하나님 형상을 닮게 창조된 인간은 아담의 원죄로 인해 온전성이 깨지고 왜곡되어 육체적으로는 유전자의 돌연변이와 질병이 죽음과 함께 들어오고, 영적으로는 죄의식과 죄책감, 수치심이 무의식을 지배하면서, 후손들에게 죄성을 대물림했다고 볼 수 있다. 따라서 심리문제는 죄가 관련될 수밖에 없고, 기독교 통합상담은 죄의 문제를 다루지 않을 수 없다.

내담자에 따라 다양한 형편을 고려해서 시기와 정도와 방법을 조절해야겠지만, 성경적 지식과 기독교적 가치관을 토대로 '죄의 해결을 통한 예수님과의 만남'이 진정한 회복으로 가는 길이라는 것은 자명하다. 이와 관련하여 내담자마다 하나님과 만나지 못하게 하는 심리적 걸림돌이 있는데, 기독교상담의 결실을 얻기 위해서는 이러한 걸림돌, 특히 교만의 걸림돌, 정죄의 걸림돌, 원망의 걸림돌을 통찰·직면하여 내담자의 마음속에 박힌 걸림돌을 치우는 과정이 필요하다. 걸림돌이 박히게 만드는 가장 주요한 죄성은 자기중심성(교만의 걸림돌, 정죄의 걸림돌)과 집착 · 의심(원망의 걸림돌)이라고 본다. 이러한 걸림돌은 상담을 받는 내담자의 경우뿐만 아니라 다른 사람들에게도 하나님을 향한 믿음을 방해하는 요소들이다.

4) 자기라는 굴레

사탄은 우리에게 하나님 없이도 자기 힘으로, 자기 능력으로, 자기 지혜로 충분히 살 수 있다고 현혹하여 하나님과 우리를 멀어지게 한다. 하나님께 우리의 삶을 의존하거나 맡기는 것은 주체성과 독립성을 버리는 것이며, 하나님께 영광을 돌리고 찬양하는 것은 하나님의 지배하에 자신을 종속시키는 것이라고 비판한다. 결국, 사탄문화는 실존주의와 인본주의로 포장하여 신이 머무를 자리를 밀어내고 그 자리에 '자기'를 앉게 했다. 개인은 선택의 주체로서 자신의 실존에 근거하여 자기의 삶과 자유에 대한 책임을 져야 한다는 것이다.

하지만 그 결과는 철학자들의 그럴듯한 논리와는 다르게 굴러간다. 현대인은 '자기중심성+욕심'이라는 죄성과 '교만/소유/소비/쾌락'의 사탄적 문화가 어우러져 어떤 문제가 있는지조차 모르는 채 당연한 듯 자아도취와 물질추구에 휩쓸려 살아가고 있기 때문이다. 덕분에 모든 것을 자기가 다 해냈다는 착각은 '교만'으로, 모든 걸 자기가 다 해야 한다는 압박감은 '불안'으로 되돌아왔다.

이런 시대적 분위기와 문화는 기독교인들조차 '자기'라는 굴레에서 벗어나기 힘들게 만든다. '자기부인=자기버림=자기로부터의 자유함'이 있어야 하나님이 마음속에 들어설 자리가 있게 되고, 하나님께 의뢰/의탁함으로써 자유의지를 가진 우리를 인도하심이 가능하다. 그러나 하나님이 아닌 자기가 주인이 되니, 자기를 드러내기 바쁘고 문제투성이인 자기를 못 버리거나, 버렸는가 하면 또 일어나는 자기에게 지배되고 만다. 그러다 보면 옛 습관과 기억 속의 죄적 패턴도 무의식적·자동적으로 활성화된다. 과연 사탄의 현혹에 속아 하나님을 멀리한 덕분에 사람들은 더 주체적이고 독립적인 삶을 얻게 되었을까? 오히려 '교만과 불안'이라는 우리의 약점을 틈타 탐욕과 쾌락의 소용돌이로 끌어들이는 사탄의 먹이가 되지는 않았는가?

〔디모데후서 3:2〕 사람들은 자기를 사랑하며 돈을 사랑하며 자긍하며 교만하며 훼방하며 부모를 거역하며 감사치 아니하며 거룩하지 아니하며

▶ **자기중심적 태도와 대인관계 문제**

- 자의식≠알아차림: 자(기)의식은 알아차림이나 통찰과 다름.
- 타인에게도 자신의 기대와 기준 적용: 기대/기준 → 실망 → 부정반응 → 영향/상처(관계 소원)
- 타인을 통해 자기를 바라봄(의식): 타인의 평가나 반응에 민감
- 일방적 선의: 상대방이 원하는 방식이 아니라 내 방식으로 타인에게 잘해줌.
- 공감 부족: 타인의 관심과 감정, 생각, 원하는 것과 원하지 않는 것을 알아차리지 못함.
- 특히 자신이 힘든 상태이거나 어떤 욕구가 클 때, 상대방과 불통: 힘들 때는 자기 어려움만 토로하느라, 어떤 욕구가 클 때는 욕구에 집착하거나 자기 관심에만 집중하느라….

5) 교만의 걸림돌, 원죄는 계속된다

일반적으로 교만이라 함은 겸손하지 않고 타인보다 자기가 더 잘났다는 태도를 보이거나 본래의 자기 모습보다 더 과장하여 잘난 체하는 경우를 말한다. 반면 기독교적으로는 자기 자신을 하나님보다 더 중심에 두고 있는 상태가 교만이다. 원죄로 인해 깨어져서 죄성이 가득한 자신의 실체를 (몰라서든, 안 보려 해서든) 마치 온전한 양 과대평가하여 하나님 없이도 자기의 힘으로 살고자 잘난 체하니 이게 교만이다. 사람은 누구나 잘난 척하고 자랑하고 싶은 마음이 거의 본능적인 것 같다. 죄 된 자신을 부인하고 하나님께 전적으로 의지해야 사탄이 이끄는 죄와 사망으로부터 해방될 수 있는데, 이를 방해하는 것은 '자기 주체성'이나 '자기 책임성' 같은 사탄이 깔아놓은 철학적 걸림돌이 한몫한다. 이는 자기 존재에 대한 집착과 주인의식에 갇혀서 하나님을 대상으로 자존심을 부리며 자기를 내려놓지 못하는 것이라고도 볼 수 있다.

그래서 교만은 믿음에 최대 걸림돌인 것 같다. 교만의 걸림돌을 치우는 작업은 "인간은 죄인이고, 혼자서는 죄와 어두운 길로 잘못 갈 수밖에 없으며, 하나님을 의뢰하여 힘 삼고 살아가야 한다"라는 성경적 지식을 아는 데서 시작된다. 그다음으로 자신의 죄성과 불완전성을 자각하고 혼자서는 해결할 수 없는 죄인임을 깨닫는 게 관건이다. 그래야 회개를 통해 예수님을 받아들이고 인도하심에 따라 생명을 얻는 믿음이 가능하기 때문이다.

그런데 걸림돌을 치우고 믿음의 씨가 뿌려졌다 하더라도 교만에서 떨어져나온 '의심'이라는 돌 부스러기가 우리를 어디서나 보호하시는 예수님께 온전히 자신을 맡기지 못하게 방해하는 경우가 많다. 그러면 자기를 놓지 못하고, 또다시 자기가 살아나서 동분서주 과잉에너지를 소모하게 되니, 평안은 멀어지고 헛된 수고가 이어지게 된다.

〔고린도전서 3:18〕 아무도 자기를 속이지 말라 너희 중에 누구든지 이 세상에서 지혜 있는 줄로 생각하거든 미련한 자가 되어라 그리하여야 지혜로운 자가 되리라

6) 판단과 정죄의 걸림돌

- 내가 남을 정죄함; 남이 자신을 정죄함; 자기 자신을 정죄함.
- 악으로 규정하여 공격하기; 다른 태도를 지닌 사람 따돌리기; 의인에게 죄를 뒤집어씌워 핍박하기

교회 내에서 성도들 상호 간의 판단이나 비판, 또는 교회 구성원들의 정죄로 죄의식과 죄책감이 덧칠해지고, 하나님 이미지가 왜곡되어 하나님과 거리가 멀어지면서 교회에 냉담하게 되는 경우가 종종 있다. 정죄로 인해 상처받은 내담자가 자신을 지키고 자존감을 회복하게 하려면, 성경적 근거를 토대로 인지적으로 부정적 자기개념과 인식을 바꾸는 게 필요하다. 이때 모든 사람은 죄인이며, 예수님은 죄인을 위해 이 땅에 오셨고, 죄인을 있는 그대로 용서하고 사랑하신다는 복음의 이해가 중요하다.

그래서 예수님처럼 나도 나를 정죄하지 않고 용서해야 한다. 어디까지나 나를 정죄하는 사람들 잘못일 뿐 내 잘못이 아니라는 점을 인식하고, 외부의 부정적 판단으로부터 자기를 보호하도록 한다. 그러나 그 사람들의 잘못 또한 인간의 죄성과 부족함 때문이라는 점을 짚어줘서 내담자도 그들을 정죄하지 않고 용서할 수 있는 토대를 마련해야 한다. 특히 타인의 죄로 인해 낙심하여 하나님이나 교회에 대한 믿음이 손상되는 것은 결국 본인에게 손해이며, 이는 사탄이 노리는 바라는 점도 영적으로 이해시킨다.

▶ 정죄하면 안 되는 이유

- 개인에게 닥치는 고난이나 불행이 전부 개인적 죄의 대가는 아니다. 즉, 모든 고난이 자범죄 때문은 아니다.
- 혹시 회개거리가 있더라도 하나님과의 관계에서 해결 받아야지 사람이 개입(판단, 정죄)하면 안 된다. 특히 성도의 고난이나 힘든 상황을 '믿음 부족'으로 단죄하는 것은 가장 경계해야 할 부분이다. 하나님께서도 최후의 심판 전까지는 인내와 자비로 기다리시고 감당할만한 연단으로 자녀가 자라가도록 이끄시므로 판단은 하나님의 영역을 침범하는 것이요, 인간의 능력이나 권한 밖의 일이다. 이를 통해 사탄이 개입하여 정죄 받는 영혼을 짓누르고, 혀의 독한 말과 공격·파괴하는 에너지로 길 잃은 양들을 멸망과 사망으로 이끈다.
- 정죄할 때 가해지는 (-)에너지는 정죄 받는 사람에게 깊이 파고들어 다시 스스로를 정죄하고 공격하게 만듦으로써 자기파괴와 함께 바닥으로 끌어내려져 눌리고, 우울과 죽음의 유혹에 빠질 위험이 있다.

〔로마서 14:1~3〕 믿음이 연약한 자를 너희가 받되 그의 의견을 비판하지 말라 어떤 사람은 모든 것을 먹을 만한 믿음이 있고 믿음이 연약한 자는 채소만 먹느니라 먹는 자는 먹지 않는 자를 업신 여기지 말고 먹지 않는 자는 먹는 자를 비판하지 말라 이는 하나님이 그를 받으셨음이라

7) 원망의 걸림돌

내담자가 자신에게 상처를 준 타인이나 가족에 대한 원망에서 벗어나지 못하면, 현재 상태를 수용하지 못하고 상실이나 자기연민 등 부정

적 감정에 빠지기 쉬운데, 이는 결국 자신도 의식하지 못하는 사이 하나님에 대한 원망으로 이어져 걸림돌이 되곤 한다. 왜냐하면, 자신에게 고난과 심리적 어려움이 지속하게 내버려두는 — 해결하거나 없애주시지 않고 — 하나님에 대한 마음속 원망이 내담자를 하나님과 멀어지게 만들고, 그것이 하나님과의 관계회복과 믿음에 방해가 되기 때문이다. 기독교인으로서 설사 하나님과 예수님을 인정하고 있더라도 하나님에게 약간 삐져있는 상태는 그 약점을 사탄이 파고들어 하나님과의 만남을 훼방하게 허용하고, 궁극적으로는 자신에게 다가온 영적 · 심리적 손상을 온전히 치유하는 데 장애가 된다.

이는 상담을 받는 내담자가 아닌 일반인들의 삶에서도 마찬가지다. 사람들이 믿음을 거부하는 이유로 "하나님은 전지전능하신데, 왜 인간에게 고난과 고통을 없애주시지 않을까?"라는 의문을 던지며 믿음을 거부하는 경우를 많이 본다. 이로써 고난의 의미에 대한 성경적 이해와 고난의 수용이 원망을 녹임으로써 믿음에 긍정적이고 중요한 역할을 할 수 있다는 걸 알 수 있다.

고난의 수용을 위해서는 성경적 지식을 토대로 고난의 의미에 대해 제대로 이해하고, 복음의 비밀 — 예수 그리스도가 사탄에 매여 죄 가운데 죽을 죄인들을 건져내어 죄를 사하고 생명으로 구원하시기 위해 십자가에 죽으심 — 을 아는 것이 중요하다. 그리고 삐짐과 원망을 자극하는 기저에는 대개 자기가 정한 개인적 욕심이 채워지지 않는 데 대한 서운함과 함께 타인과의 비교의식 및 불만이 깔린 경우가 많은데, 이게 문제다. 죄성 통찰과 회개로 세상적 욕구에 매인 자기를 내려놓고 새롭게 되어 의심에서 벗어나 하나님의 선하신 뜻을 믿을 때라야 고난을 받아들이고 인내하면서 주어진 은사대로 쓰이는 데 감사하고 자족할 수 있다. 덧붙여 자기보다 더 잘나가는 사람만 바라보기보다 자기보다 부족한 사람도 긍휼로 바라보는 자세가 필요하리라.

〔고린도전서 10:10〕 저희 중에 어떤 이들이 원망하다가 멸망시키는 자에게 멸망하였나니 너희는 저희와 같이 원망하지 말라

8) 마무리

(1) 걸림돌을 치우는 핵심 키

(성경적 지식) – 에덴적 환상 깨기 – 고난의 의미 이해 – (회개) – 자기 내려놓기 – (의뢰) – 고난의 수용

① 에덴적 환상(비현실적 신념) 깨기 → 성경적·현실적 신념으로 맞닥뜨린 상황 수용하기

- 모든 인간은 죄인이기에 자신의 죄성과 부족함을 수용하고 받아들이기
- 상처를 준 타인(죄인)과 세상에 대한 이해: 죄성을 가진 인간끼리 부딪치며 살 수밖에 없는 세상(환경/상황, 타인)을 받아들이기
- 합리적 신념으로 바꾸기: 삶은 원치 않는 일도 일어나는 게 정상이며, 이미 찾아온 고난이나 고통이라면 그 자체를 수용 — "죄의 대가로 아담이 에덴에서 추방된 이 땅은 죽음과 물질적 한계 속에서 수고하고 고통이 따른다."
- 믿음과 소망 안에서 고난의 의미 이해하기: 연단과 인내

② 수용하기(현재의 나, 타인, 상황 받아들이기)

- 교만의 걸림돌: 알아차림과 통찰을 통해 자신이 죄인임을 받아들이기(자기부인) → 회개와 예수 시인

- 판단의 걸림돌: 예수님의 은혜로 죄 사함 → 자기용서 → 타인용서
- 원망의 걸림돌: 죄의 대가[인간의 유한성(죽음)으로 인한 수고와 불안] 받아들이기 → 성령의뢰 → 현실적 고난(고통) 받아들이기 → 맡김과 자족, 감사

'수용'이 가장 중요한 치료요소라고 할 수 있는 수용전념치료도 위에서 언급한 내용과 비교해보면, 비슷하게 대응하는 핵심요소들이 들어있다. '지금, 여기'에 존재하며 생각, 감각 등의 경험 알아차리기, 마음챙김과 자기자비로 비판단적 수용하기, 사건이나 경험을 평가적 생각과 융합시키지 않고 있는 그대로의 경험과 상호작용하는 인지적 탈융합, 가치선택과 전념행동 등이 바로 그것이다. 그런데 수용전념치료는 기독교 통합상담의 '수용'과 중요한 차이점이 있다. 우선 '죄와 회개'의 개념 및 타인에 대한 '용서' 개념이 없다는 점을 들 수 있고, 다음으로 '나' 중심적 인본주의의 상대주의적 틀 속에서 궁극적 가치의 철학적 기준이 모호하다는 점을 들 수 있다. 이는 자기를 수용하고 용서하되, 절대진리를 따라가고자 하는 기독교적 가치관과 배치된다.

③ 기독교적 가치관

- 내가 아닌 예수 그리스도가 이끄는 삶: 자기부인과 회개를 통해 칭의
- 땅(물질적)의 가치보다 하늘(영적)의 의 우선: 맡김과 자족으로 평안 누림.
- 성화와 회복(구원): 사랑, 용서, 나눔, 복음전파

위에서 보는 바와 같이 에덴적 환상을 깨는 것은 성경을 통해 인간의 죄성과 고난에 가득 찬 세상을 이해하고, 여기서 구원의 원리와 평안을 얻는 길을 깨닫는 것이라고 할 수 있다. 이 책의 1부에서 '심리문

제의 원인과 메커니즘'을 복음 속 숨겨진 코드를 탐색하는 작업을 통해 살펴본 것도 바로 에덴적 환상을 깨기 위한 기초 작업이다.

하지만 자기부인, '맡김+수용', 용서는 그리 쉽지 않은 일이며, 믿음이 좋은 사람조차 말씀을 따라 순종하는 것이 쉽지 않다. 특히 실패감, 상실감(인적·물적 상실) 등 욕구 좌절로 인한 상처를 되새기며 계속 집착하는 것이 수용을 방해하는 가장 큰 요인이지만, 그렇게 만든 게 자신이라는 자책과 자기의 잘못(판단 착오, 실수)에 대한 내적 비난이 더 큰 문제다. 예수님이 사람을 살리기 위해 목숨 바쳐가며 말씀과 진리를 가르치셨음을 생각해보면, 사람을 살리는 일이 얼마나 힘들고 귀중한 일인지 알 수 있다.

> [요한복음 10:14~15] 나는 선한 목자라 내가 내 양을 알고 양도 나를 아는 것이 아버지께서 나를 아시고 내가 아버지를 아는 것 같으니 나는 양을 위하여 목숨을 버리노라

(2) 상담 종결과 의존문제

① 내담자의 심리문제가 아닌 구체적인 선택문제

- 삶의 현실적이고 구체적인 결정에 대해서도 내담자가 책임을 회피하면서 상담자에게 의존할 수 있다. 중요한 선택의 기로에서 내담자 자신이 주체적으로 자기 문제를 선택하도록 유도한다. 상담자는 사회복지사나 컨설턴트가 아니다.
- 단, 정보의 부족으로 인한 내담자의 잘못된 선택을 방지하고, 다양한 가능성과 리스크에 대응할 수 있도록 함께 알아보고 탐색하는 것이 필요하다.
- 인지적 오류나 정서적 뒤틀림은 좋은 선택을 방해할 수 있으므로 상담을 통해 적응적 기능성과 판단력을 높이는 게 중요하다.

② 의존문제

- 상담 종결 시 상담자에 대한 내담자의 의존을 '예수 그리스도에 대한 의존'으로 바꾸는 데 기독교상담의 성공 여부가 달려있다.
- 믿음은 하나님과 한 영혼의 고유영역이므로 때를 기다리며 인내가 필요하다(상담자 및 내담자의 기도와 함께 믿음 생활을 도와줄 자원 연결).

③ 추수 과제

- 내담자가 일반적인 수용을 넘어서서 하나님 안에서 현재 상태의 수용으로 나아가도록!
- 힘든 상황을 받아들이지 않으면, 사탄이 빈 곳을 파고들어 하나님에 대한 원망과 서운한 마음을 건드리고, 하나님과의 관계를 멀어지게 만든다는 점을 강조한다. — "하나님과의 관계회복은 궁극적으로 내가 사는 길이다."
- 내담자의 힘든 문제는 사람의 죄(타인과 나)가 얽혀져 생긴 것이며 하나님이 주신 건 아니라는 점을 이해하도록 돕는다.

부록

상담사례

다음 두 가지 사례는 본문에서 다뤘던 우울장애와 불안장애(강박장애)에 해당하는 내담자의 사례다. 상담방법 역시 본문에서 소개했던 통합상담 기법들이 주로 사용되었다.

상담자 기도의 경우, 상담 기간에는 상담 전 준비나 상담 후 정리 점검 등을 중심으로 긴 호흡의 기도를 했고, 실제 상담현장에서도 잠시 틈을 내어 짧은 호흡으로 기도했다. 내담자 기도는 함께하거나, 내담자에게 따로 하도록 권유했다. 성경 인용 부분은 상담에서 직접 사용했거나, 문자(카톡) 등으로 내담자에게 보낸 내용 중 일부다.

1. 우울증 내담자 M

(단극성, 외인성, 신경증적 우울증)

1) 주요 호소내용

출생순위 막내로 부모님과 오빠들의 사랑을 받는 귀염둥이, 밝고 유쾌하고 친구들에게도 인기 만점, 학교 선생님들에게 인정받고 칭찬받던 학생임. M은 대학 시절까지 좌절 경험이 별로 없었으나, 결혼 이후 매정한 남편 및 시댁 식구들과의 갈등, 상처로 우울증을 겪으면서 정신과 약을 복용함

결혼 전과 달리 M은 결혼 후 연구원인 남편과 시댁 식구의 이기적이고 이해할 수 없는 언행으로 상처가 쌓여갔다. 그래도 자녀들에게 끼칠 영향을 고려하여 좋은 가족관계와 분위기를 유지하기 위해 자신의 감정을 누르고 표출하지 않은 채 연기하듯 밝은 표정으로 포장하곤 했다. 하지만 남편과 시누이가 한 편이 되어 지속적으로 M을 비난하고 판단했기 때문에 상처와 서운함 등 반복되는 부정적 정서에 시간이 갈수록 마음이 더 힘들어졌다. 큰 아들이 장애가 있는데다 M이 수차례의 수술로 몸이 아픈데도 집안 대소사나 자녀 양육을 혼자서 다 감당하면서 몸과 마음이 지치고 무기력증과 우울감에 빠졌다.

아내를 이용만 하려는 남편은 자기중심적이고 이기적인 태도로 원가족 관계에서 유교적 희생양이던 시어머니와 M을 비교하면서 M을 늘 부정적으로 평가했다. 남편과 시댁 식구가 M을 무시하고, 암 수술도 혼자 하게 내버려두는 등 무책임하고 비정한 태도를 보임으로써 M은 죄책감에 수치심까지 느끼게 되었다. M은 남편과 시댁으로부터 받은 모멸감, 모욕감, 불신감과 남편의 냉담함으로 인한 애정결핍 등 과거부터 누적되어 힘들었던 감정을 반추하면서 우울증을 겪게 되었으며, 자살 충동도 느껴 정신과 약을 복용하기에 이르렀다.

다른 대인관계에서도 비슷한 패턴의 어려움이 있었다. 친정 쪽 형제들이나 친구들, 지역사회 커뮤니티 등에서 실망과 분노를 느낄 때마다 여린 성격 때문에 갈등을 회피 · 철수하여 한동안 자신을 고립시키며 자기만의 공간 속으로 숨었다. 그러다가 시간이 지나면 예전의 낙관적이고 사교적인 태도로 다시 돌아가 구성원들에게 도움을 주면서 모임의 흐름을 주도해가는 대처방식을 반복했다. 교회에도 오래 다녔고 성경에도 해박하나, 교회 셀 모임에서 구성원들이 M의 고통과 어려움에 대해 위로하기보다는 정죄하고 판단하는 바람에 크게 상처를 받아서 냉담(예배 불참) 중이다.

2) 핵심문제 및 원인

인정 · 애정욕구, 당위적 사고(타인 판단/자기비판), 완벽주의, 극과 극의 정서, 인내심 약함, 관계의존, 감정 포장과 역할연기, 자신의 감정을 알아차리지 못하고 억압, 내사, 편향*

* 편향: 환경과의 접촉으로 힘든 심리적 결과가 예상될 때, 경험으로부터 압도당하지 않기 위해 환경과의 접촉을 피하거나 자신의 감각을 둔화시키고 감정 직면을 회피하는 것

M이 문제의 원인을 통찰하고 자각하는 과정이 치료의 핵심이라고 봤을 때, 다른 문제들은 그리 어렵지 않게 접근할 수 있었으나 '인정욕'에 대해서는 상담 과정에서 더 섬세하고 깊이 있는 접근이 요구되었다. 예를 들어 M은 "에너지가 소진되는데도 가족들의 요구에 끝없이 응해 주다가 방전되어 더 이상 못 하겠다"라고 말한다. 그러나 실은 패턴화된 그런 방식으로 자기 자신의 욕구에 붙잡혀 방전되고 있었다는 것을 깨닫는 것이 어렵고도 중요한 포인트였다. 즉 자식을 잘 키우겠다는 인정욕구, 남편 내조를 잘하겠다는 인정욕구, 남편의 성공과 명예를 통한 대리욕구, 남편과 자녀에 대한 애정욕구, 자식의 미래까지 대비하려는 욕구 등이 남편의 이기심과 맞물려 자신을 옭아매고 있었다. 결국, 자기의 욕구 때문에 가족들의 요구를 거절하지 못하고, 감정을 포장하면서까지 해결사 역할을 하며, 심리적으로나 육체적으로 나가떨어질 때까지 끌려다녔다는 것을 통찰하는 것이 중요했다.

> 인정욕·애정욕: 타인 눈치, 의존 → (좌절 시) 분노 → 상처 → 철수, 숨기(죄책감+수치심) → 자기공격(자기비하) → 에너지 소진 → 우울증

3) 상담전략과 과정

초기에는 일반상담을 중심으로 하여 기독교적 세계관과 통합하는 일반상담 중심 통합상담을 한다. 우선 공감과 지지로 M이 힘을 얻게 하고, 자기의 문제 패턴을 알아차려 자립할 준비를 하며, '에덴적 환상' 깨기와 인지변화로 내·외부의 (−)에너지로부터 자신을 지키도록 돕는다. 중기 이후에는 기독교적 가치관을 중심으로 하여 통찰치료 등과 통합하는 기독교 중심 통합상담으로 하나님 안에서 진정으로 자신을 용서

하고 긍정하고 사랑함으로써 외부에 대해 더 튼튼하게 바로 서되, 타인에 대한 용서까지 가능하도록 목표를 세웠다.

- 초기 일반상담 중심 통합상담: 알아차림과 자립(게슈탈트통합)/에덴적 환상 깨고 자기 지키기(인지통합), 대인관계훈련(인지행동통합)
- 중·후기 기독교 중심 통합상담(통찰과 영적 치료): 자신의 욕구 및 죄성 통찰/회개와 죄 사함으로 자기 세우기/맡김과 자족, 평안/용서와 성숙, 성화

(1) 라포르, 공감, 수용, 위로와 지지/기독교적 감싸안음

효과적인 상담을 위해서는 무엇보다 상담자와의 신뢰 형성이 중요하며, 상담에 참여하여 알아차림과 인지행동의 변화, 통찰을 통한 치료 과정을 감당하려면 M의 의지와 내면의 힘이 필요함. 따라서 공감적 지지와 기독교적 사랑으로 우선 고꾸라져 지쳐있는 M에게 힘을 북돋움. 성령에 의지하여 예수님의 마음과 예수님의 눈으로 M을 바라보며 집중하여 경청하고, M의 내적 상태를 판단 없이 수용하고 이해하는 것이 중요함.

✟ 창조주 하나님은 피조물인 인간을 있는 모습 그대로 조건 없이 사랑하고 돌보신다는 점을 강조하여 눌리고 움츠러든 M을 따뜻하게 위로함.

(2) 알아차림(게슈탈트통합치료)

① 신체감각, 감정, 욕구 알아차림

M이 자신의 감정을 누른 채 외면하고 포장하여 알아차리지 못하는 경우가 많으므로 적절한 질문과 공감으로 알아차림을 도움.

② 외부와의 상호작용 알아차림

환경이나 상황을 제대로 자각하지 못하고 외부의 힘에 눌려 제대로 대응하지 못하므로 이를 자각하여 자립하도록 도움.

예) 남편이나 시누이의 공격적인 말과 행동에 실망하거나 서운해도 스스로 알아차림을 차단·회피하고 자존심 때문에 표현하지 못한 채 오히려 상대방의 지지를 받기 위해 가면을 쓰고 의존적인 역할연기를 함(편향).

③ 자신의 반복되는 사고와 행동 패턴 통찰과 자각

부적응적이고 고정된 무의식적 사고, 행동, 관계방식에 직면하여 변화함으로써 역기능적 병리 현상을 완화시킴(내사-반전-우울).

예) 타인이 자기에게 쏟는 비난이나 정죄에 화가 나도 밖으로 표출하지 않고, 내사하여 그 분노를 역으로 자신에게 돌려서 죄의식에 괴로워함.

✟ 사람은 누구나 십자가 예수님의 목숨과 바꾼, 그 누구도 짓밟을 수 없는 귀한 영혼이므로 자신을 수용하고 사랑하며, 외부의 부정적 힘과 (-)에너지를 알아차리고 눌림에서 자립하여 일어서야 함을 이해시킴.

(3) 성경적 세계관과 기독교적 가치관으로 인지행동통합치료

① 비합리적 신념과 에덴적 환상 깨기 작업

인지행동통합치료는 M에게 적용된 상담기법 중 가장 핵심적인 것으로, 그중에서도 '에덴적 환상 깨기'는 비중이 큰 작업이다. 에덴적 환상은 자신·세상·타인에 대한 환상으로, M의 에덴적 환상은 특히 자신과 타인에 대한 당위적 환상이 주를 이룬다. 이는 자신과 타인에 대해 기대 수준을 높게 하고, 가치판단(타인·자신비판, 비하), 완벽주의적 경향,

당위적 사고 등을 특징으로 하는 비합리적 신념을 갖게 만드는데, 이를 성경적 세계관과 통합한 탐색과 논박을 통해 합리적이고 긍정적 신념으로 바꿈.

M은 어린 시절 원가족과의 관계나 학교생활, 친구 관계 등에서 적절한 좌절 경험이 별로 없음. 그런 경우 종종 비현실적이고 순진한 낙천적 환상이 에덴과는 다른 실낙원의 상황을 냉철하게 바라보지 못하게 한다는 점을 직면시키고, 환상을 깨는 작업으로 인지변화를 꾀함. 성경적 관점으로 인간의 죄성을 이해시키고, 그런 앎의 부족에서 생긴 에덴적 환상으로 이상과 현실의 갭에서 비롯된 부적응과 혼란, 대인관계에서의 상처와 철회, 회피와 고립, 우울과 자기불신 등 심리적 어려움이 생긴다는 것을 도전적으로 알게 함(상담 전후 M에게 도움 되는 성경 말씀을 문자로 공유).

인간은 모두 죄인이고 불완전하다는 사실과 그 의미를 성경적으로 이해하도록 도움. (M은 성경의 지식은 풍부하나 성경적 원리와 가치관에 대한 이해는 부족하여 자신의 문제를 풀 수 있는 성경 말씀에 대한 깊이 있는 나눔이 필요했다.) 중요한 건 예수님이 죄인인 인간을 용서하시고 있는 그대로 사랑하신다는 점이며, 이에 맞춰 M도 자기 스스로를 사랑하고 지켜야 함을 인식시킴. 십자가에 희생하면서까지 나를 살리신 예수님이 괜찮다는데 내가 나를 못마땅하게 여긴다면 그건 교만일 뿐이며, 자신에게 너무 엄격하여 스스로를 괴롭히지 말고 좀 더 관대해야 함을 일깨움. 죄로 인해 온전성이 깨진 인간이 자신에게 지나친 완벽함을 기대하거나 추구하는 것은 분수를 모르는 비현실적인 환상임을 자각시킴.

"타인에게도 마찬가지다. 가족이든 친구든 누구든 다 죄인이다. 실낙원에서 죄인들끼리 사는 세상이니, 세상 또한 부족하고 문제투성이다. 나에게처럼 역시 타인과 세상에 휘둘렀던 잣대를 내려놓을 필요가 있다. 사람들은 끊임없이 실망을 주지만 죄인이기에 그게 당연하며, 걸맞지 않은 환상적 기대를 하면 실망이 더 크다"라는 점을 이해시킴.

"타인이 하는 잘못이나 M에 대한 비난은 대개 그 사람의 죄성 때문이지 M의 잘못 때문이 아니다. 따라서 M이 비난의 화살을 받을 필요가 없다. 나를 우선 보호하고 지켜야 한다"라는 점을 강조함. "하지만 그 사람을 미워하거나 감정적으로 분노를 쏟아내는 건 조심해야 한다. 막상 그런 상황이 닥치면 화가 나는 게 당연하지만, 비난이나 분열에는 사탄이 관여하고 (-)에너지가 각 사람에게 파고들기 때문이다. 성경적으로 보면, 상대방도 어떤 약점 때문에 죄의 유혹에 들어선 것이라고 볼 수 있다"라고 권계함(용서는 다음 단계로…).

② 대인관계훈련

의사 표현, 화내지 않고 쿨하게 거절하기, 극단적 감정표현 조절하기, 감정을 포장하지 않고 적절한 시점과 방법으로 표현하기, 상대방에게 도움을 요청하거나 필요한 것 요구하기

(4) 역동통합치료

- 양육과정 딤색으로 에덴적 흰상의 원인과 속성을 피악히고, 욕구 및 무의식적 갈등 통찰
- 욕구와 관련하여 죄성의 분석/통찰, (-)에너지의 구체적 패턴 해석/파악

① 과거탐색과 욕구 통찰

㉠ 낙천성/의존성

어린 시절 막내라서 부모와 오빠들로부터 귀여움과 사랑만 받다 보니 M 자신도 사람들로부터 예쁨받기 위해 눈치껏 행동하는 습관이 배게 되었고, 이로 인한 낙천성과 의존성이 자신과 타인, 세상에 대한 '에덴적 환상'을 가지게 되는 요인임을 통찰하도록 도움. 모든 사람한테 사

랑받아야 한다; 사람들과 항상 잘 지내고 서로 도와야 한다; 나는 언제나 즐겁고 행복하길 바란다; 어디서든(가정, 집단/모임) 중요한 역할을 하고 인정받아야 한다; 사람은 기본적인 인격 수준을 갖춰야 한다 등.

힘들 때 교회에서 성도들에게 위로받지 못하고 오히려 정죄·판단받은 상처 때문에 교회를 멀리하게 되었는데, 어린 시절부터 형성된 관계의존성이 이를 더 못 견디게 했음을 통찰하도록 함. M에게 상처 줬던 사람들의 욕구(질투심, 지적질을 통한 통제욕 등)와 죄성을 함께 탐색하는 것도 환상적 의존성을 깨는 데 도움이 됨. M을 포함하여 교회 구성원들도 불완전한 죄인들이라는 점, 세상은 기대처럼 돌아가지 않는다는 점을 받아들이고, 이 때문에 하나님을 원망하고 멀어진다면 본인만 손해이므로 사람들에게 실망할수록 오히려 하나님과 더 가까워져야 함을 깨닫도록 도움.

㉡ 천진성/순진함

어린 시절 좌절 경험의 부족과 행복하기만 했던 데서 오는 천진성이 나중에도 세상에 대해 순진하고 유아적인 태도를 지니게 만들고, 에덴적 환상과 '욕구 좌절에 대한 인내심 부족'으로 작용함을 통찰함. 어머니로서, 아내로서 헌신하고 최선을 다했으나 인정받지 못함; 남편의 차가움과 애정 부족; 자기중심적이고 일방적인 남편과 경계선 없는 시누이의 연합전선이 가져다준 외로움과 절망감 등.

하지만 이러한 순진함이 M의 잘못은 아니며, 단지 거친 세상에서 상처받기 쉬운 면이라는 걸 자각하도록 도움. 그리고 하나님은 M의 어린아이같이 맑은 영혼, 타인에 대한 선의, 공동체적 관심과 나눔의 모습을 사랑하시고, 그 과정에서 겪는 힘듦을 연민하실 것이라고 위로함.

㉢ 과장/극단적 정서

가족들이 M이 원하는 대로 거의 받아줬던 어린 시절의 양육환경으로 인해 좋을 때는 '너무 명랑하고 낙관적'이다가도 조금이라도 자기가 원하는 대로 안 되거나 불안을 느끼면 '기분이 가라앉고 실망과 걱정에 과도하게 지배되어 갈팡질팡함'을 통찰하도록 도움. 이에 따라 사교성과 고립의 양극단을 오가는 독특한 관계방식과 극단적 정서는 자기 자신을 정서적 불안정과 심리적 혼란에 빠뜨리지만, 주변 지인들과의 관계에도 부정적 영향을 준다는 점을 이해시킴. 호불호의 중간 단계인 모호한 지점에서도 견디고 기다리는 인내심이 필요하다는 점을 자각시킴.

② 죄성 통찰: 교만, 정죄, 의심, 원망

M이 죄성을 통찰하는 것은 정죄를 향한 게 아니라 그 반대로 정죄로부터 자유로워짐을 향해 있다. 궁극적으로는 예수님의 은혜로 죄를 깨끗이 하여 새로운 모습으로 바로 섬으로써 죄를 미끼 삼는 사탄의 전략에 휘둘리지 않기 위함이다.

상담자가 M의 원가족 경험과 에덴적 환상, 욕구 등을 죄성과 연결하여 성경적으로 분석하고 설명함으로써 M이 자신의 죄성을 통찰하도록 개입한다.

〈죄성 분석〉

- 하나님과 단절된 상태: 성도들에게 실망하고 하나님께 삐져서 냉담 중임.
- 하나님은 제쳐놓고 내가 주가 되어 움직임: 해결사적 버거움에 지치고 에너지 소진
- 하나님보다 다른 것(인간적 사랑, 인정/명예, 돈, 건강)을 더 추구하고 집착함: 세상과 인간관계에 의존하다 보니 상처와 우울, 불안에 시달림.

③ 사탄의 전략 파악: 부정적 패턴 통찰과 직면

부정적인 (-)에너지가 M의 욕구 및 갈등, 여기에 뿌리내려진 죄성을 약점 삼아 구체적으로 어떤 패턴으로 작용하는지 파악하고 통찰하도록 돕는다. 이를 위해 상담자는 M의 심리 내부에 패턴화된 길이 있으며, 이 길을 따라 패턴이 반복된다는 것을 구체적인 문제행동과 연결하여 해석한다. 이는 영혼을 파괴하고 죽이려는 사탄의 전략이며, 생명을 살리는 하나님을 힘 삼아 벗어날 수 있음을 이해시킨다.

〈부정적 패턴의 반복〉

- M에게 냉담하고 무시하는 남편에 대한 분노감이 남편에게 표출되지 못하고 자기에게 향하여 독이 됨.
- 자신의 감정을 알아차려 솔직히 표현하지 못하고, 감정을 외면하면서 포장함.
- 타인, 특히 남편의 말이나 생각을 자기 것으로 내사하여 부정적 자기인식에 눌림.
- 대인관계에서 실망하거나 갈등이 있을 때, 적극적으로 대응하지 않고 회피 · 철회하여 자기 세계로 숨어버림.
- 스스로 멀어졌다가도 다시 아무 일 없었다는 듯 관계를 지속하다 보니 역기능적 관계방식이 변하지 않고 반복되며, 그동안 M 내면에서는 우울증이 심화함.
- 특히 장애 아들에게 닥친 현재 문제의 해결이나 미래 대비 등에 대해 과민하고, 지나친 염려로 인해 스트레스와 부담감에 짓눌리며 마음의 짐이 큼.
- 가족에 대한 희생으로 결혼 전에 가졌던 개인적 자아실현의 꿈이 날아갔다며 반복적으로 자기연민에 빠짐.

(5) 영적 치료

① 회개

욕구(인정욕 · 애정욕, 탐욕) 및 죄성 통찰을 토대로 회개하고 회심하여 돌아서는 것으로, 기독교 통합상담의 핵심과정이라고 볼 수 있다. M이 하나님을 밀쳐놓고 자기 힘으로 세상을 추구하며 집착했던 죄를 회개하는 것은 자기검열이나 자아비판이 아니다. 회개를 통해 죄가 녹아내리고 하나님으로부터 의로움을 인정받으면, 오히려 속사람이 긍정적으로 변화된다. 즉, 하나님과 멀어진 자신의 죄적 상태에 대한 회개와 동시에 예수 그리스도의 죄 사함을 통해 깨끗이 된 자기로 바로 서게 된다. 이로써 세상이나 가족 · 타인뿐만 아니라 자기 자신에게서조차 인정받고 사랑받으려 했던 의미가 줄어들고, 그로 인한 상처와 분노, 눌림도 가벼워진다.

회개기도뿐 아니라 간구하는 기도, 자녀를 위한 기도, 삶을 의뢰하는 기도, 특히 사탄의 심리적 공격으로부터 지켜주시도록 기도 권함.

② 맡김과 자족(고난의 수용)

M은 힘듦과 고통이 반복되는 현실 때문에 하나님께 삐셔서 냉남 중이지만, 누구나 이 땅의 삶이 그리 녹록하지는 않다는 것, 그리고 옛 습관대로 자기의 생각과 대응방법을 따라가면 오히려 더 꼬이고 힘들어진다는 것을 깨닫도록 도움. 의심은 불안을 자극하므로 믿음을 회복하여 자신이 모든 것을 짊어지던 짐을 내려놓고 하나님의 인도하심에 맡기도록 권면함. 고통이나 고난은 하나님의 뜻이 아니며(성경 인용), 오히려 하나님은 고통의 순간에도 긍휼로 함께 하시고 돌보신다는 것을 이해하도록 이끎. 원망은 하나님과의 간격을 만들어 사탄이 약점을 파고들 수 있으므로 주어진 상황을 받아들여 만족하지는 못해도 자족하고 감사할 수 있도록 안내함. 하나님이 허락하신 은혜(남편의 뛰어난 연구 업적, 장애 아들의 취업, 가족의 건강, 경제적 여유 등)에 대해 감사기도를 권함.

〔예레미야애가 3:32~33〕 저가 비록 근심케 하시나 그 풍부한 자비대로 긍휼히 여기실 것임이라 주께서 인생으로 고생하며 근심하게 하심이 본심이 아니시로다

③ 성숙과 성화

관계가 멀어졌던 가족과 지인들에 대한 용서와 관계회복, 은사 안에서 사회와 공동체 기여방법을 모색함. 그러나 처음부터 용서를 강조하기보다 M이 소화할 수 있는 정도에 따라 단계별로 용서를 준비시키는 게 필요함. 남편에 대해서도 M과 상담자가 함께 남편의 원가족 관계 경험에 따른 한계와 미숙한 점을 죄성이라는 측면에서 살펴보고, 아직 용서는 안 되더라도 남편도 나름 그럴 수밖에 없다는 점을 우선 이해하고 인정할 것은 인정하도록 권함. 단, 예전처럼 힘들면서도 남편의 요구를 다 들어주기보다는 적절히 거절하거나 의사 표현을 하는 등 하나님 빽을 믿고 담대하게 현실적인 대응을 하도록 안내함.

관계 끊지 않고 – 미워하지 않고 – 복수(저주)하지 않고 – 인정하기 – 상대방 역시 언젠가 하나님께 용서받아야 할 부족한 사람임 – 위해서 기도 – 용서

4) 상담 결과

결과 보고를 함에 있어 M의 통합상담 단계별 목표였던 감정 포장(역할연기) 안 하고 자립 → 에덴적 환상 깨고 자기 지키기 → 회개와 죄 사함으로 자기 세우기 → 하나님께 맡기고 자족, 평안 → 용서와 성숙·성화에 따라 과정별로 살펴보겠다.

M의 경우 초기 상담단계에서 목표했던 감정 포장(역할연기) 안 하고

자립 → 에덴적 환상 깨고 자기 지키기는 M 스스로 인정할 만큼 성공적인 결과를 보였다. 하지만 후기 상담단계의 목표와 관련해서는 상담 종결 시점까지 충분히 만족할 만한 결과를 보여주지는 못했다. 자기의 욕구를 바라보고 자신에게도 부족함이 있었다는 점을 깨닫고 회개 단계까지는 갔으나, 주 은혜로 죄 사함과 평안을 누리는 단계는 아직 가고 있는 중(ing)으로 보였다. 하지만 증오했던 남편에 대해서는 아직 용서까지는 안 돼도 남편도 스스로 어쩔 수 없는 결함과 한계를 가지고 있음을 바라보면서 연민의 감정을 느끼게 되었다. 미워할 때마다 M의 심리 내부에서 일어났던 고통과 자신을 파괴하는 (-)에너지가 줄어들고 마음이 편해졌다.

그러나 자신을 어려움과 고통에서 구해내지 않고 그냥 놔두시는 하나님을 원망하는 마음이 하나님과의 깊은 만남과 의뢰를 방해하는 걸림돌이 되어 하나님께 일상을 맡기거나 자족하는 데까지는 미진한 모습을 보였다. 다행스러운 점은 현재 상황을 온전히 수용하지는 못하지만, 수용하려고 노력하고 어느 정도는 받아들이게 되었다는 것이다. 특히 이전에는 장애 아들에 대한 불안과 염려가 상당히 컸는데, 기도 속에서 그런 마음도 조금씩 편안해지고 긍정적인 희망을 지니게 되었으며, 약 복용도 중단하게 되었다.

다만 아직도 자의식이 강하여 '자기부인과 하나님 중심'보다는 '나 중심'이 강하고, 인문학이나 불교 등 M이 전공한 과거 자원에 닿아있는 관점이 성경적 세계관과 뒤섞여 있는 상태라고 보였다. 이를 일반은혜적으로 필터링하여 자신의 욕구와 집착을 내려놓되, 이것도 하나님께 맡기고 인도하심을 의뢰하도록 권면했다. 즉 불교의 '고통 → 무상 → 해탈'의 과정은 궁극적으로 기독교의 '고난 → 영적 싸움 → 구원'으로 녹여내야 한다는 걸 기독교적 원리와 가치 속에서 이해하도록 도왔다. 그리고 해탈은 '내가 중심이 되어서' 나의 힘으로 나를 벗어나려는 것이므로 자기를 내려놓고 예수님을 따라가는 기독교와는 차이점이 있음을 설명했다.

마지막으로 '용서와 성숙 · 성화'의 과정은 향후 시간을 두고 진행될 수밖에 없다. 상담 종료 시점에 형제나 남편 등 상대방에 대한 이해와 인정 속에 자신의 부족함도 함께 보는 단계까지는 갔으나, 아직 용서의 단계까지는 못 간 상태다.

상담 종료 이후 미진한 부분에 대해 전화를 통한 추수상담이 몇 회 있었다. 마지막 추수상담에서 M은 현실적 여건과 가끔씩 찾아오는 가족관계에서의 힘듦이 크게 달라지진 않았지만, 예전처럼 힘들지는 않다고 말했다. 상황은 여전하지만, 이제 자기를 스스로 괴롭히거나 바닥으로 내려앉지는 않는다는 것이다. 그리고 상담에 관심이 많은 목사님이 세우신 한 교회에 참석하기 시작했다는 반가운 소식을 전했다. 또한, 하나님에 대한 원망이 어느 정도 사라지고, 죄성을 가진 인간으로서의 남편을 이해하는 등 주어진 상황을 수용하고 견디며, 그 가운데서도 자기주장도 하고 평안을 누리는 모습을 확인할 수 있었다.

2. 강박증 내담자 K

(외현적 강박행동형 강박장애/강박성 성격장애)

1) 주요 호소와 관련 내용

> 자기의 생각이나 행동이 비합리적이고 비상식적인 것을 본인도 알고 있으나, 반복적인 침투사고("사고가 나서 불행해질 것이다")로 인해 강박행동(문단속, 서랍 잠그기, 가스 잠그기 등 반복적인 확인행동과 쓰레기도 버리지 못하고 줍거나 모으기, 글씨가 써진 종이나 영수증 등 수집행동)을 쳇바퀴 돌듯 하게 됨. 매일 덜덜 떨며 사는 게 죽는 거보다 더 힘들다고 호소함. 실제로 핸드백 속에 수면제를 가지고 다니지만, 자살을 시도한 적은 없음.

(1) 자기만의 법칙과 비합리적 기준

K가 불안을 해소하려는 행동이나 노력이 차츰 더 주관적이고 미신적인 판단과 기준에서 비롯되는 경우가 많음. 가령 확인행동이나 쓰레기를 못 버리는 정도에서 나아가 "작은 종이쪽지에 중요한 내용이 들어 있어서 버리면 확인하지 못하니 불행한 일을 막을 수 없다"라는 자기 내부에서 만들어진 이상한 논리로 불필요한 것들조차 버리지 못하고

모아둠.

이는 혹시 쓸모가 있을지도 모른다는 생각 때문에 휴지조차 못 버리는 것으로, 수집광과는 달리 불안의 기저에서 비롯된 효율성 및 완벽성 추구 경향과 관련된 것으로 보이며, 인색함과도 맞닿아 있음. 아이러니는 이와 관련된 강박증세 때문에 경제적 · 시간적 손실이 발생해도 어쩌지 못하고, 강박행동을 멈추지 않은 채 실제로는 계속된 손해를 감수한다는 것임. 인색함도 아끼고 모으려는 일반적인 특성과 달리, 자신의 안전(강박사고 내용)과 관련된다는 전제가 있을 때, 최대의 효용 가치추구와 최선을 다하려는 주관적 자기충실성이 결합하여 나타남. 다시 말해 안전과 관련이 없을 경우는 자신에게 의미 있는 과소비나 타인에게 적선을 하는 등 인색함과는 다른 모습을 보이기도 함.

(2) 기대와는 다른 효과

K가 두려워하는 불행 · 사고와 관련된 강박사고와 이를 막기 위한 강박행동이 아무런 소득 없이 자신을 더 큰 불안이나 공포로 내몰며 지치게 하다 보니, 반복적 · 지속적으로 어떤 선택을 한 것을 반추하고 곱씹으면서 후회하거나 스스로를 비난 · 공격함. 강박사고와 행동의 비합리성을 스스로도 알고 있지만, 이성적 판단과 의심(여기서 생기는 강박충동) 사이에서 갈등하고 내부싸움을 하느라 기진맥진한 상태가 됨.

(3) 선택의 고통

① 단 몇 시간이라도 '선택'이라는 것에서 벗어나 쉬고 싶다고 호소함.

결과가 좋게 예상되는 쪽으로 잘 판단하여 선택해야 한다는 부담감과 "나쁜 결과 쪽을 선택하게 되면 어떡하나?"라는 공포감에 시달림.

② 선택의 결과보다는 그 결과로 힘들어할 자신의 감정에 대한 공포가 더 큼.

삶은 선택의 연속인데, 선택할 때마다 작은 선택에서조차 잘못된 선택을 할 수 있다는 과도한 불안감으로 선택 자체를 하지 못하고 지연시킴. 우리가 어떤 결정을 해야 할 때 선택에 따른 결과를 자기 나름대로 계산은 하겠지만, 모든 선택에는 긍정적 요소와 부정적 요소가 있을 수밖에 없음. 그런데 K는 완벽주의적 성격 때문에 부정적 요소가 조금이라도 있으면 선택하지 못하고, 시간 낭비로 기한이 임박할 때까지도 결정하지 못함. 결재서류나 보고서 작성 시 반복적인 확인과 수정으로 기한을 못 지키고, 에너지가 소진되어 나가떨어짐.

(4) 불안장애가 우울로

K의 올바름, 정의감, 최선을 다하는 성실성, 완벽추구, 책임감, 타고난 예민함, 민감한 감수성 등 언뜻 장점인 듯 보이는 성격적 특성이 불안을 심화하는 쪽으로 작용함. 실제로 불행이나 사고가 닥친 사람은 이를 수용하고 대처하면 오히려 이겨나갈 수 있음. 반면에 이에 대한 불안으로 불행을 피하려고 기이한 강박행동을 반복할 경우, 실제로는 수년간 불행이 일어나지 않았음에도 고통스런 문제 패턴을 벗어나지 못함. 그 결과 미래적 상상과 결합한 불안·공포 가중과 시간 지연, 에너지 고갈로 인해 심리적으로 더 피폐해져 우울로 이어짐.

(5) 끝없이 가중되는 고통

공포에 대한 공포가 끝없이 반복되고, 새로운 강박행동이 꼬리를 물고 이어져서 효율적인 적절한 조치나 행동할 타이밍을 놓치고, 그로 인해 더욱 어려움이 가중되며 과잉흥분과 긴장의 연속으로 진이 빠짐.

처음에는 쓰레기나 개인적 차원의 종이쪽지, 메모를 못 버리다가 나중에는 문서나 서류에 집착하여 접근하지 말아야 할 직장정보에 접근하는 등 정상적인 직장생활(결국 사직함)이나 사회생활이 힘들어짐. 심지어 종이돈과 영수증, 고지서에 집착하여 기본적인 세금과 사용요금(휴대폰비, 가스비, 관리비) 납부조차 안 되는 상태가 되고, 강박행동이 저지되거나 통제력을 상실할 때는 발작으로 이어지기도 함.

2) 핵심문제 및 원인

(1) 타고난 성격

소심함, 예민함, 약한 인내심, 과한 의욕 및 성취 지향성.

원래는 의욕적이며 에너지 수준이 높은 편이지만, 예민한 성격 때문에 위험에 대한 과도한 추정과 재난적 사고로 인해 불안감과 실패에 대한 두려움이 커짐. 이를 견디지 못하고 꼬리를 물고 이어지는 생각에 머리를 굴리며, 조급하게 해결하기 위해 과잉대응 행동을 하게 됨으로써 강박행동이 반복됨.

(2) 양육환경

한의사의 장녀로 겉보기에는 좋은 환경에서 사랑받고 자랐으며, 뭐든 잘하던 어린 시절을 보냄. 성인기 이후 역설적으로 부모에 대한 분노 등 부정적 감정이 올라오고, 부모 밑에서 크는 동안 부모의 기대를 충족시키느라 힘들었다며 애정결핍 호소. 충분하지 못한 부모의 사랑에 대해 원망함.

(3) 완벽주의와 당위적 가치

무언가 해야 한다고 생각하는 것은 될 때까지 매달리며, 안 되는 것도 가능성이 1%라도 있으면 끝까지 포기하지 못함.

절대 실수해서는 안 된다(보고서나 신청서 등 문서 작성 시 잘못된 게 없는지 계속해서 거듭 확인하고 점검함), 무능한 사람이 되어서는 안 된다(업무에 대한 집착), 할 일을 미뤄서는 안 된다(과도한 책임감), 최선을 다해야 한다(지칠 때까지 끝없이 노력).

(4) 인정욕구

인정욕과 성취욕이 완벽추구 경향과 맞물려 부정적으로 작용함. 인정욕구나 평가에 손상을 줄 가능성이 조금만 있어도 선택하지 못하여 고민하고, 선택한 이후에도 계속 선택을 뒤집으며 갈팡질팡함. 그런데 K의 불안과 우울을 심화시키는 행위요소로 '반추'에서 보이는 집착을 자세히 들여다보면, K의 부정적 감정은 실제적 손해나 외부로부터의 평가보다는 자기에 대한 스스로의 평가(인정)에 집착하고 검열하는 데서 오는 것임을 알 수 있음.

(5) 에덴적 환상과 기대

자신·세상·타인에 대한 에덴적 환상 중에서 K는 특히 세상에 대한 환상과 자기한계에 대한 몰이해가 에덴적 환상의 주를 이룸. 세상에 대한 무한성의 환상은 불확실성을 가진 현실을 받아들이지 못하고, 그 불안을 해소하기 위해 스스로 불확실성을 제거하고자 발버둥 치게 만듦. 그리고 자기에 대한 몰이해와 완전성에 대한 환상은 K가 완벽주의를 넘어서서 인간의 능력 밖의 일까지도 포기하지 않고 지속하게 함으로써 강박행동이 계속 반복되고 우울·불안이 더 심해짐.

〈K의 에덴적 환상〉

'세상의 불확실성'이라는 현실 인식 부재; 인간의 죄성과 자신의 불완전성에 대해 무지함; 자신에 대해 엄격하고 오류가 없어야 한다는 믿음; 최선을 다하면 오류를 없앨 수 있다거나 자기 힘으로 사고를 막을 수 있다는 착각; 부모·형제·타인에 대한 기대수준 높음(안 채워지면 실망, 원망, 신세 한탄).

(6) 강화경험

강박사고가 비합리적이고 비현실적이라는 사실을 알아도 강박행동으로 불안이 다소나마 진정되는 강화 경험 때문에 중독적으로 강박행동을 멈추지 못함. 게다가 강박장애의 일반적인 확인행동에 K 개인만의 특수한 강박행동이 계속 추가되어 강화되면 더욱 기이한 행동을 하게 됨.

K가 직장에서 인력조정 공문을 보지 못한 탓에 자신이 상관에게 의사표현할 기회를 놓쳐서 원치 않는 인사이동을 당했다는 피해의식을 갖게 된 경험은 이를 촉발하는 계기가 됨. 그 후 "중요한 자료를 놓치지 않고 확인해야 피해를 막을 수 있다"라는 믿음이 생기더니, 이게 엉뚱하게도 "글씨가 적힌 종이는 전부 확인해야 사고를 막을 수 있다"라는 생각이 심어져 새로운 강박행동의 근거가 됨. 즉, 글씨가 적힌 것들은 중요한 내용이 들어있을 수 있으므로 사고를 막으려면 버리지 말고 전부 확인한 후 모아야 한다는 신념이 강박충동과 강박행동으로 이어짐.

(7) 교만과 통제욕구

루틴화된 자기(생각, 행동)를 놓지 못하고 집착하며, 상식적으로 볼 때 자기의 한계와 분수를 넘어서서 고집스럽게 자기통제를 고수함. 뭔가 통제해야 할 것이 있으면 가슴부터 두근거리기 시작하고, 통제가 잘 안 될 경우 정신을 못 차리며 못 견디다가 발작으로 이어지기도 함. 허황된 방법으로라도 통제할 수 있다는 환상적·비현실적 자기신념(사탄이 주는 자기 속임수)에 매여 기계적으로 강박행동을 지속함. 사고 예방을 위해 미래까지 통제하려 하니, 이는 하나님의 고유영역에 대한 침범이자 인간의 능력을 넘어서는 교만임. 애초부터 불가능하고 효과 없는 시도를 반복적으로 함으로써 거듭되는 실패와 꼬리를 물고 이어지는 불안이 또 다른 불안을 낳는 악순환이 반복됨.

(8) 자기애

자기를 지나치게 사랑하는 행동이 아이러니하게도 자기에게 이익이 되는 선택이 아닌 손해 보는 선택을 함.

- 과거에 손해 본 것에 집착해서 그 부작용으로 현재와 미래에 피해를 줌.
- 자기를 위하느라 힘든 감정과 불안을 줄이는 쪽으로 맞추다 보니 역기능적 습관 지속, 회피, 강박행동이 강화됨.
- 사고 예언적 강박사고가 비합리적이라는 걸 알면서도 "나한테 사고가 일어나면 어쩌나?" 하는 불안감에 집중하다 보면, 불안이 커져 마치 진짜로 불운이 닥칠 거라는 공포가 전체 사고를 지배하면서 강박행동을 계속하게 됨.

(9) 성욕 관련(성과 사랑 등 총체적 의미)

남자친구가 있을 때는 증상이 완화되는 측면이 있다가 남자친구와 결별하고 혼자 지내게 되면 증상이 더욱 악화함. '이성 간의 애정 및 정서적 욕구와 성적 욕구'라는 면에서 욕구 불만과 결핍이 생겼을 때, 불안감을 더욱 가중시켜 강박사고와 강박행동이 심화되는 것으로 보임.

(10) 사탄

귀신들림은 정신병과 구별되지만, 강박을 비롯한 모든 정신장애에는 사탄이 여러 가지 경로로 관여함.

- 강박사고: 사탄이 주는 반복적·비현실적·비합리적 침투사고이며 가짜임.
- 강박행동: 사고처럼 인간의 힘으로 막을 수 없는 불행(대개 일어나지도 않을 일)이 꼭 일어날 것처럼 불안을 충동질하여 계속 방어적으로 행동하게 만드는, 사탄의 영혼파괴 전략임 — 에너지 소진, 지나친, 비효율적인, 쓸데없는, 유효하지 않은, 부적절한 행동 반복

(11) 의심과 두려움

의심은 K에게 과도한 불안과 걱정·염려, 그리고 강박증을 심화시키는 가장 큰 심리적 원인이라고 본다. 이는 일반적 관점에서도 그렇고, 기독교적 관점에서는 더욱더 그렇다. K에게는 두 가지 의심이 있는데, 바로 일반은혜(합리적 사고)에 대한 의심과 특별은혜(하나님의 은총)에 대한 의심이다.

어차피 삶은 100% 안전할 수 없는 것이고, '사고'라는 것도 누구나 가능성을 안고 산다. 주의하고 조심하면서 어느 정도의 예방 노력을 할 수 있지만, 완전히 막을 수는 없다. 그렇다고 해서 극히 희박한 가능성을 가지고 늘 불안해하고, 확률상 일어나지도 않을 가능성을 막기 위해 진을 빼는 것은 비현실적이고 비합리적이다. K도 그걸 모르는 것은 아니다. 다만 그게 정말 맞는지 의심하기 때문에 자기 방식과의 사이에서 줄다리기하다가 결국 반복적으로 자신의 비합리를 선택하고야 만다.

또한, 하나님이 함께하시고 지켜주신다는 믿음으로 현재와 미래를 맡길 수 있다면 사고나 불행에 대한 불안과 두려움이 조금씩 줄어들 수 있을 텐데, K는 확고한 믿음의 부족과 의심 때문에 하나님께 의탁하거

나 의뢰하지 못한다. 그래서 자신이 뭔가 하지 않으면 큰일이 날 것 같고, 조마조마 위축되고 짓눌린 심리상태에서 벗어날 수 없는 강박적인 생각과 별 소용없는 강박행동을 반복하게 된다.

〔야고보서 1:6〕 오직 믿음으로 구하고 조금도 의심하지 말라 의심하는 자는 마치 바람에 밀려 요동하는 바다 물결 같으니

3) 치료전략과 과정

K는 부모로부터 따뜻한 사랑과 보살핌을 충분히 받지 못해 애정에 대한 갈망과 의존욕구가 크지만, 가정 밖에서도 이를 채워줄 만한 좋은 관계 경험보다는 사람들에 대한 실망과 이로 인한 신뢰감 부족을 겪고 있었다. 이에 상담 초기에 상담자와의 라포르 형성과 수용, 공감, 지지를 통한 긍정적 관계 형성이 아주 중요했다. 이때 K의 모든 것을 판단하지 않고 예수님의 눈으로 감싸안고 함께 나누도록 성령의 인도하심을 놓고 기도한 게 큰 힘이 되었다.

(1) 약물치료

의사의 처방에 따라 약물을 복용하게 하고, 증세의 호전에 따라 용량을 서서히 줄여감.

(2) 알아차림(게슈탈트통합치료)

지금(과거나 미래가 아닌)/여기(하나님과 그의 창조세계인 환경)에 머물기. 생각을 멈추고, 불안이 밀려올 때 두근대며 호흡이 가빠지는 등 신체감각 알아차리기. 욕구 좌절로 인한 실패감, 상실감(인적상실, 물적상실), 불안감 등 감정 알아차리기. 이를 반추하거나 되새기며 계속 집착하여 놓

지 못하고, 그렇게 만든 게 자신이라는 자책과 자신의 구체적 잘못에 대한 지속적 내부비난으로 현실을 수용하지 못하는 사고패턴 알아차리기. 사고와 불행을 막고자 하는 분수에 안 맞는, 지나친 욕구 알아차리기. 비현실적 강박사고와 이에 대응하는 비합리적·비효율적 강박행동 알아차리기.

(3) 인지행동치료

① 인지변화

불행한 사고가 일어난다는 생각은 사실이 아님. 인간은 미래를 정확히 알 수 없으며, 인간의 힘으로 사고를 막을 수는 없음. 강박사고와 강박행동의 비합리성과 비효율성, 비현실성을 논박하고, 완벽주의와 당위적 가치의 비합리성과 오류를 깨닫도록 유도함. 인지변화를 통해 인간의 힘으로 현실과 환경의 완전한 통제는 불가능하다는 점과 인간의 불완전성(불완전할 수밖에 없는 자신)을 수용하도록 도움.

② 행동치료(ERP, 노출반응 방지법)

상담을 통해 강박행동이 비효과적이고 미신에 가까운 주관적 행동이라는 것을 깨닫게 되어도 인지적 변화만으로는 강박행동을 그만두지 못함. 노출 환경에서 강박행동(강화행동)이라는 반응을 하지 않도록 함.

예) 쓰레기 안 줍기(쓰레기 수거하는 곳 근처에 가서 줍지 않고 그냥 돌아오기), 가스 잠그고 한 번만 확인하기, 서랍 안 잠그기, 문단속 확인 안 하기, 불필요한 쪽지와 지난 영수증 버리기, 고지서로 요금 납부하기

(4) 기독교 인지통합치료

K는 자기가 관여할 수 없는, 외부로부터 오는 어쩔 수 없는 결과는 받아들이는 경향을 보였다. 이는 K의 강박행동이 불안뿐만 아니라 자

신이 해야 한다고 생각하는 '책임감'이나 '인정욕구'와 관련이 있다는 방증이다. 성경에서는 그 짐을 내려놓으라고 말씀하신다. 우리는 죄로 물든 불완전한 인간이며, 이 땅과 현실은 낙원이 아니다. K의 '에덴적 환상'은 자기와 타인과 세상에 대한 높은 기대로 쉼 없이 판단·재단함으로써 실망·상처 등 부정적 경험이 겹쳐 불안을 심화시킨다. K가 강박사고가 자극하는 원치 않는 사고나 상황을 모두 막으려는 것은 불가능할뿐더러 인간의 한계를 모르는 교만하고 분수에 맞지 않는 행동임을 이해시킨다.

자신의 비합리적 사고·행동을 인정하고 인지변화가 된다 해도 강박증상(강박사고/강박행동)의 호전에는 한계가 있다. (K도 이미 알고 있었다.) 이에 인지통합치료는 성경적 세계관을 통해 에덴적 환상에서 벗어나 자신과 타인의 죄성과 세상의 한계를 이해하고, 불확실한 미래와 불완전한 환경적 요소를 겸허히 받아들이는 것이 핵심이다. 그러고 나면 원망스럽고 못마땅하던 부모도 자기처럼 죄성을 가진 인간으로 조금씩 이해할 수 있고, 언젠가는 용서할 수도 있을 것이다. 허물 많고 부족한 나를 그대로 받아주시는 예수님처럼…. 그리고 알 수 없는 미래에 대한 불안감 또한 나를 지키신다는 믿음을 가지고 내가 멘 짐을 예수님께 맡길 수 있다면, 증상 완화에 도움이 될 것이다. 단, 이때 '믿음'이라는 처방이 또 하나의 굴레(믿음에 대한 부담감, 믿음이 부족한 자신에 대한 죄책감)가 되어서는 안 된다는 점에 주의해야 한다.

〈에덴적 환상 깨기〉

세상은 100%의 확실성과 안전, 완전함은 불가능하다. 그래도 그런 대로 돌아간다. 에덴적 환상을 깨서 확실성과 완전성 추구로 취하는 강박행동의 비합리성과 비현실성을 깨닫고, '인지행동 변화+믿음'으로 자족하며, 삶의 불확실성을 받아들이고 현실을 수용하도록 도전한다.

• 기독교적·합리적 신념으로 바꾸기: “원치 않는 일도 일어나는 게 정상이다.” ☜ 에덴적 환상을 깨고, 고난의 상황을 수용함.
• 부족한 자기를 수용하고 받아들이기: “인간은 죄인이며 불완전하지만, 그래서 예수님이 용서하고 더욱 사랑하신다.” ☜ 예수님께 용서받은 자신을 스스로도 용서함.
• 상처를 준 타인(부모) 이해: 나 같은 죄인으로 바라보고 용서함.
• 고난의 의미 이해: 믿음과 소망 안에서 성경적으로 고난의 의미를 이해함.
• 의미 찾기(의미부여): 하나님의 뜻 안에서 개인적으로 상실과 실패로 인해 얻게 된 것, 깨달은 것, 긍정적인 것들에 의미를 부여하고, 회개와 함께 자신에게 닥친 고난을 수용함.

(5) 역동통합치료

과거 탐색+욕구 통찰+죄성 통찰+사탄의 전략 파악

① 과거 경험과 원가족 관계 탐색

겉으로는 모범생으로 인정받던 학창 시절이었지만, 부모의 지나친 기대로 인한 갈등과 스트레스, 애정결핍감(본인이 느끼기에 불충분한 사랑)에 힘들었던 과거를 탐색함. 인정받고 사랑받기 위해 애쓰면서 애어른처럼 자신한테 엄격했던 내적 경험이 지금의 자신을 누르고 있음을 통찰함.

② 욕구 통찰

• 공문을 확인하지 못한 상태에서 원치 않는 인사이동 피해를 경험한 이후 서류나 글씨가 적힌 종이에 집착하여 버리지 못하게 됨.

그로 인해 원치 않는 일을 절대로 당하지 않으려는 욕구가 강하게 자리 잡게 되었고, 그중에서도 K가 가장 원치 않은 건 '사고가 나서 구차하게 불행한 삶을 사는 것'임을 자각함.

- 가장 두렵고 피하고 싶은 건 사고로 불행해지는 삶이므로 K가 가장 바라는 것은 사고로 인해 신체나 건강에 불상사가 일어나지 않는 안전한 삶임. 죽는 건 오히려 괜찮지만, 사고로 고생하며 사는 게 가장 싫음. 완전성을 추구하는 성격으로 인해 안전에 대한 바람이 지나치게 커지다 보니, 사고에 대해 집착하게 됨. 그에 따라 사고에 대한 불안감이 강하게 일어나게 되면서 역설적으로 "사고가 나서 불행해질 것"이라는 강박사고가 그 틈을 타서 무의식적으로 침투하게 되는 메커니즘을 통찰하도록 도움. 사고를 막기 위해 다양한 형태의 별로 쓸모없는 강박행동을 하느라 시간 낭비와 에너지 탈진을 겪고 있음을 통찰함.
- 부모에게서 받지 못한 사랑을 남자친구로부터 채우고 싶은 욕구가 강하여 남자친구에게 지나치게 매달리며, 남자친구가 이를 부담스러워하는 경우 오히려 멀어질 수 있음을 깨닫도록 함.

③ 죄성 통찰

하나님을 신뢰하지 못하고, 하나님과 단절된 상태 자체가 죄적 상태임을 통찰하도록 도움. 그 결과 하나님 없이 자기 힘에 의지해서 인정욕·애정욕과 신체적 안전을 추구하다가 사탄의 올무에 걸렸음을 통찰하도록 개입함. 즉 자신이 사고로 인해 불행해지면 안 된다는 집착이 "사고가 날 것"이라는 강박사고를 부르고, "스스로 사고를 막아야 한다는 압박감"이 일어나지도 않을 사고를 막기 위해 효과 없는 강박행동을 반복적으로 하게 만든다는 것을 자각하도록 함. 하나님이 배제된 채 어떤 것에 지나치게 매달리고, 나아가 하나님이 아닌 자기 힘으로 그것을 가지려고 발버둥 치는 것이 바로 죄성임을 깨닫도록 도움. 자기에게 해를 가져오게 하는 생각이나 태도가 바로 죄라는 것을 이해시킴. 사탄이 그 죄를 약점 삼아 공격하기 때문에….

✟ 교만, 자기정죄, 하나님과의 분리, 의심, 하나님의 영역 침범, 자기중심적 욕구 등을 통찰함.

④ 사탄의 전략 파악

사탄이 '반복적으로 파고드는 강박사고'와 '불행 예감을 막기 위한 강박행동'으로 K의 영혼을 무너뜨리려는 전략과 그 구체적인 병적 행동 패턴을 파악하도록 돕는다. 처음에는 문단속, 서랍 잠그기, 가스 잠그기 등 확인행동을 하다가 다음에는 쓰레기를 버리지 못하고 줍거나 모으기, 글씨가 써진 종이나 영수증 등 수집행동으로 이어지고, 나중에는 끊임없이 자기가 의미를 부여한 자기만의 독특한 강박행동(종이돈과 영수증, 고지서를 모으느라 기본적인 공과금을 못 내서 자주 체납함)이 계속 덧붙여 늘어남.

✟ 강박사고는 사탄의 속임수이며, 사실이 아닌 거짓임을 깨닫도록 돕는다. 따라서 이를 믿고 강박행동을 하는 것은 의미 없을 뿐 아니라 강박행동 자체도 비합리적 · 비논리적이며, 사탄의 유혹으로 자기가 만들어낸 가짜 해결책임을 깨닫도록 돕는다.

(6) 영적 치료

근본적 치료와 회복의 근간은 특별은혜로서, '회개+죄 사함'을 통한 자기 세우기와 그리스도를 의뢰하여 인도하심을 통해 성령치유의 은혜를 누리는 데 있음.

① 회개와 죄 사함

믿음 부족과 의심으로 하나님께 자신의 삶을 맡기지 못하고, 사고에 대한 불안감을 자기가 해결하려고 과잉 대응하다 보니, 강박행동 등 효과 없는 비현실적 대응을 한다는 걸 깨닫도록 이끈다. 불행한 미래와 사고에 대한 염려에 집착하여 하나님이 아닌 자신의 힘에만 의지했던 죄를 회개하고, 십자가 희생을 감수하며 우리를 살리시고, 인도하시고, 지키시는 예수님 사랑을 받아들이도록 안내한다.

✟ 하나님과 분리된 상태 자체, 의심과 원망, 하나님 없이 내 힘으로 다 해결하려 함. 자기정죄, 삶의 미래까지 스스로 컨트롤하려던 것을 회개하도록 안내함. 사고 등 불행이나 고난의 가능성을 자기 힘으로 없애고자 하는 노력은 성경적 원리를 모르는 환상에 의한 헛수고이며, 사탄의 장난질에 놀아나는 것임을 설명함.

〔로마서 14:23〕 의심하고 먹는 자는 정죄되었나니 이는 믿음으로 좇아 하지 아니한 연고라 믿음으로 좇아 하지 아니하는 모든 것이 죄니라

〈주의점〉

후회는 회개의 단초일 수 있고, 피드백을 통해 다시 반복되지 않도록 개선하는 효과도 있어 부정적인 것만은 아니다. 하지만 후회하는 마음을 끊어내지 못하고 지속적으로 집착하면, 현실을 받아들이지 못하고 상실감과 자기비하로 우울, 불안, 강박이 심화될 수 있다. 또한, 당면한 힘든 상황을 수용하지 못하면, 하나님에 대한 섭섭함과 원망으로 이어져 하나님과의 관계회복에 걸림돌이 된다.

② 성령의뢰와 기도

연약한 인간은 스스로의 힘 — 어떤 생각을 억제하려 할수록 그 생각이 더 잘 떠오르는 사고억제의 역설적 효과 — 으로는 강박사고를 억제하지 못한다. 또한, 의미 없는 강박행동으로 불행한 사고를 막을 수도 없다. 사탄은 내(자아)가 살아있고, 내가 뭔가 하려 하고, 내가 해야 한다는 생각을 약점 삼아 파고든다. 미래에 대한 염려를 성령께 의뢰하고, 걱정 대신 기도하도록 권유했다.

먼저 예수님을 힘 삼아 밀려드는 불안 · 공포를 아뢰고 의뢰함 → 내가 하는 것은 무익할 뿐 내가 할 수 있는 것은 아무것도 없음을 인정함 → "나를 버리고 내가 죽었다"(십자가 예수와 함께) 하고 하나님께 맡김 → 성령이 활동하시고 인도하며 지키심.

✟ 강박사고가 침투하면 바로 "예수 그리스도의 이름으로 명하노니, 나를 강하게 압박하는 사탄아 물러가라!"를 반복하며 기도로 물리쳐서 강박행동의 유혹을 이겨내고 멈추도록 한다.

〔KJV 흠정역, 이사야 26:3〕 주께서는 생각을 주께 고정시킨 자를 완전한 평강으로 지키시리니 이는 그가 주를 신뢰하기 때문이니이다

③ 하나님의 영역에 대한 이해

인간이 자기 힘으로 모든 것을 통제하고 위험요인을 없애거나 완전하게 만드는 것은 불가능한 바람이다. 인간의 힘으로 안 되는 영역이 있으니, 그게 바로 하나님의 영역이다. 인간이 미래를 계획대로 컨트롤할 수 있다는 착각은 오류이며, 이를 계속 고집하다가는 결국 역부족으로 인해 감당할 수 없는 상태로 치달을 수밖에 없다. 불행을 막으려다가 불행을 자초하는 것이다. 이러한 성경적 세계관의 토대 위에서 자신의 인간적 한계와 불완전성을 깨닫고, 기도 속에 조심하고 노력하되 결과는

하나님께 맡기는 믿음과 소망으로, 삶의 불안과 두려움을 극복해나가도록 권면한다.

> 〔시편 27:1〕 여호와는 나의 빛이요 나의 구원이시니 내가 누구를 두려워하리요 여호와는 내 생명의 능력이시니 내가 누구를 무서워하리요

〈기대효과〉

- 자기가 선택(선택의 고통) → 성령께 의뢰
- 선택과정에서의 긴장과 자책 → 성령의 임재+동행+인도
- 선택한 결과에 대한 검열과 후회 → 부족한 대로 자신을 받아주고 채워주시는 성령 감화
- 자기비난/부정 → 자기긍정/용서(자기용서는 자기연민과 다름)
- 원망 → 수용

4) 상담 결과

1년 정도의 상담 이후 상당히 긍정적인 변화와 치료효과로 강박사고와 강박행동이 없어지고, 불안감이 현저히 낮아졌다. 부모님과의 관계도 약간의 호전이 있었다. 믿음이 싹트기 시작할 때쯤 교회에 나가게 되었고, 상담이 종결되었다.

그러나 그 이후 필자가 소개해준 교회 성도들의 노력에도 불구하고 취미활동과 동호회 등으로 즐기는 시간을 보내느라 예배를 게을리하면서 믿음 생활의 성숙은 이뤄지지 않았다.

그로부터 7년 후 다시 불안과 강박증세가 조금씩 보이기 시작했고, 직장도 스스로 사직했다. 최근에 '사탄에 의해 사고와 불행이 일어날

것'이라는 변종된 강박사고가 새로이 생겼고, 이와 관련하여 "일루미나티가 추구하는 '11, 13, 23'이라는 숫자와 연관되면 나쁜 일이 일어날 것"이라는 믿음이 심어지기(seeding)에 이르렀다. 마침내 이 숫자들을 피해야 사고를 막을 수 있다는, 자기가 만든 비합리적 의미 부여와 논리에 의해 강박행동이 재발된 것을 알게 되었다.

그런데 '11, 13, 23'뿐만 아니라 여기에 덧붙여 이들 숫자가 들어간 '1, 2, 3, 12, 21, 22, 31, 32, 33' 등의 숫자와 연관된 모든 것을 없애거나 취소시킴으로써 불행한 사고를 막고자 하는 강박행동이 계속 늘어났다. 그런 숫자가 들어간 날에는 외출도 하지 못하고, 중요한 일을 피하게 되며, 그런 숫자가 들어간 전화번호를 못 누르고, 그 숫자가 들어간 돈을 쓰지 못하고, 그 숫자가 들어있는 카드 대금이나 통신비조차 입금하지 못해 통신이 끊기고, 신용불량자가 되기에 이르렀다. 그리고 임차하던 아파트에서 쫓겨나듯 퇴거당해, 식사도 제대로 하지 못하며 노숙하는 날이 잦았다. 결국, 필자는 강력하게 입원을 권유했다.

후기

이 글은 코로나19 팬데믹으로 전 인류가 고난을 받는 시기에 쓰게 되었다. 사람들은 코로나 감염 불안과 죽음의 공포, 거기다가 경제봉쇄 및 강화된 방역 조치로 겪게 된 생활방식의 변화와 경제 타격으로 삶의 불안·공포까지 겹쳐서 떨어야 했다. 코로나 블루(불안, 스트레스, 우울감)를 넘어서 코로나 레드(분노감, 화병)와 코로나 블랙(우울증, 절망, 자살, 살인)이라는 신조어도 생겨났다. 반면 삶과 죽음에 관련하여 약한 대응 축의 불안과는 반대로 강한 대응 축의 탐욕이 세계적으로 부동산과 주식, 암호화폐 등을 최고치로 끌어올리며 요동쳤다. 불안과 공포가 힘없는 대중의 정신을 피폐하게 하고 에너지를 고갈시켜 통제하기 쉬운 최고의 마취제라면, 탐욕의 불길은 돈을 향하여 영끌 에너지가 집중됨으로써 공동체의 아픔이나 가치에 눈 돌릴 여력이 없게 만드는 최고의 각성제가 아닐까.

이 과정에서 대중심리나 여론조작 등에 사회심리학을 비롯하여 문화심리학, 정치심리학, 소비심리학 등의 실험연구가 활용되는 점은 심리학 전공자로서 씁쓸하게 바라볼 수밖에 없다. 백신 부작용의 인과성이 인정되지 않는 현실에서 "코로나 백신 접종 후 나타나는 가벼운 부작용은 대부분 백신 자체가 아니라 심리적 영향인 일종의 플라시보 효과(역플라시보 효과)"라고 발표(Julia W. Hass et al., JAMA network open, 2022.01.18)한 하버드 의대의 테드 캡축(Ted J. Kaptchuk) 교수 연구진을 어떻게 바라봐야 하는가? 실험 결과는 신뢰한다고 하더라도 시점 측면에서 과연 적절했는가? 또 가벼운 부작용만을 대상으로 비교했다는 점은 그 의도가 미심쩍지 않은가.

주변의 신앙심이 깊은 기독교인들조차 "하나님은 왜 공동체를 위협하는 악의 무리를 처단하지 않으실까?", "왜 믿음의 자녀들이 견디기 힘든 고난을 이렇게 길게 놔두실까?"라는 물음을 던지는 걸 보았다. 그 순간 예수님을 거부하고 현실적·정치적 메시아를 기다렸던 유대인들이 생각났다. 심지어 유다만이 아니라 다른 제자들마저 예수님이 현세에서 하나님 나라를 실현할 구세주라고 생각했다는 걸 성경을 통해 알 수 있다.

원죄로 인해 에덴에서 쫓겨난 이 땅은 고난의 땅이요, 질병과 고통이 상존하는 땅이다. 코로나19가 가져온 인류의 고난 역시 인간의 죄악과 관련이 없지 않다. 자유의지를 가진 인간군이 저지른 악 때문에 인간 공동체가 앓고 있는지도…. 인간의 죄성과 탐욕의 결과로 치르고 있는 전 인류의 육체적·경제적·심리적 고통의 도가니인지도…. 죄가 없는 예수님도 인간의 죄 때문에 십자가에서 고난받은 것과 비교해보라. 예수님을 죽였던 유대인이나 예수님의 제자들조차 깨어있지 못하고, 낙원의 소망과 결합한 비현실적·에덴적 환상에 빠져있었던 건 아닐까 싶다. 실낙원의 현실을 부정하거나 잊고 싶은 잠재의식 또는 실낙원을 되찾고 보상받고 싶은 무의식이 미래의 낙원을 현세로 당겨와 인간적 의구심과 불평을 던지고 있는지도 모른다.

〔누가복음 19:11〕 저희가 이 말씀을 듣고 있을 때에 비유를 더하여 말씀하시니 이는 자기가 예루살렘에 가까이 오셨고 저희는 하나님의 나라가 당장에 나타날 줄로 생각함이러라

하지만 성경은 실낙원과 현실적 고난에도 불구하고 예수 그리스도 안에서 평강과 마음속 천국을 누리며 미래의 완전한 천국을 예비하라고 가르친다. 하나님을 바라보며 소망 가운데 낙심치 말고 담대하게 고난을 극복하도록 기도하면서…. 이 글은 악과 죄, 고난이 항상 존재하는 세상에서 필연적으로 발생할 수밖에 없는 정신적 문제와 그런 고통을 받는 사람들을 돕기 위한 목적으로 집필했다. 그렇기에 '기독교 통합상담'이라는 주제 속에서 고난의 의미와 극복에 대한 기독교적 고민과 성찰이 녹아있다. 궁극적으로는 상담을 통해 내담자들을 일으켜 세워서 닥쳐온 고난을 받아들이고 이겨내 천국의 소망으로 담대히 나아가는 단계까지 이르게 하는 게 통합상담의 최종 도착지일 것이다.

〔요한복음 16:33〕 이것을 너희에게 이름은 너희로 내 안에서 평안을 누리게 하려 함이라 세상에서는 너희가 환난을 당하나 담대하라 내가 세상을 이기었노라 하시니라

이러한 여정에서 상담은 내담자가 정신문제를 치유하고 현세에서도 하나님 나라를 누리는 걸 돕는 '구원의 부분적 과정'이며, 여기에 기독교 통합상담가로서 은사적 의미가 있다. 그러나 이 땅에서의 천국 누림은 악과 고난이 없는 에덴을 누림이 아니라 — 에덴적 환상 깨기 — 실낙원에서의 연단 과정에서 예수님을 통해 죄를 사함 받고, 인도하심을 따라 지체의 고통을 서로 나누고 사랑하는 영적 누림의 상태다. 이를 좀 더 단순화시키면 '믿음(죄의 회개와 칭의)+소망(맡김과 평안)+사랑(용서와 나눔)'으로 귀결된다.

〔데살로니가전서 1:3〕 너희의 믿음의 역사와 사랑의 수고와 우리 주 예수 그리스도에 대한 소망의 인내를 우리 하나님 아버지 앞에서 쉬지 않고 기억함이니

그렇지만 기독교 통합상담에 난점이 없는 것은 아니다. 예를 들어 기독교상담의 궁극적 목표가 성화 과정에 있다고 볼 때, 믿음의 성숙에 필요한 긴 시간을 (유료)상담으로 채우기에는 현실적으로 무리가 따른다. 이상과 현실의 차이라고나 할까. 자기를 부인하고 삶의 과정과 순간마다 하나님께 맡기는 것 역시 죄성을 가진 인간으로서는 힘든 일이다. 일반상담에서는 그리 중요시하지 않는 '용서'가 기독교 통합상담에서는 관계의 회복과 치유에 중요한 요소로 자리 잡고 있지만, 내담자에게는 막상 용서라는 게 그리 쉽지 않다는 점도 고민스러운 부분이다.

게다가 내담자들은 심리적 고통이 완화되거나 힘든 상황이 지나가고 나면, 싹트던 믿음이 절실함을 잃고 약해지거나, 예전의 죄성이 또다시 고개를 드는 모습도 보인다. 그래서 '뿌리는 은사'와 '돌봄의 은사'를 가진 자원을 내담자에게 연결하는 것, 즉 상담 종결 전 양육을 도울 자원을 연결하는 것이 중요하다. 이 책이 기독교 통합상담의 작은 팁으로서 기독교상담 전문가뿐만 아니라 특별히 평신도 돌봄 사역자(구역/순모임/셀)들에게 도움이 되기를 희망하는 이유이기도 하다. 왜냐하면, 내담자들이 상담을 통해 예수님을 만나더라도 이는 시작일 뿐이며, 이들을 돌보고 먹이고 물 주는 것은 지속적인 돌봄 사역으로 가능하기 때문이다. 이는 미래의 천국 예비과정을 돕는 일이며, 치유자이자 상담자이신 예수를 따라 닮아가는 상담 사역이다. 이런 점에서 볼 때 평신도 상담의 의미는 내담자(지체)들을 제자로 삼고 더 나아가서 그들이 또 다른 사람을 제자화하도록 돕는 데 있다.

〔마태복음 20:19~20〕 그러므로 너희는 가서 모든 족속으로 제자를 삼아 아버지와 아들과 성령의 이름으로 세례를 주고 내가 너희에게 분부한 모든 것을 가르쳐 지키게 하라 볼찌어다 내가 세상 끝날까지 너희와 항상 함께 있으리라 하시니라

덧붙이고 싶은 것은 욕구 좌절과 관련된 우울과 불안 등 약한 축의 성도들만 돌봄이 필요한 게 아니라 통제/권력욕 등 강한 축의 인정욕, 일중독이나 탐욕 같은 강한 축의 대처방식을 가진 성도들도 도움이 필요하다는 점이다. 이들은 현대인의 능력추구 경향과 맞물려 아무런 문제가 없는 듯 보이나, 사회적 영향력이 큰 데다 실제로는 문제가 더 심각할 수 있으므로 이들에 대한 관심이 요구된다. 사탄의 양면작전은 강한 축에는 물질과 권력 등 당근으로 자신들에게 부역하게 하고, 약한 축에는 가난과 병적 눌림 등 채찍으로 고갈·고사시킨다. 둘 다 하나님과 멀어지게 해서 멸망으로 이끄는 전략이라는 점에서는 공통점을 가진다. 예수님은 약한 축에는 연민으로, 강한 축에는 꾸짖음으로 대하며, 이들을 사탄의 올무에서 건져내 구원하시는 데 생을 바치셨다.

〔고린도전서 1:27〕 그러나 하나님께서 세상의 미련한 것들을 택하사 지혜 있는 자들을 부끄럽게 하려 하시고 세상의 약한 것들을 택하사 강한 것들을 부끄럽게 하려 하시며

그리고 상담자가 회복의 씨앗을 뿌리고 돌봄 사역자가 물을 주어 싹을 틔워도 자라나게 하시고 거두시는 이는 궁극적으로 하나님이시다. 이에 상담현장에서 사람(상담자/내담자)이 하는 일의 빈 곳을 채우시고 상담현장 밖에서도 치유의 능력으로 역사하시도록 의뢰와 기도가 꼭 필요하다는 점을 재차 강조하고 싶다. 생명을 죽이는 것은 사탄이요, 생명을 살리는 것은 오직 하나님이시다.

〔고린도전서 3:6~7〕 나는 심었고 아볼로는 물을 주었으되 오직 하나님은 자라나게 하셨나니 그런즉 심는 이나 물 주는 이는 아무것도 아니로되 오직 자라나게 하시는 하나님뿐이니라

이 책에서 소개하는 내용은 필자 자신도 삶이나 상담현장에서 충분히 실천하고 있지는 못함을 겸허히 인정한다. 다만 인본주의에 오염된 세상 문화가 상담 속으로도 깊이 들어와 기독교상담 내에서도 혼돈과 혼란이 있는 것이 사실이기에 성경적 기준에 맞는 어떤 방향성을 제시하는 게 절실했다. 그리고 세상 문화가 탐욕과 쾌락을 부추겨 마약처럼 사람들을 연명시키듯, (일시적으로 좋아졌다 재발하면 다시 상담자를 찾고 의존한다면) 일반상담만으로는 한계가 있으며 오히려 하나님께 가는 길을 방해할 가능성이 있다는 점을 지적하고 싶다.

〔빌립보서 3:12〕 내가 이미 얻었다 함도 아니요 온전히 이루었다 함도 아니라 오직 내가 그리스도 예수께 잡힌 바 된 그것을 잡으려고 좇아가노라

끝으로 글을 쓰는 동안 성령님의 섬세한 인도가 있었기에 책이 나올 수 있었음을 밝히며, 하나님께 심령 깊이 감사드린다.

운하 이경애

서울대학교 독어교육과 및 동 대학원, 아세아연합신학대학교 상담대학원을 졸업하고 성신여자대학교 임상심리학과 박사과정을 수료했다.

1998년 교단문학 신인상으로 등단하여 한국문인협회, 밀레니엄문학회, 한국음악저작권협회 회원으로 활동하며, 시집 『사랑의 옷을 입은 본능』, 『나는 아직 다 보지 못하였습니다』, 『이 모든 흐름을 열어 놓고』, 『내 안에 당신이 있습니다』 등과 동인지 『그대 눈빛 하나로 그리움은 꽃이 되고』, 『삶이 오가는 사랑이여』, 『눈먼 사랑을 깨우는 종소리』 등을 출간했다.

작시 활동으로, 창작가곡집 『가을 회상』 중 '가을 회상', '기다림', '그리움', '당신의 길', '그게 아니었습니다', '당신의 눈으로 보니' 등이 노래로 만들어져 발간되었고, 청소년을 위한 창작연가곡 『소나기』 중 네 번째 곡 '기다림'을 작시하여 발표 및 공연을 하였다. 그 외 서울시교육청 꿀맛닷컴에서 논술첨삭지도교사로 활동하면서, 논술지도서 『통합논술 I』, 『통합논술 III』 및 토론집 『연상토론으로 맥잡았다』등을 집필하였다.

20여 년간 교직에 몸담으면서, 청소년상담사·전문상담교사로서 학교 상담부장, 서울시 중부교육청상담센터(현 종로 We센터) 센터장을 역임하며 자살예방 등 청소년상담에 열정을 쏟았고, 열린 Map 상담연구소 전문상담원, Giving tree 상담연구소 연구위원, 금천구 여성복지상담소 강의 및 한국복음주의기독교상담학회 기독교상담전문가로서 상담 활동을 하고 있다.

E-mail: kalee93@hanmail.net
Blog: https://blog.naver.com/kalee93